어린이 교육 전문가가 엄선한
100권의 그림책

● **일러두기.** 본문에 사용된 그림은 그림책 출판사의 사용 허가를 얻었으며, 경우에 따라 아이클릭아트 또는 shutterstock의 그림을 사용하였습니다. 서지정보가 그림책 표지면 하단에 실렸기 때문에 삽입 그림에는 각각 "ⓒ그림책 제목, ⓒ아이클릭아트, ⓒshutterstock" 등으로 표기하였습니다.

어린이 교육 전문가가 엄선한
100권의 그림책

지은이_ 현은자, 김정준, 연혜민, 김민정, 김현경, 장시경 | 펴낸이_ 김혜정
기획위원_ 김건주 | 마케팅_ 윤여근, 정은희 | 디자인_ 한영애
초판 1쇄 인쇄_ 2019년 3월 18일 | 초판 6쇄 발행_ 2024년 11월 12일

펴낸곳_ 도서출판 CUP | 등록번호_ 제2017-000056호(2001.06.21.)
(04549) 서울특별시 중구 을지로 148, 8층 803호(을지로3가, 드림오피스타운)
T.(02)745-7231 F.(02)6455-3114 | 이메일_ cupmanse@gmail.com
www.cupbooks.com

Copyright 2019 by 현은자, 김정준, 연혜민, 김민정, 김현경, 장시경

신저작권법에 의하여 한국 내에서 보호를 받는 저작물이므로 무단 전재와 무단 복제를 금합니다.

ISBN 978-89-88042-95-3 03370   Printed in Korea
* 파손된 책은 구입하신 서점에서 교환해 드리며 책값은 뒤표지에 있습니다.

어린이 교육 전문가가 엄선한
100권의 그림책

현은자·김정준·연혜민·김민정·김현경·장시경 지음

> 추천의 글

이경우_ 이화여자대학교 명예교수

✚ 30년 전만 해도 아름답고 질 좋은 그림책을 찾아보기 어려웠던 우리나라에 이제는 예술 작품처럼 아름다운 그림책이 넘쳐나게 되었다. 그러나 역설적이게도 수많은 그림책 중에서 어떤 그림책을 골라 자녀와 함께 읽으면 좋을지 판단하고 선택하는 일이 매우 어려운 과제가 되었다. 더구나 최근에는 어린이를 위한 그림책임에도 불구하고 지나치게 어렵고 무거운 메시지를 전달하려는 포스트모던적인 그림책들이 많아지고, 난해한 그림책마저 출판되어 은근히 우려가 될 때에 마침 좋은 그림책의 가치를 발견할 수 있도록 도와주는 안내서가 연구, 출판되어 무척 기쁘다. 현은자 교수님과 김정준 교수님을 비롯한 열정 넘치는 연구자들께서 깊은 안목으로 그림책을 선택하고 소개해 준 덕분에 '그림책 저자들의 두뇌'를 손에 들고 보는 특권을 갖게 되었다. 값진 수고에 고마운 마음을 전한다.

그림책은 다른 책과 달리 어른과 어린이가 함께 보고 읽으면서 서로 소통하고 의미 있는 관계를 맺게 하는 독특한 장점을 가지고 있다. 어린이는 단순히 지식을 배우기보다 그림책을 읽어주는 어른과 마음을 나누고 소중한 추억을 만들게 된다. 누구나 어린 시절 어머니 무릎에 앉아서 그림책을 함께 보던 정겹고 그리운 추억이 마음 깊이 남아 있을 것이다. 더구나 그림책을 통해서 아이는 읽기를 사랑하고, 자신을 사랑하고, 다른 사람을 사랑하고, 세상길을 찾아 아름답게 사는 방법을 배우게 된다. 또한 책을 읽으며 훗날 세상에서 부딪치게 될 모든 것을 준비하는 간접경험을 한다. 글에서 주는 감동 못지않게 그림이 주는 값진 메시지와 커다란 감동은 상상력과 창의력을 이끌어 주어 세상을 아름답게 변화하게 하는 리더십과 비전과 인격을 형성해 줄 수 있게 한다.

"좋은 그림책은 두 번 읽힌다"는 말이 있다. 두 번이 아니라 여러 번 반복해서 보면 그 안에서 숨겨진 의미들이 새록새록 솟아나게 된다.

어른들은 그림책을 교육적인 수단으로 생각하는 경향이 강해서 글에만 집중하기가 쉽다. 그러나 그림책의 그림과 색, 선과 면을 감상하다보면 그 안에서 생각지 못했던 기쁨을 누릴 수 있다. 이 책은 그림책이 주는 기쁨을 새롭게 발견하고 누리는 좋은 안내자가 될 것이다.

신국원 _ 총신대학교 신학과 명예교수

✚ 인류가 처음 만들어 낸 텍스트는 글이 아니라 그림이었다. 알타미라 동굴과 라스코 벽화가 그 증거이다. 어린이가 처음 대하는 텍스트도 그림이다. 그림이 글씨가 되고 다시 이야기가 입혀지면 스토리텔링을 통해 세상을 보는 창문이 열리고 아이의 꿈이 날아오른다. 이 책은 단순히 책에 대한 책이 아니다. 그림책을 보는 눈을 열어주는 탁월한 창문이고 안경이다. 부모와 교사, 목회자까지 스토리텔러가 되어야만 하는 시대에 모든 이들이 반드시 읽어야 할 책이다. 좋고 유익한 그림책들을 소개하고 즐거움을 더해주고 식견을 더해주려 했다는 저자들의 소망이 너무 겸손하게 들리는 걸작이다. 그들의 해설이 너무 탁월해서 책을 읽다 보면 세상과 자신을 보는 창만 열리는 것이 아니라 그 넘어 계시는 모든 진리의 주인을 만나게 될 수도 있을 것이라 확신한다.

유재봉_ 성균관대학교 교육학과 교수, 기독교학문연구회 회장

✚ 오래 전 일이지만 영국 유학시절 영국 교육에 대해 한 가지 부러운 점이 있었다. 영국은 유치원이나 초등학교에서 아이들을 자유롭게 놀도록 하지만 한 가지 엄격하게 훈련하는 것이 있었는데, 그것은 바로 책 읽기이다. 각자의 수준에 맞게 색깔로 표시된 책꽂이에서 선생님이 아이에게 알맞은 책을 골라주거나, 아니면 어린이 스스로가 자신이 읽고 싶은 책을 골라 집에 가져가서 읽고 각자의 독서노트에 기록하고 선생님은 점검한다. 한 주에 두 권만 읽어도 일 년이면 백 권이 넘고, 초등학교가 끝나는 11세가 되면 약 천 권의 책을 읽게 된다. 이러한 독서습관은 초등학교에 그치지 않고 어른이 되어서도 책을 손에서 놓지 않는다. 주택가를 다니다 보면 백발의 노인이 양지바른 발코니에 앉아 책을 읽는 모습이나 지역 도서관에서 책을 읽고 있는 많은 어른들을 흔히 목도한다. 이것이 영국이 한때 세계를 좌지우지하고 '신사'라는 교양인을 만든 저력이자 원동력이라고 생각한다.

어릴 때부터 책 읽는 습관을 길러주는 것은 아무리 강조해도 지나치지 않다. 유아들은 주로 그림책을 읽게 된다. 아이들이 처음 접하는 그림책은 그들의 마음속에 지워지지 않는 흔적과 인상을 남긴다. 그러므로 아이들에게 어떤 그림책을 읽게 하는가는 중요한 문제이고, 넘쳐나는 그림책 중에서 건전한 사고를 형성하고 오랫동안 기억에 남는 감동을 주는 훌륭한 그림책을 고르는 일은 부모와 교사에게 어려운 숙제이다. 어린이 교육 전문가들이 여러 해 동안 치열한 토론을 거치면서 100권의 책을 엄선하여 제시함으로써 그러한 고민을 말끔하게 해결해 주었다. 그리고 그림책을 전체적으로 조망할 수 있도록 각 그림책에 대한 친절한 기본 정보와 내용 해설, 비평까지 제공하고 있다. 그러므로 이 책은 자신의 자녀나 학생을 기독교 세계관의 관점으로 키우고 싶어하는 분이나 건전하고 의미 있는 그림책을 읽도록 하려는 분 모두에게 매우 유익한 나침반이 될 것이다.

박선희_ 한국어린이문학교육학회 회장, 한국방송통신대학교 유아교육과 교수

✚ 그림책의 가치와 힘은 어린이다운 순수함이 배어있는 글과 예술적인 그림이 시공을 초월하여 공감을 불러일으키고 감동과 변화를 주는 데 있다.
그림책이 재미와 즐거움을 줄 뿐만 아니라 우리 삶에서 가치 있는 동반자가 되기를 기대하는 저자들의 소망은 주관성을 배제하기 위한 공동연구, 그림책의 세계관뿐 아니라 성령의 열매 등 인생의 중요한 덕목을 고려한 선정을 통하여 그림책에 대한 안목을 높이는 귀한 서평집으로 결실을 맺었다. 우리나라 그림책 분야의 연구와 교육에 선도적 역할을 해 오신 연구진들의 학자적 통찰과 관점으로 쓰여진 책이다. 교육 현장에 도움이 되는 제안도 곁들였으므로, 어린이는 물론이고 교사와 부모들에게 큰 도움이 될 것이다. 그림책은 세상을 아름답게 만들 수 있고, 삶을 참조할 수 있는 소중한 지침서이기에, 그림책에 관심 있는 독자들의 필독을 권한다.

박은주_ 한국기독교유아교육학회 회장, 경인대학교 유아교육과 교수

✚ 그림책이 우리 아이들에게 미치는 막대한 영향력을 생각하면 좋은 그림책을 선정한다는 것은 참으로 중요한 과제이다. 그러기에 그림책을 사랑하는 다양한 경력의 전문가들이 정기적으로 모여 그림책을 선정하고 그에 대해 설명하고 충분한 피드백 교류 및 환류의 충실한 과정을 거쳐 엄선한 100종의 그림책에 대한 서평집은 12인의 기독 해석 공동체가 빚어낸 인고의 보배로운 결실이다. 한 권 한 권의 정선된 서평은 그림책에 대한 보다 폭넓고 깊은 이해를 가능케 하고 그림책 속에서 그림과 글뿐 아니라 파라텍스트의 절묘한 조화 속에서 생명력 넘치게 꿈틀거리며 드러나는 새로운 발견에 흥분과 감격을 자아내게 한다. 그림책 내용에 따라 5개 영역으로 분류하고, 더 나아가 인류의 보편가치들을 내포하고 있는 그림책들을 기독교 세계관 해석의 틀을 적용하는 과정을 밟았으며, 누리과정의 생활주제별로도 분류했다. 아동은 물론, 현장의 교사, 부모님, 그리고 그림책을 사랑하는 모든 이들에게 적극 추천한다.

김정효_ 이화여자대학교 초등교육과 교수

✚   미디어의 홍수 속에 살게 되면서 우리에게 이러한 길잡이가 꼭 필요했다. 아동교육에 종사하는 한 사람으로서 좋은 그림책 평전의 출판 소식은 반가운 일이 아닐 수 없다. 몇 년간 토요일을 반납하며 이 책을 준비하기 위해 연구를 해오셨다니 아동문학에 대한 현은자 교수님과 연구진들의 열정과 헌신에 존경과 박수를 보낸다.

책의 편집 방식 또한 매우 참신하다. 일반적으로 긴 줄거리를 소개하는데 비해 이 책에서는 지은이와 줄거리를 짧게 제시하고, 비평의 글을 싣고 군데군데 그림을 넣어 그림책의 분위기를 잘 전달해 준다. 특별히 말미에 독서 후 활동을 제안하는 방식이 무척 흥미롭다.

이 책은 그림책을 소개할 뿐 아니라 어떻게 책을 선별해야 하는지, 어떻게 아동들과 그림책으로 시간을 함께 하여야 하는지를 안내하는 특별한 교육서다. 그런 측면에서 교사나 학부모들에게 매우 유용하며, 다양한 문화콘텐츠를 찾는 사람들에게도 좋은 영감을 줄 수 있는 유익한 책이 될 것이다. 나이가 들면서 때때로 우연히 접하게 되는 그림책이 주는 감동과 쉼은 더욱 귀하게 느껴지기에, 이 글에서 소개한 그림책 중 몇 권은 사보게 될 것 같다.

박영주_ 은혜샘물초등학교 교장

✚ 요즘 큰 서점들은 유행처럼 앉아서 책을 읽을 수 있는 코너를 카페처럼 잘 만들어 놓는다. 그 곳에서 엄마랑 예쁜 아이가 같이 책을 읽는 모습은 세상 무엇과 비교할 수 없는 사랑스런 모습이다. 어디 서점에서만 그런가? 아이가 심심해 할 때나 잠들기 전에 부모와 같이 책을 읽는 경험은 스스로 글을 읽을 수 있는 아이들에게도 귀하고 아름다운 기억으로 남을 것이다. 오래 전 내가 6학년 담임일 때, 무심코 좋은 그림책(제목이 아마 '세 나무 이야기'일 것이다.)을 학생들에게 읽어 주었더니, 하교 길에 몇 녀석이 우르르 도서관으로 달려가 그 책을 찾는 모습을 보고 깜짝 놀란 적이 있다. 그렇게 다 자란 친구들에게도 그림책은 의미가 있다는 사실을 배운 소중한 경험이었다. 온갖 책들이 넘쳐나고 막연한 두려움으로 다가오는 제4차 산업혁명의 인공지능 시대, 종이책이 아닌 전자책, 오디오북에 대한 관심이 높아가지만, 여전히 아름다운 색과 창의적인 일러스트로 그려진 그림책, 특히 엄마와 같이 읽는 좋은 그림책의 가치는 값으로 매길 수 없다.

오랜 세월 한 방향으로 뜻을 세우고 순종해 오신 귀한 연구진들의 수고로 말미암아 이 책이 세상에 나오게 되어 진심으로 기쁘다. 자녀에게 책을 많이 읽어 주긴 하지만, 그 책을 통해 어떻게 아이와 대화를 이어가고 이를 통해 아름다운 삶의 가치를 새겨줄 수 있을지 고민하는 부모와 교사들에게 진심을 다해 추천하고 싶다. 왜냐하면 오랫동안 먼발치에서 이 책의 작업을 보고 듣고 또 간접적인 혜택을 누린 증인으로서의 자신감이 있기 때문이다.

> 책을 펴내며

  이 책의 목적은 세 가지입니다. 어린이들에게 읽어줄 가치가 있는 그림책을 소개하고, 그림책 독자(성인과 어린이 모두)들이 그림책 읽기의 즐거움을 더 잘 맛볼 수 있도록 도와주며, 마지막으로 그림책에 대한 독자들의 식견을 더 넓히는 것입니다. 다시 말해서 독자들에게 그림책 읽기가 더욱 유익한 경험이 될 수 있도록 돕고자 하는 것입니다.
  그렇다면 그림책 읽기는 독자에게 어떤 혜택을 줄 수 있을까요? 가장 큰 혜택은 글 언어와 그림 언어의 스토리텔링storytelling이 주는 즐거움이라고 할 수 있습니다. 어린이 문학 작가이자 비평가로 유명한 페리 노들만이 그의 책,『어린이 문학의 즐거움』에서 나열한 독서의 즐거움 중 대표적인 것을 옮기면 다음과 같습니다.Perry Nodelman, 2001: 57~59.

- 언어의 즐거움, 즉 언어가 서로 어울리는 재미있는 방식에서 오는 즐거움
- 주인공이 겪는 감정을 함께 느끼는 즐거움
- 단어나 텍스트가 불러일으키는 생각으로부터 오는 즐거움
- 스토리의 긴장과 해결이 주는 즐거움
- 우리에게 익숙한 스토리들이 주는 친숙함과 편안함으로부터 오는 즐거움
- 색다른 이야기로부터 오는 즐거움
- 허구의 인물과 나 자신을 동일시하는 즐거움
- 지금 나의 상황에서 벗어나 다른 사람들의 삶과 생각을 상상해 보는 즐거움
- 문학작품들 사이의 유사성을 보는 즐거움
- 문학을 통해 역사나 문학에 대한 통찰력을 얻는 즐거움

• 우리 존재의 의미를 생각하게 만드는 즐거움

그런데 이 목록은 글이 주가 되는 문학 작품 읽기에 관한 것이므로 그림책의 즐거움을 말할 때는 이 목록을 조금 확장할 필요가 있습니다. 예를 들어, 각 장의 그림 이미지들이 서로 어울리는 방식을 발견하는 즐거움, 그림이 불러일으키는 생각이 주는 즐거움, 우리에게 익숙한 그림 표현이 주는 즐거움, 색다른 그림 스타일이 주는 즐거움, 여러 작품의 그림 스타일을 비교해보는 즐거움 등입니다.

독서의 즐거움과 함께 그림책은 독자들에게 세상을 보는 창(窓)의 역할을 합니다. 우리는 그림책을 통해 주위에서 접하지 못한 사람들과 사물들과 더 큰 세상을 만나게 됩니다. 혹은 반대로 우리와 항상 함께 있어서 그 가치를 깨닫지 못했던 것들을 새롭게 발견하기도 합니다. 예를 들어, 봄이면 지천에서 피어나는 민들레의 존재 자체에 우리는 별로 관심이 없습니다. 그러나 김장성 글, 오현경 그림의 『민들레는 민들레』를 읽고 나면 보도 블록 틈에서도 싹을 틔우고 자라나 꽃망울을 터뜨린 민들레를 보는 시선이 달라지겠지요. 마지막으로, 우리는 그림책 안에서 진정한 '나'의 모습을 발견하게 됩니다. 우리 자신 안에 존재하고 있었지만, 그 동안 잊고 있었던 것들, 혹은 그것의 이름을 알지 못해서 표현하지 못했던 것들을 깨닫게 됩니다. 성인 독자들이 단순해 보이는 그림책에서도 자신 안의 깊은 갈망longings과 마주하는 일은 드문 일이 아닙니다. 모든 인간이 갈망하는 사랑, 우정, 희망, 연대감, 용기, 환대의 정신이 글언어와 그림 언어가 빚어내는 스토리 안에서 살아 숨 쉬고 있기 때문입니다.

사실 그림책의 가치는 인문학의 목적과 다르지 않다고 할 수 있습니다. 그것은 인간성humanity의 함양, 즉 인간을 더욱 인간되게 만드는 것Kaufmann. W., 2011입니다. 영국 캠브리지 대학의 교수인 마리아 니콜라예바는 『배움을 위한 읽기』Reading for Learning (2014: 228)에서 픽션fiction 읽기는 어린이 독자로 하여금 더 나은 인간better human beings이 되도록 도와준다고 하면서 성인의 역할은 어린이와 문학 작품 사이를 중재하는 것이라고 주장하였습니다. 그렇다면 독서 교육의 핵심이란 어린이들로 하여금 어떤 세상을 어떻게 보게 하는가의 문제일 것입니다.

다시 주제를 그림책으로 돌려서 '그림책'이라고 부르는 도서와 그림책이 아닌 도서의 차이를 살펴보겠습니다. 우선 그림책 독자의 시선을 사로잡는 것은 글이 아니라 그림 이미지입니다. 그림책에 그려진 그림 이미지는 크기와 색채에 상관없이 글보다 먼저 우리 눈에 들어옵니다. 이러한 지각적인 특성 못지않게 중요한 것은 독자와 의사소통할 수 있는 그림의 능력입니다. 몇 장면 혹은 수십 장면으로 연결되는 그림은 글이 전달하지 못한 의미를 전달하기도 하고 때로는 글과 협력하여 글로만, 혹은 그림으로만 전달할 수 있는 것 이상의 의미를 만들어내기도 합니다. 이것이 그림책 읽기에서 그림을 글 이상으로 세심하게 읽어야 할 중요한 이유입니다.

그런데 관습적인 책읽기에 익숙한 어른들은 종종 그림책에서 글을 먼저 읽고 그림은 글을 보조하는 것이라 여겨 대충 보고 넘어가려고 합니다. 성인의 이러한 태도와는 대조적으로 어린 유아는 먼저 그림에 끌립니다. 그들이 글을 모르기 때문이기도 하지만 실은 그림을 먼저 보는 것이 훨씬 더 자연스러운 지각 행위이기 때문입니다. 제 수업을 듣던 어떤 어린이집 교사는 영아들에게 하야시 아키코의 『달님 안녕』을 읽어줄 때 그들이 지적할 때까지 작은 집의 지붕 위에 있는 고양이 두 마리를 보지 못했다고 털어놓았습니다. 그 두 마리의 고양이는 첫 장면부터 줄곧 그려져 있었는데도 말입니다. 이렇듯 문자 읽기에 익숙한 성인은 문자 읽기에 바빠 그림 읽기에서는 오히려 유아보다 둔감할 수 있습니다.

또한 그림책이라는 물성物性은 본문 외에서도 스토리텔링storytelling을 할 수 있는 다양한 공간을 제공합니다. 책의 판형과 형태, 앞뒤 표지, 면지, 표제지, 책날개, 책등과 같은 본문 외의 공간이나 글자체, 글과 그림의 레이아웃과 같은 디자인 요소 안에도 스토리 요소를 담을 수 있습니다. 다른 도서에 비해서 적은 페이지로 구성되는 그림책은 이러한 페리텍스트peritext적 요소를 동원하여 본문이 전달하고자 하는 메시지를 보완하거나 확장하거나 강조합니다.

무엇보다도 그림책의 독자가 가장 오래 기억하는 것은 그림 이미지라고 할 수 있습니다. 특히 어렸을 때 접한 그림 이미지는 어린 독자의 마음에 깊은 인상을 남깁니다. 『나니아 연대기』의 작가인 C. S. Lewis(2002)는 다음과 같이 유년기의 그림책 경험을 회상했습니다.

"베아트릭스 포터의 『이야기』에 그려진 삽화들을 보는 것이 어린 시절의 기쁨이었다. … 베아트릭스 포터의 접시에 비친 내 얼굴을 이제 응시해 본다. 그의 그림은 위트가 있고 색채 또한 순수하다. … 나는 베아트릭스 포터의 삽화를, 의인화된 동물이라는 생각에 매료된 그 시절에 좋아했다. 아마도 대부분의 어린아이들보다 훨씬 더 의인화된 동물에 매혹되었던 모양이다."(pp. 23~24).

이 지면을 빌어 몇 년 전에 있었던 저의 작은 경험을 나누고자 합니다. 그 당시 제 아들은 20대 후반의 나이였는데 저와 함께 명동 시내를 걸어가다가 문득 어떤 곳을 가리키더니 "엄마, 저기 '작은 집'이 있어요."라고 탄성을 지르는 것이었습니다. 그 곳에는 '명동 파출소'란 간판이 있는 작은 건물이 있었는데 높은 빌딩 한 가운데 끼어있는 그 모습이 마치 버지니아 리 버튼의 『작은 집 이야기』의 주인공, '작은 집'과 흡사했습니다. 집에 돌아와 인터넷으로 검색해보니 그 파출소는 최근 일제 시대의 건축양식으로 복원되었다고 합니다. 그날 붐비는 명동 거리에서 아들과 제가 그림책 추억을 나누었음은 말할 필요가 없겠지요. 이렇듯 유년기의 그림책 읽기는 자녀가 성장한 후에도 부모와 자녀를 엮어주는 아름다운 끈이 될 수 있습니다.

그림책 읽기라고 하면 일반적으로 가정과 교육기관에서 이루어지는 성인과 어린이의 읽기를 떠올리지만 그림책을 즐기는 방법은 실로 매우 다양합니다. 그림책을 사랑하는 성인들이 같이 읽고 대화하는 것은 기대 이상의 즐겁고 유익한 경험이 되곤 합니다. 그림책 전문가라 할지라도 같은 작품에 대한 해석의 층위가 다양하므로 서로의 해석을 나누다 보면 예기치 않게 자신과 타인과 세상에 대해 더 많은 것을 알아가게 됩니다.

이 책 작업에 참여한 사람들은 그림책과 유아를 사랑하는 사람들이라는 것 외에 기독교유아교육학회 회원이라는 공통점이 있습니다. 문학이론에서 사용하는 용어에 따르면 우리는 '해석의 공동체'인 셈입니다. 우리는 다른 그림책 연구자들보다 더 나은 독자라고 말할 수는 없겠지만, 하나님을 사랑하고 어린이를 사랑하는 마음으로 그림책 읽기에 참여한다는 데서 차이가 있을 수 있습니다. 그러나 어린이에게 읽어줄 가치가 있는 그림책이 무엇인가를 판단하는 기준은 기독 신앙의 여부에 따라 크게 차이나는 것은 아닙니다. 어린이 독자를 사랑하는 마음이 담긴 이야기들은 인류가 오랫동안 간직해 온 보편가치, 즉 사랑, 우정, 희생, 인내, 정직, 배려, 용기와 같은 덕목을 추구하고 있으며 이는 기독교적 가치와 부합합니다. 그러나 난해하고 무거운 주제와 내용을 다룬 책, 그리고 과도한 포스트모던 작품들은 그림책 비평가들로부터 높은 예술성을 인정받았다 하더라도 본 목록에서 제외되었습니다.

좋은 책의 선별 작업에 있어서 우리는 문학 이론가이자 비평가인 Booth(재인용, 신국원, 2004)의 비유에서 큰 도움을 받을 수 있을 것입니다. 그는 독자와 책의 관계를 '세 종류의 친구와 그들이 가져오는 선물'에 비유하였습니다.

"첫째는 쾌락을 가져다주는 친구다. 둘째는 모종의 이익을 가져다주는 친구다. 셋째는 오랫동안 우정을 나누며 함께 살아갈 수 있는 친구다. (중략) 오랫동안 사귈 친구는 선물이 아니라 삶 자체를 통해서 가르치는 이다. 충만하고 '덕스러운 우정'을 제공하기 때문에 그 초대를 거절하기 어려운 고전이 바로 그런 경우이다"(p. 239).

그의 통찰은 당연히 그림책에도 적용됩니다. 어떤 그림책이 '쾌락'을 주는 친구인지, '유용함'을 주는 친구인지, 아니면 어린이의 삶 전체를 통해 친구의 '우정'을 제공할 수 있는 친구인지를 고려하는 것은 그림책을 평가하는 좋은 지침이 됩니다. 그래서 우리는 어떤 책이 어린이들의 마음속에 오래 남을 아름다운 언어와 그림 이미지, 스토리를 담고 있는지, 얼마나 정성스럽게 디자인되고 편집되었는지를 주의 깊게 살펴보았습니다. 그리고 각자 좋은 책을 가져와서 자신의 해석을 나누고 각자의 원고 작업 후에는 서로의 글을 읽고 교정해 주면서 서평 모음집으로서의 일관성과 통일성을 갖추려고 노력하였습니다. 12명이라는 적지 않은 연구진이 참여한 만큼 꽤 오랜 시간이 걸렸지만 이 일은 모두에게 즐겁고 유익했던 시간이었습니다.

엄선된 100종의 추천도서는 책의 원어 제목, 글 작가, 그림 작가, 번역년도 등 일반적인 서지사항과 더불어 그 책이 담고 있는 내용에 기초한 세 가지 방식으로 분류되어 소개되었습니다.

첫 번째 분류법은 『어린이의 세계와 그림 이야기책』(김세희, 현은자, 1995)에 근거해서 '내적 세계', '가족 세계', '사회적 세계', '자연적 세계', '문화적 세계'로 나눈 것입니다.

두 번째 분류방식은 그리스도인 부모와 교사들을 고려한 것으로서 갈라디아서 5장 22~23절의 '성령의 9가지 열매'인 '사랑', '희락', '화평', '인내', '자비', '양선', '충성', '온유', '절제'를 참고한 것입니다.

마지막으로 유아교육과 보육 현장의 교사들을 위해 만 5세 누리과정의 생활주제별로도 분류하였습니다. 그리고 이러한 분류 체계는 독자들이 각자의 필요에 따라 찾기 쉽게 서평집 맨 뒤의 색인으로도 정리되었습니다.

이러한 도서의 분류 작업은 독자들의 편의를 고려한 것일 뿐 각 작품의 성격을 손쉽게 소개하기 위함은 아닙니다. 어떤 작품을 이해하는 가장 좋은 방법은 독자 자신이 그림책을 존중하는 마음으로 글과 그림을 촘촘히 읽고 성실하게 해석해 보는 것입니다. 이는 C. S. Lewis(2002)의 용어를 빌자면 '좋은 독자'의 태도입니다. 그는 작품을 이용use하는 태도와 수용reception하는 태도를 비교하면서, 이용하는 태도는 책에서 자신이 보고자 하는 것만 보려고 하는 태도인 반면, 수용하는 태도는 자신의 편견이나 주관을 버리고 가장 먼저 작품이 들려주는 목소리에 귀기울이는 것이라고 하였습니다. 그의 충고는 그림책 읽기에도 적용됩니다. 다만 '그림이 들려주는 목소리를 존중해야 한다'에 방점傍點이 실리는 것입니다.

작가 소개와 줄거리 소개, 그리고 1000자 내외의 서평review은 독자들의 해석을 돕기 위해 작성되었습니다. 서평은 글과 그림을 묘사하고 해석하고 평가하는 식으로 작성되었으며 필요한 경우 책의 페리텍스트적 특성도 소개하였습니다. 그 밖에 책을 읽어주는 방식과 책의 내용에서 주의하거나 강조할 부분을 언급하였고 가정이나 기관에서 쉽게 해볼 수 있는 연계 활동을 몇 가지씩 포함하였습니다. 이 연계 활동은 그림책의 특성이나 주제를 반영하여 유아의 그림책 경험을 좀 더 풍성히 할 수 있도록 고안되었습니다. 이러한 아이디어가 추후 더욱 다양한 독후 활동을 개발하는데 도움을 줄 수 있기를 기대합니다.

덧붙여 목록에 실린 그림책은 주로 서사 위주의 픽션 장르임을 밝힙니다. 정보를 주는 논픽션 장르에도 훌륭한 작품들이 많이 있지만 시간과 지면의 제한으로 인해 이 작업은 다음 기회로 미룰 수밖에 없었음을 아쉽게 생각합니다.

이 지면을 빌어 서평 원고가 책자가 되기까지 수고해 주신 분들께 감사를 표하고자 합니다. 우선 어린 두 아이의 엄마로서 거의 3년 가까이 원고 집필은 물론 회원들과 출판사간의 소통과 그림책 출판사와의 저작권 협의를 담당해 주신 장시경 선생님의 수고에 감사드립니다. 그리고 추천사를 통해 분에 넘친 칭찬으로 우리를 격려해 주신 분들께 진심으로 감사드립니다. 1990년대부터 그림책의 유아교육적 가치를 연구하고 가르쳐 주신 이경우 이화여대 명예 교수님, 우리 학회의 설립 초기부터 기독 학문의 지적 토대를 제공해 주신 총신대 신국원 명예교수님, 기독교학문연구회 회장이신 유재봉 교수님, 한국어린이문학교육학회 회장이신 박선희 교수님, 한국기독교유아교육학회 회장이신 박은주 교수님, 이화여대 교육학과의 김정효 교수님, 은혜샘물초등학교 박영주 교장님께 감사드립니다. 마지막으로 원고의 완성을 오랫동안 기다려 주시고 아름다운 책자가 될 수 있도록 정성을 다해 주신 도서출판 CUP의 김혜정 대표님과 편집부의 직원 분들께 깊이 감사드립니다.

집필진을 대신하여
현은자
성균관대 아동·청소년학과 교수

: 참고 문헌 :

김세희, 현은자. 『어린이의 세계와 그림 이야기책』. 서울: 서원, 1995.

신국원. 『변혁과 샬롬의 대중문화론』. 서울: ivp, 2004.

월터 카우프만, 『인문학의 미래』, 이은정 역, 파주: 동녘, 2011. (Kaufman. W., *The future of the humanities*, 1994).

페리 노들먼, 『어린이 문학의 즐거움』, 김서정 역, 서울: 시공주니어, 2001. (Perry Nodelman, P. *The pleasures of children's literature*, 1996).

C. S. 루이스, 『문학비평에서의 실험』, 허종 역, 서울: 동문선, 2002. (Lewis, C. S. *An Experiment in criticism*, 1961).

Nikolayeva, M. *Reading for Laerning: Cognitive approaches to children's literature*, Amsterdam, The Netherlands: John Benjamins Publishing Company, 2014.

차 례

추천의 글		4
책을 펴내며		10

001	100개의 달과 아기 공룡	22
002	거짓말 같은 이야기	26
003	곧 이 방으로 사자가 들어올 거야	30
004	구름빵	34
005	그래, 책이야!	38
006	그리미의 하얀 캔버스	42
007	기차가 덜컹덜컹	46
008	길 아저씨 손 아저씨	50
009	까만 크레파스	54
010	나는 다른 동물이면 좋겠다	58
011	나랑 같이 놀자	62
012	날아라 현수야	66
013	낮잠 자는 집	70
014	내가 아빠를 얼마나 사랑하는지 아세요?	74
015	내 탓이 아니야	78
016	내 토끼 어딨어?	82
017	너에게 주는 선물이야	86
018	넉 점 반	90
019	네가 태어난 날엔 곰도 춤을 추었지	94
020	노란 풍선	98

021	누에콩과 콩알 친구들	102
022	눈이 그치면	106
023	달 샤베트	110
024	달과 비행기	114
025	달구지를 끌고	118
026	담	122
027	도서관에 간 사자	126
028	동강의 아이들	130
029	동생이 미운 걸 어떡해!	134
030	동생이 태어날 거야	138
031	두더지의 고민	142
032	뒷집 준범이	146
033	또르의 첫인사	150
034	리디아의 정원	154
035	만희네 집	158
036	메리와 생쥐	162
037	메리 크리스마스, 늑대 아저씨!	166
038	모두 행복한 날	170
039	무슨 생각하니?	174
040	무엇일까?	178
041	미스 럼피우스	182
042	민들레는 민들레	186
043	바구니 달	190
044	바람이 불었어	194
045	발자국을 따라가 볼까요?	198
046	배를 타고 야호!	202
047	부루퉁한 스핑키	206
048	부엉이와 보름달	210
049	빨간 매미	214
050	빨간 줄무늬 바지	218

051	사랑스러운 까마귀	222
052	새가 된 청소부	226
053	성격이 달라도 우리는 친구	230
054	세 엄마 이야기	234
055	소피의 달빛 담요	238
056	수염할아버지	242
057	수호의 하얀말	246
058	신기한 사탕	250
059	씩씩해요	254
060	아빠! 머리 묶어 주세요	258
061	안녕, 우리 집	262
062	애너벨과 신기한 털실	266
063	앨피가 일등이에요	270
064	앵무새 열 마리	274
065	앵무새 해럴드	278
066	야, 비 온다	282
067	언제까지나 너를 사랑해	286
068	엄마, 꼭 안아 주세요	290
069	엄마, 잠깐만!	294
070	엄마를 잠깐 잃어버렸어요	298
071	엄마 마중	302
072	여우 나무	306
073	영이의 비닐우산	310
074	온 세상을 노래해	314
075	용감한 아이린	318
076	우리는 벌거숭이 화가	322
077	위를 봐요!	326
078	은지와 푹신이	330
079	이건 상자가 아니야	334
080	이만큼 컸어요!	338

081	이야기 담요	342
082	일곱 마리의 눈먼 생쥐	346
083	장갑	350
084	장수탕 선녀님	354
085	점	358
086	천 개의 바람 천 개의 첼로	362
087	천둥 케이크	366
088	치과 의사 드소토 선생님	370
089	커다란 나무	374
090	커다란 순무	378
091	코끼리 아저씨와 100개의 물방울	382
092	크리스마스 파티	386
093	토끼의 의자	390
094	티치	394
095	파란 거위	398
096	파란 의자	402
097	파랑이와 노랑이	406
098	편식쟁이 일곱 남매의 분홍케이크	410
099	할머니가 남긴 선물	414
100	휘파람을 불어요	418

부록 1. 줄거리 요약표	423
부록 2. 분류 요약표	429
부록 3. 『어린이의 세계와 그림 이야기책』에 따른 분류 체계	434
부록 4. 성령의 열매에 따른 분류 체계	436
부록 5. 만 5세 누리과정 생활 주제	439
집필진 소개	442

100개의 달과 아기 공룡

작가 소개

이덕화는 홍익대학교에서 애니메이션을 공부했다. 현재 일러스트레이터이자 그림책 작가로 활동 중이다. 『우리 집엔 형만 있고 나는 없다』, 『거꾸로 쌤』을 비롯한 다수의 아동서적에 일러스트 작업을 하였다. 글을 쓰고 그림을 그린 책으로는 『뽀루뚜아 아저씨』와 『100개의 달과 아기 공룡』 등이 있다. 이 중 『뽀루뚜아 아저씨』로 2010년 볼로냐아동도서전에서 '올해의 일러스트레이터'로 선정되었다.

글·그림 | 이덕화 출판사 | 스콜라 출판년도 | 2017년 ISBN | 9788962478815
판형 | 211*284mm 쪽수 | 36쪽 주제 | 내적 세계 / 절제 / 건강과 안전

줄거리

옛날 옛날 하늘에 달이 100개나 있을 때, 먹을 것을 아주 좋아하는 아기 공룡이 살았다. 어느 날 아기 공룡은 밤하늘에 뜬 100개의 달을 보고 딱 하나만 먹어보고 싶어졌다. 그래서 엄마 몰래 빠져나와 달을 따고 또 따고 먹고 또 먹게 된다. 엄마 공룡이 밤하늘이 어두워진 것 같다고 말하자 아기 공룡은 모르는 척하며 이제는 달을 따 먹지 말아야겠다고 결심한다. 하지만 참지 못하고 하나씩 따 먹다 보니 어느새 밤하늘에 달이 하나도 남지 않게 된다. 아기 공룡은 배 속에서 100개의 달이 요동을 치기 시작하자 너무 아파 울음을 터뜨리며 엄마에게 사실대로 말한다. 엄마 공룡은 아기 공룡을 정성껏 간호하고 며칠 후 아기 공룡은 커다란 달 똥을 싼다. 커다란 달은 하늘 높이 올라간다.

서평

'옛날 옛날'은 마법의 언어다. 옛날 옛날이라면 호랑이가 담배를 피워도 이상할 것이 없고, 달이 100개나 있을 수도 있다. 이 그림책은 옛이야기의 형식을 차용하여 '옛날 옛날'로 시작하고 입말을 살려 누군가가 이야기를 들려주는 것처럼 내용을 풀어준다.

표지는 장난기가 가득하다. 주변은 어두운 남색 빛깔인데 바위 위에 있는 아기 공룡의 벌린 입이 플래시인 것처럼 표지를 비춰 그 부분만 밝게 빛난다. 아기 공룡이 밝은 곳에 있는 여러 개의 달들이며 작가의 이름까지 진공청소기처럼 입으로 빨아들이는 모양새다. 게다가 제목에 쓰인 '달'에 얹혀 있는 달은 얼핏 보면 초승달 같지만, 자세히 보면 누군가 와사삭 깨물어 먹고 남은 쿠키 조각 같은 모양이다.

이 그림책은 단순하고 귀엽다. 인물이며 사건도 무척 단순하고, 사용된 색깔도 제한적이다. 색깔은 어두운 하늘을 보여주는 남색과 달의 색깔인 밝은 노랑이 전부이다. 인물들이나 다른 배경들은 모두 흑백으로 그려졌다. 그런데도 그림책은 처음부터 끝까지 쉴 틈 없이 재미있다. 이야기의 상상력이 기발하고 그 표현이 발랄하기 때문이다.

인물은 엄마 공룡과 아기 공룡 딱 둘 뿐이다. 먼저 엄마 공룡을 보면, 너그럽고 인자하면서도 천연덕스럽다. 아기 공룡이 엄마 말을 듣지 않고 하늘에 있던 달들을 몽땅 따 먹었다고 고백했을 때도 한 마디도 탓하지 않고 그저 아기 공룡

© 100개의 달과 아기 공룡

이 건강해지도록 정성을 다한다. 상냥한 엄마다. 그런데 이런 엄마가 밤마다 달을 따먹는 아기 공룡의 행동을 몰랐을 리 없다. 밤마다 달을 따먹은 아기 공룡의 배가 눈에 띄게 빵실빵실해지기도 했으니 말이다. 그런데도 엄마는 아기 공룡이 엄마 몰래 하고 싶어 하는 일을 끝까지 모르는 척 해 준다. "밤하늘이 어두워진 것 같지 않니?"라고 물으며 아기 공룡에게 고백할 기회를 주기는 하지만, 아기 공룡이 달을 따 먹으러 간 동안은 아주 편안한 모습으로 잠들어 있기도 하다. 기다림에 도가 튼 엄마라 하겠다. 그래서 아이가 배앓이를 할 때까지 모르는 척 하는 것이 매정해 보이기보다는 능청스러운 옛이야기의 인물로 읽힌다.

　아기 공룡은 정말 귀엽다. 먹을 것을 좋아한다는 설정부터 사랑스럽다. 등장할 때부터 사과를 끌어안고 있는데, 그 모습이 그렇게 행복해 보일 수가 없다. 달을 먹겠다고 온갖 방법을 동원하는 모습도 재미있다. 휘어지는 나무의 탄성에 몸을 실어 달까지 날아가기도 하고, 끈으로 달을 매어 영차영차 달을 끌어내리기도 한다. 달을 한 입씩만 베어 물어서 아기 공룡의 잇자국이 난 달이 군데군데 걸려 있는 것을 보면 아기 공룡은 영락없는 아이의 모습이다.

　백 개나 되는 달을 몽땅 먹어버려서 아기 공룡은 배탈이 나고 하늘에는 달이 사라진다. 그런데 이 문제는 기발한 방법으로 단번에 해결된다. '엄마 손은 약손'으로 아기 공룡이 아주아주 커다란 달 똥을 싼 것이다. 터져나갈 듯이 부풀었던 아기 공룡은 다시 본래의 크기로 돌아가고, 달은 이제 아주 커지고, 멀리 가 버려서 다시는 이런 일이 생기지 않게 잘 마무리가 되었다. 물론 무척 큰 달똥을 싼 아기 공룡의 엉덩이에는 반창고가 남았지만.

 제한된 색깔로 다채로운 표현을 해 내는 그림은 유머가 넘친다. 인물들의 표정이 생생하고, 표현이 과장되어 눈을 뗄 수가 없다. 달을 처음 맛보는 아기 공룡은 자기 몸 크기만큼이나 입을 벌리고, 달을 모두 먹은 아기 공룡은 지구만큼이나 둥그렇게 커진다. 사소한 재미도 놓칠 수 없는데, 커다란 달 똥을 싸고 있는 아기 공룡의 표정이나, 그 모습을 인자하게 지켜보며 박수하는 엄마 공룡을 보면 웃음을 짓지 않을 수 없다. 그렇게 큰일을 겪고도 다시 멀리 있는 달을 보며 혓바닥을 내미는 아기 공룡의 모습이나 커다란 달똥을 싸고 난 아기 공룡의 엉덩이에 반창고가 붙어 있는 모양도 재미있다. 글밥의 언어도 매력적이다. 형용사와 부사가 폭넓게 사용되고 의성어와 의태어가 풍부해서 입말을 살려 읽기에 좋고, 상황이 부드럽게 이해된다. 달의 맛은 "꿀처럼 달고, 수박처럼 시원"한 것으로 표현되고, 아기 공룡의 뱃속에서는 "꾸르륵꾸르륵 부글부글 뻥뻥"하며 100개의 달이 요동치는 것이다. 이렇게 눈과 귀가 즐거운 가운데 '거짓말은 자신도 괴롭고 다른 사람들에게도 피해를 준다'는 교훈이 자연스럽게 녹아든다.

◉ 코인 모양의 화이트 초코칩 100개를 도화지 위에 늘어놓아 보자. 먹어 보고 어떤 맛인지, 먹는 소리는 어떤 지도 표현해 보자. 또한 여러 개의 초코칩을 유리그릇에 담아 전자렌지에 돌려 녹인 후에 커다란 동그라미 모양의 화이트 초콜릿을 만들어 보자. 아기 공룡이 먹었던 달은 어떤 맛이었을지 그림책에 묘사된 표현을 확인하면서 초콜릿과 어떻게 맛이나 소리가 다를 것 같은지 이야기해 보자.

◉ 배가 아팠다가 나은 경험을 이야기해 보자. 어떻게 낫게 되었는지 아플 때 누가 어떻게 도와주었는지도 나누고 도와준 사람에게 고마운 마음을 전해보자. 상황극을 해보아도 재미있을 것이다.

◉ 높이 매달려 있거나 놓여있는 물건을 어떻게 하면 손에 넣을 수 있을지 실제로 상황을 만들고 안전에 주의하면서 실행에 옮겨보자. 예를 들면 과자 따먹기, 손이 닿지 않은 곳에 놓여 있는 물건 꺼내기 등의 과제를 만들고 손에 넣을 수 있는 방법을 생각하고 실천해 보자.

거짓말 같은 이야기

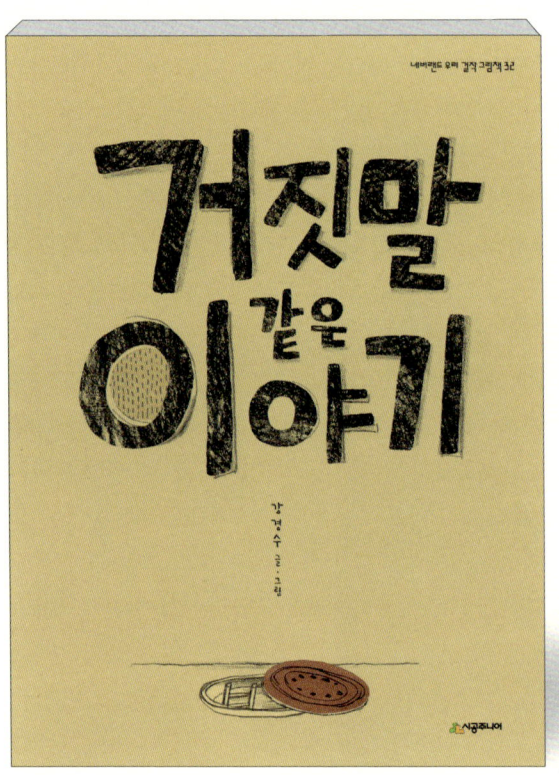

〰️ 작가 소개

강경수는 고등학교 졸업 후 십여 년간 만화가 문하생으로 코믹만화를 그리다 학습도서의 삽화 그리는 일을 우연히 배우며 그림책 작가로 전환하게 되었다. 특히 사노 요코의 『백만 번 산 고양이』를 읽으며 느낀 감동이 그림책 작가로 일하게 된 결정적인 계기가 되었다고 한다. 이후 출판사와 공모전에 지원하다 2008년 〈그림책 상상〉 특별부록으로 『잠들지 못하는 밤』을, 같은 해 『다리미야 세상을 주름 잡아라』에 그림을 그리며 그림책 작가로의 삶을 시작했다. 작

글·그림 | 강경수 출판사 | 시공주니어 출판년도 | 2011년 ISBN | 9788952760661
판형 | 210*275mm 쪽수 | 36쪽 주제 | 사회적 세계 / 양선 / 세계 여러 나라

품으로는 2011년 볼로냐아동도서전 논픽션 부문 라가치상 우수상을 받은 『거짓말 같은 이야기』 외에도 『커다란 방귀』, 『화가 나!』, 『나의 엄마』, 『나의 아버지』 등 다수가 있다. 또한 『공자 아저씨네 빵가게』, 『건방이의 건방진 수련기』 등 다양한 학습 동화에 그림을 그렸다.

줄거리

그림 그리기를 좋아하는 대한민국의 솔이는 화가가 꿈이다. 하지만 꿈조차 꾸지 못하는 다른 나라 아이들이 있다. 키르기즈스탄에 사는 하산은 매일 오십 킬로그램이 넘는 석탄을 실어올리고, 인도에 사는 파니어는 하루 14시간씩 카펫을 만든다. 우간다에 사는 키잠부는 말라리라에 걸렸지만 약값도 없고 치료 받을 수도 없다. 루마니아의 엘레나는 3년째 거리 맨홀에서 외롭게 살고 있다. 아이티의 르네는 지진으로 부모를 잃었고, 콩고 민주공화국에 사는 칼라미는 9세에 전쟁터에 끌려갔다온 후 마음의 병을 앓고 있다. 다른 나라 아이들의 이야기를 들은 솔이는 거짓말이지? 라고 묻지만, 거짓말 같은 세계에서 살아가는 아이들의 진짜 이야기이다.

서평

이 그림책은 작가가 대인지뢰에 희생되는 어린이들의 참상을 담은 한 다큐멘터리 프로그램을 보고 구상하게 된 작품이다. 하지만 유아를 대상으로 하는 그림책에 어울리지 않는 무거운 주제를 다루었다는 이유로 여러 출판사에서 퇴짜를 맞다가 작가의 고집을 알아 준 출판사를 만나 어렵게 출간되었다. 작가는 본 작품을 작업하며 어린이 인권문제에 눈을 떠 NGO 단체를 통해 방글라데시에 사는 한 아동을 후원하고 있다.

이 작품에서는 한국의 솔이와 6명의 세계 여러 나라 아이들이 등장한다. 그러나 띠지가 벗겨진 표지의 거칠고도 굵은 글씨의 제목과 하단의 뚜껑이 열린 맨홀 그림만으로는 어떤 이야기인지 쉽게 예측하기는 어렵다. 다만 크라프트 재질의 표지에서 반 이상을 차지하는 제목은 마치 크게 외치는 소리 같은데 반해 세로로 작고 가늘게 쓰인 작가이름은 뚜껑이 열린 맨홀에 보이는 사다리 밑으로 내려가는 듯하여 대조를 이루며 맨홀 아래 어떤 세상이 있을지 궁금함을 갖게 한다. 그림책을 펼쳐보면 한국의 솔이뿐만 아니라 마치 무심히 지나쳤 아니, 거짓말 같은 우리의 진짜 이야기란다.

© 거짓말 같은 이야기

던 맨홀과 같이 그간 관심을 두지 못했던 다른 나라 아이의 실상이 차례차례 소개된다. 왼쪽 페이지에 손으로 쓴 듯한 글씨로 "안녕?"이라는 인사와 자신의 이름을 말하는 글과 함께 오른쪽 페이지에는 정면을 바라보는 아이의 상반신 모습이 클로즈업 된 채 그려진다. 한국에 사는 솔이를 제외한 다른 아이들은 추레한 옷차림에 무표정한 얼굴로 입을 벌려 어떤 이야기를 하려는 듯하다. 바로 뒷장 펼침면 가득 생존의 위험을 안고 살아가는 아이들의 처참한 현실이 그려지고, 솔이의 꿈과는 차원이 다른 아이들의 꿈이 글 텍스트로 전달된다.

아이들 앞에 놓인 인권유린, 기아, 지진 같은 자연재해, 전쟁과 같은 극한 환경이나 사회적 폭력의 문제는 국내의 아이들이 접하기 쉽지 않을 뿐 아니라 자신과는 상관없다고 치부하기 쉽다. 하지만 작가는 솔이 또래 아이들을 동일

한 크기와 방식으로 그려냄으로써 외면할 이들이 아니라고 말하고 있는 듯하다. 이를 드러내듯 6명의 다른 나라 아이들의 모습이 소개 된 후 솔이의 모습이 다시 나타나는데 이번에는 활기찬 앞선 모습과는 달리 다소 미안하고 겸연쩍은 표정으로 아무 말도 하지 못하고 서있다. 페이지를 넘기면 솔이는 "거짓말이지?"라고 묻는데, 이 장면에서 비로소 솔이는 다른 아이들의 현실과 꿈 사이의 괴리에 눈을 뜬 듯 검은 그림자에 하얀 별이 촘촘히 박힌 모습으로 그려진다. 이들의 하늘에는 앞 페이지에서 솔이 모습에 박혀 있던 별이 떠 있는데 이는 솔이가 꿈을 꾸듯 다른 아이들도 저마다의 꿈을 꾸며 살고 있다는 것을 보여주는 듯하다. 이 책은 거짓말같이 생각될 만큼 극단적인 삶을 살아가고 있는 세계 곳곳의 어린이들도 우리가 외면할 수 없는 우리의 이웃이라는 사실을 보여준다.

어쩌면 독자는 이 책에 등장하는 나라들에 대해 부정적인 선입견을 가질지도 모르겠다. 그래서 그런 선입견을 갖지 않도록 주의해야 한다. 그러나 그것이 이렇게 어려운 어린이들이 있다는 사실을 알리지 않아야 한다는 뜻은 아니다. 왜냐하면 무관심 속에 고통받고 있는 어린이들이 전 세계에 여전히 많이 있고, 이들에게 관심을 갖고 도와줄 누군가가 필요하기 때문이다. 이 책은 다양한 세계 여러 나라의 상황을 이해하고 공감할 수 있는 독자로 아주 어린 유아보다는 초등 저학년에게 추천하고 싶다.

- 작가가 이 그림책을 만들게 된 계기는 하나의 다큐 프로그램이었다고 한다. 아이들과 함께 이와 관련된 동영상을 시청해 보거나 그림책을 읽은 후 어떤 생각이 들었는지 함께 이야기 나눠볼 수 있다.
- 어떻게 이 아이들을 도울 수 있는지에 대해 생각해 보고, 돕는 단체들도 살펴보도록 한다. 어려운 아이들에게 관심을 가질 수 있도록 포스터를 만들거나 이들의 현실을 보여주는 신문을 만들어 볼 수도 있다.

곧 이 방으로 사자가 들어올 거야

✎ 작가 소개

아드리앵 파를랑주는 1983년 프랑스 오베르뉴 지방에서 태어나 파리에서 자랐다. 대학에서 그래픽아트를, 스트라스부르에서 일러스트를 공부하고, 영국 왕립예술학교를 졸업했다. 그림책 『퍼레이드』와 『곧 이 방으로 사자가 들어올 거야』를 출판했으며, 두 번째 책인 본 작품으로 2015년 볼로냐아동도

원제 | *La chambre du lion*, 2014 글·그림 | 아드리앵 파를랑주 출판사 | 정글짐북스
출판년도 | 2015년 ISBN | 9791185082288 판형 | 210*297mm 쪽수 | 33쪽
주제 | 내적 세계 / 화평, 온유 / 나와 가족

서전 픽션 부문 라가치상 우수상을 수상했다. 작가의 홈페이지(http://www.adrienparlange.com)에는 다양한 실험적인 일러스트레이션이 소개되어 있는데, 작가가 단순화된 형태와 원색, 판화기법을 주로 활용하는 것을 볼 수 있다.

줄거리

어느 저녁 사자가 방을 비운 사이 호기심 많은 소년이 사자의 방에 들어오자, 구석에서 잠을 자던 생쥐가 놀라 달아난다. 조금 뒤 문 밖에서 소리가 나자 소년은 사자가 돌아온 줄 알고 재빨리 침대 아래로 숨지만, 사실 방에 들어온 것은 사자가 아닌 또 다른 소년이었다. 첫 번째 소년과 두 번째 소년, 그리고 뒤이어 들어오는 소녀도, 개와 새들도 문 밖에서 들리는 소리만으로 겁을 먹고 그저 숨기에 바쁘다. 이윽고 모두가 두려워 한 사자가 들어오지만 사자 역시 왠지 낯설게 느껴지는 방의 모습에 겁을 먹고 이불을 뒤집어쓰고 숨는다. 그때, 생쥐가 돌아오는데 자기 말고는 아무도 없다고 생각한 생쥐만이 이불 위에 편하게 누워 잠을 잔다.

서평

잠자리에 드는 시간, 불을 꺼야 하는 순간이 오면 많은 아이들이 두려움에 사로잡힌다. 낮에 아무렇지도 않게 가지고 놀았던 것들이 어두운 방 안에서는 왠지 무섭게 느껴진다. 이 책의 등장인물들 역시 저녁 시간, 들어오면 안 되는 장소에 호기심으로 들어왔다가 소리만 듣고 두려움에 사로잡힌다. 이곳은 사자의 방이고, 사자는 무서운 존재라는 인식이 쌓여 있기에 아이들과 동물들은 누군가 들어오는 소리에 각자의 공간에 숨어들어 두려움과 마주하게 된다.

그러나 작가는 그림 속에 작은 유머를 심어놓아 그들이 홀로 남겨진 공간마저도 혼자가 아닌 곳, 또 다른 호기심을 유발하는 장소로 활용한다. 양탄자 아래 숨은 소년은 해진 양탄자 구멍 사이로 소녀를 만나고, 등 위의 소년은 그 와중에도 벌레를 잡느라 신발 한 짝을 벗어든다. 커튼 뒤의 새들은 거미 한 마리를 놓고 요란스런 날갯짓을 하고, 거울 뒤의 개는 미처 커튼 뒤로 숨지 못한 새 한 마리를 만난다. 그리고 마침내 모두가 두려워하는 이 방의 주인인 사자가 들어오는데, 아이러니하게도 사자는 자기 방이 왠지 낯설게 느껴져 이불을 뒤집어쓰고 숨는다. 특히 그림 속에서 새들을 피해 달아난 작은 거미가 사자

의 등을 타고 점점 올라갈수록, 가장 덩치 큰 사자가 겁에 질려 어쩔 줄 몰라 하는 모습이 웃음을 자아낸다.

작가는 우아하고 절제된 선과 색상을 사용하여 최소한의 조형적 요소를 판화 기법으로 표현하며 저녁 시간 사자의 방을 그려낸다. 모든 장은 고정된 시점으로 방의 모습을 보여주기에 독자는 새로운 등장인물이 방에 들어와 바뀐 부분에 시선을 집중하게 된다. 페이지를 넘길 때마다 나타나는 그림 속의 작은 변화들은 글에서 발견할 수 없는 많은 이야기를 담고 있으며 자칫 지루해 보일 수 있는 전개에 역동적인 재미를 더해준다.

아이들에게 세상은 두려움의 대상일 수 있다. 특히 어두운 저녁 시간은 아이들에게 마치 사자의 방처럼 호기심이 생기면서도 막연한 두려움이 느껴지는

© 곧 이 방으로 사자가 들어올 거야

시간과 공간일 것이다. 작가는 그저 소리만으로 혹은 느낌만으로 저녁 시간의 잠자리를, 더 나아가서 이 세상의 크고 작은 사자의 방을 두려워할 필요는 없으니 안심하라며 독자들에게 따뜻한 응원의 메시지를 보낸다.

- 누군가 사자의 방에 들어올 때면 늘 소리가 먼저 난다. 책 속의 등장인물이 낼 법한 소리를 상상하고 직접 소리를 내어보며 책을 읽어보자.

- 밤에 잠자리에 들 때, 혹은 새로운 곳에 갔을 때 궁금하면서도 무서움을 느꼈던 경험을 나누어 보고, 두려움을 이길 수 있는 방법을 찾아보자.

ⓒ 곧 이 방으로 사자가 들어올 거야

구름빵

작가 소개

백희나는 스스로를 그림책 작가이자 인형장난 전문가, 애니메이터, 그리고 바쁘고 정신없는 두 아이의 엄마로 소개하고 있다. 작가는 이화여자대학교에서 교육공학을, 캘리포니아 예술학교에서 애니메이션을 공부하였다. 2005년 그림책 『구름빵』으로 볼로냐아동도서전에서 픽션 부문의 올해의 작가로 선정되었고 『장수탕 선녀님』으로 2012년 한국출판문화상과 2013년 창원아동문학상을 수상하였다. 그 밖에 『달 샤베트』, 『어제 저녁』, 『이상한 엄마』, 『알사탕』 등

글·그림 | 백희나 출판사 | 한솔수북 출판년도 | 2004년 ISBN | 9788953527058
판형 | 200*275mm 쪽수 | 36쪽 주제 | 가족 세계 / 사랑 / 나와 가족, 환경과 생활

의 작품이 있다. 홈페이지(http://www.storybowl.com)에서 작가의 이야기를 더 만나볼 수 있다.

줄거리

어느 날 아침, 창 밖에 비가 내리는 것을 보고 주인공은 동생을 깨워 밖으로 나간다. 비오는 하늘을 바라보다 작은 구름이 나뭇가지에 걸려 있는 것을 본 남매는 작은 구름을 엄마에게 가져다주고, 엄마는 구름으로 빵을 굽는다. 아빠는 회사에 늦어 함께 식사하지 못하고 허둥지둥 밖으로 나가고 엄마와 남매는 구름빵을 먹고 두둥실 떠오른다. 남매는 배가 고플 아빠를 위해 빵 하나를 봉지에 담아 창밖으로 힘껏 날아올라 가다가 버스에 타고 계신 아빠를 발견한다. 아이들에게서 받은 구름빵을 먹은 아빠도 두둥실 떠올라 금세 회사에 다다른다. 남매는 다시 집으로 돌아와 구름을 바라보며 구름빵을 먹는다.

서평

비를 머금어 무거워진 작은 구름 한 조각이 나뭇가지에 걸리면서 이야기는 시작된다. 구름을 조심조심 들고 온 아이들의 호기심도 그 구름을 받아 반죽하여 구름빵으로 구워낸 엄마의 기발함도 독자들의 상상력을 깨워준다. 구름빵을 먹고 구름처럼 둥실둥실 떠오른 아이들과 엄마의 모습을 보는 것만으로도 마치 내가 하늘을 나는 듯 기분이 좋아지고, 식사를 하지 못하고 출근한 아빠를 떠올린 엄마와 아이들의 마음도 참 따뜻하다.

『구름빵』의 등장인물들은 한국의 아이들이라면 누구나 좋아하는 인기 캐릭터이다. 특히 이 캐릭터들은 인형으로 만들어 천으로 옷을 덧붙인 작품들이다. 작가는 인물들뿐만 아니라, 베개나 이불 등 집안 소품도 아기자기하게 제작하

구름빵을 먹은 우리도
두 둥 실 떠올랐어요.

© 구름빵

여 사진으로 촬영함으로써 마치 인형놀이를 하는 듯 입체적인 즐거움을 선사한다. 또한 『구름빵』은 책이라는 매체를 넘어서서 애니메이션과 인터랙티브 앱으로도 만들어져 다양한 매체로 즐길 수 있다.

  구름으로 빵을 만들고, 구름빵을 먹고 하늘을 난다는 매력적인 발상과 가족의 사랑이 느껴지는 이야기이지만, 이 책은 아이러니하게도 작가가 첫 아이를 낳고 산후우울증을 겪던 시기에 만들어졌다고 한다. 작가는 장마철에 시원하게 내리는 비를 보며 떠오른 소재에 사랑하는 가족들과의 추억과 이야기를 더하여 『구름빵』을 만들었다. 이야기의 뒷부분에 등장하는 아빠와 교통체증에 대한 아이디어는 작가의 남편이 생각해낸 것이고, 구름을 빵으로 요리하는 부분은 요리를

좋아하는 작은언니의 요구에 의한 것이라고 한다. 작가는 이렇게 이야기한다. "어린 시절 빵과 과자를 구워주시던 엄마, 다정하고 뚱뚱하신 아빠, 언제나 함께한 언니들, 비, 나의 아기 홍비, 그리고 남편, 친정의 부엌… 저의 모든 소중한 추억들이 반죽되어 구름빵이 구워졌습니다."

사랑스럽고 고소하게 구워진 이 그림책은 곳곳에서 그림 읽기의 즐거움을 제공한다. 허둥지둥 회사로 뛰어가는 아빠의 와이셔츠는 뚱뚱한 몸매 때문에 아슬아슬한 주름이 팽팽하게 당겨져 있고, 구름빵을 먹은 엄마와 아이들이 두둥실 떠오른 부엌에는 찬장의 그릇이며 조리기구 등이 섬세하게 표현되어 있다. 구름빵을 먹고 하늘을 날아다니는 아이들과 아빠를 목격한 다른 이들의 놀란 표정을 읽어내는 것도 재미있다. 앞 면지와는 달리 뒤 면지에는 맑게 갠 하늘 아래 아직은 비를 머금어 무거워진 많은 구름들이 낮게 떠 있는 것을 볼 수 있다.

- 뒤 면지를 보고 이후에 어떤 이야기가 이어질지 아이들과 상상해 보자.
- 아이들과 함께 구름빵을 구워보자. 진짜 빵을 굽기 어렵다면 솜과 지점토를 활용하여 구름빵을 만들어도 재미있겠다.
- 이 작품은 작가가 모든 소품을 제작하여 사진으로 찍어 만든 그림책이다. 가능한 재료들을 활용하여 구름빵 가족의 집을 만들고, 구름빵 가족들의 인형을 만들어 보자.
- 구름이 아닌 다른 것을 넣은 빵을 상상해 보자. 바다빵, 달님빵, 나뭇잎빵 등을 상상해보고 그 빵을 먹으면 어떤 일이 일어날지 이야기를 나누어 보자. 그런 이야기로 그림책을 만들 수도 있겠다.

그래, 책이야!

원제 | It's a Book, 2010 글·그림 | 레인 스미스 출판사 | 문학동네 출판년도 | 2011년
ISBN | 9788954614214 판형 | 210*260mm 쪽수 | 30쪽
주제 | 문화적 세계 / 절제 / 우리 동네, 생활 도구

작가 소개

레인 스미스는 개성 있는 작품으로 전 세계 독자에게 사랑받는 작가이자 일러스트레이터이다. 존 셰스카와 함께 쓴 『냄새 고약한 치즈맨과 멍청한 이야기들』로 칼데콧 아너 상을 받았다. 그가 그림을 그린 『늑대가 들려주는 아기 돼지 삼형제 이야기』는 미국도서관협회의 '주목할 만한 책'과 〈뉴욕타임즈〉의 '일러스트레이션이 뛰어난 10권의 책'으로 선정되었다. 이 밖에도 『하늘을 날고 싶은 공주』, 『할아버지의 이야기 나무』, 『펭귄은 너무해』 등의 작품을 직접 쓰고 그렸다. 작가의 홈페이지(http://www.lanesmithbooks.com)에 가면 작가의 작품세계에 대해 잘 알 수 있다.

줄거리

원숭이 몽키와 당나귀 동키가 각각 책과 노트북을 보면서 마주앉아 있다. 동키는 몽키에게 계속해서 컴퓨터에서 할 수 있는 일(스크롤, 블로깅, 트위터)들이 책에서도 가능한지 묻는다. 동키의 계속되는 질문에 지친 몽키가 직접 확인해 보라며 책을 건네고, 동키는 금세 책에 빠져 든다. 동키가 손에서 자신의 책을 놓지 않자 몽키는 다른 책을 보러 도서관으로 향한다.

서평

표지에는 원숭이 몽키의 얼굴이 BOOK이라는 타이틀 이미지의 'O'자를 구성하며 책과 하나가 된 듯 의자에 앉아 독서 삼매경에 빠진 몽키가 그려져 있다. 몽키는 속표지에서 노트북을 팔에 끼고 다가오는 친구를 알아차리지 못한다. 독서에 몰두한 몽키는 본문 첫 페이지에서 맞은편에 서서 뭘 가지고 있는지 묻는 동키에게 "책이야"라고 대답할 뿐이다. 마주 앉은 동키가 노트북을 하면서 컴퓨터로 할 수 있는 것들을 책도 할 수 있는지 묻고, 몽키는 계속해서 할 수 없다고, "이건 책"이라는 무심한 대답만 한다.

현대인들이 각자의 세계에 몰입하여 같은 공간에 있는 바로 옆 사람에게 관심이 없듯, 몽키와 동키 역시 서로의 도구를 가지고 각자의 일을 할 뿐 친구가 무엇을 하는 지에는 크게 관심이 없다. 뉴미디어인 컴퓨터에 빠진 동키에게 책은 할 수 없는 것들로 가득한 올드 미디어일 뿐이다. 책에서는 음악이나 소리도 나지 않고, 책으로는 메일도 보내지 못하며, 트위터도 할 수 없고, 인터넷도 할 수 없다. 동키는 자랑스럽게 자신이 쓰는 컴퓨터의 다양한 기능을 자랑한다. 그러나 몽키는 독서를 방해하는 동키가 성가시다. 게슴츠레 눈을 뜨고 목을 뒤로 젖히는 몽키의 표정은 동키가 귀찮을 뿐이라는 것을 보여준다. 동키 역시 독서삼매경에 빠진 몽키를 이해할 수 없다. 서로의 관점과 경험이 전혀 다르기 때문이다. 노트북의 성능을 과시하기 위한 동키의 질문으로 인내심이 한계에 도달한 몽키는 동키에게 직접 확인하라며 책을 눈앞에 갖다 대고, 동키는 엉겁결에 『보물섬』의 한 페이지를 읽는다. 동키는 글이 있는 페이지를 단 몇 개의 이모티콘으로 정리해버리지만, 결국 빠르고 효율적인 뉴미디어가 줄 수 없는 것을 책을 통해 맛보게 된다. 동키는 다음 내용이 궁금해지자 질문을 바꾸어서 책이 할 수 있는 것들을 물으며 몽키에게 다가가서 책을 슬쩍 가져와 읽기 시작한다.

　상황이 반전되어 동키는 시간 가는 줄 모르고 책에 빠져든다. 동키는 4시간 반이 넘도록 책에서 눈을 떼지 못한다. 애지중지하던 노트북을 소파 옆에 세워놓은 채 책만 보는 여섯 컷의 슬라이드 그림은 마침내 책이 주는 즐거움을 알고 몰입된 동키의 모습을 잘 보여준다. 책을 돌려받지 못해 초조해진 몽키의 난감한 표정은 한 페이지 전체를 차지하여 몽키의 고민이 사뭇 크다는 것을 시각화한다. 동키는 끝까지 책의 특성을 완전하게 이해하지 못했지만 몽키와 마우스의 웃는 얼굴은 컴퓨터에만 빠져 있다가 책을 좋아하게 된 동키와 공동의 관심사가 생긴 것이 내심 반가운 것 같다.

　세상이 점점 더 빠르게 변하고 최첨단 미디어가 사람들을 매료시키지만 책의 가치는 변하지 않고 새로운 미디어와 비교할 수 없는 심오한 즐거움과 기쁨을 준다. 한때 E-book이 등장하면 종이책이 사라질 것이라 예측되기도 하였지만 이제는 아무도 그런 우려를 제기하지 않는다. 책은 단순히 글이 쓰인 물건이 아니라 역사이고 추억이며 무엇으로도 대신할 수 없는 고유한 가치를 가지고 있기 때문이다. 레인 스미스는 책이 다른 미디어보다 우월하다고 직접 주장하지는 않는다. 단 한 페이지라도 제대로 읽으면 동키처럼 책의 매력에 빠져들 거라고 믿으며 부드럽고 유머러스하게 독자들에게 책읽기를 제안한다.

- 스토리가 간단한 대화로 이루어져 있어서 역할극을 해보기 좋을 것이다. 실제 책을 가지고 동키처럼 책 내용을 몇 개의 이모티콘으로 표현해 보고 그렇게 할 때 표현하지 못하는 것은 무엇인지 비교해 보아도 재미있을 것이다.

- 자신이 가장 좋아하는 책을 소개해 보자. 좋아하는 장면, 대목, 주인공, 색채와 느낌 등 그 책을 좋아하는 이유에 대해 이야기해 보자. 때로는 다른 사람의 이야기를 통해 책을 좋아하게 되기도 한다.

- 책과 컴퓨터의 다른 점과 같은 점, 각 매체의 장점과 단점이 무엇인지 벤 다이어그램을 그려서 이야기해 보자.

그리미의
하얀 캔버스

작가 소개

이현주는 계원조형예술대 애니메이션과를 졸업하고 디자인 회사에 다녔다. 2009년 EBS가 주최한 '세계 일러스트 거장전'의 공모전(일러스트레이션 분과)에서 대상을 받았고 현재 프리랜서 일러스트레이터로 활동하고 있다. 본 작품은 작가의 첫 번째 그림책으로 2010년 '상상마당 볼로냐 워크숍'을 통해 출판된 작품이다. 2012년 볼로냐아동도서전에서 작가의 처녀작에 수여하는 오페라 프리마 라가치상을 수상하였다.

글·그림 | 이현주 출판사 | 상출판사 출판년도 | 2011년 ISBN | 9788991126374
판형 | 243*300mm 쪽수 | 42쪽 주제 | 내적 세계 / 자비 / 유치원과 친구, 겨울

줄거리

어느 흐린 겨울 날 주인공 그리미는 창문에 크레파스로 눈을 그리기 시작한다. 눈이 점점 많아져서 쌓이자 그리미는 그 눈 속에 들어가 산책하며 어려움에 처한 숲 속 동물들을 만나고, 크레파스를 이용해 문제를 해결하며 오후를 보낸다. 그리미는 친구들과 헤어질 시간이 되어 아쉬운 작별인사를 한다. 그리미의 크레파스는 모두 닳았지만 대신 소중한 친구가 생겨서 기뻐하고 새 크레파스를 가지고 친구들을 또 만날 생각에 잠긴다.

© 그리미의 하얀 켄버스

서평

눈이 내린 숲 속에 이젤이 놓여 있다. 이젤 안에는 동물들이, 바깥에는 여자아이가 있다. 캔버스 안에서 시작하여 바깥으로 가지를 뻗은 나무는 밖에 그려진 나무들과 어우러지며 표지를 이룬다. 제목을 통해 이젤 밖의 여자아이가 주인공 그리미이며, 이 아이가 눈 내린 겨울날을 배경으로 무언가를 그릴 것이라고 유추할 수 있다.

그리미가 바깥 풍경과 어울리는 눈송이를 창문에 그리기 시작하며 점진적으로 창밖과 방 안 공간의 경계가 허물어져 간다. 마침내 아이는 현실을 완전히 벗어나서 놀이의 세계에 빠져든다. 상상의 나라에서 그리미는 어려움에 빠진 다양한 동물들을 만난다. 그리미가 상상 속에서 만들어 낸 동물 친구들인 셈이다. 그 동물들은 모두 어려움에 빠져 있는데 그리미는 자신이 손에 쥔 크레파스로 깜찍하게 문제를 해결해 준다. 다리를 다친 딱따구리 할아버지에게는 나무에서 내려올 수 있는 사다리를, 갇혀 있는 곰에게는 문을, 추위 타는 개구리에게는 양말을, 눈 색깔에 묻히기 쉬운 흰 토끼에게는 무늬를 각각 그려주고

© 그리미의 하얀 켄버스

딱따구리 할아버지와 그리미는 친구가 되어 하얀 숲 속을 함께 걸었어요.
그때 눈더미 사이로 작은 동굴이 보였어요.
"할아버지, 저 동굴에 누가 있는 것 같아요!"
딱따구리 할아버지와 그리미는 동굴 안을 살며시 들여다보았어요.

  이들과 친구가 되어 숲 속에서 즐거운 시간을 보낸다. 저녁이 되자 그리미는 상상의 공간에서 창문을 통과하여 현실 세계인 방 안으로 돌아온다.

  작가는 이 책을 통하여 주변의 자연과 사물, 그 무엇이든지 상상의 문이 될 수 있다는 것을 보여주고자 했다고 한다. 작가의 말처럼 상상의 나라는 현실과 동떨어져 있지 않다. 그리미는 창문을 통해 상상의 세계로 들어가는데, 현실의 창문에 처진 커튼 무늬는 창 밖으로 보이는 상상 세계의 풍경과 맥을 같이 한다. 그 상상의 나라에서 그리미는 마법의 도구인 크레파스, 즉 상상력을 발휘하며 친구들을 위하여 어려운 상황을 지혜롭게 해결해 가고 있다.

  마지막 페이지에는 흰 바탕에 회색의 등장인물들이 아이가 그린 듯한 모습으로 그려져 있는데, 이 그림이야말로 그리미가 실제로 그린 하얀 캔버스 위의 그림이 아닐까 하고 추측하게 한다. 아이들이 그린 그림을 다시 한 번 보자. 단순한 그림 속에 단순하지 않은 다양한 이야기가 가득 들어 있을 것이다.

ⓒ 그리미의 하얀 캔버스

- 그리미는 친구들을 돕는 데 마법의 크레파스를 사용하였다. 나에게 이러한 도구가 주어진다면 무엇을 할 수 있을지 생각해 보자. 나라면 그리미가 만난 동물 친구들의 문제를 어떻게 해결해 줄 수 있을지 그림으로 그려보자.

- 그리미는 오후 내내 그림을 그리면서 놀았다. 나에게 혼자만의 시간이 주어진다면 무얼 하고 노는지 이야기를 나누어 보자. 혼자서도 재미있게 할 수 있는 놀이들을 소개해 보자.

기차가 덜컹덜컹

작가 소개

구도 노리코는 1970년 일본 가나가와현 요코하마에서 태어나 대학에서 미술을 전공하고, 그림책 작가이자 만화가로 활발하게 활동하고 있다. 귀엽고 개성 넘치는 캐릭터들이 벌이는 아기자기한 이야기로 일본에서 널리 사랑받고 있다. 작품으로는 〈우당탕탕 야옹이〉 시리즈, 〈삐악삐악〉 시리즈, 〈펭귄 형제〉 시리즈, 〈센슈와 웃토〉 시리즈, 만화 『멍멍이 트랙스』 등이 있다. 그의 작품 세계를 소개하는 사이트(http://www.buch.jp)에 가면 현재의 활동과 작업과정에 대해 보다 자세히 알 수 있다.

원제 | ノラネコぐんだん きしゃぽっぽ, 2014 글·그림 | 구도 노리코 출판사 | 책읽는곰
출판년도 | 2015년 ISBN | 9791158360061 판형 | 228*228mm 쪽수 | 40쪽
주제 | 사회적 세계 / 절제 / 우리 동네, 교통기관

🖋 줄거리

말썽꾸러기 고양이 여덟 마리는 멍멍씨의 식품운송 기차가 잠시 정차된 틈을 노려 기차에 올라탄다. 고양이들은 기차만 잠시 타보려던 게 석탄을 넣어 기차를 운행하게 되고, 멍멍씨 일행에게 쫓기면서 기차를 점점 더 빨리 몰아간다. 멍멍씨네를 따돌리고 배가 고파진 야옹이들은 짐칸에 실은 옥수수를 구워 먹으려다 엄청난 양의 팝콘을 튀기게 되고 그 바람에 기차는 멈춘다. 야옹이들은 말썽을 일으킨 대가로 바닷가역과 극장역에 열린 장터의 일을 도우면서 뒤처리를 하게 된다.

🖋 서평

표지를 펼치면 앞뒷면을 연결해서 나타나는 식료품 운송 증기기차가 속도감 있게 달리고 여덟 마리 고양이는 열심히 석탄을 때고 있다. 길게 뿜어져 나오는 증기 위에 손글씨로 쓴 제목도 기차와 함께 덜컹거리는 것 같다.

식료품과 고양이의 패턴이 있는 포장지 같은 연두색 면지는 이야기에 대한 기대와 궁금증을 유발한다. 선명한 색감의 만화풍 그림에는 구석구석 상황과 인물의 행동이 자세히 묘사되어 이야기를 보충하고 설명한다. 글은 매우 간결한 대화체로 이어지는데 반해 그림은 커다란 펼침면과 만화처럼 여러 컷 형태를 다양하게 사용함으로써 내용 전개의 속도감을 조절하고 있다. 만화가로서의 작가의 면모가 잘 드러나는 작품이다.

말썽쟁이 야옹이들은 잠깐만 타보려고 기차에 올랐는데, 석탄을 보니 넣어 보고 싶고, 그렇게 해 보니 기차가 움직였다. 멍멍씨 일행이 쫓아오자 잡히면 안 될 것 같은 알 수 없는 투지에 불타서 야옹이들은 기차를 점점 빨리 달리게

© 기차가 덜컹덜컹

ⓒ 기차가 덜컹덜컹

한다. 그야말로 말썽이 말썽을 부르면서 상황은 점점 속수무책으로 커지는데, 그런 전개가 그림책을 보는 사람을 즐겁게 한다. 아마도 뭔가 일탈하고 싶지만 차마 그렇게 할 수 없는 행동들을 야옹이들이 끊임없이 재현해 주는 데서 오는 대리만족과 만화풍의 의인화된 동물 캐릭터가 주는 비현실성이 이러한 장면을 마음 놓고 즐길 수 있게 해 주는 것 같다.

어린이들은 늘 어른들로부터 '~하면 안 된다'는 말을 듣는다. 사실은 어른들도 늘 '~하면 안 된다'는 내면의 소리를 들으며 살아간다. 말썽쟁이 야옹이 여덟 마리는 바로 그런 억압된 소망들을 분출하고 실현시켜주는 밉지 않은 캐릭터들이다.

야옹이들은 배가 고파지자 집칸의 옥수수를 구워먹기로 하는데 누가 하는 말인지도 모르게 이어지는 "구워먹자, 잔뜩 굽자, 몽땅 넣어버려,"와 같은 야옹이들의 대화는 결과는 생각하지 않고 일단 일을 저지르고 보는 만화적인 인물의 속성을 그대로 보여준다. 산만큼 튀겨진 팝콘이 굴뚝에서도 뿜어져 나오고, 눈처럼 흩날리는 장면은 과장되고 유쾌하다. 그러나 비록 악의 없이 저지른 일이지만 큰 말썽을 일으킨 고양이들은 자신들이 벌인 일에 대한 대가를 순순히 치른다. 꼼짝없이 밤늦도록 뒤처리를 하는 장면, 옥수수를 주문한 팝콘장사 토끼에게 물건이 없는 이유를 해명하는 책임감 강한 멍멍씨를 그려놓은 사실적 접근은, 재미로 벌인 일로 인해 누군가는 피해를 볼 수도 있으며 그에 대해 끝까지 책임져야 한다는 작가의 현실적인 메시지도 함께 담고 있다. 아마도 이것이 구도 노리코의 작품이 아이부터 어른에게까지 인기를 끄는 비결이라고 생각한다.

작가는 그림 곳곳에 재미난 장면을 숨겨놓아 그림을 살피는 독자에게 많은 이야기를 들려준다. 예를 들어 뚱뚱한 닭은 먹는 것을 좋아해서 늘 도넛, 사과, 팝콘, 토마토 등을 먹거나 손에 들고 있다. 마지막 장면에서 극장역에 상영되는 영화와 야옹이들의 말썽과의 대비도 유심히 살펴보면 작가의 유머 코드가 잘 드러나 그림 보는 재미가 크다.

- 기울기가 디른 경사로에서 장난감 자동차를 움직이게 해보자. 경사로의 각도와 자동차의 무게에 따라 속도가 달라지는 것을 관찰할 수 있노독 다양한 조건의 자료를 준비해 주면 더욱 좋다.

- 유리냄비에 팝콘 튀기기 요리활동을 해보자. 팝콘이 튀겨지는 모습을 관찰하며, 스스로 옥수수 알맹이가 되었다고 생각하여 몸으로 표현해 보자.

- 그림을 자세히 보면서 글로 풀어내지 않은 이야기들을 찾아보자. 예를 들어 멍멍씨 일행이 야옹이들을 추적할 때의 상황이나 고양이들이 일으킨 말썽과 그 일을 수습하느라 어떤 일이 벌어지는지 유아들과 그림을 보면서 이야기를 만들어 보자. 닭이나 토끼, 산골마을에 식료품을 주문한 가게 주인들, 성실한 멍멍씨 등 인물이나 사건 하나에 집중해서 살펴보아도 재미있을 것이다.

길 아저씨 손 아저씨

작가 소개

글을 쓴 권정생은 한국의 대표 동화작가이다. 1937년 일본 도쿄에서 태어나 해방된 후 바로 우리나라로 왔다. 그는 따뜻한 시선으로 주변의 살아있는 모든 생명체의 존귀함을 보여주는 작가이다. 1969년 제1회 기독교 아동문학상을 받은『강아지똥』외에,『몽실 언니』,『엄마 까투리』,『오소리네 집 꽃밭』등에 글을 썼다.

그림을 그린 김용철은 강원도 양구에서 태어나 홍익대학교에서 서양화를 공

글 | 권정생   그림 | 김용철   출판사 | 국민서관   출판년도 | 2006년   ISBN | 9788911026319
판형 | 262*228mm   쪽수 | 36쪽   주제 | 사회적 세계 / 양선 / 유치원과 친구, 우리 동네

부했다. 옛날 이야기를 좋아해서 직접 글을 쓰기도 한다. 그림책 『훨훨 간다』,
『낮에 나온 반달』 등과 동화책 『아빠 짝꿍』, 『흰 사슴을 타고 간 여행』 등에 그
림을 그렸다.

줄거리

다리가 불편해 걷지 못하는 길 아저씨와 눈이 보이지 않는 손 아저씨가 부모
를 여읜 후 각자 어렵게 살아간다. 어느 날 손 아저씨가 구걸을 하다가 길 아
저씨의 딱한 사정을 듣고 길 아저씨를 찾아간다. 그때부터 길 아저씨와 손 아
저씨는 서로의 눈과 발이 되어주기로 한다. 이후 두 아저씨는 한 몸처럼 지내
고 부지런히 이곳저곳 다니며 일감을 얻어 남에게 기대지 않고 살게 되었다.
둘 다 장가를 간 이후에도 나란히 집을 짓고 서로 도우며 오래오래 행복하게
살았다.

서평

길 아저씨와 손 아저씨를 통하여 장애인의 불편함을 부각시키기보다는 그들
이 서로의 부족한 부분을 채워 열심히 살아가는 모습을 긍정적으로 담아낸 작
품이다. 앞뒤 표지에는 시내의 징검다리를 한 몸처럼 건너는 주인공들의 모습
이 연결되어 그려져 있다. 길 아저씨가 등에 업힌 채 이야기하는 방향으로 손
아저씨가 힘껏 발을 내딛는 모습에서 두 인물이 서로를 얼마나 의지하고 믿고
있는지를 볼 수 있다. 두 사람을 보면 한 사람은 눈이 보이지 않고, 한 사람은
업혀 있어서 제목의 길 아저씨와 손 아저씨가 이들을 각각 지칭하는 것임을
알 수 있다. 붓글씨로 날려 쓴 제목의 '길'과 '손'의 받침은 특별히 길게 써서
길과 손이 되어 살아가는 이들 두 인물의 특징을 강조하여 보여준다. 또한 앞
면지에는 닫힌 문이, 뒤 면지에는 열린 문이 보여 집안에서 단절된 삶을 살던
두 주인공이 서로를 도와 세상 밖으로 나가게 되는 내용을 암시하는 것 같다.

어떻게 이들이 함께 하게 되었을까? 사연은 옛이야기 형식으로 시작된다.
한 사람이 구걸을 하다가, 둘이 함께 구걸을 하고, 더 발전하여 자신들이 할 수
있는 일을 찾아 하기까지의 과정을 보여준다. 그림은 옛이야기 분위기를 살
릴 수 있는 동양화풍의 석판화로 표현하였다. 두 인물이 세상 밖으로 나오기
전에는 회색, 갈색을 주조로 극도로 절제된 몇 가지의 색조를 사용하였고, 둘

© 길 아저씨 손 아저씨

이 만난 이후에는 점차 밝은 색조를 사용하였다. 세상 밖으로 나오기 전 이들의 모습은 한 면이 꽉 채워지지 않은 채 테두리 없는 박스 안에 그려진다. 닫힌 문, 높은 담장은 장애를 딛고 밖으로 나가기 어려운 현실을 나타낸다. 이때 주인공들은 열등하고 무기력한 자아를 반영하듯 모든 그림에 어두운 그림자가 함께 한다. 특히 보살펴 주던 부모가 세상을 떠난 후 더 이상 방 안에서만 생활할 수 없는 이들은 원하든 원치 않든 스스로 자립해야 하기에 작은 박스가 아닌 펼침면 전체에 걸쳐서 그림이 그려진다. 구걸로 생활을 영위하던 앞을 못 보는 손 아저씨가 비슷한 형편의 다리를 못 쓰는 길 아저씨 얘기를 듣는 순간 어둡고 무채색으로 일관하던 책에 처음으로 밝은 색상의 나뭇가지가 등장한다. 딱한 사정으로 사는 이가 자신 혼자가 아니며, 내가 부족한 것을 채워줄 이가 있고, 나 또한 그의 부족한 부분을 채워주면 된다는 사고의 전환이 일어났을 법하다.

이들 이름이 자신이 부족한 것을 드러내는 점이 특이하다. 손 아저씨는 앞을 보지 못해서 더듬거려야 하는 시각장애인이고, 길 아저씨는 다리를 못 써

© 길 아저씨 손 아저씨

홀로 길을 갈 수 없는 앉은뱅이이기 때문이다. 손 아저씨와 길 아저씨가 합심하여 살아가면서 그림은 프레임에 갇히지 않고 어두운 색조도 걷힌 채 그려진다. 처음에는 이들이 살아오던 방식 그대로 구걸을 하며 살아가지만 조금씩 주위에서 맡기는 일감으로 돈을 벌어 살기 시작한다. 이들의 표정은 점차 밝아지고 내내 따라다니던 그림자 또한 사라진다. 특히, 펼침면을 4등분으로 하여 계절의 변화를 뚜렷이 보여주며 그 속에서 변함없이 한 몸으로 부지런히 일하는 이들의 모습을 담아내었다. 결국, 방 안에 갇혀서 살던 두 사람은 다른 사람에게 기대지 않고 잘 살게 되고, 참한 아가씨에게 장가들어 가정을 이룸으로써 착한 사람은 복을 받는 전형적인 옛이야기의 결말 구조로 마무리 된다. 작가 정보가 나와 있는 마지막 펼침면에 두 집이 나란히 이웃하며 각 집에서 행복하게 미소 짓는 길 아저씨와 손 아저씨의 그림을 작게 그려 넣음으로써 행복한 여운을 남긴다.

　장애인이 등장하는 그림책들은 대부분 장애에 대해 편견을 갖지 말자는 메시지를 전하거나 장애인의 아픔을 표현하여 공감을 할 수 있도록 한다. 그런데 이 작품은 장애인을 비장애인과의 관계 속에서 그리는 것이 아니라 장애인들이 서로 협력하여 적극적으로 삶을 살아내는 모습을 담아내었다. 이 작품은 장애가 협력적인 관계 속에서 훌륭하게 극복되는 이야기를 담고 있지만 장애인의 이야기로 국한하여 생각할 필요는 없다. 사람은 모두 부족한 부분이 있게 마련이며 내가 가진 것이 다른 누군가에게는 꼭 필요한 손이요, 길일 수 있기 때문이다.

⊙ 만약 길 아저씨와 손 아저씨가 서로를 만나지 않았다면 어떻게 되었을지 예측하여 이를 말이나 그림으로 표현해 본다.

⊙ 장애와 협력을 경험할 수 있도록 두 사람이 짝을 이루어 한 사람이 눈을 가리고, 다른 사람이 안내하여 목적지를 다녀오는 게임을 해보자.

⊙ 혼자보다는 둘이, 둘보다는 여럿이 협력해서 더 잘 할 수 있는 일들이 무엇인지 함께 알아보자.

까만 크레파스

↘ 작가 소개

나카야 미와는 1971년 일본 사이타마현에서 태어나 조형과를 졸업했다. 일본의 유명한 캐릭터 회사인 산리오의 디자이너로 근무하다가 일본 그림책동화미술학원에서 공부하고 그림책 작가가 되었으며 여자미술전문대학 아트디자인학과의 교수를 역임하였다. 작가는 캐릭터에 관심이 많아 『크레파스와 괴물 소동』 등 〈까만 크레파스〉 시리즈와 〈누에콩〉 시리즈, 〈도토리 마을〉 시리즈의

원제 | くれよんのくろくん, 2001 글·그림 | 나카야 미와 출판사 | 웅진주니어
출판년도 | 2002년 ISBN | 9788901036373 판형 | 40쪽 쪽수 | 270*190mm
주제 | 사회적 세계 / 충성 / 유치원과 친구, 나와 가족

그림책을 펴냈다. 『까만 크레파스』로 2002년 제12회 켄부치 그림책마을 대상을 받았다.

줄거리

아직 쓰지 않은 새 크레파스의 노랑이는 심심해서 밖으로 뛰쳐나왔다가 커다란 새 종이를 발견한다. 나비를 그린 노랑이는 다른 크레파스 친구들을 차례로 데려와 그림을 그린다. 하지만 크레파스 친구들은 까망이가 그림을 그리려고 해도 끼워주지 않는다. 샤프형은 풀이 죽은 까망이에게 다가와 위로한다. 그 사이 다른 크레파스들은 앞 다투어 색을 칠하다 그림을 엉망으로 만든다. 샤프형은 까망이에게 뭔가 속삭이고 까망이는 머리가 닳도록 그림 위에 검은색을 덧칠한다. 잠시 후 샤프형이 까만 칠을 긁어내어 아름다운 불꽃놀이 그림을 완성한다. 엉망이 된 그림이 불꽃놀이 그림으로 완성되자 친구들은 기뻐하며 까망이 곁에 빙 둘러서서 따돌렸던 것을 사과한다.

서평

표지의 까망이는 한쪽 구석에서 진땀을 흘리면서 친구들이 크레파스 상자 밖으로 나오도록 뚜껑을 받쳐 들고 있다. 반면 뒷 표지에는 까망이가 물구나무를 서서 만족스런 얼굴로 곡선을 그리고 있다. 앞표지와 뒤표지의 까망이의 표정이 달라진 것은 본문에서 까망이의 심정이 변화되는 특별한 일이 일어날 것이라는 암시처럼 보인다.

페이지를 넘기면 흰 종이 위에서 그림을 그리는 크레파스들은 점점 늘어가는데 반해 까망이는 도화지 바깥, 또는 왼쪽의 분리된 공간에 고립되어 있는 것을 볼 수 있다. 그러나 샤프형의 격려로 까망이는 용기를 내어 도화지 안으로 들어오고 그림 전체를 덧칠한다. 이 때 까망이는 종이 위에 있지만, 다른 크레파스들은 오른쪽 구석으로 몰려가서 여전히 서로 어울리지 못한다. 그림 위에 까만색을 칠하는 까망이의 얼굴은 열심히 그 일을 하기는 하지만 결코 어떤 확신이나 만족은 없다. 다만 샤프형의 말을 믿고 용기를 낼 뿐이다. 색칠을 다 마친 까망이는 이전보다 더 초라해 보인다. 비난을 받으면서 친구들에게 둘러싸여 서 있는 까망이는 덧칠하느라 머리가 다 닳아 없어지고

종이도 벗겨져있다.

그 때 샤프형은 불꽃놀이 모양으로 까만 바탕을 벗겨낸다. 서로를 배려하지 않고 자신만을 드러내려다 엉망진창이 된 그림은 스크래치 기법을 통해 새로운 불꽃놀이 그림으로 완성된다. 또한 알록달록 화려한 불꽃은 까망이의 존재 가치가 드러남을 축하하는 듯하다. 마침내 까망이는 친구들과 함께 어울려 서서 그들과 하나가 되었다.

누구나 초라하고 부족해 보이는 자기 자신에게 실망하는 경험이 있기 때문에 독자들은 까망이에게 공감하게 된다. 샤프형은 까망이를 위로하고 존재의 가치를 일깨워주어 친구들과 어울릴 수 있는 용기를 갖도록 격려하며 스크래치화의 공로도 까망이에게 돌리는 내면의 성숙함을 가졌다. 무엇보다도 까망이는 자신이 미처 깨닫지 못했던 가치를 인식하게 되면서 자존감을 회복하게 된다. 사실 우리 자신은 각자 존재 자체가 가진 아름다움과 가치가 있는데 그것을 인식하지 못하면 늘 열등감을 가지고 살게 된다.

- ⊙ 그림책의 그림을 다시 보고 스크래치화를 그려보자. 어린 연령의 유아들이라면 상품화된 스크래치화 재료를 이용할 수도 있다. 스크래치화를 그리면 갖가지 색의 아름다움과 다른 색깔의 색감을 생생하게 살려주는 검은 색의 가치를 직접 느낄 수 있다. 이때, 샤프 이외의 다양한 도구들을 사용하면 벗겨지는 면이나 선의 차이도 경험할 수 있다.

- ⊙ 까망이의 표정 변화를 살피면서 그림만 다시 보자. 까망이의 표정이 바뀌는 것을 보면서 어떤 마음일지 이야기해 보자. 일상생활 중에 까망이의 말, 샤프형의 말을 적절하게 사용해 보자. 유아들과 함께 책을 읽은 경험을 공유하는 기쁨을 누릴 수 있을 것이다.

- ⊙ 베아트리스 퐁따넬과 앙트완 기요빼의 『사랑스러운 까마귀』를 같이 읽고 까마귀와 까망이의 마음을 비교해 보자. 두 그림책 모두 검정색의 아름다움과 가치를 보여주는데, 그 가치를 어떻게 드러내는지 이야기해 보자.

나는 다른 동물이면 좋겠다

╲ 작가 소개

글을 쓴 베르너 홀츠바르트는 독일 비넨덴에서 태어나 오랫동안 광고 기획 일을 일을 해왔다. 1989년에 출판된 『누가 내 머리에 똥 쌌어?』에 글을 썼으며 그 밖에도 『꼬마 한스가 혼자가 되었어』, 『엄마 생쥐는 아이가 다섯이야』 등이 국내에 번역 소개되었다. 바이마르의 바우하우스 대학교에서 시각 커뮤니케이션 교수를 지냈다.

원제 | I'ch Wär So Gern ... Dachte Das Erdmännchen, 2012 글 | 베르너 홀츠바르트
그림 | 슈테파니 예쉬케 출판사 | 아름다운사람들 출판년도 | 2012년 ISBN | 9788965132165
판형 | 210*280mm 쪽수 | 40쪽 주제 | 내적 세계 / 사랑 / 유치원과 친구, 나와 가족

그림을 그린 슈테파니 예쉬케는 바이마르의 바우하우스 대학교에서 시각 커뮤니케이션을 공부하였으며, 2011년부터 프리랜서 일러스트레이터로 일하고 있다.

줄거리

동그랗게 눈을 뜬 미어캣이 사방을 둘러보며 동물 친구들을 유심히 관찰하다가 각 동물들의 장점을 파악하고는 자기 자신이 다른 동물이었으면 하고 바란다. 그러다 문득 검은 그림자를 본 미어캣은 휘파람을 불었고, 그 소리를 들은 모든 미어캣이 굴속으로 도망치자, 그 모습을 본 다른 동물들은 오히려 미어캣의 장점에 대해 생각한다. 그러나 다시 굴 밖으로 나온 미어캣은 여전히 자신의 장점은 바라보지 못하고 다른 친구의 장점을 부러워 한다.

서평

많은 독자들에게 사랑을 받은 『누가 내 머리에 똥 쌌어?』의 저자 베르너 홀츠바르트가 오랜만에 신작을 냈다. 작가는 이 책의 글을 장면에 따라 간결하게 제시하거나 생략하기도 하고, 문장을 반복적으로 제시하여 운율감을 잘 살리고 있다. 또한, 주변을 두리번거리며 관찰을 잘 하는 특성을 지닌 미어캣을 주인공으로 선정함으로써, 캐릭터의 성격을 잘 살려내고 있다.

한편, 그림은 일러스트와 함께 다양한 종이를 붙인 콜라주 기법을 보이고 있는데, 줄이 그어져 있는 종이들이 동물원의 창살과 같은 느낌을 준다. 또한, 글자 텍스트를 이미지로 활용하여 또 다른 의미를 전달하는 아이코노텍스트를 적절히 활용하고 있다. 예를 들어, 검은 그림자가 나타난 부분에서 미어캣이 위험을 알리는 휘파람을 불 때, 미어캣 아래에는 'held' 라는 단어가 오려 붙여져 있다. 이는 독일어로 '영웅'이란 뜻이다.

그렇다. 미어캣은 곰이나 침팬지, 사자처럼 눈에 잘 띄지는 않지만, 눈에 보이지 않는 작은 영웅이다. 미어캣이 파수꾼의 역할을 훌륭히 해냄으로써 종족을 지켜낼 수 있기 때문이다. 그러나 안타깝게도 미어캣 자신은 그러한 본인의 장점을 잘 알지 못하고, 그가 관찰하는 곰과 침팬지, 사자의 멋진 모습을 부러워하며 다른 동물이면 좋겠다고 생각한다.

작가는 이처럼 마지막까지 다른 동물을 부러워하는 미어캣의 모습을 제시함으로써, 자신의 모습에 만족하지 못하고 언제나 막연히 누군가가 되고 싶어 하는 인간의 본성을 담담하게 그려내고 있다. 다소 진지한 주제임에도 그다지 교훈 중심적이라고 생각되지 않는 것은, 작가가 동물 등장인물과 심플하고 유머러스한 그림으로 주제를 가볍게 제시하기 때문이다. 그래서 독자는 무거운 훈계가 아니라, 가만히 자신을 들여다볼 수 있는 여유를 얻는다. 그리고 그 여유 속에서 다른 사람에게로 향한 부러움의 시선을 거두고 자기 자신에 대해 더욱 알아가고 자신의 강점을 기뻐하고 사랑하라는 작가의 메시지를 들을 수 있다.

- 책을 읽고 나서 미어캣처럼 나도 다른 친구가 되었으면 좋겠다고 생각해본 적이 있는지 경험을 나누어 보고, 친구의 장점을 찾아보는 활동을 해볼 수 있다.

- 미어캣이 스스로의 장점을 알 수 있으려면 어떻게 도와줄 수 있을까? 그 방법대로 그림책 속 미어캣에게 다른 동물들이 미어캣을 보고 생각하는 바를 알려주자. 또한, 같은 방식으로 아이들에게도 장점을 알려주어 보자.

나랑 같이 놀자

작가 소개

마리 홀 에츠1895~1985는 위스콘신 주의 밀워키에서 태어났으며 어릴 때부터 그림에 남다른 재능이 있었다. 3남 3녀 중 넷째로 형제들과 늘 북적이며 자랐고 유년 시절 자연 속에서 맘껏 뛰어 놀았는데 이때의 경험이 그림책에 많은 영향을 미쳤다. 위스콘신에 있는 로렌스 대학과 뉴욕 미술학교에서 본격적인 미술 수업을 받았고 체코슬로바키아에서 어린이 건강 센터 설립을 위해 일

원제 | *Play with me*, 1955 글·그림 | 마리 홀 에츠 출판사 | 시공주니어
출판년도 | 2017년 ISBN | 9788952782687 판형 | 187*260mm 쪽수 | 36쪽
주제 | 자연적 세계 / 희락 / 동식물과 자연

하면서 어린이 세계에 관심을 갖기 시작했다. 에츠의 그림은 극도로 절제되어 있는 색상과 부드러운 선이 가득하다. 대표작으로 『숲 속에서』, 『나랑 같이 놀자』, 『바로 나처럼』이 있다.

줄거리

꼬마는 들판에 나가 아침을 먹고 있는 메뚜기와 놀고 싶어 하지만 메뚜기는 달아나 버린다. 이후 꼬마는 개구리, 거북이, 다람쥐, 어치, 토끼, 뱀과도 함께 놀고 싶어 다가가지만 모두 달아나 버린다. 꼬마는 아무도 함께 놀아주지 않자 혼자 연못가에서 민들레 줄기를 뽑아 입김을 불어 씨를 날리고 가만히 앉아 있는다. 그러자 도망갔던 동물들이 한 마리씩 그 옆에 다가오고, 꼬마는 동물 친구들과 더불어 행복한 시간을 보낸다.

서평

노랑머리를 한 꼬마 아이가 정면을 응시하며 시작하는 『나랑 같이 놀자』는 1956년 칼데콧 아너상을 받았다. 이 그림책은 연필, 콩테, 파스텔을 사용하여 부드러우면서도 잔잔한 아이의 내면세계를 따뜻하고 담담하게 그려내고 있다. 처음부터 끝나는 장면까지 인물과 풍경은 노란색의 둥근 프레임 안에 나타난다. 배경은 색깔 없이 윤곽선만으로 그려지고, 주인공 꼬마의 얼굴과 팔다리, 동물에 채색이 된 절제된 그림으로 이야기를 전한다.

　이슬이 맺혀 있는 아침에 꼬마 아이가 혼자 들판으로 나온다. 하늘에는 태양이 따사로운 표정으로 아이와 들판을 비춰주고 있다. 그림책 선 페이지에 등장하는 태양은 홀로 노는 아이를 지켜보는 어른처럼 보여 독자는 아이 혼자가 아니라는 사실에 안도감을 가질 수 있다.

　유아는 자아중심적인 사고방식을 가졌기 때문에 처음부터 타인의 입장을 이해하기란 쉽지 않다. 책 속의 꼬마 역시 동물 친구들의 입장을 고려하지 않고 무조건 놀자고 다가간다. 나의 행동이 어떤 결과를 가져올지, 내가 건네는 소통의 방식이 타자에게 어떻게 받아들여질지는 생각하지 않고 함께 놀고 싶은 마음에 불쑥 손을 뻗는다. 이에 아침을 먹던 메뚜기는 아이에게 잡힐까 도망가고, 모기를 잡으려고 웅크리고 있는 개구리도 붙잡힐까 폴짝 뛰어가 버린다. 모든 동물 친구들이 손길을 거부하자 상심한 아이는 민들레 씨를 불고, 가만히 앉

아 연못을 바라본다. 꼬마가 가만히 앉아 있자 그동안 다가가려 애쓸 때는 도 망가던 동물들이 하나 둘 그 곁으로 모여든다. 꼬마는 동물 친구들을 만지거 나 잡으려 하지 않은 채 그저 그들을 관찰하고 같은 공간에 머물 뿐이다. 그러 나 꼬마가 이 시간을 얼마나 행복해 하는지 일인칭인 글 텍스트와 그림의 꼬 마 모습을 통해 확실히 드러난다. 동물들이 모여드는 장면에 그려진 울타리는 독자에게 아이와 동물이 함께 하는 그 공간을 지켜만 보라는 듯하다. 이전까 지 하얀 햇살을 비추던 태양은 마지막 장면에서 집으로 힘차게 돌아가는 꼬마 위로 노란 빛을 비추며 즐거운 아이의 마음을 따뜻하게 비추는 듯하다.

- 태양을 부모 또는 어른이라고 생각해 보자. 그림책의 몇 장면을 선택하여 말풍선을 그린 후 태양이 건네고 싶었을 말을 적어 보자. 각자의 부모는 아이에게 무슨 말을 했을지 상상해 보자. 어른인 경우에는 자신의 아이가 꼬마처럼 행동할 때 어떤 말을 해주는지 돌아보자.

- 그림책의 내용으로 동극을 해 보자. 대사가 많지 않고, 간단한 행동으로 내용을 표현할 수 있어 동극을 하기에 적당하다. 꼬마가 다가가면 각 동물의 역할을 맡은 아동들이 그 동물의 특징을 살려 도망갔다가 다시 돌아와서 함께 노는 상황을 표현하면 재미있을 것이다. 아동에게 태양 역할을 맡기고 그 태양을 어떻게 표현할지를 생각해 보아도 좋겠다.

날아라 현수야

글·그림 | 한성옥 출판사 | 웅진주니어 출판년도 | 2012년 ISBN | 9788901146409
판형 | 205*272mm 쪽수 | 44쪽 주제 | 내적 세계 / 희락 / 학교와 나(초등학교)

작가 소개

한성옥은 이화여자대학교에서 서양화를 전공하고 미국의 뉴욕주립패션공과대학과 스쿨오브비주얼아트에서 수학하였다. 지금은 대학교와 대학원에서 강의하면서 그림책 작가로 활동하고 있는데 『시인과 여우』로 이르마·제임스 블랙상 명예상을 받았고, 『나의 사직동』으로 2005년 볼로냐아동도서전에서 '올해의 일러스트레이터'로 선정되었다.

줄거리

뚱뚱하다고 늘 놀림 받는 현수가 학부모 참관 수업에 엄마가 오지 못하자 더욱 의기소침해진 이야기를 담았다. 현수는 엄마가 오지 않아 자신감이 더욱 떨어져 숙제 발표를 잘하지 못하고, 이어지는 체육시간에는 반 대항 시합에서 매트를 못하여 친구들에게 원성을 사고, 점심시간에는 제대로 먹지도 못한다. 하교를 할 때까지 스트레스만 쌓인 현수는 집으로 가는 길에 분식집에서 폭식을 하며 자신을 달랜다. 하지만 다음날 현수가 조사해온 매미 숙제가 교실에 게시되자 현수는 날개가 달린 듯 구름 위로 마음이 두둥실 떠오른다.

서평

초등학교, 유치원에서조차 외모는 아이들의 관심거리이자 놀림거리이다. 작가는 뚱뚱한 외모 때문에 상처 받았던 자신처럼 힘든 유년을 보내는 아이들에게 따뜻한 위로와 공감을 보낸다. 슈퍼맨 차림으로 하늘을 날고 있는 뚱보 소년이 그려진 표지 그림과 입체적으로 표현되어 지면 앞쪽으로 돌출된 듯한 『날아라 현수야』라는 제목은 잘 보면 누구에게나 있을 날개를 쫙 펴고 날아오르라는 작가의 응원을 담고 있다.

　현수는 학부모 참관 수업이 있는 날 유난히 더 힘든 하루를 보낸다. 학교에 오기로 약속한 엄마가 일 때문에 오지 못하자 현수는 수업에 집중을 못한 채 발표를 하느라 더듬거리다가 수업이 끝나버린다. 꼬이기 시작한 일은 체육 시간에도 이어지는데 현수는 역할을 제대로 하지 못하여 반장에게 원성을 사고, 점심시간에는 뚱보니 조금만 먹으라는 친구의 구박을 받고, 하교 전에는 비밀까지 폭로 당한 채 억울하게 반성문을 쓴 후에야 하교하게 된다. 집에 돌아오는 길에 갑자기 허기가 느껴져 분식으로 배를 채워보지만 가슴 깊은 공허함을 채울 수 없다. 집에 돌아와 꼼짝 없이 누워있을 수밖에 없는 현수를 덮은 이불은 거대한 바위처럼 짓누를 뿐이다. 작은 현수가 감당해야 했을 누적된 좌절감의 무게가 얼마나 무거웠을지 짐작케 한다.

하지만 다음 날 아침 현수는 선생님으로부터 숙제를 잘했다는 칭찬을 받고, 그 숙제는 교실 앞 게시판에 붙는다. 숙제를 본 새별이와 아이들이 현수를 향해 웃어 보이고 현수도 뿌듯해 하며 책은 끝이 난다. 뒷표지에 줄넘기를 하는 현수의 모습이 그려지며 이 사건을 계기로 현수의 삶에 긍정적인 변화가 생겼음을 짐작할 수 있다.

"매미의 한 살이"라는 현수의 숙제 제목이 얼핏보면 "난難살이"로 보이는 것은 우연이 아닐 것이다. 애벌레는 여러 번 허물을 벗고 땅속에서 수년간 살다 비로소 성체가 되어 날 수 있는 매미가 된다. 숙제 표지에서 벗어나 페이지 뒤로 날아가는 매미처럼 현수와 상처를 안고 있는 많은 아이들이 날아오르기를 바라는 작가의 마음을 느낄 수 있다. 선생님께서 현수의 장점을 발견하고 칭찬하여 현수에게 자신감을 준 것처럼, 부모나 선생님 또는 다른 누군가의 작은 관심과 말 한마디가 잠재력을 제대로 발휘하지 못하고 위축되어 있는 아이들에게 날개가 되어 줄 것이다.

현수의 심리상태를 극대화하여 표현하기 위해 곳곳에 현수가 클로즈업 되어 나타나는데 이러한 장면마다 짙은 회색과 붉은색이 덧칠해져 심리적 어려움의 깊이를 드러낸다. 또한 앞뒤 면지와 속표지, 그리고 본문에 현수의 그림 노트가 나온다. 앞뒤 면지는 모두 현수의 비밀 노트인데, 앞 면지에는 전쟁터로 향하는 용과 병사들이 가득한데 반하여 뒤 면지는 원숭이와 오리의 시선을 뒤로한 채 토끼를 등에 업고 야자수 나무를 먹고 있는 자신을 상징하는 공룡이 그려지며 변화된 현수의 심리를 보여준다. 속표지에도 나오는 이 동물들(원숭이, 오리, 토끼)은 본문에도 고스란히 등장한다. 이는 현수의 눈에 비친 반 친구들의 모습으로 지나치게 무거울 수 있는 주제의 책을 편안하게 읽

을 수 있도록 하는 역할을 한다.

- ⊙ 현수처럼 기분이 좋지 않은 날이 있을 때 그 감정을 어떻게 해소하는지를 나누어 보자. 누군가의 도움으로 어려움에서 벗어났다면 그 경험도 나누어 보자.
- ⊙ 장점이 없는 사람은 없다. 누구에게나 날 수 있는 날개가 있다. 소그룹으로 친구들의 장점을 찾아내어 서로 얘기해 주자.

© 아이클릭아트

낮잠 자는 집

작가 소개

오드리 우드와 돈 우드 부부는 함께 그림책을 쓰고 그린다. 『꼬마 돼지』, 『나쁜 말이 불쑥』 등의 작품이 있고, 『그런데 임금님이 꿈쩍도 안 해요!』로 칼데콧 상 아너상을 받았다. 경쾌한 글과 활기 넘치면서도 세련된 그림이 특징이다.

원제 | The Napping House, 1984 글 | 오드리 우드 그림 | 돈 우드 출판사 | 보림
출판년도 | 2000년 ISBN | 9788943304126 판형 | 245 * 245mm 쪽수 | 30쪽
주제 | 가족 세계 / 희락 / 나와 가족

줄거리

집이 한 채 있다. 낮잠 자는 집이다. 집안에는 침대가 있다. 침대 위에는 드르렁 코고는 할머니, 그 위에는 음냐 음냐 꿈꾸는 꼬마, 그 위에는 꺼떡꺼떡 조는 개, 그 위에는 벼룩… 낮잠 자는 집에선 모두 다 잠을 잔다. 그런데 말똥말똥 깨어있던 벼룩이 쥐를 콱 물고, 쥐가 고양이를, 고양이가 개를, 개가 꼬마를, 꼬마가 할머니를 깨우고, 결국 침대도 부러진다.

서평

이 책은 단순한 줄거리를 토대로 장면마다 반복되는 단어와 문장 구조, 그로 인한 리듬감과 예측 가능한 변화를 즐길 수 있는데, 반복되는 운율과 누적되는 구조는 아이들이 쉽게 따라 읽을 수 있는 재미를 준다.

처음 이 집을 소개하는 장면은 무채색의 배경들이 만들어내는 고요함과 정적감을 느끼게 하지만, 열려 있는 울타리 대문과 빼곡한 사선의 빗줄기들이 묘한 긴장감을 주면서 다음 장면을 기대하게 한다.

방안으로 들어오면 모두가 자기의 자리에서 등을 보인 채 잠을 자고 있다. 무채색 배경에 정적이 흐르는 가운데, 먼저 꼬마가 자리에서 일어나 침대 위의 할머니에게로 가서 할머니 위에서 잠을 잔다. 그리고 차례차례 개, 고양이, 쥐가 그 위에 올라가서 잠을 자는데, 하나씩 올라가서 자는 장면마다 그 다음 차례의 동물이 새로운 자리를 찾기 위해 준비 동작을 하는 것을 볼 수 있다. 할머니 위로 쌓여가는 수가 많아질수록 그것을 설명하는 글들은 점점 아래로 길어진다. 그리고 창밖으로 보이는 빗줄기가 점점 가늘어지면서 조금씩 늘어나는 노란색의 햇살이 집안의 색깔을 유채색으로 변화시켜 간다.

이 장면을 바라보는 시선은 점점 위로 올라가다가 벼룩이 쥐를 깨무는 장면에서는 완전히 위에서 아래로 내려다보는 시선이 되고, 하나씩 깨어나면서 서서히 다시 내려온다. 색깔은 점점 더 밝아지고 깨어나는 이들이 큰 원 대형으로 꼬리에 꼬리를 물면서 움직이고 방안의 물건들도 모두 춤을 추며 역동적인 움직임을 보여준다. 가장 밑에서 모두를 받쳐주고 있던 침대마저 부서져 버리지만 할머니와 꼬마의 얼굴은 너무나 행복해 보인다.

정적 속에서 자는 모습들, 하나하나 깨어나면서 놀라고 즐거워하는 모습들이 생동감 있게 묘사되어서 함께 자고 함께 웃게 만들어준다. 무지개와 함께

낮잠 자는 집에선
이젠 아무도 안 자요.

완전히 회복된 맑고 밝은 햇살 아래 뛰어노는 마지막 장면은 첫 장면의 긴장감을 모두 해소시키며 완벽한 해피엔딩을 만끽하게 해준다.

너무 작아서 처음엔 잘 보이지 않았던 벼룩의 위치를 찾아보면서 책을 거꾸로 읽어갈 수도 있고, 방안의 사물이나 시선, 창문 중 하나의 테마를 잡아서 그것만의 변화를 찾아보는 것도 즐거운 경험이 될 것이다.

뒤표지에서는 "글과 그림의 행복한 결혼"이라는 제목이 붙은 오드리, 돈 우드 부부의 사진을 볼 수 있는데, 오드리 우드가 글을, 돈 우드가 그림을 그렸다는 사실을 아는 독자라면 이 제목을 더욱 유쾌하게 받아들일 수 있을 것이다. 이것은 글과 그림이 어우러져 제3의 텍스트를 만드는 그림책의 특성을 잘 반영하는 것이기도 하다.

◉ 가능하다면 원어책으로 읽어보면서 오드리 우드가 만들어낸 단어의 운율을 직접 느껴보는 것도 좋겠다. 특히 국내에는 번역되지 않았으나 두 작가의 작품 *The Full Moon at the Napping House*은 『낮잠자는 집』과 완벽하게 짝을 이룬다. 두 작품을 같이 읽어 보자.

◉ 갖가지 크기의 물건들을 쌓으면서 말놀이를 해보자. ○○(아이 이름)이의 ○○위에 ○○, ○○하는 ○○, 그 위에 ○○하는 ○○, 이렇게 말을 늘여나가다가 반대로 ~하는 ○○, 그 아래 ○○하는 ○○, 그 아래 ~하는 ○○, 식으로 말놀이를 해보자.

내가 아빠를 얼마나 사랑하는지 아세요?

작가 소개

글을 쓴 샘 맥브래트니는 1943년 북아일랜드에서 태어났다. 대학에서 역사를 전공한 그는 1970년부터 1990년까지 교사로 근무하다가 글쓰기에 전념하기 위해 퇴직했다. 그의 대표작인 『내가 아빠를 얼마나 사랑하는지 아세요?』는 전 세계적인 베스트셀러로 53개 언어로 번역되었다. 그는 지금도 재미있는 어린이책을 만들고 있다.

원제 | Guess How Much I Love You, 1994 글 | 샘 맥브래트니 그림 | 아니타 제람
출판사 | 베틀북 출판년도 | 1997년 ISBN | 9788987499253 판형 | 188 * 257mm
쪽수 | 32쪽 주제 | 가족 세계 / 사랑 / 나와 가족

그림을 그린 아니타 제람은 1965년 영국에서 태어났다. 맨체스터 폴리테크닉에서 비주얼 스터디스 과정과 일러스트레이션 과정을 공부하고, 학교를 졸업하면서부터 작품 활동을 시작했다. 그녀의 꿈은 야생동물 보호 구역을 만드는 것이다. 동물을 사랑하는 작가는 고양이, 개, 토끼, 기니피그, 두꺼비, 도마뱀 등 각종 동물을 키우고 있으며 동물 그리기를 좋아한다고 한다.

줄거리

아기토끼는 잠을 자야 할 시간이지만 아빠토끼와 놀고 있다. 아빠가 자기 마음을 얼마나 잘 아는지 궁금해진 아기토끼는 최선을 다해 아빠에게 자기가 아빠를 얼마나 사랑하고 있는지를 표현한다. 작은 두 팔을 활짝 펼치고, 까치발을 해 키를 잔뜩 키워 보이며 이만큼이나 아빠를 사랑하고 있다고 말한다. 아빠토끼도 지지 않는다. 아기토끼가 감탄할 수밖에 없을 정도로 멋지고 큰 몸짓으로 내가 너를 더 많이 사랑하노라고 말한다. 아빠에게 사랑을 고백하며 잠이 든 아기토끼에게 아빠토끼는 더 많이 사랑한다고 속삭인다.

서평

제목과 그림이 꼭 어울리는 표지다. 온 몸을 쭉 펴야 고개를 숙인 아빠의 귀에 간신히 손이 닿는 아기토끼가 아빠토끼에게 "내가 아빠를 얼마나 사랑하는지 아세요?"라고 묻고 있다. 얼마나 사랑하기에 이렇게 안달이 나서 물어보는

ⓒ 내가 아빠를 얼마나 사랑하는지 아세요?

건지 궁금해져 책을 펼치면 약표제지부터 독자를 끌어당긴다. 아빠토끼와 아빠토끼의 등에 업힌 아기토끼를 딱 마주치게 되기 때문이다. 약표제지의 제목 바로 아래 그려진 아빠토끼와 아기토끼의 모습은 두 인물의 크기의 차이를 확인하게 하는 한편, 아빠토끼가 아기토끼를 태우고 어디론가 출발할 듯한 자세로 독자와 눈을 맞추어 이야기 속으로 따라 뛰어 들어가게 한다. 아기토끼를 태운 아빠토끼는 껑충껑충 뛰어 표제지를 지나 그림책의 첫 장면에 착지한다. 표지에서부터 본격적인 첫 장면이 시작되기까지 아빠토끼와 아기토끼가 얼마나 신나게 놀았는지 본 독자들은 '지금은 자야 할 시간입니다.'로 시작하는 첫 문장이 얼마나 달콤한 순간을 여는 말인지 충분히 짐작할 수 있을 것이다.

아빠와 한바탕 신나게 논 아기는 아빠가 자기의 마음을 알아주었으면 좋겠어서 팔을 활짝 펴고, 온 몸을 쭉 펴며 이만큼이나 아빠를 사랑한다고 말한다. 그런데 아빠가 지지 않는다. 자그마한 아기토끼가 한껏 팔을 벌려 이만큼 아빠를 사랑한다고 하면 아빠는 훨씬 긴 팔을 쭈욱 펼쳐 아빠는 너를 이만큼이나 더 사랑한다고 말한다. 사랑의 크기를 시각적으로 표현하려는 아기토끼의 노력과 그에 지지 않고 똑같이 맞대응하는 아빠의 모습이 생동감 있고 유쾌하다. 글밥의 배열도 시각적으로 넓어지고 길어져 읽는 재미를 더한다. 아직 작아서 아무리 팔을 활짝 펼쳐도, 아무리 높이 뛰어올라도 아빠를 이길 수 없는 아기토끼와 그 조그마한 아기토끼에게 져줄 법도 하지만 더 사랑하기 경쟁에서만큼은 물러설 수 없는 아빠토끼의 아옹다옹하는 모습은 어스름이 깔려 달이 뜰 때까지 이어진다. 결국 아기토끼는 굉장하고 멋있는 아빠가 자기를 무척 사랑하고 있다는 행복감 속에서 잠이 든다. 잠이 들면서도 아빠에게 사랑을 고백하는 아기 토끼와 끝끝내 져주지 않고 잠이 든 아기토끼에게 '내가 더 사랑한다'고 말하는 아빠토끼를 보는 독자들은 참 어쩔 수 없는 양반이라는 생각이 들면서도 흐뭇한 웃음을 감출 수 없게 된다.

이 책은 서로에게 사랑을 구체적으로 고백할 수 있는 기회를 준다. "이만큼 ~"이라는 말을 외치며 부모와 아이가 함께 팔을 활짝 펼쳐보고, 할 수 있는 만큼 고개를 들어보고, 한껏 웅크렸다가 높이 뛰어보며 넓이와 길이로 서로에 대한 사랑을 표현해 보는 것은 어떨까? 아이들은 자녀를 향한 아빠의 사랑의 넓이와 길이와 높이와 깊이가 어떠한지를 맛보며 벅찬 감사와 기쁨을 느낄 수 있을 것이다.

- 서로를 향한 사랑을 표현해 보자. 온 몸으로, 말로, 표정으로 사랑을 표현하고, 마지막은 꼭 끌어안거나 뽀뽀를 하면서 함께 행복감을 누리자.

- 길이, 넓이, 높이로 놀이를 해도 재미있다. 두 손이나 발의 사이를 조금 벌리면서 놀이를 시작한다. 그 다음 사람은 그보다 조금 더 넓게, 다시 그보다 조금 더 넓게 벌리면서 놀이를 진행한다. 벽의 가장 낮은 곳에 손이 닿도록 하고, 점점 더 높은 지점에 손이 닿도록 하는 놀이도 할 수 있다.

© 내가 아빠를 얼마나 사랑하는지 아세요?

내 탓이 아니야

작가 소개

글을 쓴 레이프 크리스티얀손은 1936년 스웨덴 칼마르에서 태어났다. 그는 교사이자 시인이며 음악가였고, 젊은 작가 지망생들을 가르치기도 했다. 『내 탓이 아니야』는 미국, 일본, 중국, 대만, 포르투갈, 독일 등에서 번역 출판되어 베스트셀러가 되었다.

그림을 그린 딕 스텐베리는 일러스트레이터로 유럽의 여러 신문과 잡지에 그

원제 | *Det var inte mitt fel*, 1973 글 | 레이프 크리스티안손 그림 | 딕 스텐베리
출판사 | 고래이야기 출판년도 | 2007년 ISBN | 9788991941038 판형 | 177＊209mm
쪽수 | 32쪽 주제 | 사회적 세계 / 사랑 / 유치원과 친구

림을 그렸다. 레이프 크리스티얀손
과 함께 『내 탓이 아니야』, 『우리가
할 수 있는 것』을 펴냈다.

ⓒ 내 탓이 아니야

줄거리

한 아이가 울고 있고, 14명의 아이들은 한 명씩 나와서 쉬는 시간에 있었던 일에 대해 한 마디씩 한다. 어떤 아이들은 "내 탓이 아니야."라며 자기는 그 일이 어떻게 시작되었는지도 모른다고 한다. 또 다른 아이는 알고는 있었지만 말리지 못했다고도 한다. 14명의 아이들 중에는 사실 울고 있는 그 아이에게 문제가 있었다고 말하는 아이도 있고, 울고 있는 아이가 짜증난다고 하는 아이도 있으며, 아무 말도 하지 않았던 그 아이의 얼굴을 잊을 수 없다고 하는 아이도 있다. 서로 생각하고 느끼는 바는 다르지만 그 14명이 함께 하는 말은 이것이다. "때리긴 했지만 그냥 별 뜻 없었어. 모두가 때렸거든. 내 탓이 아니야."

서평

『내 탓이 아니야』는 그림이 간결하고 구성은 단순하며 분량이 짧은 그림책이다. 펜으로 그려진 그림에는 배경이 없다. 색깔도 없다. 14명의 아이들과 얼굴을 가리고 울고 있는 아이가 그림의 전부다. 처음부터 끝까지 집단으로 함께 있는 아이들은 대열이 바뀌지도 않고 표정도 달라지지 않는다. 구성도 무척 단순하다. 표지에 있던 아이들이 처음의 대열 그대로 모든 페이지에 그려진다. 맨 앞줄 가장 왼쪽부터 차례대로 한명씩 전면에 등장하여 사건에 대해 한 마디씩을 한다. 그 페이지의 화자가 앞에 조금 더 크게 그려지는 것, 화자인 아동만 대열 속에서 좀 더 진한 선으로 그려지는 것이 그림에서 볼 수 있는 변화의 전부다. 모든 아이들이 차례대로 등장하면 그림책이 마무리 되는데, 아이들이 총 열 네 명이라 부록을 제외한 그림책의 전체 분량은 그에서 펼침면 한 번이 더 있는 16페이지 밖에 되지 않는다. 그런데 이렇게 짧고 간단한 그림책인데도 쉽게 읽고 지나칠 수 없다.

이 그림책이 던지는 메시지를 생각하면 극도로 절제된 형식적 단순함과 분량의 가벼움이 심상치 않다. 이 그림책은 학교 폭력과 왕따 문제를 정면으로 다룬다. 그런데 이 책이 주목하는 문제는 쉬는 시간에 14명이나 되는 아이들

이 한 아이를 때렸고, 그래서 그 한 아이가 울고 있는 사건이 아니다. 그 사건은 이미 일어난 사건으로 처리되어 있다. 독자들은 책을 읽어가면서 여러 아이들이 한 아이를 때린 사건이 있었다는 것을 알 수 있을 뿐, 그 사건의 원인이나 전개 과정 등 사건의 전모를 이해할 수는 없다. 그러니까 독자는 누가 잘 했다, 누가 무엇을 잘못했다는 가치판단을 할 수 없다. 독자가 답을 해야 하는 문제, 그러니까 이 그림책이 심각하게 던지는 문제는 그림책의 마지막 페이지에 그림도 없이 제시된 질문, "정말 내 탓이 아닐까?"인 것이다. 그런데 이 질문이 도출되는 과정인 그림책의 형식과 내용이 무척 간단하다. 그러니 독자들은 왕따 문제는 '심각하고 어려운 문제라서', '해결하려면 고려해야 할 수많은 요소들이 얽혀 있어 쉽지 않을 것 같아서', '나와는 거리가 멀어서'와 같은 핑계로 외면할 수 없다. "정말 내 탓이 아닐까?"를 곱씹어볼 수밖에 없는 것이다.

제목부터 시작해서 14명의 아이들이 쉬는 시간에 있었던 일에 대해서 말하는 내용들을 보면 자기를 합리화하는 논리들을 볼 수 있다. 먼저는 자기의 잘못이 크지 않다는 것이다. 아이들은 몰랐기 때문에, 혹은 겁이 나서 말리지는 못했지만 적극적으로 가담하지 않았으니 내 탓이 아니라고 한다. 아이들의 변명은 이어진다. 때리기는 했지만 조금 밖에 안 때렸기 때문에, 시작한 것은 내가 아니기 때문에 내 탓이 아니라고들 한다. 더 나아가 상대에게 문제가 있다는 논리를 펴는 아이들이 나온다. 이 논리를 드는 아이들은 나쁘게 굴었지만 그것은 그 아이가 한심해서, 그 아이가 짜증나는 아이라서, 그 아이가 멍청해서 그런 것이기 때문에 그 아이의 잘못이지 내 탓이 아니라고 한다. 마지막 논리는 모두가 했기 때문에 내 탓이 아니라는 것이다. 이런 근거들은 모두 '내 탓이 아님'을 튼튼하게 뒷받침하지 못한다.

그런데도 아이들은 표지에서부터 끝까지 시종일관 표정의 변화가 없다. 죄책감이나 변명에 따르는 부끄러움 같은 것이 없다. 그래서 독자들은 다시 한 번 생각하게 된다. 이 사건은 누구의 책

© 내 탓이 아니야

임인지, "정말 내 탓이 아닐까?"를 말이다.

　이 책에는 부록으로 여러 사진들을 함께 싣고 있다. 이 사진들은 히로시마에 원자 폭탄이 투하된 장면과 자연이 심각하게 훼손된 상태, 휠체어를 타고 가다 계단을 만난 장애인의 모습 등을 담고 있다. 비단 왕따 문제만이 아니라 우리가 "정말 내 탓이 아닐까?"를 생각해야 하는 문제는 일상에 산적해 있다는 것을 보여준다. 이 그림책을 본 독자들은 이 사진들을 보면서 다른 나라의 일이라서, 나와는 거리가 먼 일이라서, 다른 누군가의 잘못으로 일어난 일이라서 등등의 이유로 외면하기 전에 이 모든 일들에 대한 나의 책임을 생각하게 될 것이다.

- 역할을 나누어 그림책을 읽어 보자. 변명을 하는 아이의 목소리로 그림책을 읽어 보기도 하고, 울고 있는 아이의 역할로 그림책의 내용을 들어 보기도 하는 것이다. 그런 후, 각각의 느낌을 나누고, 혼자 울고 있는 아이에게 사과와 위로를 건네 보자.

- 어른들의 다툼이나 아픔, 어린이가 당하는 학대 등은 어린이의 잘못이 아니다. 어린이들이 정말 "내 탓이 아니야."라고 말해야 할 문제와 "정말 내 탓이 아닐까?"를 생각해야 할 문제를 구분해서 이야기를 나눠 보자.

내 토끼 어딨어?

↘ 작가 소개

모 윌렘스는 1968년 미국 시카고에서 태어났다. 미국의 칼데콧 아너상을 세 차례나 수상한 유명 작가인 그는 〈내 토끼〉, 〈비둘기〉, 〈코끼리와 꿀꿀이〉 등의 시리즈를 비롯하여 다양한 캐릭터의 책들을 내며 독자들에게 사랑을 받고 있다. 그림책 작가의 길을 가기 이전에 그는 유명 텔레비전 애니메이션인 〈세서미 스트리트〉와 〈큰 도시의 양〉의 작가와 애니메이터로 활동하며 에미상을 수차례 수상하였다. 개인적이고 자유로운 작업을 하기 위해서 2003년 그림책 작가로 전향하였으며 현재는 파리에서 살면서 작업을 하고 있다. 특히 〈내 토끼〉 시리즈는 딸의 일화를 바탕으로 만든 연작으로 걸음마기의 아이가 어린이로 성장하며 토끼 인형을 떠나보내기까지의 과정을 담았다.

원제 | *Knuffle Bunny Too: A Case of Mistaken Identity*, 2007 글·그림 | 모 윌렘스
출판사 | 살림어린이 출판년도 | 2008년 ISBN | 9788952209481 판형 | 226 * 163mm
쪽수 | 48쪽 주제 | 사회적 세계 / 화평 / 유치원과 친구

줄거리

트릭시는 한 손으로는 아빠의 손을 잡고, 다른 손으로는 꼬마 토끼 인형을 안고 친구들에게 자랑할 생각에 들뜬 마음으로 유치원 등원길에 오른다. 유치원에 도착하자 이미 자신의 인형과 똑같은 인형을 친구들에게 자랑하고 있는 소냐를 발견하고는 신경전을 벌이다 싸움으로 번진다. 그로 인해 선생님께 인형을 빼앗겼다가 하원할 때가 되어서야 돌려받는다. 집으로 돌아온 트릭시는 새벽 두 시가 되어서야 비로소 인형이 뒤바뀌었다는 사실을 알게 된다. 아빠들의 도움으로 한밤중에 도심 한복판에서 만난 트릭시와 소냐는 각자의 토끼를 돌려받고, 이를 계기로 이들은 소중한 친구가 된다.

서평

표지에는 무심한 듯 바지에 손을 찔러 넣고 딸 트릭시를 따라가는 듯한 아빠의 하반신 모습과 한손으로는 아빠의 손을 이끌고 다른 손으로 토끼 인형을 안고 오른편을 바라보며 미소 지으며 경쾌하게 걸어가는 트릭시의 모습이 그려져 있다. 아빠가 어떤 표정으로 아이를 유치원에 데려다 주고 있는지는 보이지 않지만 아이처럼 들뜬 마음을 나누는 분위기는 아닌 것 같다.

면지를 펼치면 토끼 인형 두 개가 서로를 의식하며 등을 맞대고 있는 그림으로 가득 차있다. 세심하게 보지 않으면 같은 인형 두 개가 붙어 있다고 생각할 수 있겠으나 자세히 보면 하나는 파란 귀를 가지고 있고, 하나는 핑크 귀에 머

© 내 토끼 어딨어?

리핀을 꽂았다. 관찰력이 뛰어난 아이들은 단번에 이러한 차이를 발견하지만 페이지를 빨리 넘기고 본문으로 들어가고자 하는 독자들에게는 이러한 차이가 보이지 않을 것이다.

표제지에는 일반적인 외국 집의 복도처럼 트릭시 가족의 역사적인 순간들이 액자에 담겨 장식되어 있다. 〈내 토끼〉 시리즈 1편인 *Knuffle Bunny*를 본 독자라면 토끼를 되찾은 걸음마기의 트릭시의 모습을 알아차릴 것이고, 제목 아래에 크게 걸려 있는 인형을 안은 채 친구와 포옹하고 있는 트릭시의 사진으로 이 책의 결말을 예상할 수 있을 것이다.

이미지들은 흑백 사진 위에 손으로 그린 섬세한 잉크 스케치를 합성해서 완성하였다. 사진 위에 적절하고도 절묘하게 배치한 인물들은 배경에서 부각되어 보인다. 그려 넣은 그림은 사진 안에, 사진 밖과 안에 걸쳐 있기도 하며, 사진 자체가 한 페이지에서 다음 페이지로 이어져 있기도 하는 등 다양한 프레이밍 방식을 사용하여서 애니메이션 영화를 보는듯한 재미를 준다. 간결한 몇 개의 선과 눈동자의 위치와 채도 등으로 미세한 감정 변화를 표현하였다. 또한 장면 곳곳에 작가의 다른 작품들 속 캐릭터들이 놓여있어 독자들에게 찾는 재미를 주고 있다.

선생님께 빼앗겼다가 하원할 때가 되어서야 돌려받은 뒤바뀐 토끼 인형의 정체는 새벽 두 시가 되어서야 밝혀진다. 당장에 자신의 토끼를 찾고 싶어 하는 트릭시의 요청에 못 이겨 아빠는 한밤중에 소냐 부녀와 만나기로 하고 트릭시와 소냐는 각자의 토끼를 되찾게 된다. 두 아이가 만나는 도시의 밤 풍경 사진은 펼침면 전체에 나타나는데 실제로 일어난 사건인 듯한 착각을 불러일으킨다. 페이지 왼쪽과 오른쪽 끝에서 다급한 마음으로 다가오는 두 아이와 토끼 귀를 꽉 쥔 채 아이들에게 이끌리어 함께 나오는 아빠들은 마침내 비장한 분위기의 그랜드 아미 플라자에서 토끼를 교환한다. 이러한 전개는 어른들로서는 결코 공감할 수 없는 상황이지만 토끼가 뒤바뀌어 걱정하고, 되찾아서 기뻐하는 트릭시와 소냐는 서로가 같은 마음이었음을 확인하고 이를 계기로 단짝 친구가 된다.

ⓒ 내 토끼 어딨어?

트릭시와 소냐가 얼싸 안고 있는 장면은 클라이맥스와도 같은 장면으로 표제지 아래에도 그려져 있는 그림이다. 이렇게 도입부분에 중요 장면을 제시하면서 시작하고 시점을 뒤로 돌려서 진행하는 방식은 영화의 플래시 포워드와 유사하다. 이 펼침면의 왼편에는 끝 The End 이라고 바닥에 분필로 적어 놓은 사진이 실리고, 뒤이어 다음 장에는 친구가 된 트릭시와 소냐의 모습을 보여주면서 마무리 되는데 영화의 에필로그와 같다. 책을 다 읽으면 짧은 영화를 본 듯한 느낌을 주는데 이렇게 영화를 떠올리게 하는 요소가 많은 것은 애니메이터로서 오랫동안 일을 했던 작가의 이력 덕분일 것이다.

- 이 작품은 표현 기법이 매우 뛰어난 책이다. 사진 위에 그림을 입혀 보는 작업을 해보는 경험을 가져 보자. 아이들이 생활하는 환경을 찍은 사진을 흑백으로 프린트 하고 흰 종이에 인물 또는 사물 그림을 그린 후 오려서 사진과 조화를 이루도록 붙여 보자.

- 소중하게 여기는 물건을 가져와서 이야기하는 시간을 가져보자. 그 물건을 어떻게 갖게 되었는지, 그것이 왜 소중해졌는지. 만일 그 물건과 똑같은 물건이 세상 어디에 있다고 해도 왜 그건 '나의 것'과 다른지 이야기해 보자.

- 위, 아래에 필름처럼 작은 구멍을 뚫은 검은 도화지를 길게 이어 붙여서 준비해 보자. 그림책의 몇 장면을 골라서 검은 도화지에 붙인 후 이야기를 나누어 보자. 벽에 장식처럼 붙이면 영화 필름 느낌이 날 것이다.

너에게 주는 선물이야

╲ 작가 소개

다나카 우사는 1968년 아이치현에서 태어났다. 화가이자 그림책 작가로 아크릴 물감과 지점토를 가지고 자연과 더불어 살아가는 동물들을 주제로 작품활동을 하고 있다. 2001년 『잠깐 쉬기』로 제2회 다케이다케오기념 일본동화대상전 심사위원특별상을 수상하였고, 『너에게 주는 선물이야』로 2002년 메르헨 & 판타지 신인상을, 2003년 제7회 신풍사 그림책 콘테스트 대상을 수상하였다. 현재 동경에 거주하며 작품 활동을 하고 있다.

원제 | おくりもの, 2005 글・그림 | 다나카 우사 출판사 | 지형 출판년도 | 2006년
ISBN | 9788995737040 판형 | 218 * 258mm 쪽수 | 32쪽
주제 | 내적 세계 / 사랑 / 우리 동네, 동식물과 자연

줄거리

작은 햄스터는 밤하늘에서 떨어진 별똥별을 가지고 다니면서 만나는 동물들에게 건넨다. 이때마다 동물들의 모습과 배경이 바뀐다. 얼룩말은 알록달록한 모습으로 변화되고, 나무늘보는 해먹에서 편안하게 누워있게 된다. 추위에 눈을 맞으며 웅크리고 있는 펭귄은 꽃잎이 떨어지는 따뜻한 곳에서 활발히 움직이게 되고, 토끼는 풍족한 당근을 갖게 된다. 또한 별똥별은 비를 맞으며 강아지와 함께 있는 인형을 살아나게 하고, 어두운 밤 다른 햄스터에게는 밝고 알록달록한 달을 선물한다. 마지막장에서는 햄스터가 독자에게 별똥별을 주며 선물이라고 말한다.

서평

우리에게 선물은 어떤 것일까? 선물이라고 하면 보통 어떤 물건 등을 떠올리게 되는데, 이 작품에서 선물은 조금 특별해 보인다. 본 작품은 "너에게 주는 선물이야"라는 문장을 반복 제시하며 그림으로 그 의미를 찾아가는 글 없는 그림책의 형식을 취한다.

표지에는 지평선까지 쏟아져 내리듯 별무리들을 배경으로 반짝거리고 알록달록한 원형의 무언가를 건네려는 작은 햄스터의 옆모습이 그려져 이를 받는 대상이 누구인지 궁금하게 한다. 제목은 따뜻한 노란색의 굵은 글씨체로 나타나는데 특히 '선물'이라는 단어만 알록달록한 색상을 띠고 있어 햄스터가 가진 그것이 선물임을 예측하게 한다. 표제지 이전에 까만 밤, 빠르게 대지로 벌어지는 알록달록한 별똥별이 좌측 끝의 어느 한 장소에 떨어지고 세상이 환하게 밝아올 무렵, 표제지에서 햄스터가 이를 가지고 어디론가 걸어가는 장면이 나타나며 이야기가 시작된다.

작품에 나타나는 텍스트는 오직 "너에게 주는 선물이야!" 한 문장 뿐인데, 이 문장은 햄스터가 친구를 만날 때마다 반복해서 등장한다. 하지만 '너'와 '선물'의 의미는 그림에서 다양하게 나타나 독자는 햄스터의 별똥별이 매번 등장하는 대상에게 어떤 선물이 될지 알고 싶어 자꾸 책장을 넘기게 된다. 햄스터가 건네는 별똥별이 얼룩말에게는 화려한 얼룩과 리본, 방울, 꽃 등으로 꾸며

ⓒ 너에게 주는 선물이야

진 외형과 그들의 발밑에 핀 꽃, 저 멀리 기린 친구들을 선물하고, 나무늘보에게는 편히 쉴 수 있는 해먹을 선사한다. 추위에 떨고 있는 펭귄에게는 꽃잎이 흩날리는 따뜻함을, 지쳐 눈조차 못 뜨고 귀도 늘어져 있는 토끼에게 눈이 번쩍 뜨이고, 귀가 쫑긋 세워지게 하는 풍족한 양식과 여기에 꽃이 피어있는 대지와 개미를 선사한다. 또한 비에 젖은 채 강아지 인형을 핥고 있던 외로운 강아지에게는 그 인형을 살아나게 해 무지개가 뜬 따뜻하고 생동감 있는 풀밭에서 함께 놀게 하고, 보름달 밑의 햄스터에게는 바라볼 수 있는 알록달록한 달과 쏟아지는 그 빛에서 자라나는 식물을 선물한다.

　선물은 등장인물에게 물질적인 풍요보다는 만족감, 편안함, 따뜻함, 충족감 등의 정신적인 풍요를 가져온다. 이때까지의 그림의 구성은 등장인물에게 다가가는 햄스터의 모습과 그에게 선물을 건네는 장면이 한 면씩 구성되다 선물을 받은 후의 장면은 펼침면 가득 보여줌으로 선물의 효과를 극대화시키고 있다. 마지막에서 햄스터는 쏟아지는 별빛 속에서 별똥별을 들고 점점 독자에게 다가온다. 이 모습을 펼침면 양쪽의 세 장면으로 구성하여 그 장면의 크기를 점점 크게 하며 그 안의 등장인물 또한 점점 앞으로 나오도록 표현하여 마치 햄스터가 책을 읽는 독자에게 선물을 주는 것 같다. 이전까지의 이야기에 몰입되었던 독자라면 햄스터가 주는 선물이 무엇일지 생각할 때 기존의 선물 개념과는 다른 관점에서 생각해 보지 않을까 한다. 지금 나에게 정신적인 풍요를 가져다주는 선물은 무엇일까?

- 마지막 장면 나옴을 상상해 보게 한 후에 그림을 그려볼 수 있다. 이때 자신이 받고 싶은 선물은 무엇인지 이야기 나눈 후, 이를 그림으로 표현해 보사.

- 선물 받기 전과 후의 장면에서 주인공들이 어떤 말들을 했을 지 글이나 말로 표현해 보자.

- 계속 별똥별을 건넸던 햄스터에게는 어떤 선물이 필요할지 만들기나 그리기 등으로 표현해 보자. 또, 가족이나 주변의 인물(부모님, 형제 자매, 선생님, 친구)에게는 어떤 선물이 좋을지 이야기 해보면 주변 사람들의 관점에서 생각해볼 수 있는 기회가 될 것이다.

넉 점 반

＼ 작가 소개

글을 쓴 윤석중은 1911년 서울에서 태어났다. 13세부터 동시를 쓰기 시작하여 작고하기까지 약 1,200편의 동시를 발표했다. 그 중 800여 편의 시에는 곡이 더해져 어린이들이 즐겨 부르는 동요가 되었다. 1932년에 첫 동시집 『윤석중 동요집』을 출간하였고 방정환을 이어 잡지 〈어린이〉의 주간을 지냈다. '나리 나리 개나리', '퐁당퐁당', '고향 땅'은 작가의 대표작이다.

그림을 그린 이영경은 1966년 대구에서 태어나 서울대학교에서 동양화를 공부하였다. 일러스트레이터로 활동하다가 자연스럽게 그림책에 그림을 그리기

글 | 윤석중 그림 | 이영경 출판사 | 창비 출판년도 | 2004년 ISBN | 9788936454050
판형 | 232 * 192mm 쪽수 | 36쪽 주제 | 자연적 세계 / 화평 / 생활도구, 우리나라

시작했다. 그림책 『아씨방 일곱 동무』로 2001년 SBS 어린이 미디어 대상 창작 그림책 부문 금상을 받았다. 주요 작품으로는 『아씨방 일곱 동무』, 『넉 점 반』, 『콩숙이와 팥숙이』, 『주먹이』 등이 있다.

줄거리
단발머리 아이는 몇 시인지 알아오라는 엄마의 심부름을 하러 시계가 있는 구멍가게로 들어간다. 구멍가게 안에서 라디오를 고치고 있는 주인 할아버지에게 넉 점 반(네 시 반)이라는 대답을 듣는다. 아이는 집으로 곧장 돌아가지 못하고 눈길을 끄는 닭과 개미, 잠자리 등을 따라 동네 이곳저곳을 한참을 돌아다니다가 해가 꼴딱 져서야 집에 돌아온다. 아이는 저녁을 차려 놓고 마루에서 기다리고 있는 엄마에게 천진스럽게 "엄마 시방 넉 점 반이래"라고 말한다.

서평
아이가 세상을 보는 관점은 어른과 무척 다르다. 아이의 머문 시선은 언제나 놀이와 연결되고, 호기심으로 가득 차 있기 때문이다. 그래서 아이의 시선을 따라가면 보이지 않던 많은 것들을 보고, 느낄 수 있다.

이 그림책의 글 텍스트는 1940년대에 발표된 윤석중의 동시로 시계가 귀했던 농촌을 배경으로 하고 있고, 이를 그림 텍스트가 무척 따뜻하고도 풍부하게 잘 구현했다. 『넉 점 반』에서 점(點)은 시간을 나타내는 옛말로 네 시 반을 의미한다. 네 시 반은 늦은 오후 시간대로 한 두 시간 이후에는 저녁을 먹어야 하고, 곧 해가 저물어서 어두운 저녁이 된다. 이를 나타내듯 앞표지는 낮인 반면 뒤표지는 어스레한 저녁 풍경을 그리고 있다. 표지에는 호기심 어린 눈빛으로 잠자리를 올려다보고 있는 한복을 입은 어린 아이가 그려져 있는데, 눈치 빠른 독자는 제목과 표지 그림만 보고도 이 책이 배경으로 삼고 있는 시대와 이 아이가 네 시 반에 무얼 했는지를 짐작할 수 있을 것이다.

아장아장 걸어서 구멍가게에 들어간 아이는 주인 영감에게 시간을 묻고 네 시 반이라는 대답을 듣는다. 가게에서 나온 아이는 눈길을 끄는 닭 때문에 집으로 향하려던 발길을 멈추어 닭을 구경하고 뒤이어 개미 행렬을 따라가게 된다. 아이가 닭을 관찰하듯이 그림을 잘 살펴보았다면 개미가 앞 페이지부터 나왔다는 걸 알 수 있다. 자세히 보면 더듬이를 오른쪽으로 향한 채 입도 벌어져 있어 무언가를 말하는 듯이 보이는 전 페이지의 개미는 지렁이를 발견했다고 동료 개미들을 부르고 있다. 다리에 맨 줄 때문에 지렁이를 놓쳐버린 닭의 모습과 지렁이를 열심히 나르는 개미들, 이 개미 행렬을 따라가면서도 심부름의 목적을 잊지 않으려는 듯 "넉 점 반"을 되뇌는 아이의 모습은 웃음을 자아낸다. 이와 같이 그림을 찬찬히 살펴보며 아이와 함께 눈앞에 놓인 풍경에 흠뻑 빠져들면 텍스트가 전해주는 감동과 함께 텍스트에는 나타나지 않는 동물과 곤충들의 이야기가 전해주는 재미를 발견할 수 있을 것이다.

심부름을 마치고 집으로 돌아오는 머나먼 길을 아이와 함께 다닌 독자들은 구멍가게가 겨우 도랑 하나를 사이에 둔 건너 집이었다는 반전에 웃지 않을 수 없을 것이다. 바로 앞에 심부름을 보내 놓고 돌아오지 않는 아이를 마루에 나와서 기다리는 엄마와 시간을 끝까지 잊지 않고 임무를 완수했다는 뿌듯함에 대문 앞에서 "시방 넉 점 반이래" 외치며 집으로 들어오는 아이의 모습은 대조를 이룬다.

ⓒ 넉 점 반

아기는 오다가 잠자리 따라
한참 돌아다니고.

- 본 작품은 그림 없이 동시로 먼저 발표 된 작품이다. 그림책을 보기 전에 동시로 작품을 읽어보며 머릿속에 떠오르는 이미지들을 나누어 보자.

- 구멍가게에는 요즘 팔지 않는 물건들로 가득하고, 영감님의 방 안에는 가족사진, 매일 한 장씩 뜯는 일력, 팔각 성냥 통, 주판, 괘종시계, 쟁반 등 보기 힘든 옛 물건들이 가득하여 시간 여행을 하기에 충분하다. 과거의 생활 모습을 알 수 있는 자료들을 준비하여 그룹 별로 구멍가게를 만들어 보자.

- 주인공 아이는 동물과 곤충들에게 눈이 팔려서 집과 반대 방향으로 걸어간다. 아이의 진행 방향을 유추하여 집으로 돌아오는 지도를 그려보자.

네가 태어난 날엔 곰도 춤을 추었지

작가 소개

낸시 틸먼은 영문학을 전공하고 졸업 후 광고 에이전시를 설립하여 활동하였다. 1980년대 초 에이전시를 떠나 가정을 꾸린 후 경제생활을 하는 남편 덕에 '집에서 아이들을 양육하는 일'에 전념할 수 있었다. 작가는 2005년에 첫 번째 책인 『네가 태어난 날엔 곰도 춤을 추었지』를 직접 출판하며 감수성이 예민한 어린이들에게 '너는 이 세상에 오직 하나뿐'이라는 메시지를 전해주고자

원제 | *On the Night You Were Born*, 2005 글·그림 | 낸시 틸먼 출판사 | 내인생의책
출판년도 | 2009년 ISBN | 9788991813304 판형 | 255 * 255mm 쪽수 | 32쪽
주제 | 사회적 세계 / 사랑 / 나와 가족

ⓒ 네가 태어난 날엔 곰도 춤을 추었지

했다. 이 책과 더불어 『네가 어디에 있든 너와 함께할 거야』, 『네가 기린이 되든 곰이 되든 우린 널 사랑해』로 이어지는 〈네가~〉 시리즈에는 자녀를 향한 부모의 사랑이 시적인 텍스트와 풍부한 색감의 동물 이미지와 함께 어우러져 담겨있다. 낸시 틸먼의 그림은 수십 개의 레이어에 담긴 일러스트 요소들을 디지털로 작업하여 만들어낸 것이다. 작가의 작품과 활동 소식은 작가의 홈페이지(http://nancytillman.com)에서 자세히 살펴볼 수 있다.

ⓒ 네가 태어난 날엔 곰도 춤을 추었지

줄거리

엄마가 아이를 안고 '네가 태어난 날에 어땠는지'를 속삭인다. 아기가 태어난 날, 달은 어여쁜 아기를 보고 웃음 지었고 바람과 비는 아기의 이름을 바다와 숲까지 전해주었다. 마침내 세상 모두가 아기의 이름을 듣게 되고 북극곰들은 새벽이 올 때까지 춤을 추었다. 아기가 웃는 걸 보려고 기러기도 돌아오고 무당벌레도 얌전히 앉아서 기다린다. 엄마는 "네가 얼마나 특별한지 궁금할 때마다 하늘 높이 날아가는 기러기와 곰을 보고 바람소리를 들어 보렴. 앞으로도 영원히, 너처럼 어여쁜 아이는 이 세상에 없을 거야…"라고 얘기해 준다.

서평

한 생명의 출생은 가족의 기쁨을 넘어서 경이롭기까지 하다. 그 경이로움을 한 폭의 그림처럼 혹은 아름다운 시처럼 그림책에 담아냈다. 카드 디자이너였던 작가답게 매 장면이 마치 한 장의 카드처럼 아름답고 완성도 높은 작품으로 보인다.

대개 한 아이의 출생 이야기는 가족을 중심으로 그려진다. 즉 아이의 출생이 가족과 친척들에게 기쁨을 안겨 주는 선에서 이야기가 전개된다. 그러나 본 작품은 주변의 인물이 아닌 '자연'이 아이의 출생을 기뻐하고 축하한다는 독특한 관점을 취한다. 생명이 있는 자연이 인간의 언어가 아닌 각자의 특징에 맞는 자신의 언어로 아기의 출생을 축하한다. 달은 깜짝 놀라며 웃고 별은 아기를 들여다보며 바람과 비는 아기의 이름을 속삭인다. 북극곰들은 아기의 이름을 듣고 춤을 추고, 기러기는 먼 곳에서부터 돌아오며, 무당벌레는 얌전히 앉아 아기가 웃기를 기다린다. 이렇게 작가는 한 아이가 태어나는 사건을 온 세상 모든 이들이 기다리고 기뻐하며 축하할 일이라는 메시지를 구체적인 글과 신비로운 분위기를 자아내는 일러스트로 전달한다.

이 책의 원제는 *On the night you were born* 즉, 『네가 태어난 밤엔』이다. 좀 더 원제에 충실하게 제목이 번역되었다면 독자들이 '그 날'에 어떠했을지 직접 문장을 완성하고 자유롭게 생각해볼 수 있는 여지를 주지 않았을까 생각된다.

© 네가 태어난 날에 곰도 춤을 추었지

- 책을 읽을 때 '네가'에 해당하는 부분에 아이의 이름을 직접 넣고 읽어보자. "○○○○가 태어난 그날 밤, 달은 깜짝 놀라며 웃었어. …" 이런 식으로 구체적인 이름을 넣고 읽어보면 이야기를 듣는 아이들은 자신이 태어난 사건이 얼마나 기쁘고 축하받을 일인지 좀 더 실감날 것이다.

- 『네가 태어난 날엔』이라는 제목의 일부만 보여주고 뒷부분은 아이들이 마음껏 문장을 완성해 보는 활동도 좋을 것이다.

- 이 그림책은 시적인 느낌을 담뿍 갖고 있다. 따라서 운율감을 살려 읽거나 배경 음악과 함께 읽는 활동도 재미있을 것이다.

노란 풍선

원제 | ロンパーちゃんとふうせん, 2003 글·그림 | 사카이 고마코 출판사 | 웅진주니어
출판년도 | 2007년 ISBN | 9788901065977 판형 | 195*255mm 쪽수 | 34쪽
주제 | 가족 세계 / 사랑 / 나와 가족, 생활 도구

작가 소개

시카이 고마코는 1966년 출생으로 도쿄예술대학미술학부를 졸업하고 섬유디자이너로 활동하다 1998년 『리코짱의 집』으로 그림책 작가로 데뷔하였다. 고단샤 그림책 신인상, 일본 그림책상, 고단샤 출판문화상을 수상하였다. 『눈이 그치면』은 2009년 네덜란드 은석필상을 수상하고, 〈뉴욕타임즈〉에서 선정한 '올해의 그림책 10권'에 선정되기도 했다. 일본에서 뿐 아니라 국외에서도 인정받는 작가이다. 검은 색이 주조를 이룬 인상적인 화풍에 일상 속 사소한 문제를 마주한 아이들의 이야기를 따뜻하게 그려내는 인기 작가이다.

줄거리

아이는 길에서 얻은 노란 풍선이 날아가지 않도록 손가락에 단단히 묶고 집으로 돌아온다. 풍선을 놓치면 자꾸 높이 올라가서, 천장에 닿을 때마다 엄마에게 풍선을 내려달라고 도움을 청한다. 엄마는 궁리 끝에 풍선이 적당히 떠 있도록 풍선 끈에 스푼을 매달아 주고, 아이는 기뻐하며 풍선과 친구가 된다. 정원에서 풍선과 놀이를 하던 중, 갑자기 불어온 바람에 풍선은 날아가 커다란 나뭇가지에 걸리고 만다. 엄마는 내일 사다리를 빌려서 풍선을 내려주겠다고 약속하고 마음이 진정된 아이는 잠자리에 들면서 창밖으로 나뭇가지에 걸린 풍선을 내다본다. 노란 풍선이 달처럼 보인다.

서평

표지에는 작은 여자아이가 풍선을 두 손으로 꼭 쥐고 있다. 첫 번째 페이지 상면에서 두 손을 모으고 풍선을 주는 아저씨를 바라보는 아이의 표정은 진지하고 사뭇 숙연하다. 풍선을 가지고 집까지 돌아오는 길이 얼마나 설레고 좋았을까?

   작가 사카이 고마코는 무채색을 주조로 하고 제한된 수의 유채색을 사용하는 정적인 화풍을 갖고 있는데 이 작품에서도 노란색의 풍선, 파란색의 풍선 끈, 그리고 분홍색으로 그림에 생기를 부여한다. 특히 표지와 면지, 그리고 본문에서 사용되는 분홍색은 따뜻하고 부드러운 작품의 분위기와 의미를 전달하는 중요한 색이다.

   작가는 프레임의 모양과 색, 텍스트 면의 색을 치밀하게 변화시키면서 스토리 전개상 중요한 사건들을 발전시키고 마무리한다. 대부분의 프레임은 모서리가 둥근 회색 사각형이지만 엄마가 풍선이 날아가지 않도록 아이와 머리를 맞대고 궁리하는 장면에서는 프레임을 둥글게 처리하였다. 마침내 엄마의 기발한 아이디어로 풍선이 적당히 떠있도록 무게를 주는 데 성공하는 장면은 프레임을 없애고 풍선만 그려서 풍선이 아이의 친구로 거듭나는 순간을 극적으로 보여준다. 풍선은 이제 아이의 눈높이 정도에 떠올라 머물러서 완벽한 친구가 될 차비를 마쳤다. 이를 바라보는 아이의 경이에 찬 표정은 작가의 탁월한 표현력을 잘 드러낸다.

작가는 전체 장면 중 두 장면에서만 텍스트 면을 따뜻한 분홍색으로 처리하였다. 첫 번째는 풍선을 무사히 집까지 데려왔을 때이고 다른 장면은 풍선이 나뭇가지에 걸려 울고 있는 아이에게 엄마가 다음 날 사다리를 빌려와서 꼭 내려주겠다고 약속하는 대목이다. 사실 아이를 사랑하지만 늘 친절하게 대하기는 정말 어렵다는 걸 엄마들은 잘 안다. 엄마는 스토리 초반에 풍선이 떠올라서 매번 내려줘야 할 때나 풍선이 날아오르지 않도록 스푼을 매달아 줄 때, 바람에 날아간 풍선을 꺼내주려고 오래도록 애쓰고 다음 날 꺼내주겠다고 약속할 때에도 늘 아이에게 상냥하고 친절하다. 또한 이 두 장면에서는 왼쪽 면 전체를 할애하여 텍스트를 배치하고 오른쪽 면 전체에 그림을 두어 장면의 의미를 음미하게 한다. 특히 마지막 장면인 밤하늘 나뭇가지에 걸린 노란 풍선이 달처럼 보이는 장면은 분홍색 프레임을 사용하고 펼침면 전체에 그림을 배치하여 드넓은 밤하늘에 둥실 떠오른 달처럼 보이게 하였다. 아이는 비록 풍선에게 약속대로 일상을 함께 할 수 없지만 창밖으로 보이는 노란풍선이 "달"처럼 보여 위로를 받는다. 사실 풍선은 언젠가는 없어지고 말 것이다. 그러나 창밖으로 내다본 노란풍선의 이미지는 아마 영원히 아이의 마음에 생생하게 남을 것이다.

원제목을 직역하면 『론파짱의 풍선』이다. 그러나 번역 제목인 『노란 풍선』만으로는 풍선에 대한 론파의 기쁨과 애착, 좌절과 슬픔이 제대로 전달되기 어렵지 않을까 생각한다. 론파짱에게 그 풍선은 여러 개의 노란 풍선 중 하나가 아니라 이 세상에 단 하나밖에 없는 친구이기 때문이다. 사람끼리만 친구가 되는 것은 아니다. 때로는 사물이 사람 못지않은 친구가 될 수 있고 위안을 줄 수도 있다. 특히 모든 사물이 살아있다고 믿는 유아기의 론파처럼 사물에 특별한 의미를 부여하고 관계를 맺을 수 있다면 사물은 사물 이상의 의미를 갖게 된다.

- 그림책을 읽고 공중에 떠있는 풍선을 어떻게 하면 높이 날아가지 않도록 할 수 있는지 다양한 방법을 찾아보자. 풍선을 어디에 묶어 둘 수도 있고, 풍선 끈에 물건을 달아볼 수도 있을 것이다.

- 풍선을 입으로 불었다 놓아 바람이 빠지는 것을 보고 몸으로 표현하는 활동. 둘씩 짝이 되어 한 사람은 풍선에 바람을 불고 다른 사람은 풍선이 부풀어 오르는 신체표현을 해보자. 또한 풍선에 매직펜을 이용하여 얼굴을 그리고 적당한 크기로 불어서 색종이나 털실로 머리카락을 꾸미거나 모자를 씌워주는 등 꾸며보고 이름도 지어주자.

- 애착을 느끼는 물건을 갖고 있다면 그것이 무엇인지 서로 보여주면서 이야기해 보고 왜 그것이 특별한 의미를 갖는지 나누어 보자.

누에콩과 콩알 친구들

작가 소개

나카야 미와는 1971년 일본 사이타마현에서 태어나 조형과를 졸업했다. 일본의 유명한 캐릭터 회사인 산리오의 디자이너로 근무하다가 일본 그림책동화미술학원에서 공부하고 그림책 작가가 되었으며 여자미술전문대학 아트디자인학과의 교수를 역임하였다. 작가는 캐릭터에 관심이 많아 『크레파스와 괴물소동』 등 〈까만 크레파스〉 시리즈와 〈누에콩〉 시리즈, 〈도토리 마을〉 시리즈 그림책을 냈다. 『까만 크레파스』로 2002년 제12회 켄부치 그림책마을 대상을 받았다.

원제 | そらまめくんとながいながいまめ, 2003 글·그림 | 나카야 미와
출판사 | 웅진주니어 출판년도 | 2004년 ISBN | 9788901044880 판형 | 272 * 195mm
쪽수 | 30쪽 주제 | 사회적 세계 / 양선 / 유치원과 친구, 동식물과 자연

줄거리

누에콩이 낮잠을 자는데 콩알친구들이 깨운다. 길고 긴 강낭콩 형제들의 콩깍지 때문이다. 콩알친구들이 긴 강낭콩의 침대에 감탄하자 누에콩은 자신의 침대가 제일이라고 자랑을 하며 누구 침대가 좋은지 내기를 제안한다. 누에콩은 번번이 내기에 져서 풀이 죽는다. 내기 중에 막내 강낭콩이 물에 빠져 허우적거리자 콩알친구들은 힘을 합쳐 막내를 구하고 누에콩은 흔쾌히 자신의 침대를 빌려주어 막내가 회복하도록 돕는다.

서평

표지를 앞뒤로 펼치면 푹신한 솜이 깔린 것 같은 콩깍지 앞에 누에콩과 땅콩, 완두콩, 초록풋콩들이 '길고 긴' 강낭콩의 깍지를 의아하게 보고 있다. 반면 뒤 표지에서 콩깍지에 편안히 누워있거나 자랑스러운 듯 두 팔로 허리를 짚고 서 있는 강낭콩들은 "우리가 누군지 몰라?"하는 태도이다. 이 그림책은 가로로 긴 판형의 펼침면 전체를 주로 사용하여 기다란 강낭콩 콩깍지의 특성을 살리고 있다. 그림에 등장하는 콩들은 저마다 눈과 입, 팔 다리가 있는 귀여운 캐릭터들로 그려져서 캐릭터 디자이너였던 작가의 역량이 드러난다. 색깔도 연두색과 하늘색이 어우러져 싱그러운 자연이 한껏 느껴진다.

첫 장에 나타난 누에콩의 편안하고 만족스런 표정은 계속되는 대결에서 번번이 지게 되자 궁금해 하다가 토라지고 결의에 차기도 하고 놀라는 등 변화무쌍하다. 자신이 가진 침대가 최고라고 굳게 믿있는데 객관적으로 그렇지 않다는 것이 확인될 때 느껴지는 당황스러움과 질투, 실망감이 표정에 고스란히 드러난다. 반면 강낭콩 형제들은 내기를 하는 내내 당당하고 의기양양하지만 막내가 물에 빠지자 어쩔 줄 모르고 당황하게 된다. 그 때, 누에콩은 강낭콩 막내가 쉴 수 있도록 자기 침대를 선뜻 내어준다. 마지막 장면에서도 누에콩은 강낭콩 형제들에게 자기 침대를 빌려주고 바닥에서 다른 친구들과 함께 잔다. 누에콩 시리즈의 전작인 『누에콩의 침대』를 읽어본 사람이라면 누에콩이 자신의 침대를 남에게 내주는 것이 큰 변화이고 성장의 결과라는 걸 알 수 있다. 작가는 누에콩 시리즈를 기획하면서 편이 거듭될수록 누에콩이 성장하도록 스토리를 구성하였다고 한다.

서로를 배려하고 가진 것을 나눌 때 누에콩과 강낭콩을 비롯한 모두의 표정

은 밝아지고 만족스럽게 된다. 작가는 이런 이야기와 표정들을 통해 세상은 혼자 잘나서 살아가는 곳이 아니고 서로를 인정하고 사랑하며 서로 도울 때 행복하고 만족스러운 곳이 된다고 말하고 싶은 것이다.

원어에 충실하게 번역한다면 제목은 '누에콩과 길고 긴 줄기콩'이 될 것이다. 원서의 제목은 종류가 다른 콩의 특성을 좀 더 직접적으로 반영하고 있다. 실제로 작가는 다양한 콩의 특성을 잘 연구하여 캐릭터와 스토리로 적절하게 활용하였다. 누에콩의 콩깍지는 하얀 섬유질로 가득 채워져 있어 누에콩의 푹신한 침대와 연결된다. 밧줄처럼 길게 자라고 콩깍지를 통째로 먹는 줄기콩의 길고 긴 깍지는 상황을 반전시키는 단초가 된다. 정확한 정보를 바탕으로 재미있는 이야기를 전개하고 있어 여러모로 유익한 책이다.

- 책에 나오는 다양한 콩과 콩깍지들을 실제로 관찰하고 맛보고 비교하는 경험을 한다면 책을 읽는 즐거움이 과학적인 탐구와 관찰로 확대될 수 있는 좋은 기회가 될 것이다. 특별히 콩을 싫어하는 유아들이 호기심을 가지고 다양한 콩과 껍질, 줄기를 먹어보면 좋겠다.

- 그림에서 누에콩의 표정을 보면서 누에콩의 마음이 어떨지, 누에콩이 침대를 빌려주는 행동이 어떤 결과를 가져오는지 이야기를 나누어도 좋을 것이다.

눈이 그치면

원제 | ゆきがやんだら, 2005 글·그림 | 사카이 고마코 출판사 | 북스토리아이
출판년도 | 2015년 ISBN | 9788997279265 판형 | 226*252mm 쪽수 | 32쪽
주제 | 가족 세계 / 절제 / 겨울

작가 소개

사카이 고마코는 1966년 출생으로, 도쿄예술대학미술학부를 졸업하고 섬유 디자이너로 활동하다 그림책 작가가 되었다. 일본에서 고단샤 그림책 신인상, 일본 그림책상, 고단샤 출판문화상을 수상하였다. 『눈이 그치면』은 2009년 네델란드 은석필상을 수상하고, 〈뉴욕타임즈〉에서 선정한 '올해의 그림책 10권'에 선정되기도 했다. 일본에서 뿐 아니라 국제적으로 인정받는 작가이다. 검은색이 주조를 이룬 인상적인 화풍에 일상 속 사소한 문제를 마주한 아이들의 이야기를 따뜻하게 그려내고 있다.

줄거리

폭설 때문에 유치원을 쉬게 된 토끼는 밖으로 나가 놀고 싶지만 눈이 그칠 때까지는 나갈 수 없다는 엄마의 만류로 카드게임을 하며 눈이 그치기만을 기다린다. 밤이 되어 잘 준비를 하다가 밖을 내다보고 눈이 그친 걸 알게 된 토끼는 엄마와 함께 새하얀 눈 위를 걷고 눈덩이도 굴린다. 한참 놀다 너무 추워져서 내일 더 놀기로 하고 집으로 돌아온다.

서평

표지를 보면 창가에 의자를 끌어다 놓고 눈이 오는 바깥 풍경을 하염없이 바라보는 토끼의 모습이 고적하면서도 정감 있다. 뒷표지 장면도 함박눈이 펑펑 내려 전선과 나무 위에 눈이 쌓인 인한 회색빛 배경의 그림은 왠지 눈이 쉽게 그칠 것 같지 않다는 느낌을 준다. 표지를 넘겨 면지를 보면 크레파스 느낌으로 칠해진 회색 배경에도 끝없이 눈이 오고 있다. 이 책은 일반적인 경우와 다르게 표제지와 앞 뒤 면지 사이에 한 페이지를 추가하여 면지와 마찬가지로 눈이 오는 장면을 그려 놓았다. 어떤 인물도 등장하지 않고 그저 회색빛 배경에 눈이 오는 장면이 앞뒷면을 합치면 여섯 면에 걸쳐 그려지며 계속해서 눈이 내리는 상황을 표현하였다.

　보통의 그림책들이 눈이 내리면 할 수 있는 신나는 일들을 다루는 반면 이 책은 눈이 내리기 때문에 할 수 없는 것들을 먼저 보여준다. 표제지에는 폭설로 공항에 발이 묶인 비행기들이 그려져 있다. 눈 때문에 출장 간 아빠가 돌아오지 못하고 있는 것이다. 폭설 때문에 꼬마 토끼는 유치원에 갈 수 없고, 밖으로 나가지도 못하여 그칠 때까지 기다려야 한다. 엄마 토끼도 시장을 볼 수 없고, 아빠 토끼도 발이 묶여 돌아오지 못한다. 엄마의 표정은 명확하게 드러나지 않지만 그다지 밝은 분위기는 아니다. 반면 눈이 오기 때문에 무엇인가 새로운 일을 할 수 있다고 기대하는 아이는 눈이 오는 창밖을 바라보거나 흥분해서 잠옷 바람으로 엄마 몰래 베란다에 나가 눈덩이를 뭉친다. 그렇다고 아

ⓒ눈이 그치면

이가 눈이 오는 날의 고요한 아름다움을 느끼지 못하는 것은 아니다. 아이는 엄마에게 "이 세상에 엄마랑 나밖에 없는 것 같아요."라고 말할 만큼 모든 것이 정지된 것 같은 눈 오는 날의 적막한 평온을 안다. 눈 오는 것이 반갑지 않았던 엄마도 아이와 시간을 보내면서 점차 폭설로 인해 갇혀서 고립된 시간을 즐기게 된다.

 엄마는 이미 잘 시간이 되었지만 눈이 그쳤으니 약속한대로 밖에 나가서 놀자는 아이의 바람을 저버리지 않고 함께 캄캄한 밤길을 나선다. 아이 뒤를 따라나서는 엄마가 그려진 프레임이 없는 장면은 아이의 마음을 이해하고 지켜주려고 하는 따스하고 넓은 마음을 가진 엄마처럼 안정감이 있고 하루 종일 집 안에 있다가 밖으로 나온 아이의 해방감이 느껴진다. 신나는 아이와 그런 아이를 바라보는 엄마의 근경과 원경이 반복되면서 독자들은 엄마의 따뜻한 마음을 읽을 수 있고, 눈이 그친 검은 색조의 캄캄한 도시 풍경이 오히려 포근하게 느껴진다. 이는 몇 가지로 제한된 유채색을 어둡고 무거운 무채색과 함께 쓰면서 독특한 분위기를 자아내는 작가의 탁월한 역량 덕분일 것이다. 남편이자 아빠를 기다리는 엄마와 아이의 마음과 함께 단란한 가족을 표현한 듯 남겨진 세 개의 눈 덩이에서도 추운 날씨와 대조를 이루는 훈훈함이 느껴진다.

- 에즈라 잭 키츠의 『눈오는 날』이나 세르다 뮐러의 『발자국을 따라가 볼까요』와 함께 읽어보자. 눈 오는 날의 낮과 대조되는 밤의 독특한 분위기, 눈이 오면 할 수 있는 놀이에 대한 이야기나 경험으로 확장할 수도 있을 것이다.

- 목탄지에 검은 색이나 회색 파스텔을 칠한 후 면봉으로 흰 물감을 찍어 함박눈을 표현하여 눈 오는 밤풍경을 그려보자. 검은 도화지에 풀을 바르고 작은 스티로폼을 뿌려서 눈 오는 밤의 풍경을 표현해도 좋을 것이다.

- "눈이 그치면 ~~하고 싶다.", "눈이 그치면 ~~게 되겠다."와 같은 짧은 글짓기를 해보고 여러 어린이들의 만들어낸 문장을 이어서 동시처럼 읽어보자. 유아들의 경험에 따라 "눈이 오면 ~~하고 싶다". "눈이 오면 ~~게 되겠다."로 말을 바꾸어도 좋을 것이다.

달 샤베트

↘ 작가 소개

백희나는 스스로를 그림책 작가이자 인형장난 전문가, 애니메이터, 그리고 두 아이의 바쁘고 정신없는 엄마로 소개하고 있다. 작가는 이화여자대학교에서 교육공학을, 캘리포니아 예술학교에서 애니메이션을 공부하였다. 2005년 그림책 『구름빵』으로 볼로냐아동도서전에서 픽션 부문의 올해의 작가로 선정되었고 『장수탕 선녀님』으로 2012년 한국출판문화상과 2013년 창원아동문학상을 수상하였다. 그 밖에 『달 샤베트』, 『어제 저녁』, 『이상한 엄마』 등의 작품

글·그림 | 백희나 출판사 | 책읽는곰 출판년도 | 2014년 ISBN | 9791185564074
판형 | 250*250mm 쪽수 | 32쪽 주제 | 자연적 세계 / 양선, 충성 / 환경과 생활, 여름

이 있다. 공식사이트(http://storybowl.com)에서 작가의 이야기를 더 만나볼 수 있다.

줄거리

무더운 여름 밤, 모두가 창문을 꼭꼭 닫고 에어컨과 선풍기에 의지하며 잠을 청하고 있다. 그 때, 커다란 달이 똑똑 녹아내리는 것을 보고 반장 할머니가 달방울들을 대야에 받아 샤베트 틀에 담아 냉동칸에 넣어놓는다. 전기를 너무 많이 써 정전이 되자 모두들 밖으로 나와 노란 빛이 새어나오는 반장 할머니 집으로 향한다. 할머니는 노란 달물로 만든 샤베트를 이웃들에게 나누어주고, 달 샤베트를 먹은 이웃들은 더위가 싹 달아나 선풍기와 에어컨을 끄고 창문을 활짝 열고 시원하고 달콤한 꿈을 꾼다. 하지만 달이 사라져버려 갈 곳을 잃은 옥토끼 두 마리만은 아직 잠들지 못하고 반장 할머니 집에 찾아온다. 할머니는 고민 끝에 남은 달물을 빈 화분에 부었고, 아주 아주 커다란 달맞이꽃이 피어나자 하늘에 다시 보름달이 나타난다. 토끼들은 새 집으로 돌아가고, 그제야 반장 할머니도 달콤한 잠을 청한다.

© 달 샤베트

서평

『달 샤베드』 이야기는 본문에 앞서 이미 면지에서부터 시작된다. 이 책은 아주 아주 무더운 여름날 밤을 배경으로 하는데, 바로 그 이유 때문에 이 책의 표지는 대부분의 그림책에서 찾아보기 힘든 검정색으로 둘러싸여져 있다. 백희나 작가의 다른 책들과 마찬가지로 기발한 상상력으로 탄생된 이 이야기는 소재와 인물, 배경 등을 치밀하게 고민하고 서로 단단히 연결되도록 하여 이야기를 더욱 그럴듯하게 만들어준다.

무더운 여름밤의 검정색과 대조를 이루는 밝고 환한 달은 무더위 때문인지 혹은 온난화 때문인지 녹아내린다. 이 책의 주민들은 모두 '늑대'로 등장하는데, 한밤중의 둥근 보름달과 가장 잘 어울리는 캐릭터로 가히 안성맞춤이라 할 수 있다. 이때 녹아내리는 달을 발견하는 이는 반장 할머니인데 그림을 찬찬히 읽어보면, 반장 할머니가 제일 먼저 달이 녹아내리는 것을 목격할 수밖에 없는 이유를 알 수 있다. 모두들 창문을 꼭꼭 닫고 에어컨과 선풍기를 틀고 있을 때, 반장 할머니는 창문을 열고 화분에 물을 주는가 하면, 홀로 부채질을 하며 창밖을 바라보고 있기 때문이다. 똑 똑 떨어지는 달물을 받아 샤베트를 만든다는 발상도 참으로 그럴듯하다.

작가는 달 샤베트를 먹고 달콤한 잠을 자게 되는 것으로 이야기를 끝내지 않고 나름의 갈등 상황을 만들어내는데, 모두가 만족할 만한 여름밤 사실은 만족할 수 없는 인물이 할머니를 찾아온다. 달에 사는 옥토끼들이다. 그리고 이들이 다시 달로 돌아갈 수 있도록 갈등을 해결하는 실마리 역시 달과 관련된 '달맞이 꽃'으로 매듭짓는다.

달과 늑대, 무더운 여름밤과 달 샤베트, 그리고 달에 사는 옥토끼와 달맞이 꽃 등 기발한 상상력을 촘촘한 구성으로 엮어낸 이 이야기는 환경 보호에 대한 메시지를 충분히 전달하면서도 교훈성을 전면에 내세우지 않아 더욱 매력적이다.

- 아이들과 함께 달 샤베트를 만들어 보자. 달물과 같은 노랑과 주황빛 색깔의 주스를 틀에 부어 얼리면 달 샤베트가 완성된다.

- 무더운 여름 밤, 달 샤베트를 먹고 더위를 날릴 수 있었던 주민들처럼, 에어컨이 아닌 다른 방법으로 시원한 여름밤을 보낼 수 있는 다양한 방법을 생각해 보자. 에너지를 절약할 수 있는 좋은 대안을 골라서 포스터를 만들어보아도 좋겠다.

- 누구보다도 분주한 여름밤을 보낸 반장 할머니나 혹은 우여곡절 끝에 다시 새 달로 돌아갈 수 있었던 옥토끼 등, 등장인물을 하나 골라서 그 인물의 시점으로 지난밤의 이야기를 그림일기로 작성해 보자.

© 달 샤베트

024

달과 비행기

↘ **작가 소개**

피터 매카티는 1966년 미국 코네티컷에서 태어났다. 엔지니어가 되기 위해 공부하던 공학도가 뉴욕시각예술대학에 재입학하여 예술가로서의 길을 걷게 되었다. 과학책에 삽화를 그리는 일로 일러스트레이터로서의 삶을 시작한 피터 매카티는 공들인 결과물로 편집자를 감동시켜 Night Driving이란 그림책의 그림을 맡아 첫 그림책을 출판하게 된다. 이후에 『몬스터를 그렸어요』, 『달

원제 | *Moon Plane*, 2006 글·그림 | 피터 매카티 출판사 | 마루벌 출판년도 | 2011년
ISBN | 9788956634357 판형 | 235 * 262mnm 쪽수 | 40쪽
주제 | 가족 세계 / 사랑 / 교통기관

과 비행기』, 『나는 티라노사우르스』, 2003년 칼데콧 아너상을 수상한 『바둑이와 야옹이』를 비롯하여 꾸준히 작품들을 내놓고 있다. 그는 작품에서 집으로 돌아오는 이야기를 유난히 많이 다루는데 이는 근무지가 자주 바뀌는 엔지니어 아빠를 따라 이사를 다녔던 유년기의 경험 때문인 것으로 보인다. 한국인 아내와 결혼하여 두 명의 자녀를 두었으며 작품 속 엄마와 아이들은 작가의 가족을 반영하듯 동양인으로 나오곤 한다.

줄거리

엄마와 함께 집 밖 마당에 나와 있던 꼬마는 하늘을 나는 비행기를 올려다보며 그 비행기에 올라타면 어떤 느낌일까 궁금해진다. 꼬마는 어느새 상상 속에서 비행기를 타고 자동차와 기차 위로, 떠가는 요트 위로 날아오른다. 그리고 지구를 떠나 우주로 나가서 달에 도착한다. 우주인이 되어 달에 발을 디디며 비행기가 된 듯 날아 보던 아이는 이내 지구로, 집으로, 그리고 출발했던 곳과 같은 장소에서 기다리고 있는 엄마 품으로 돌아온다. 꼬마는 밤이 되어 또다시 비행을 하는 행복한 모험을 꿈꾸며 잠을 청한다.

서평

이 그림책은 탈 것에 열광하는 어린 남아들의 로망과 모험을 담고 있을 뿐만 아니라 결국에는 집으로, 엄마 품으로 돌아오게 된다는 이야기 구조를 갖추고 있어 안정감을 느끼게 해준다. 어린 아이들의 심리가 잘 담겨 있는 그림책이다.

작가는 어릴 때부터 비행기를 좋아했으며, 그 중에서도 특히 DC-3 모델은 작가가 아끼는 모티프 중의 하나로 작가의 여러 책에 등장한다. 날아가는 비행기 안에서 운전하고 있는 사람과 내부를 볼 수 있는 컨버터블 형 자동차, 빈티지 모델의 기차는 작가의 어린 시절에 남자아이들이 열광하던 탈 것들이다. 이처럼 이 책은 작가의 마음속에 여전히 존재하는 자신의 어린 시절의 세계와 심리가 드러나는 자기반영적인 작품이다. 어릴 때 굉음을 내며 하늘을 날아가던 비행기를 올려다보던 풍경은 오랫동안 작가의 내면에 자리 잡은 유년의 대표적인 장면이었고 이는 이 책을 집필하게 된 동기가 되었다고 한다.

아이들은 더 빠른 것, 크고 높은 것을 좋아한다. 이 비행기에 올라탄 아이는

ⓒ 달과 비행기

자동차 보다, 기차 보다 더 빨리 달린다. 빨리 달릴 뿐 아니라 높이 날기도 한다. 그 무엇보다도 더 높은 하늘 끝까지 날아올라 지구를 떠나 먼 우주로까지 나아간다. 독자들은 비행기를 탄 아이와 함께 수평 여행과 수직으로 상승하는 우주여행을 거쳐 빠르게 다시 지구로 돌아오는 하강 여행을 하며 다양한 방향감과 속도감을 느껴볼 수 있을 것이다.

빠르고, 높이 날아올라 미지의 세계인 우주에 다녀오는 아이의 나 홀로 여행이 결코 위험하거나 불안하게 느껴지지 않는다. 그 이유는 작가 특유의 화풍 덕분일 것이다. 수많은 스트로크로 덧칠한 정교한 색연필 터치가 페이지를 가득 채워 따뜻하고 몽환적인 분위기를 자아낸다. 또한 동적인 움직임을 표현하는 텍스트와 다르게 그림은 마치 정지 화면을 나타내는 듯 정적이고 편안하다. 그러나 그 무엇보다도 이 꼬마 소년의 모험이 안정감을 주는 이유는 여행을 마치면 안전함의 근원인 지구로, 집으로, 그리고 마침내 기다리고 있는 엄마 품으로 틀림없이 돌아갈 수 있다는 아이들의 믿음이 지켜지기 때문일 것이다. 아이와 함께 밖에 나와 있던 엄마가 출발할 때와 똑같이 빨래를 널고 있는 것으로 봐서 아이의 상상 여행은 길지 않았을 것이다. 하지만 아이는 심리적으로 엄마를 떠나 먼 우주여행을 하고 돌아왔고, 엄마는 그런 아이의 마음을 읽었는지 반갑게 아이를 맞아준다. 아이가 엄마와 재회하는 장면에서 아이를 내려준 비행기는 모험을 멈추지 않고 다시 날아오른다. 아이 또한 엄마 품에서 안정감을 느꼈기 때문에 밤에 잠을 자며 두려움 없이 꿈속에서 또 다른 비행 모험을 할 수 있을 것이다.

- 그림책에는 작가가 좋아하는 탈 것들이 무척 세밀한 그림으로 나온다. 각자가 좋아하는 탈 것을 참고자료로 놓고 따라 그려보자. 또한 자동차나 기차 장난감을 옆, 위, 정면에서 관찰해 보고 다양한 각도에서 그려보자.

- 주인공 아이가 했던 여행을 몸으로 따라해 보자. 차, 기차, 요트에 이어 우주선보다 빠르고 높이 비행을 하는데 속도감을 점점 내면서 팔을 뻗고 제자리 달리기를 해보자. 점점 더 빠르게 속도감을 내다가 집에 마침내 도착하는 장면에서 바닥에 털썩 드러누워 마무리 지어보자.

025

달구지를 끌고

\ 작가 소개

글을 쓴 도날드 홀은 1928년 미국 코네티컷에서 태어났다. 10살이 되기도 전부터 글을 썼던 도날드 홀은 시인이며 작가, 편집자, 비평가로 활동하고 있다. 아동문학 작품 뿐 아니라 전기, 에세이 등 장르를 넘나들며 50권이 넘는 책을 쓴 그는 마을에 구전되어 오던 이야기를 바탕으로 『달구지를 끌고』를 썼다고 한다.

원제 | *Ox-cart Man*, 1979 글 | 도날드 홀 그림 | 바바라 쿠니 출판사 | 비룡소
출판년도 | 2017년 ISBN | 9788949110431 판형 | 268 * 216mm 쪽수 | 40쪽
주제 | 가족 세계 / 사랑 / 나와 가족, 동식물과 자연, 가을

그림을 그린 바바라 쿠니는 1917년 뉴욕에서 태어나 2000년에 세상을 떠날 때까지 100권이 넘는 책에 그림을 남겼다. 그녀는 이야기 속의 사소한 소재들, 이를테면 꽃이나 식물까지도 시대적 배경의 고증을 통해 그릴 정도로 주의 깊게 작업하는 작가였다. 차분하고 안정된 그녀의 그림에서 우리는 서정적인 아름다움을 느낄 수 있다. 그 중에서도 『달구지를 끌고』는 칼데콧상을 받은 수작이다.

줄거리

한 해가 저물어가는 10월 즈음, 농부의 가족들이 한 해 동안 열심히 일한 것들을 차곡차곡 정리한다. 농부는 소가 끄는 달구지에 가족들이 거두고 만든 것들을 싣고 언덕을 넘어 장터로 간다. 장터에서 농부는 집에서 깎은 양털과 아내가 만든 숄, 딸이 짠 벙어리장갑, 가족들이 함께 만든 양초, 직접 쪼갠 널빤지 등 가지고 간 것들을 모두 판다. 빈 달구지와 달구지를 끌고 간 소까지 모두 팔고 주머니가 두둑해진 농부. 흐뭇하게 가족들을 생각하며 장을 본다. 농부는 장을 본 물건들을 어깨에 걸치고 처음 장으로 나올 때와는 계절이 달라진 길을 걸어 집으로 돌아간다. 겨울을 맞은 농장에서 농부와 농부의 가족들은 새로운 한 해를 준비하고, 익숙하면서도 새로운 한 해를 살아간다.

서평

『달구지를 끌고』는 1977년 시로 먼저 발표되었고, 거기에 바바라 쿠니의 그림이 더해져 그림책으로 탄생되었다. 이 작품이 보여주는 세계는 평화롭고 아름답다. 이 책은 19세기 초, 뉴햄프셔의 시골에서 살아가는 농부 가족의 이야기를 보여준다. 계절은 농부가 걸어가는 길을 따라 자연스럽게 바뀌고 농부의 가족들은 그런 자연의 흐름 속에서 겸손하게 살아간다.

담담하고 차분한 글은 자유로운 형식으로 각 행이 구분되는데, 끊어 읽기 단위마다 시간, 자연, 사물, 사람과 사람의 행위를 조화롭게 변주하여 담백하면서도 단조롭지 않다. 자연과 인간의 삶이 아름답게 펼쳐지는 그림은 그런 글에 서정적인 향기를 더하고, 다시 글은 나직한 목소리로 그림이 보여주는 자연의 다채로운 아름다움을 감상의 대상이 아니라 인간의 삶을 품어내는 포근함으로 읽어준다. 특히 '언덕을 넘고, 계곡을 지나, 시냇가를 따라 걷고, 여

러 농장과 마을을 지나' 장으로 가는 농부의 여정은 이 책의 백미다. 읽으면서 쉼표에 따라 쉬어가는 맛, 쉬면서 눈을 감고 농부의 가족들이 되어 농부가 걸어가는 언덕과 계곡과 시냇가를 그려보는 맛이 향긋하다. 펼침면을 대담하게 구성하여 농부의 긴 여정을 보여주는 그림에는 손을 대면 색깔이 묻어나올 듯이 가을이 가득 차 있다. 가을이 깊어진 장으로 가는 길을 겨울이 마중 나온 돌아오는 길과 비교해 보는 것도 재미있겠다.

  글이 쉽고 그림이 예뻐서 글을 보고 그림을 그리거나, 그림을 보고 글을 쓰는 활동을 하기에 좋고, 아이와 어른이 함께 봄, 여름, 가을, 겨울을 떠올리며 살아 온 시간을 정리해 볼 수도 있는 책이다. 그림책을 읽고 함께 이야기를 나누는 것만으로도 인간과 세계를 만든 신의 뜻을 묻고 창조 세계를 풍요롭게 누리는 삶에 대해 생각하게 되는 계기가 될 것이다.

© 아이클릭아트

- 농부와 농부의 가족이 보낸 1년을 생각하며 봄, 여름, 가을, 겨울의 풍경을 표현해 보자. 색깔로만 표현하거나 그림책의 장면을 보면서 말로 묘사해 볼 수 있을 것이다. 똑같은 나무 그림 넉 장으로 4계절을 표현해 보도록 할 수도 있다.

- 농부와 농부의 가족들을 생각하며 1년 달력을 만들어 보자. 그림책의 내용을 바탕으로 매달 누가 무엇을 했을 지 상상할 수 있다.

- 나는 작년 한 해 동안 무엇을 했는지 생각하며 이야기를 나누어 보자. 다음 해는 어떻게 지내게 될지도 생각해 보자.

담

작가 소개

지경애는 어린 시절에 일 나가신 엄마와 학교 간 언니 오빠들을 기다릴 때, 담 옆에서 때론 조용히 서 있고 때론 놀이를 하며 따뜻함을 느꼈다고 한다. 어릴 적 꿈이 서예가일 정도로 붓글씨 쓰기를 좋아했고, 먹과 화선지가 좋아 성균관대학교와 대학원에서 동양화를 공부했다. 이후 SI 그림책 학교에서 작가 정신과 그림책에 대해 배운 뒤 자신의 꿈을 처음으로 엮은 책 『담』으로 2015년 볼로냐아동도서전에서 픽션 부문 라가치상을 받았다.

줄거리

담은 내 손을 꼬옥 잡아주는 친구이고 숨바꼭질 놀이터이며 때론 장난 글씨를 받아주기도 한다. 나는 담을 따라가며 노래하듯 손가락을 움직이고 친구와 말

글·그림 | 지경애 출판사 | 반달 출판년도 | 2014년 ISBN | 9788956186467
판형 | 283*235mm 쪽수 | 40쪽 주제 | 문화적 세계 / 화평 / 나와 가족, 우리 동네

놀이를 하기도 한다. 담은 새들이 지친 날개를 쉬어가는 쉼터이기도 하다. 담 옆에서 엄마를 기다리다가 쌀 씻는 소리를 따라 집 안으로 들어가면 담은 마당을 안고 신발을 안고 우리 모두를 안아 오래된 옛날이야기와 엄마 어렸을 때 이야기, 내가 태어난 이야기를 들려주고 쏟아지는 별들도 밤새 안아준다.

서평

이 책에서 '담'은 이야기가 전개되는 주 무대이자 주인공이다. 그래서 『담』은 그림책의 매체적 측면에서 다각도로 담의 특성을 반영하고 있다. 먼저 이 책의 판형은 가로로 긴 형태로 되어 있다. 이는 길게 이어지는 담의 특성을 반영한 것으로서 본문에서 반복적으로 이어지는 길게 늘어선 담과 그 담을 배경삼아 놀이하는 소녀의 모습을 효과적으로 담아내고 있다. 책을 두르고 있는 기다란 띠지는 그 자체로 담과 같은 역할을 하여 책을 감싸 안는다. 띠지의 그림과 겉표지의 그림이 서로 다른 점도 주목해 볼만 하다. 띠지의 그림에서 소녀는 담벼락에 앉아 공기놀이를 하고 있지만, 띠지 너머 겉표지에 그려진 풍경에서는 친구들과 함께 숨바꼭질을 하는 데 여념이 없다.

   면지의 그림과 글자체 하나하나에도 담의 묵직함과 질감이 느껴진다. 표지의 제목으로 쓰인 글자체와 본문의 글자체는 너무 도드라지지도 않고 너무 딱딱하지도 않은, 안정감 있는 모양새를 갖추었다. 특히 본문의 글자체는 회색빛깔을 띠어 잔잔한 담벼락을 연상시킨다. 면지 역시 조금은 투박하고 소박한

©담

담의 질감을 잘 표현하고 있다.

  표지와 면지, 표제지를 넘기고 나면 본격적으로 본문이 시작되기 전에 잠시 숨을 고르는 듯 여백이 가득한 페이지가 나타난다. 여백 위에는 먹으로 그린 고운 선의 고양이와 '담은…'이라는 짧은 글귀만 띄워져 있다. 그리고 고양이의 시선을 따라 페이지를 넘기면 담이 책 속의 소녀에게 혹은 작가에게 어떤 존재였는지에 대한 이야기가 잔잔하게 전개된다. 작가는 "일 나가신 엄마와 학교에 간 언니 오빠들을 기다리다 어두운 방에서 골목으로 나오면 해 비치는 담이 조용히 서 있었다."고 어린 시절을 회상한다. 담을 좋아했고 담과 친구였던 작가는 이제 담을 이야기로 담고 그 안에 추억도 담아 이 책을 만들어내었다. 그렇기에 이 책은 작가의 자서전적인 이야기라 할 수 있다.

  이 책에서는 글의 화자와 그림의 화자가 서로 다를지도 모르겠다. 글을 따라가다 보면 엄마를 기다리며 담 주변에서 다양한 놀이를 하는 소녀가 이야기를 이끌어나가는 것 같다. 그러나 다시 그림을 보면 매 페이지마다 검정고양이 한 마리가 담을 따라 걸으며 놀이에 참여하거나 놀이하는 소녀들을 바라보면서 독자들을 이야기 속으로 이끈다. 이 검정 고양이는 따뜻한 담을 넘나들며 성장한 소녀, 성인이 된 작가 자신을 투영한 대상으로도 읽힌다.

  '담'은 대체로 이편과 저편을 가르는 장벽과 같은 부정적인 이미지로 다가오게 마련이다. 그러나 작가는 '담'을 집과 집을 나누는 단절의 의미가 아니라 친구와의 추억이 담긴 놀이 장소이자 사람과 사람을 연결해주는 소통의 의미로 바라보았다고 한다. 그리하여 엄마의 쌀 씻는 소리에 소녀가 집 안으로 들어갈 때, 고양이는 담을 폴짝 뛰어넘어 담 너머의 세상과 담 안쪽의 세상을 자

유롭게 넘나든다. 또한 작가는 담이 사람이나 동물, 자연에게까지도 넉넉하게 품을 내어주고 기꺼이 안아주는 것으로 보았는데 그러한 담의 성품이 책 속의 소녀가 간절히 기다리는 엄마의 존재와 꼭 닮아있다.

그림책『담』은 작가의 첫 번째 작품이다. 작가는 책이 나오기까지 5년이라는 시간 동안 공들였다고 한다. 오늘날에는 담이나 골목 풍경이 흔치 않아 아동에게는 '담'이 부모 세대에게만큼 친숙한 소재는 아닐 것이다. 그러나 작가가 담을 소통의 의미로 그려냈듯이『담』이 세대와 세대를 뛰어 넘어 다양한 독자층에게 읽는 즐거움을 줄 수 있을 것이다. 아동에게는 옛것에 대한 호기심과 정겨움을 누릴 수 있는 시간이, 그리고 성인에게는 놀이의 추억과 함께 이웃을 넉넉하게 안아주었던 마음을 읽어내는 시간이 될 수 있을 것이다.

- 아동과 함께 담을 따라 걸어보자. 밖에서 담을 따라 걸어볼 수 없다면 집 안에서 벽을 따라 걸으며 벽 너머의 공간을 상상해 보자.

- 그림책에 나오는 숨바꼭질이나 말뚝박기, 실전화기 놀이 등의 놀이를 해 보자.

- 띠지와 같이 가로로 긴 담의 느낌을 주는 종이 위에 나만의 모습대로 담을 꾸며 보거나, 담 너머에서 누가 무엇을 하고 있을지 상상하여 이야기를 쓰고 그림을 그려보자.

- 옛 동네의 모습들을 보여주는 사진이나 영상 등을 찾아보고 그림책의 풍경과 비교해 보아도 좋겠다.

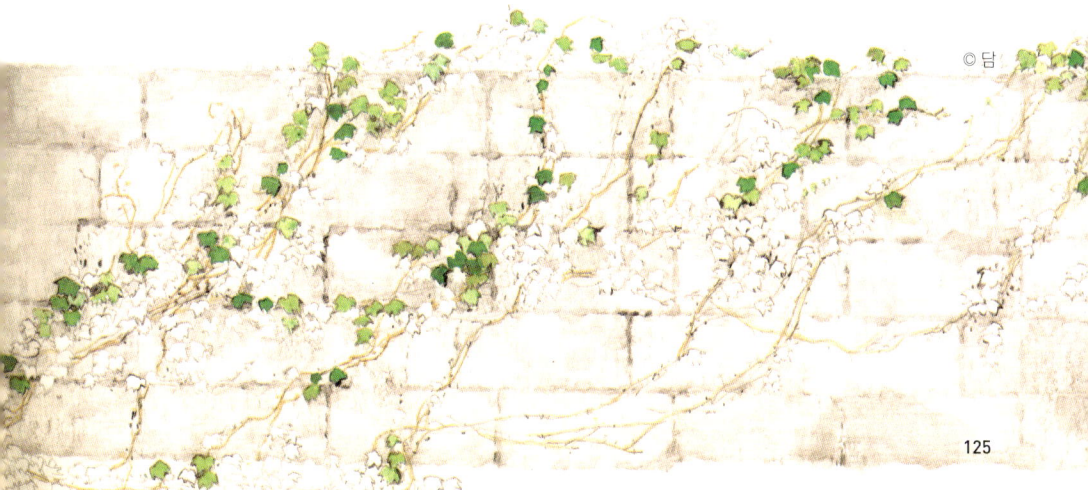
ⓒ담

도서관에 간 사자

작가 소개

글을 쓴 미셸 누드슨은 뉴욕시와 뉴욕 주의 여러 도서관에서 사서로 일을 했다. 지금은 어린이 책 기획 편집자이면서 작가로 활발한 활동을 하고 있다. 작품으로 『물고기와 개구리』, 『메리 크리스마스』, 『투덜이 칼』 등이 있다. 작가에게 도서관은 마법과 같은 장소였다. 작가는 어린이들도 도서관과 책에서 멋진 친구들을 많이 만났으면 좋겠다는 마음으로 이 글을 썼다.

원제 | Library Lion, 2006 글 | 미셸 누드슨 그림 | 케빈 호크스 출판사 | 웅진주니어
출판년도 | 2008년 ISBN | 9788901060316 판형 | 255 * 295mm 쪽수 | 40쪽
주제 | 사회적 세계 / 화평 / 우리 동네

그림을 그린 케빈 호크스는 어린 시절부터 그림을 그리고 찰흙으로 모양 만드는 것을 즐겨했다. 대학에서 일러스트레이션을 공부한 후, 서점의 어린이 도서 파트에서 일을 하면서 그림책 공부를 하고 작가가 되었다. 작품으로『웨슬리 나라』,『나의 멍멍 사우루스』,『말해 봐, 비틀비』등이 있다.

줄거리

도서관에 사자가 왔다. 대출 창구 맥비 씨는 사자를 쫓아내고 싶어 하지만 관장님은 규칙만 잘 지키면 사자가 도서관에 와도 상관없다고 한다. 사자는 도서관에서 지내는 것을 무척 좋아한다. 사자는 이야기 시간이 끝나자 이야기를 더 들려달라고 요란하게 울었다. 관장님이 조용히 하지 못하면 도서관에서 나가야 한다고 말하자 사자는 도서관에서 이런저런 일을 도우면서 아이들과도 조용히 잘 지냈다. 어느 날, 관장님이 팔이 부러지는 사고를 당한다. 사자는 어쩔 수 없이 규칙을 어기고 맥비씨에게 포효하며 그 사실을 알리고 스스로 도서관을 떠난다. 사자가 도서관에서 사라지자 아이들과 관장님은 사자를 그리워하고 이를 눈치 챈 맥비씨는 사자를 찾아나선다. 사자가 도서관으로 돌아오자 모두가 사자를 반긴다.

서평

표지에는 도서관의 책장을 배경으로 아이들과 함께 책을 보는 온화한 표정의 사자가 그려져 있다. 표지 그림만 보아도 사자가 도서관에서 아이들과 잘 지내고 있다는 것을 단번에 알 수 있나. 앞면지의 사자는 조용히 앞을 보고 걸어간다. 주변의 동물들은 사자가 어디로 가는지 궁금해 하는데 뒷 면지엔 도서관 문 양편의 사자 석상 둘이 흐뭇하게 웃고 있어서 뭔가 행복한 결말이 있을 거라는 기대감을 준다. 표제지에는 사자가 막 도서관 입구에서 계단을 올라가고 있다. 부드러운 갈색 연필 스케치가 훤히 보이는 담채화와 등장인물 묘사를 통해 그림 작가는 도서관의 안정되고 따뜻한 분위기를 잘 표현하고 있다.

　얼핏 생각하면 사자와 도서관은 어울리지 않는다. 사자가 도서관에 가다니? 그런데 이 사자는 책을 좋아하고 남을 돕기를 좋아한다.

　성품이 온화하고 규칙도 잘 지킨다. 아이들과 관장님은 사자를 좋아하여 공동체 구성원으로 받아들이며, 사자도 제 몫을 잘 담당하고 있다. 그러나 사서

인 맥비씨는 도서관에 사자가 있는 것이 늘 못마땅하다. 사자가 도서관에서 지내는 데 한 가지 약점이 있다면 그건 의사소통체계가 사람과 다르다는 것이다. 사자는 팔이 부러져 꼼짝을 못하는 관장님을 돕기 위해 열심히 지켜온 규칙을 어기고 포효하게 된다. 사자는 자기가 규칙을 어겼다는 것을 알기 때문에 스스로 도서관을 떠난다. 어쩌면 사자는 맥비씨에게 관장님의 사고를 알리러 갔을 때 자신의 이런 곤란한 상황 때문에 고민했는지도 모른다. 규칙을 어기고 관장님을 위험에서 구해야할까 아니면 조용히 한다는 규칙을 끝까지 지켜야 할까?

  규칙을 잘 지키는 일은 사회생활에서 매우 중요하다. 그러나 동시에 규칙이 존재하는 이유와 목적은 사람들의 안전과 행복을 보호하는 데 있다. 관장은 규칙이 존재하는 이유가 무엇인지 알고 있다. 그래서 규칙을 지킬 수 없는 예외적인 상황을 수용한다. 그러나 맥비씨는 규칙의 존재 목적은 잊어버리고 규칙과 질서를 준수해야 한다는 데 얽매인다.

  사자가 떠난 도서관은 쓸쓸하고 활기가 없다. 관장님 방 창가의 화분마저 시들시들하다. 맥비씨는 마침내 자신의 생각이 잘못되었다는 것을 깨닫게 된다. 그는 관장님과 사람들을 사랑하는 진정한 길은 규칙을 고집하는 게 아니라 사자를 다시 돌아오게 하는 것이라는 걸 인정하고 사자를 찾아간다.

© 아이클릭아트

  맥비씨가 사자를 찾으러 다니는 동안 내리는 비는, 좋아하는 도서관에 가지 못하고 슬퍼하는 사자의 마음을 닮은 것 같다. 다시 돌아온 사자를 맞으며 도서관의 아이들과 모든 어른들이 환호하는 그림이 무척 정겹게 느껴진다. 맥비씨도 이번에는 그들과

© 아이클릭아트

하나가 되어 흐뭇하게 사자를 바라보고 이야기는 행복하게 결말을 맺는다.

- 사자, 맥비씨, 관장님의 사고와 정서의 흐름을 인물별로 그림을 따라가면서 이야기해 보자. 각 등장인물의 표정 변화를 보면서 이야기를 해보아도 좋을 것이다.

- 만 5세 이상의 어린이라면 사자의 딜레마 상황에 대해 토의해 보자. 사자는 규칙을 지키기 위해 조용히 하는 게 옳을까? 아니면 팔을 다친 관장님을 돕기 위해 포효하는 것이 옳은 일일까? 또 그렇게 생각하는 이유는 무엇인지 서로의 생각을 이야기해 보자.

- 다시 돌아온 사자를 반기는 사람들의 동작들을 보면서 누군가를 맞이하는 기쁨과 환영을 몸으로 표현해 보자(손뼉치기, 쓰다듬기, 끌어안기, 만세부르기, 물구나무 서기, 종이 날리기, 조용히 미소짓기).

- 도서관에서 일어나는 일들, 도서관 직원들이 해야 하는 일은 어떤 것들이 있는지 그림책을 다시 살펴보면서 이야기해 보자. 도서관 놀이를 해보면 재미있을 것이다.

동강의 아이들

작가 소개

김재홍은 1958년 경기도 의정부에서 태어났다. 홍익대학교 서양화과에 진학한 이래 '자연과 인간은 하나'라는 모토로 그림에 몰두하여 십여 차례 이상 개인전을 열었다. 동강의 아름다운 모습을 담은 〈그림 속의 숨은 그림, 동강〉전을 열었다가 이를 계기로 그의 첫 그림책『동강의 아이들』이 나왔다. 이 작품으로 2004년 스위스 '에스파스 앙팡상'을 받았으며, 2007년『영이의 비닐우산』으로 'BIB 어린이 심사위원상'을 수상했다.『동강의 아이들』,『숲 속에서』,『영이의 비닐우산』에 글과 그림을,『우리 할아버지입니다』,『쌀뱅이를 아시나요』,〈고양이학교〉시리즈에 그림을 그렸다.

글 · 그림 | 김재홍   출판사 | 길벗어린이   출판년도 | 2000년   ISBN | 9788986621723
판형 | 257 * 188mm   쪽수 | 40쪽   주제 | 자연적 세계 / 화평 / 나와 가족, 동식물과 자연

줄거리

동이와 순이는 강가에서 장터에 가신 엄마를 기다린다. 엄마가 보고 싶다고 칭얼대는 순이를 달래기 위해 동생을 업고 강가에 나온 동이는 이런 저런 놀이를 제안한다. 하지만 순이는 큰 새 바위에게 엄마가 어디까지 오셨는지 묻고 아기 곰 바위에 가서 엄마가 색연필을 샀는지 물어 본다. 동이는 순이를 달래기 위해 물수제비뜨기도 하고 바위에 오르기도 한다. 해 질 무렵, 멀리 봇짐을 머리에 이고 한 손에는 보따리를 들고 엄마가 돌아온다. 동이와 순이는 엄마에게 달려간다.

서평

『동강의 아이들』은 흙빛과 어우러지는 초록빛 생명이 넘치는 책이다. 실제로 동강이 사라질 위기에 처했던 2000년 동강의 아름다움을 전하기 위한 〈그림 속의 숨은 그림, 동강〉전을 통해 이 작품이 나오게 되었다. 작가는 그림을 그리기 위해 여러 번 동강에 머물며 스케치를 하였고, 어느 날 바위가 물에 반사되어 새로운 모습으로 다가오는 것을 보고 그림으로 옮기게 되었다. 이 작품은 서사를 전달하기 위해 그림이 존재하는 것이 아니라 그림을 보여주기 위해 서사가 존재한다고 봐도 될 정도로 그림이 차지하는 비중이 크다.

표지에는 어린 오빠가 동생을 업고 강기슭을 걸어간다. 오빠 등에 업혀서 눈웃음을 짓고 있는 동생의 표정으로 인해 그림은 더없이 평화롭게 보인다. 표지를 넘기면 이어지는 면지의 채도 낮은 연한 녹색에서 동강의 차분함과 고요함이 느껴진다.

첫 장면부터 그림과 글이 맞지 않는 듯하나, 강물에 비치는 바위 형상 속에 봇짐을 이고 가는 엄마의 뒷모습이 숨어있는 것을 발견하면 그림이 글보다 많은 이야기를 하고 있다는 것을 알 수 있다. 바위 그림이 그려진 대부분의 장면들은 책을 돌려 세워 놓아야 작가의 의도를 볼 수 있는 숨은 그림을 가지고 있다. 숨은 그림을 찾지 못하면 그림과 글은 일치하지 않으나, 숨은 그림을 찾으면 글과 그림은 서로를 보완하기 시작한다. 영국 속담에 '그림과 전쟁은 떨어져서 보는 게 좋다'라는 말이 있다는데 이 속담의 참 의미가 드러나는 그림책이다. 작가는 모든 그림을 펼침면 전체를 사용하여 넓게 트인 자연의 느낌을 살렸고, 빛과 그늘에 따라 변화하는 푸른색의 채도 변화만으로 결코 지루하지 않은 그림을 뚝심 있게 이어간다.

　　마치 사진을 보는듯한 사실적인 그림은 오누이의 기다림이 견뎌내야 할 현실이라는 것을 주지시켜 주지만 강가에서 노는 어린 아이들이 위험하게 느껴지지 않는다. 그것은 푸르름과 흙빛이 어우러지는 생명력 넘치는 자연의 풍광과 물에 비친 바위의 형상을 통해 아이들과 함께하는 어머니와 아버지의 자애로운 얼굴에서 사랑을 확인할 수 있기 때문일 것이다. 또한 두 아이의 귀여운 눈웃음과 동생을 업어 주고 달래는 오빠다운 대견한 모습이 푸르른 자연 속에 잘 어우러진 장면들 때문에 독자는 맘껏 그림 속 동강의 아름다움에 집중할 수 있다.

　　실제로 작가는 여섯 살에 아버지를 여의고 친척집을 전전하다 아홉 살부터 혼자 자취생활을 했다. 여동생 둘은 미국으로 입양을 갔다가, 작가로서 이름이 알려진 후 22년 만에 상봉하게 되었다고 한다. 아마도 작가의 자전적 경험이 스토리 구성과 전개에 영향을 미쳤을 것으로 짐작된다.

　　혼자라면 엄마를 기다리는 게 지루하고 처량해 보였을텐데, 엄마 안부를 묻는 동생에게 바위 대신 대답을 하면서 살뜰히 보살피는 대견한 오빠의 우애, 뱃사공 할아버지의 소박한 관심이 정겹게 느껴진다. 아이들의 기다림은 바위에 버려진 빈 병이 무서운 공룡으로 보이는 데서 절정을 이룬다. 작가는 아이들이 공룡에게 쫓기는 장면을 몽환적인 화풍의 그림으로 표현하여 이것이 상상임을 드러내고, 이를 통해 자칫하면 지루할 수 있는 이야기에 극적 요소를 더한다.

　　작가는 엄마와 오누이가 만나는 마지막 그림을 원경으로 처리하여, 귀가하는 엄마와 아이들 간의 반가운 만남을 예고하고 이야기는 따뜻하게 마무리된다. 동강의 골짜기를 따라 순이의 응석어린 외침과 동생을 잘 돌본 것이 자랑스러우면서도 이제 엄마가 와서 안도하는 동이의 아이다운 소리가 강물에 섞여 메아리치는 것만 같다.

ⓒ 동강의 아이들

- 그림책 속 그림 안에는 숨은 그림이 많이 들어 있다. 함께 찾아보면서 무엇처럼 보이는지, 텍스트를 통해 힌트를 얻어 찾고 제목을 붙여 보자.

- 물감을 이용하여 데칼코마니를 만들고 제목을 붙여 보거나, 절반의 그림이나 사진을 가지고 대칭되는 나머지 그림을 완성해 보자.

- 주변에 있는 사물들을 다른 사물로 상상하고 이야기를 꾸며보자. 예를 들면 진공청소기를 코끼리나 공룡으로, 냉장고를 아파트나 학교로 생각하면 재미있는 이야기가 나올 수 있을 것이다.

동생이 미운 걸 어떡해!

＼ 작가 소개

로렌 차일드는 1965년 영국에서 태어나 일러스트레이션을 공부했다. 콜라주 기법을 이용한 작가 특유의 세련되고 재치 있는 그림과 글은 독자들의 많은 사랑을 받고 있다. 특히 남매의 이야기를 다룬 〈찰리와 롤라〉 시리즈는 대중적인 사랑에 힘입어 애니메이션으로 제작되어 영국 공영 방송에서 방영되기도 했다. 그림책과 챕터북, 동화책 등 아동을 위한 다양한 책들을 펴내고 있다.

원제 | The New Small Person, 2014 글·그림 | 로렌 차일드 출판사 | 국민서관
출판연도 | 2015년 ISBN | 9788911031474 판형 | 255 * 275mm 쪽수 | 32쪽
주제 | 가족 세계 / 온유 / 나와 가족

2000년 『난 토마토 절대 안 먹어』로 케이트그린어웨이상을 받았으며, 2002년 『요런 고얀 놈의 생쥐』로 스마티즈골드상을 받았다.

줄거리

엘모어 그린은 부족함 없이 부모의 사랑을 듬뿍 받으며 살아가고 있었다. 그러던 어느 날 갑자기 낯선 녀석인 동생이 생긴다. 이 새로운 존재는 자신에게 집중되었던 사람들의 관심을 빼앗아 간다. 이 녀석은 열심히 만들어 놓은 장난감을 쓰러뜨리는가 하면 아끼는 간식에까지 손을 댄다. 동생은 커가면서 엘모어를 따라다니고 급기야 엘모어는 혼자 쓰던 방을 동생과 나누어야 하는 상황을 맞는다. 그렇지만 동생을 못마땅해 하던 엘모어가 악몽을 꾸던 밤에 동생의 사랑을 확인하고 마침내 동생에 대한 마음 문을 연다.

서평

로렌 차일드는 첫째들이 동생이 태어나며 느끼는 시기, 질투의 감정과 이를 넘어서서 서로에게 마음을 열고 연대하기까지의 동생을 맞는 첫째들의 심적인 변화를 두 형제를 통해 그리고 있다.

첫째들이 동생의 등장을 실감하는 것은 '새로운 작은 사람'이 집이라는 공간에 들어왔다는 물리적인 차원이 아닌, 사람들의 관심이 동생에게 쏠리는 심리적인 차원에서 비롯될 것이다. 늘 부모와 사람들의 사랑을 독차지하던 엘모어는 관심의 분산 혹은 이동이 낯설고 불편할 수밖에 없다. 엘모어는 지금까지 '세상에서 가장 재밌고, 똑똑하고, 사랑스러운' 아이로 살았으며, 누구도 엘모어가 하고 싶은 것을 방해하지 않았기 때문에 갑작스런 위상의 변화가 유쾌할 수 없다. 이를 나타내듯 그림에서도 정중앙에 또는 크게 그려지던 엘모어가 동생의 등장과 함께 구석으로 내몰린다. 동생이 누워만 있던 시절에는 사

ⓒ 동생이 미운 걸 어떡해!

람들의 관심 이동만
있었지만 동생이 기
어 다니며 자기주장
이 생기기 시작하면
서 엘모어는 텔레비
전 채널 선택권에 방해를
받고, 동생이 아끼는 장난감과
젤리에 손대는 걸 참아야 하는 등 물
리적인 불편 또한 겪게 된다. 동생은 더 자
라서 엘모어가 입던 옷을 입고, 자신을 흉내 내며
따라하기 시작한다. 엘모어는 그런 동생이 불편하
다. 엘모어의 마지막 보루는 자신만의 공간인 방이었
다. 하지만 엘모어가 혼자 쓰던 방에 동생의 침대가 들
어오며 동생이 영향을 미치지 않는 공간은 남아있지 않
게 되었다. 비록 공간은 내어주지만 엘모어는 장난감으로
바리케이트를 치며 마음을 내주지 않는다.

 하지만 혼자가 과연 좋기만 한 걸까. 어느 날 엘모어는 악
몽을 꾸며 고함을 지르게 된다. 이때 옆에서 자던 동생이 침대
로 와서 괴물을 쫓아내며 형을 안아 주는 사건을 겪게 되는데 이 일 후에 형 엘모어는 동생과 함께 있는 게 꼭 나쁜 것만은 아니라는 것을 알게 된다.

 이 책에는 '모든 것이 바뀌었어요'란 문구가 두 번이 나온다. 동생이 처음 집에 오던 날과 악몽을 꾸던 날 밤. 모두 엘모어에게 큰 사건이 일어난 날인 것이다. 두 형제 사이에는 늘 물리적 거리가 있었지만 엘모어가 악몽을 꾼 밤, 동생이 엘모어를 안아주자 그 거리는 사라지게 된다. 어두움이 오히려 엘모어가 동생의 존재를 받아들이는데 도움이 된 셈이다. 그 장면을 기점으로 둘의 관계는 달라진다. 엘모어는 함께 있기에 좋은 것들을 하

ⓒ 동생이 미운 걸 어떡해!

나씩 발견해 가고 어른과는 결코 공유할 수 없는 어린이들만의 세계를 동생과 공감하는 즐거움을 맛보게 된다. 그리고 마지막 페이지에서 엘모어는 동생을 '그 녀석'이 아닌 '알버트'라는 이름을 가진 동생으로 받아들이고 자신의 모든 것을 허락하지만 오렌지 젤리만은 예외로 둔다. 면지를 포함한 모든 페이지에 그려져 있는 젤리는 엘모어가 가장 좋아하는 것으로 마지막까지 누구와도 나누기 싫은 걸 나타낸다.

책의 그림은 로렌 차일드 특유의 콜라주로 작업했으며, 글 텍스트의 배치 또한 글의 분위기와 그림과 어우러져서 읽는 재미를 더한다.

- 동생이 있어서 좋은 점과 불편한 점에 대해서 이야기를 나누어 보자. 외동아이인 경우에는 동생이 생기면 어떨지 상상해서 이야기를 나누어 보자.

- 로렌 차일드 특유의 콜라주기법으로 만들어졌다. 텍스트의 배치와 폰트의 크기, 그리고 효과를 살펴보며 이에 나타난 엘모어의 감정을 읽어보자.

- 표지부터 그림만 보면서 장면마다 오렌지색 젤리가 어디 있는지 찾아보자. 또한 엘모어가 오렌지색 젤리를 어떻게 대하는지 살펴보고 이야기해 보자. 누구와도 나누고 싶지 않은 자기만의 것은 무엇인지 이야기를 나누어 보자.

ⓒ 동생이 미운 걸 어떡해!

동생이 태어날 거야

원제 | *There's Going to Be a Baby*, 2010 글 | 존 버닝햄 그림 | 헬린 옥슨버리
출판사 | 웅진주니어 출판년도 | 2010년 ISBN | 9788901107615 판형 | 255＊265mm
쪽수 | 48쪽 주제 | 가족 세계 / 사랑 / 나와 가족

작가 소개

글을 쓴 존 버닝햄은 브라이언 와일드스미스, 찰스 키핑과 더불어 영국의 3대 그림책 작가로 꼽힌다. "아이들이 어른들보다 덜 지적인 것은 아니다. 경험이 부족할 뿐"이라는 생각을 갖고 있는 그는 아이들의 세계를 잘 이해하는 그림책 작가로 평가받고 있다. 1963년 첫 번째 그림책 『깃털 없는 기러기 보르카』와 1970년 『검피 아저씨의 뱃놀이』로 케이트 그린어웨이상을 두 번 수상했다. 그림을 그린 헬린 옥슨버리는 런던 센트럴 아트 스쿨에서 무대 디자인을 공부했다. 그림책 작가인 존 버닝햄과 결혼하기 전에는 연극, 영화, 텔레비전 분야에서 일을 했다. 가정을 돌보며 무대 디자인 일을 하기 어려웠던 옥슨버리는 아이들을 돌보며 집에서 할 수 있는 일을 찾던 중 남편 존 버닝햄의 영향을 받아 그림책 관련 일을 시작했다. 옥슨버리는 부드러운 선과 따뜻한 색감으로 자신의 육아 경험과 소소한 일상을 담아낸다.

줄거리

침대에 앉아 있는 아이에게 엄마는 곧 동생이 태어날 거라고 말해준다. 그 다음부터는 길을 걷거나 식당에서 같이 밥을 먹을 때, 전시회에서 그림을 보면서도 엄마와 아이는 태어날 동생에 대해 이야기를 나눈다. 이름은 뭐라고 할지, 동생이 크면 무엇이 될지 등을 생각하면서 아이는 동생을 기다리기도 하고, 거부하기도 한다. 그러는 동안 계절이 바뀌고 엄마의 배는 점점 불러온다. 마침내 동생이 태어나자 아이는 동생을 많이 사랑해 줄 거라고 한다.

서평

『동생이 태어날 거야』는 그림책 작가 부부인 존 버닝햄과 헬린 옥슨버리가 처음으로 같이 작업한 책이다. 세 자녀를 키운 부부가 함께 만든 첫 번째 책은 엄마를 온전히 차지하고 있던 아이에게 동생이 태어나게 된다는 커다란 사건을 담고 있다. 『동생이 태어날 거야』는 그 엄청난 사건을 차근차근 준비하는 엄마와 아이를 보여준다. 이야기는 표지에서부터 시작된다. 엄마는 아이의 손을 꼭 잡고 다정한 눈빛으로 무엇인가를 말하고, 아이는 눈을 동그랗게 뜨고 엄마를 바라보고 있다. 그 위에 쓰인 '동생이 태어날 거야.'라는 제목은 책의 제목인 동시에 엄마가 아이에게 하는 말이기도 하다.

『동생이 태어날 거야』에서 엄마는 뱃속에 아기가 막 생겼을 때부터 동생이 태어날 것에 대해 아이에게 이야기를 한다. 눈이 오는 길을 걸으며 가을이 되면 동생이 태어날 것이라고 하는 것을 보면 아기가 생긴 것을 알자마자 아이에게 앞으로 생길 변화에 대해 말하고 있다는 것을 알 수 있다. 그 후로 엄마와 아이는 일상에서 끊임없이 동생에 대한 이야기를 나눈다. 눈이 오는 길을 걸으며 동생의 이름을 생각하고, 식당에서 차를 마실 때는 동생이 요리사가 될 수도 있다는 이야기를 한다. 그러는 동안 배경의 계절이 바뀌고 엄마는 점점 배가 불룩해진다. 시간의 흐름 속에서 아이는 우리에게 아기가 꼭 필요한 것은 아니니 동생에게 오지 말라고 하는 것이 어떠냐고 묻기도 하고, 심각한 표정으로 다른 집 아기가 집안을 엉망으로 만든 이야기를 이르기도 하지만 동생과 같이 놀 것을 기대하기도 하고, 동생을 보고 싶어 하기도 한다. 이처럼 이 책에는 동생에 대한 아이의 혼란스러운 마음이 잘 드러나 있다. 엄마는 '동생을 사랑해야 해'라고 한 마디 할 법도 하지만 아이의 그런 변덕스러움에 대해서 아무 말도 하지 않는다. 그저 아이의 말을 들어줄 뿐이다. 그렇게 아이는 동생을 많이 사랑하겠다는 마음의 준비를 하게 된다.

아이의 이런 혼란스러움은 동생에 대한 상상을 보여주는 펼침면에서 잘 드러난다. 엄마와 아이가 같이 있는 장소마다 동생을 상상하니 식당에서 상상하는 동생은 요리사가 되고, 전시회에서 상상하는 동생은 화가가 된다. 동생에 대한 아이의 상상은 만화 같은 컷으로 구성되어 있으며 글 없이 그림으로만 전개된다. 동생이 배를 타고 가다가 풍랑을 만나 애쓰는 중에 모자가 바다로 빠지는데, 그것을 지켜보던 고래가 그 모자를 찾아주기도 하고, 동생이 공원에서 일하는 사람이 되어 낙엽을 쓸어 모으는데 강아지가 낙엽 더미를 망쳐

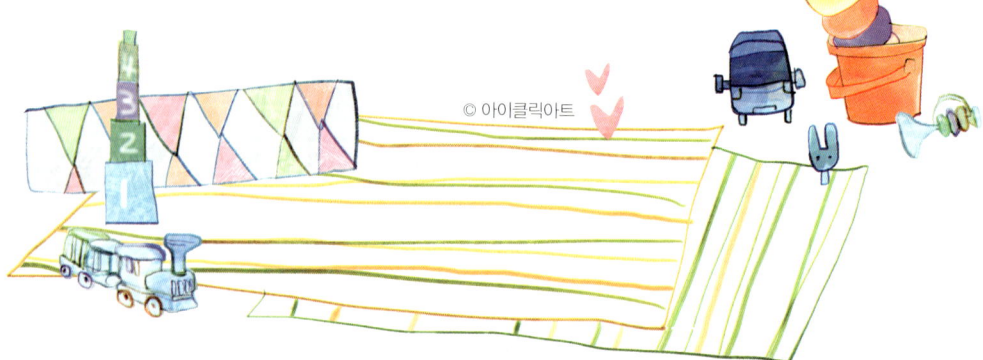

놓고 줄행랑을 치기도 한다. 아이가 동생에 대해 상상하는 장면에서 동생이 있으면 좋겠다고 생각하는 때와 동생에 대해 심술궂은 생각을 하고 있는 때를 읽을 수 있

는 것도 귀엽고, 아이의 상상인지라 나중에 커서 직업을 갖고 일을 하는 동생의 모습이 성인이 아닌 아기의 모습으로 그려진 부분도 웃음을 자아낸다. 또한 동생에 대한 상상을 하며 자기의 어렸을 때를 떠올리고 있는 것 같아서 주인공 아이가 사랑스럽기도 하다.

◉ 각 페이지마다 아이와 나눌 이야기가 많은 책이다. 그래서 한숨에 처음부터 끝까지 읽지 않고 한 단락씩 끊어 보면서 주인공 아이가 동생을 기다리는 시간을 같이 느껴 봐도 좋겠다. 엄마의 배가 불러오는 정도와 계절의 흐름을 자세히 살필 수 있게 될 것이다.

◉ 동생을 낳은 엄마께 드릴, 아이의 선물을 만들어보는 것도 재미있겠다.

◉ 등장인물에 대한 정보가 제한되어 있다. 독자는 주인공인 아이의 이름도 알지 못하고 아빠가 한 번도 등장하지 않는 가족들의 사연을 추론할 단서도 찾기 어렵다. 주인공 아이와 아이 동생의 성별을 상상하고 이름을 지어주거나 아빠와 관련된 이야기를 상상하여 이야기를 나눌 수 있을 것이다.

두더지의 고민

작가 소개

김상근은 대학에서 애니메이션을 전공하였으며, 2014년 볼로냐 아동도서전에 『두더지의 고민』이 소개된 후 독일어와 프랑스어로 번역되어 유럽에서 출판되었다. 작품으로는 『가방 안에 든 게 뭐야』와 두더지를 주인공으로 한 또 다른 이야기인 『두더지의 소원』이 있다.

줄거리

두더지는 친구가 없다는 고민을 안고 눈이 펑펑 오는 밤 숲속을 걷기 시작한

| 글·그림 | 김상근 | 출판사 | 사계절 | 출판년도 | 2015년 | ISBN | 9788958288169 |
| 판형 | 235*260mm | 쪽수 | 48쪽 | 주제 | 내적 세계 / 양선 / 겨울 |

다. 고민이 있을 때는 눈덩이를 굴려보라는 할머니의 말씀이 생각이 나서 두더지는 눈을 뭉쳐 굴리기 시작한다. 하지만 고민은 해결되지 않은 채 눈덩이만 커져간다. 눈덩이 속에 숲 속의 동물 친구들이 뭉쳐 들어가는데 두더지는 알지 못한다. 눈덩이 속에서 살려달라는 소리가 들리자 두더지는 눈덩이 안으로 들어가 갇힌 동물 친구들을 찾아낸다. 모두가 힘을 합쳐 눈 밖으로 나가게 되고 함께 뭐 하고 놀지 행복한 고민을 하게 된다.

서평

표지의 반을 차지하고 있는 두더지의 머리와 제목 위에는 눈이 소복이 쌓여 있다. 표지의 두더지는 배낭을 질끈 매고 어딘가로 가는 듯 옆모습이 그려져 있다. 표제지는 어린 두더지가 할머니 무릎에 앉아서 고민이 있을 때는 눈덩이를 굴려보라는 얘기를 듣는 장면을 보여주고 이어지는 본문은 왼쪽 끝 집에서 나온 어린 두더지가 한밤 중 숲속을 걷는 모습으로 시작한다.

두더지는 하필이면 어두운 밤에 고민을 안고 밖으로 나와 눈덩이를 굴리기 시작한다. 날씨도 사물의 분간이 어렵게 눈이 많이 쌓여 있고, 또 눈이 계속 오고 있다. 밤이라는 시간적 배경이 빛이 보이지 않는 두더지의 상태를 잘 드러내고 있는 셈이다. 또한 그가 굴리는 눈덩이는 덩치가 커지면서 친구들을 보지 못하게 가로막는 역할을 한다. 때로는 문제 해결을 위해 들이는 노력이 오히려 방해가 될 때가 있다. 그래도 다행히 눈을 굴린 덕분에 눈덩이에 뭉쳐 들어간 동물 친구들을 고민의 현장인 눈 속에서 모두 발견하게 된다. 눈덩이 속에서 길을 내어 밖으로 나오자 어두운 밤은 가고 아침이 오는데 이는 어두움과 빛, 밤과 아침의 대조를 통해 고민이 해결되었음을 드러낸다. 하지만 두더지는 또다시 눈을 굴려 새로운 고민거리가 생겼음을 나타낸다. 그러나 이번에는 혼자가 아니다. 친구들과 함께이다. 모두가 무엇을 하고 놀지를 고민하며 눈을 굴린다. 어쩌면 고민이라는 것은 평생을 함께 해야 하는 친구인지도 모른다. 다만 그것을 혼자 하느냐 함께 하느냐, 긍정적으로 볼 것이냐, 부정적으로 볼 것이냐의 차이가 있을 뿐이다.

작품은 전후 상황이 보이지 않고 고민에 매몰되어 상태를 객관화하지 못하는 사람의 모습을 잘 포착하였다. 사실 대부분의 사람들이 고민을 자신만이 가진 어려운 문제라고 여기지만 실제로는 보편적인 경우가 많다. 특히 아이들이 안고 있는 문제들인 경우에는 더욱 더 그러하다. 그중에서도 신학기에 아이들이 가장 많이 하는 고민은 왜 친구가 다가오지 않는 걸까, 왜 친구가 없을까 하는 고민일 것이다. 두더지 말고 다른 동물들도 친구 만들기와는 상관없는 행동을 하며 수동적으로 누군가는 나를 찾아주겠지 하는 심정으로 친구를 기다리고 있었다. 낯선 친구에게 먼저 다가가서 손을 내밀기는 참으로 힘든 일이기에 대부분의 아이들은 동물 친구들과 같은 수동적인 자세로 친구를 기다린다. 작가는 이 책을 통해 그 고민을 어떻

게 하면 해결할 수 있는지 해법을 전달하는 것에 목표를 두지 않았다. 이들 여섯 동물들이 친구가 된 것도 마침 두더지의 눈덩이가 지나는 길에 우연히 동물 친구들이 자리하고 있었기 때문이지 딱히 능력이 있던 이가 있었던 것도 아니고, 문제를 해결할 방법이 있었던 것도 아니기 때문이다. 작가는 그저 모두가 친구 때문에 고민하고, 친구가 없는 상태가 힘들다는 공감과 위로를 건넨다. 때로는 교훈을 남기는 책보다는 이와 같이 힘들었던 마음을 다독여 주는 그림책이 더욱 힘이 될 때가 있다.

　그림을 읽는 재미를 주는 다양한 요소들이 있다. 두더지가 쓸쓸한 고민을 하고 있는 것은 슬프고 안타깝지만, 고민에 몰입하여 눈덩이를 굴리느라 앞에 있는 친구들을 보지 못해 동물 친구들이 눈덩이에 뭉쳐지는 장면은 우습다. 글 텍스트는 설명하지 않지만 그림을 보는 독자들은 곧 영문도 모른 채 눈 속에 파묻히게 될 동물들의 운명을 알고 있으니 웃음이 난다. 두더지는 눈을 굴릴 뿐 아무것도 보지도 듣지도 냄새 맡지도 못하니 토끼며 여우, 돼지, 심지어 커다란 곰까지도 눈덩이에 파묻히고 만다. 눈덩이에 쓸려 들어간 동물들은 눈덩이 곳곳에 비죽비죽 신체 일부가 나와 있어 재미있기도 하다.

　숲 속에서 두더지를 바라보는 엑스트라 역할을 하는 동물들이 있다. 그들은 안전한 집

에서 떠나지 않고 눈을 굴리는 두더지를 멀찍이서 바라만 본다. 이들은 어쩌면 친구를 만들 기회조차 차단한 이들인지도 모른다. 엉겁결에 눈뭉치에 합류하게 된 개구리가 어느 길목에서 눈뭉치에 들어가게 되었는지 찾아보자. 개구리는 동면하는 동물답게 아침을 맞이하기 전까지 계속해서 누군가에게 매달려 자고 있다. 개구리의 표정과 포즈를 살펴보자. 커져가는 눈덩이에 비해 상대적으로 점점 작게 변해가는 두더지의 크기의 변화도 재미있다. 눈덩이는 커다란 곰까지 집어 삼킬 정도로 커져가지만 결코 어색하지 않게 다가온다. 이 책을 보고 나면 두더지와 함께 계속해서 눈덩이를 따라 오른쪽으로 움직이게 되기에 애니메이션을 보는 듯한 느낌을 받게 되는데 이는 애니메이션을 전공하고, 관련 작업을 많이 한 작가의 배경 덕분일 것이다.

◎ 고민이 있을 때 두더지는 할머니의 말씀에 따라 눈덩이를 굴렸다. 고민이 있을 때 할 수 있는 다른 행동도 생각해 보자.

◎ 각자의 고민을 적은 후 〈고민 상자〉에 넣고 하나씩 꺼내어 보며 친구들의 고민을 들어보자. 비슷한 고민을 가진 친구는 누구인지 찾아보고 함께 그 마음을 나눠 보자.

◎ 실제 눈을 가지고 아이의 장난감이나 물건을 넣어 눈덩이를 뭉쳐보고 그것을 찾는 놀이를 해 보자. 눈 대신에 밀가루 반죽 속에 고민을 적은 카드나 작은 장난감을 숨기고 어떤 고민이 있는지, 무엇을 숨겼는지 알아맞히는 놀이를 해 볼 수도 있겠다.

ⓒ 두더지의 고민

뒷집 준범이

작가 소개

이혜란은 1972년 거창에서 태어나 부산에서 자랐으며 시각디자인과 동화미디어창작을 전공하였다. 출판사와 애니메이션 회사에서 편집 디자인, 애니메이션, 일러스트레이션 작업을 했고, 지금은 어린이책 그림 작가로 활동하고 있다. 자신의 어린 시절 가족 이야기를 담은 그림책『우리 가족입니다』로 보림창작그림책공모전에서 대상을 받았다. 작가는 세상이 좀 더 따뜻하게 되었으면, 서로 도우고 아끼며 살았으면 하는 바람으로 어린이 책을 만들고 있다고 한다.

글·그림 | 이혜란 출판사 | 보림 출판년도 | 2011년 ISBN | 9788943308629
판형 | 225*250mm 쪽수 | 38쪽 주제 | 사회적 세계 / 양선 / 우리 동네

📐 줄거리

준범이는 시장 골목 낮은 집 작은 방으로 이사를 왔다. 준범이 방의 작은 창 너머로는 동네가 다 보인다. 음식점과 슈퍼, 미용실에 사는 강희, 충원이, 공주는 동생들과 늘 함께 어울려 놀고 유치원도 같이 다닌다. 준범이는 밖에 나가지 말고 집안에서 놀라고 하고 일하러 가신 할머니 말씀대로 창밖으로 그들을 내다보고만 있다. 자기네들끼리 어울려 놀던 아이들이 갑자기 준범이 방으로 들어오고, 강희 어머니는 창문 너머로 자장면을 넣어주신다. 아이들은 온 방안을 어지럽히면서 즐겁게 논다. 준범이도 이제 그들과 친구가 되었다.

📐 서평

겉표지에는 큰 건물 뒤편에 딸린 낮고 작은 준범이네 집이 그려져 있다. 그림은 연필화에 파스텔로 곳곳에 포인트를 주어 따뜻한 느낌을 준다. 표지의 집은 문을 열면 바로 방이 나올 것 같이 단출하고 옹색하게 보인다. 제목과 글은 전부 어린이 필체의 손글씨로 쓰인 듯 삐뚤삐뚤하다. 앞 면지를 펼치면 전면에 걸쳐 창문이 그려져 있고 한쪽 창문 틀 너머로 강희네 가족이 보인다. 비교적 밝고 옅은 파스텔 톤이 섞여있는 강희네 집에 비해 그림의 틀이 된 준범이네 집은 어둡다. 표제지를 열면 밖에서 바라본 준범이네 집이 보이고, 열린 창문 틈으로 밖을 내다보는 준범이의 정수리가 보인다. 창문 안쪽 준범이네 방은 매우 어둡다.

　마치 3인칭 화자가 일기를 쓴 것처럼 노트 선위에 준범이가 이사를 와서 살게 된 집과 창문에서 바라본 바깥 풍경이 아이의 어조로 기술되며 이야기는 시작된다. 동네에는 준범이 또래의 아이들이 집집마다 살고 있다. 집에서 놀아야 하는 준범이는 창밖으로 그들이 사는 모습을 유심히 관찰한다. 준범이가 창문을 점점 더 많이 열어 밖을 바라보는 듯, 미용실, 슈퍼집, 자장면집이 차례로 소개되고 이들이 노는 모습이 그려지는데 그림의 크기 또한 점차 커진다.

　이들과 어울리지 못하고 관찰자 입장에 있는 준범이가 본 바깥 풍경은 모두 창틀을 대변하듯 검고 굵은 틀 안에 들어있고 준범이는 보이지 않는다. 강희가 준범이에게 손을 내밀어 관계가 형성되자 마침내 프레임은 사라지고 준범이가 그림 속에 등장한다.

　이제 시점은 바뀌어서 준범이가 바라본 바깥 풍경 대신 준범이가 처한 외로운 현실을 보여준다. 밝은 바깥 풍경과 달리 방안의 공간은 무척 어둡다. 작가는 창문을 중심으로 그 안과 밖의 대조를 그림의 명암으로 표현한다. 어울려 사는 이웃 세 가정의 꾸밈 없는 환한 모습은 무채색의 어두운 준범이의 방이나 앉은뱅이 탁자 밑에 들어가 있는 준범이와 대조를 이룬다. 창문은 준범이와 동네 사람들을 이어주는 통로가 되고 강희가 내민 손은 그 소통을 완성하는 접점이 된다. 아이들이 준범이네 방안으로 들이닥치자, 소통의 통로는 창문에서 방문으로 넓어진다. 어울려 노는 소란함은 커다란 글씨로 시각화되고 아이들이 들어올 때 열린 문과 창문으로 빛이 들어와 방안을 환하게 비춘다. 그 빛의 중심에 서있는 강희의 손은 창 밖에서 자장면을 건네주려는 엄마를 향해 뻗어있다.

빛이 비치면 어두움은 물러가듯 방안의 적막과 외로움은 아이들의 소란과 활기로 채워진다. 창문 안과 밖의 세상이 아이들이 몰고 온 빛으로 인해 하나가 되자 방안은 생기로 가득 차고 작가는 이것을 연한 파스텔 톤의 따스한 색으로 표현한다.

이야기는 다시 첫 페이지와 동일한 단락으로 마무리 된다. 그러나 이제는 동네 아이들과 친구가 되었기 때문에 자장면집, 슈퍼집과 미용실 대신 강희, 충원이와 공주가 산다는 말로 기술되어 이들 관계가 개별적이며 특별해졌다는 생기와 친밀감이 느껴진다. 시장 골목 낮은 집, 작은 방에 할머니랑 단둘이 사는 조손가정의 현실은 변함이 없지만 이웃 간의 관계가 변화되면서 앞으로 이곳에서 살게 될 준범이의 유년을 따스하게 채울 것이다.

뒤 면지에는 열린 창문으로 일하고 돌아온 할머니와 준범이의 모습이 보인다. 낮에 놀았던 이야기를 할머니에게 들려주는 준범이 입에는 여전히 자장면 국물이 묻어있고 손자를 안도하며 바라보는 시선에서 할머니의 애잔한 사랑이 느껴진다. 이혜란 작가는 언제나처럼 작품을 통해 더불어 사는 삶 속에서 희망을 찾고 서로를 돌아보며 살 때 세상은 살만한 곳이 된다고 말하고 싶어한다. 작가의 전작이자 작가 자신의 이야기인『우리 가족입니다』와 함께 읽으면 두 책에서 공통적으로 등장하는 인물, 소품과 함께 작가의 일관된 메시지를 읽을 수 있다.

© 뒷집 준범이

- 그림을 보면서 등장하는 친구들의 집을 찾아보고, 창문과 문으로 보이는 풍경은 어느 가족의 장면인지, 부분적으로 보이는 몸이 누구의 몸인지, 강희와 함께 꾸준히 등장하는 강아지 땡이는 뭘 하는지 따라가면서 그림을 읽어보자.

- 준범이와 친구들의 집을 블록이나 모형으로 구성해 보면 공간 내에서의 위치와 공간 관계를 인식하는 즐거운 경험이 될 것이다.

- 조명을 낮춘 방에서 손전등으로 빛을 비춰보고 그림자와 빛이 대비되는 모습을 관찰해 보자.

- 자신의 집 창문, 또는 현관문에서 보이는 풍경을 그려보자. 나에게는 어떠한 이웃이 있는지 생각해 보자.

또르의 첫인사

작가 소개

토리고에 마리는 1965년 일본 이시카와현 카나자와에서 태어나 카나자와미술공예대학 산업디자인과를 졸업했다. 캐릭터 상품 기획자, 디자이너를 거쳐 현재는 그림책을 쓰고 그리는 데 전념하고 있다. 작품으로는 『내 방의 다람쥐』, 『시끌벅적 동물농장』, 『리리의 이야기 보따리』 등이 있다. 작가 웹사이트 (http://torigoe-mari.net)에서 더 많은 정보를 볼 수 있다.

원제 | ハリネズミのくるりん, 2002 글·그림 | 토리고에 마리 출판사 | 베틀북
출판년도 | 2004년 ISBN | 9788984882898 판형 | 190*219mm 쪽수 | 32쪽
주제 | 사회적 세계 / 절제, 화평 / 나와 가족, 우리 동네

줄거리

꼬마 고슴도치 또르는 깜짝 놀라거나 부끄러우면 몸을 또르르 동그랗게 말아버린다. 겁 많고 부끄럼쟁이인 또르는 숲의 이웃들과 친구가 되고자 엄마와 인사 연습을 한다. 또르는 다양한 동물 가면을 쓴 엄마에게, 그리고 장난감, 꽃, 우체통 등 온갖 것들에게 "안녕하세요"라며 인사를 해 본다. 드디어 또르는 인사를 하러 혼자 집 밖으로 나가게 되고, 닭 아주머니와 병아리, 여우를 차례로 만난다. 하지만, "안", "안녀…"만 되풀이하다 결국 인사를 못하고, 급기야 커다란 곰을 만나서는 그만 정신을 잃고 만다. 걱정스러워하는 동물 이웃들에게 인사를 하게 된 또르는 바로 그들과 즐겁게 어울리고, 또 만날 것을 약속한 후 집으로 돌아온다. 하지만 겁 많은 또르는 떨어진 밤송이에 몸을 또르르 말아버린다.

서평

이 작품은 부끄러움과 겁이 많아 이웃들과 어울리지 못하는 고슴도치 또르가 엄마의 도움을 받아 이웃들에게 "안녕하세요"라고 인사를 하며 어울리게 되는 과정을 따뜻한 색감으로 아기자기하게 그려내고 있다. 작가는 위험이 닥치면 자신을 보호하기 위해 몸을 둥글게 마는 고슴도치의 습성을 살려 주인공이 깜짝 놀라거나 부끄러울 때 몸을 또르르 말게 하고, 이름도 이러한 특징 그대로 '또르'라고 하였다.

　앞표지의 나비와 꽃을 향해 다가가는 또르가 뒤표지에 그 꽃을 엄마에게 가져다주는데, 그 사이에 어떤 일이 벌어졌을지 궁금해진다. 면지에는 또르르 말

ⓒ 또르의 첫인사

려있는 고슴도치들이 가득 있고, 양쪽 페이지의 가운데 눈을 질끈 감고 손으로 얼굴을 가린 채 서있는 고슴도치가 마주보고 있다. 속표지는 요리를 하는 엄마의 뒤에서 앞치마 끈을 잡은 채 서 있는 또르가 보여 면지와 속표지를 통해 또르의 성격을 예측할 수 있다.

　서툰 듯 둥글려 있는 글씨체는 "안녕하세요"를 강조할 때 굵기와 크기를 달리해 아이의 말과 이야기를 귀엽게 담아낸다. 엄마는 또르가 여러 이웃에게 인사할 수 있도록 가면까지 준비해 연습을 시키고 실제로 밖에 나가 인사하게 한다. 그리고 엄마는 또르가 어떻게 하는지 지켜보기 위해 숲까지 따라가지만 인사도 못하고 정신을 잃은 또르를 멀찌감치 바라보기만 하고 끝내 나서지 않는다. 이 장면에서는 나무 뒤편에 숨어 있는 엄마를 찾을 수 있다. 또르를 지켜보는 엄마의 엉덩이, 엄마의 입을 찾아보면 숨바꼭질의 재미와 또르를 응원하는 엄마의 사랑을 함께 느낄 수 있다. 무던히 연습했지만 제대로 인사도 못하고 쓰러진 또르는 걱정스레 살펴보는 이웃들의 따스한 관심에 용기를 내 마침내 인사를 하게 된다.

　작가는 작품 전체를 3인칭 시점으로 그려내다 또르가 마침내 인사를 하게 되는 장면만 1인칭 시점으로 표현해 독자가 또르가 된 듯 몰입하게 한다. 또르와 비슷한 성격과 어려움을 갖고 있는 어린 독자는 아마도 이 장면에서 또르에게 감정이입이 되고 이후 비슷한 어려움에 직면할 때 또르를 떠올리며 용기를 낼 수 있을 것이다. 이웃과 어울릴 수 있게 된 또르는 여우에게 받은 꽃을 가지고 집으로 향하는데, 급작스레 등장한 밤송이를 보고 여전히 겁을 내고 만다. 이 장면을 이야기의 마지막으로 여긴다면 또르는 잠시 변화의 조짐을 보였지만 여전히 소심한 아이로 생각될 수 있다. 그러나 이야기는 뒤표지까지 연결된다. 이야기를 끝까

ⓒ 또르의 첫인사

ⓒ 또르의 첫인사

지 따라가넌 비록 순간적으로 놀라긴 했지만 다시 일어나 결국 엄마에게 꽃을 선사하는 또르의 성장한 모습을 확실히 느낄 수 있을 것이다.

- 다양한 동물 가면을 만들어 그림책의 이야기를 역할극으로 표현해 보자.
- 엘가의 '사랑의 인사' 음악에 맞춰 자유롭게 움직이다가 음악에서 쉼표같이 느껴지는 부분에서 가까이 있는 친구와 인사하는 놀이를 해 본다.
- 또르가 겁이 나거나 부끄러울 때 취하는 몸짓과 소리를 표현해 본다. 이후 무서울 때, 화날 때, 슬플 때, 기쁠 때 등 다양한 상황도 표현해 보자.

리디아의 정원

╲╲ 작가 소개

글을 쓴 사라 스튜어트는 1939년 태어나 텍사스에서 자랐다. 대학에서 라틴어와 철학을 전공한 그녀는 졸업 후 교사로 일하기도 했다. 현재는 〈뉴욕 타임즈〉에 어린이책 서평을 쓰고 있다. 그녀의 그림책은 모두 남편인 데이비드 스몰과 함께 작업했는데, 칼데콧 아너상을 받은 『리디아의 정원』 외에도 『도서관』, 『한나의 여행』, 『돈이 열리는 나무』 등이 국내에 번역되었다.

원제 | The Gardener, 1997 글 | 사라 스튜어트 그림 | 데이비드 스몰
출판사 | 시공주니어 출판년도 | 2017년 ISBN | 9788952783134 판형 | 210 * 297mm
쪽수 | 36쪽 주제 | 가족 세계 / 사랑 / 나와 가족, 동식물과 자연

그림을 그린 데이비드 스몰은 1945년 미국 미시간 주에서 태어나 자랐다. 어릴 때부터 건강 문제로 대부분의 시간을 집에서 보내야 했던 그는 두 살부터 그림을 그렸다고 한다. 10대의 대부분을 연극을 쓰는 데에 보내다 21세 때 미술을 시작하여 예일 대학에서 미술을 전공했다. 프리랜서 작가로 광고를 비롯한 여러 매체에 그림을 그리고 있는 그는 40여 권의 그림책을 냈고, 2001년에는 주디스 세인트조지와 함께 작업한 『대통령이 되고 싶다고?』로 칼데콧상을 받았다. 작가의 홈페이지(http://www.davidsmallbooks.com)에서 작가에 대한 더 많은 이야기를 만날 수 있다.

줄거리

아버지의 실직으로 리디아는 도시에 있는 외삼촌 댁에서 더부살이를 하게 된다. 할머니가 챙겨주신 꽃씨와 함께 도시에 도착한 리디아는 잘 웃지 않는 외삼촌의 빵가게에서 지낸다. 리디아는 외삼촌을 돕는 틈틈이 여기저기에 집에서 보내주는 꽃씨를 심는다. 그렇게 해를 넘겨 도시에서 봄을 맞은 리디아는 비밀 장소를 발견하고 무뚝뚝한 외삼촌을 웃게 할 굉장한 계획을 세운다. 그것은 바로 너저분하던 옥상을 정원으로 만들어 내는 것이다. 열심히 준비한 리디아는 마침내 꽃으로 가득한 정원에 외삼촌을 초대해 외삼촌에게 아름다운 광경을 선물한다. 그로부터 꼭 일주일 후, 리디아는 꽃으로 뒤덮인 케이크를 건네는 외삼촌을 통해 아버지가 취직이 되었다는 소식을 듣게 된다. 따스하게 꼭 안아주는 외삼촌과 작별한 리디아는 다시 할머니의 손을 잡고 농장으로 돌아간다.

서평

표지에는 리디아가 밝고 씩씩하게 환한 꽃이 핀 화분을 들고 있다. 리디아의 '정원'이라더니 '에게~ 겨우?'라는 생각이 들 정도로 주변은 삭막하다. 철제 계단 위에 선 리디아가 들고 있는 화분 하나를 보고 '정원'이라니. 원제인 'gardener(원예사)'를 그대로 제목으로 썼다고 하더라도 궁금하긴 마찬가지일 것이다. 그런데 표지만 넘겨도 제목을 이해할 수 있게 된다. 표지에 있던 삭막한 도시의 모습과는 전혀 다른 풍경이 펼쳐지고 아름답게 피어있는 꽃들과 주렁주렁 열린 열매들 사이에서 할머니와 호박을 따고 있는 리디아의 환한 모습이 보이기 때문이다. 과연 '정원'이라 할 만하다. 표지와는 너무 다른 장면에 사연이 궁금해진다. 한 장을 넘기면 표제지에 할머니와 리디아가 수확한 것들을 챙겨 집으로 돌아오는 모습이 보인다. 그런데 집 앞 분위기가 심상치 않다. 아무것도 모르는 강아지는 할머니와 리디아를 반기지만 아버지와 어머니의 표정은 어둡기만 하다. 아니나 다를까 시작하는 글은 아버지의 실직 때문에 외삼촌 댁에서 살게 된 리디아의 편지다. 큰일이 난 것이다.

아무런 대화나 설명 없이 리디아의 편지로만 이어지는 글은 독자들을 리디아의 편지를 받는 입장에 둔다. 그래서 독자들은 리디아의 가족이 되어 리디아의 소식을 기다리게 된다. 한편 그림은 리디아가 처한 상황을 그대로 보여주어 독자들에게 리디아의 목소리 이상의 정보를 준다. 그래서 독자들은 늘 정직하지만은 않은 리디아의 편지에 가슴이 아파오곤 한다. 도시에 갓 도착한 리디아를 짓누르는 거대하고 무표정한 회색빛 건물과 동네 어느 곳에서도 화분을 찾아볼 수 없는 풍경, 내내 인상을 쓰고 계시는 외삼촌의 모습은 편지 속의 밝은 리디아의 목소리와 대조되어 독자들로 하여금 더욱 안타까운 마음이 들게 한다. 하지만, 리디아가 테이블이나 선반 위, 길거리와 창가에 꽃을 심으며 자기만의 방식으로 도시 여기저기에 색깔과 웃음을 입히는 것을 바라보며, 독자들은 리디아가 만들어가는 변화를 응원하게 된다.

리디아의 향기로운 노력은 여러 가지를 바꾸었다. 황량하고 너저분했던 옥상은 꽃이 가득한 아름다운 정원이 되었다. 외삼촌도 달라졌다. 옥상만큼이나 메마르고 무뚝뚝했던 외삼촌이 이제는 꽃으로 가득한 케이크를 리디아에게 선물하고, 몸을 굽혀 진심어린 포옹을 전하는 다정하고 따뜻한 외삼촌이 되었다. 또한 처음 리디아가 도착했을 때는 외롭고 컴컴하며 묵직했던 도시의 역사가 다시 집으로 돌아갈 때에는 사랑의 포옹이 있는 밝고 환한 곳으로 바뀌었다.

그림책으로는 드물게 시공간적 배경이 구체적이고 중요한 역할을 하는 작품이다. 그런데도 1930년대 미국 대공황 시기, 도시와 전원의 다름이 '그때, 그곳'의 일로 읽히지 않는다. 리디아의 건강한 밝음이 전하는 메시지의 보편성이 지금, 여기에서도 유효하기 때문이다. 리디아는 어려운 시간을 과한 명랑함으로 얼버무리지 않는다. 어두컴컴한 역사, 회색빛 도시의 색깔에 자기가 매몰되도록 그냥 두지도 않는다. 리디아는 자기만의 방법으로 자신의 삶에 즐거움과 아름다움을 채워나간다.

ⓒ 리디아의 정원

- 계절에 맞는 꽃씨를 준비하여 리디아처럼 꽃을 심어보자.
- 야외에 나가서 예쁜 꽃과 나무를 감상해 보자. 아름다운 자연을 즐기면 리디아의 옥상 정원이 어떤 느낌이었을지 상상할 수 있을 것이다.
- 리디아처럼 세상을 아름답게 만들 수 있는 자신만의 장점을 찾아 이야기를 나눠 보아도 좋겠다.

만희네 집

🔖 작가 소개

권윤덕은 1960년 경기도 오산에서 태어나 서울여자대학교 식품학과를 졸업한 후, 홍익대학교 산업미술대학원에서 광고디자인을 전공했다. 1995년에 아들 만희를 위해 직접 글을 쓰고 그림을 그린 『만희네 집』을 출간하면서 그림책 작가가 되었다. 1998년에는 중국 베이징에서 산수화와 공필화를 공부했으며, 2005년부터 한동안은 불화를 공부했다. 그녀의 이런 노력은 옛그림의 아름다움이 살아있는 그림책으로 태어났다. 첫 작품인 『만희네 집』을 비롯하여 『고양이는 나만 따라 해』, 『일과 도구』 등 권윤덕 작가의 작품들에는 동양화풍의 따뜻한 그림이 포근한 글밥과 어우러진다. 최근에는 『꽃할머니』, 『나무 도장』 등 가슴 아픈 역사를 다룬 책들을 출간하고 있다.

글·그림 | 권윤덕 출판사 | 길벗어린이 출판년도 | 2016년 ISBN | 9788986621105
판형 | 290*234mm 쪽수 | 36쪽 주제 | 가족 세계 / 사랑, 화평 / 나와 가족

줄거리

만희와 엄마, 아빠는 마루 끝에 부엌이 달려 있는 좁은 연립 주택에서 살았다. 만희는 부엌 옆의 조그만 방을 썼다. 그러다가 만희네는 할머니 댁으로 이사를 가게 된다. 할머니 댁은 집도 넓고 개도 세 마리나 있다. 만희네 집은 동네에서 나무와 꽃이 가장 많은 집이기도 하다. 만희가 유치원에서 돌아오면 개들은 발자국 소리만 듣고도 만희를 알아본다. 만희와 만희를 따라다니는 개들은 종일 부엌이며 광, 장독대, 현관, 만희의 방, 아빠 방을 다니며 즐겁게 지내고, 만희는 일찍 잠자리에 든다.

서평

『만희네 집』은 권윤덕의 작가색이 짙은 작품이다. 작품을 만들기 전 꼼꼼하게 현장을 답사하고 취재하며 자료를 많이 모으고 세심하게 관찰하고 탐구하는 것으로 유명한 작가가 실제로 자신이 살았던 집을 소재로 한 그림책이니 말이다. 그래서 『만희네 집』은 묘사가 구체적이고 세밀하다. 집의 모습이며 가구, 이불 등의 소품들도 이 책이 출판되던 때의 모습을 그대로 담고 있다. 가히 현대의 풍속화라 할 만하다.

이 책은 표제지가 시작되기 전에 만희네 집이 본래 살던 곳에서 할머니네 집으로 이사를 가게 되었다는 내용을 설명하는 프롤로그가 있다. 이 펼침면에서 연립 주택에서 살고 있는 만희네 가족이 할머니 집으로 이사 갈 준비를 하는 모습을 볼 수 있다. 표제지가 있는 펼침면은 만희네가 연립 주택에서 할머

© 만희네 집

니 댁으로 이사 가는 길을 보여준다. 할머니 집 앞에는 강아지 세 마리가 이 삿짐을 싣고 오는 트럭을 맞이하러 나와 있다. 이렇게 만희네 집은 꽃이 가득한 할머니 댁으로 이사를 했다.

만희는 할머니 댁 곳곳을 누비고 다니는 자기의 하루를 독자에게 보여준다. 면지를 보면 만희의 하루가 얼마나 평화롭게 열리고 닫히는지를 알 수 있다. 앞 면지에는 아침이라 활짝 핀 나팔꽃이 가득하고 만희가 잠이 드는 것으로 끝나고 나서 마지막을 덮는 면지에는 저녁이라 꽃잎을 오므린 나팔꽃이 그려져 있다. 그래서 그림책을 덮으면 자연스러운 일상의 하루가 아름답게 마무리되는 느낌이 든다.

그림책은 특별한 사건이 없는 일상을 공간의 흐름에 얹어 전한다. 글밥은 집 안의 각 공간에 대한 정보를 짤막하게 말해주고, 그림은 그 공간을 채우고 있는 가족들의 사랑과 일상의 평화로움을 곱게 그려낸다. 그림이 글의 내용을 확장하기 때문에 글에서 설명하는 것들을 독자로 하여금 그림 속에서 하나하나 찾아보고 직접 느껴보도록 하고 있다. 예를 들면 글은 '광은 어둡고 서늘합니다. 과일이나 쌀, 담근 술이 그 안에 있어요.'라고 광에 대한 설명으로 끝나지만 그림은 맷돌과 절구, 커다란 항아리가 놓여 있고, 벽에는 소반이나 복조리, 박이 걸려 있는 광의 모습을 보여줄 뿐 아니라 광 앞에서 한가롭게 졸고 있는 강아지 세 마리와 광 옆 계단에 앉아서 엄마와 그림책을 읽으며 신난 만희를 보여주는 것이다. 이런 식으로 글은 장소를 소개하고 그림은 그 곳에 있는 사람을 담는다. 이 집은 구석구석이 가족의 삶과 연결되어 있어서 의미 없는 공간이 없고, 가족들은 모두 행복하고 안정감이 있다. 그래서 평화롭다거나 정겹다는 말은 한 마디도 없지만 이 책을 읽는 사람들은 모두 편안한 따뜻함과 향기로운 정감을 느끼게 된다.

옛 그림의 미감을 살리려고 한 느낌도 독특하다. 붓으로 그려진 것 같은 선, 전통적인 문양을 떠올리게 하는 면지 등이 그렇다. 흰색 바탕이 아니라 한지의 느낌을 주는 미색 바탕을 사용한 것도 같은 이유일 것이다. 소품을 세밀하게 그려 당시를 생생하게 되살렸을 뿐만 아니라 작화의 재료나 표현 기법에서도 전통적인 아름다움을 추구하여 우리나라 그림책다운 그림책을 만들고자 한 작가의 노력이 돋보인다. 특히 다음 소개할 곳은 먹색으로만 그려서 뒷 페이지에는 어떤 곳으로 안내할지 독자가 유추할 수 있게 하여 예스러운 미감을 살리면서 그림책의 그림 읽기에 즐거움을 더한다.

ⓒ 만희네 집

　배경이 되었던 시대상이 고스란히 담겨 있다 보니 어머니가 부지런히 집안일을 하고 있는 것으로 보이는 부분에는 주의를 기울여야 한다. 어머니는 부엌에서, 장독대에서도 집안일을 하고 있다. 뒤껻에서 강아지들에게 밥을 주고 있는 어머니의 뒤로는 커다란 통에 절인 배추들이 가득 담겨 있기도 하다. 같은 옥상인데도 할아버지가 가꾸시는 작은 채소밭과 어머니가 이불 빨래를 널고 있는 공간은 달라 보이기도 한다. 그러나 찬찬히 살펴보면 이 가족이 지닌 안정감과 균형을 발견할 수 있다. 아빠의 서재나 엄마가 그림을 그리는 도구들이 펼쳐져 있는 방, 할아버지가 가꾸시는 채소밭 등 집안 곳곳에서 조화로운 가족의 삶을 읽을 수 있다. 가족들은 모두 서로의 영역을 존중하고, 각자의 역할에 충실하면서 화목한 삶을 꾸리고 있다.

- 만희네 집 평면도를 그려보자. 그리기 어려우면 마지막 페이지를 참고해서 따라 그리면 된다. 만희네 집을 그리면서 연습이 되었다면 내가 살고 있는 집이나 내가 살고 싶은 집도 그려보자.

- 만희네 집에서 본 옛날 물건들, 창살이나 재봉틀 등을 부모님의 어린 시절 사진에서 찾아보면 재미있을 것이다. 부모님의 어릴 때 사진을 보며 전기 스위치나 전등 모양 등 지금과 달라진 것들을 찾아보자. 80년대, 90년대를 배경으로 한 드라마의 소품들을 눈여겨보아도 좋겠다.

- 만희의 하루 일과 시간표를 그려보자. 유치원에 다녀와서 만희가 어떻게 지내는지 차근차근 살펴보면서 나는 무엇을 하면서 놀고 싶은지 생각해 보자.

메리와 생쥐

작가 소개

글을 쓴 비버리 도노프리오는 1950년에 미국 코네티컷에서 태어났다. 전기를 주로 저술하는 작가이자, 글쓰기 교사로도 활동하고 있다. 그의 저서 중 자전적 소설인 『라이딩 위드 보이즈』가 영화로 만들어져 인기를 끌기도 하였다. 어린이를 위하여 쓴 첫 책이 바로 이 작품인 『메리와 생쥐』이며 후속작 『샐리와 아기 쥐』의 글도 썼다.

그림을 그린 바바라 매클린톡은 1955년 미국 뉴저지에서 태어나 그림책 작가의 길을 모색하던 중 모리스 샌닥의 권유로 뉴욕으로 이사를 한 후 미술관에서 고전 그림들을 모사하며 그림을 배우고 작가로서의 토대를 쌓았다. 그녀는 특히 19세기 프랑스의 삽화가이자 판화가인 그랑빌을 비롯하여 당대의 역사

원제 | Mary and the Mouse, The Mouse and Mary, 2007 글 | 비버리 도노프리오
그림 | 바바라 매클린톡 출판사 | 베틀북 출판년도 | 2008년 ISBN | 9788984885967
판형 | 280 * 254mm 쪽수 | 34쪽 주제 | 사회적 세계 / 화평 / 유치원과 친구, 동식물과 자연

와 의상에 깊이 빠져들었다. 그녀의 책들은 이솝우화와 안데르센 동화 등 고전적인 이야기에 그림을 입힌 작품이 많다. 가족들은 그녀의 작품 소재에 영향을 많이 미쳤다. 사진작가였던 아버지의 카메라와 사진에 대한 열정이 작품 곳곳에 묻어나며, 아들이 성장하면서 변해가는 관심사(무기, 중국)와 발레를 한 여동생의 삶이 이야기 속에 반영되기도 하였다. 처녀작인 *The Heartaches of a French Cat*과 대중에게 가장 널리 알려진 『아델과 사이먼』을 비롯하여 다수의 작품이 뉴욕 타임즈 올해의 책에 올랐으며, 보스톤 혼 북 아너상 등 다양한 그림책 상을 받았다.

줄거리

메리와 작은 생쥐는 커다란 집에서 서로의 존재를 모른 채 함께 살고 있었다. 저녁 식사 후 식탁을 정리하다가 우연히 포크와 숟가락을 동시에 떨어뜨리며 메리와 생쥐는 쥐구멍을 통해 서로를 발견한다. 이들은 각각 생쥐와 사람을 조심하라는 어른들의 경고에 서로의 존재를 비밀에 부친 채 매일 저녁 포크와 숟가락을 떨어뜨려 인연을 이어 나간다. 시간이 흘러 성인이 된 메리와 생쥐는 독립을 하고, 가정을 꾸리고, 아이들의 엄마가 된다. 메리의 딸 줄리와 생쥐의 딸 샐리는 잠자리에서 실수로 책을 동시에 떨어뜨려 이를 줍다가 서로를 보게 되고, 엄마들이 그러했던 것처럼 매일 밤 서로를 보기 위해서 책을 떨어뜨린다. 그러다 마침내 용기를 내어 얼굴과 얼굴을 맞대고 인사를 건넨다.

서평

내가 생활하는 공간 어딘가에 사람이 아닌 누군가가 나와 유사한 방식으로 살고 있다고 상상하는 것은 무척 재미있는 일이다. 이런 상상은 일찍이 1950년대에 메리 노튼의 『마루 밑 바로우어즈』라는 고전 동화책을 통해서 많은 아이들에게 전해졌다. 이 책을 읽고 자랐고, 메리 노튼에게 창작의 빚을 지고 있다고 밝힌 그림 작가는 본 작품에서 인간과 흡사한 생활양식을 가지고, 축소된 형태지만 사람의 집과 유사한 공간에서 사는 생쥐를 사람인 메리와

© 메리와 생쥐

함께 병렬적으로 그려내고 있다.

　페이지의 왼쪽 또는 위쪽에는 사람인 메리의 삶이, 오른쪽과 아래쪽에는 생쥐의 삶이 나타난다. 그림 하나하나를 자세히 들여다보면 인간 삶의 축소판인 생쥐의 삶이 무척 기발한 상상력을 동원하여 그려졌음을 알 수 있다. 가족을 소개하는 장면을 보면 메리네 거실과 생쥐네 거실은 동일한 가구 배치와 동일한 가족 구성원을 가졌다. 엄마가 앉아 있는 안락의자는 생쥐네 집에선 바늘꽂이로, 3인 소파는 계란 곽에 티슈를 채워 넣은 모습으로, 액자는 철제 병뚜껑과 단추로, 탁자는 실패로, 카펫은 냄비받침으로 등장한다. 생쥐네 가족의 모습이 확대되어 그려졌기 때문에 얼핏 봐서는 두 가정의 삶이 대등하게 느껴지지만 메리네 집에서 작게 그려진 꽃이, 생쥐네 집에선 매우 크게 그려지는 것을 보며 생쥐의 존재와 그 생활공간이 얼마나 작은지를 가늠할 수가 있다. 또한 메리와 생쥐의 공간이 동시에 그려지는 장면을 보면 인간의 공간이 대부분을 차지하고 있어서 이들이 맺는 우정이 얼마나 많은 제약을 뛰어 넘는 것인지를 알 수 있다. 이처럼 이 책은 책 전반에 걸쳐서 메리의 삶과 생쥐의 삶을 좌우 또는 상하로 구분하면서 동시에 비교하며 보는 재미를 준다.

　메리와 생쥐가 서로를 만난 공간은 공동 공간인 거실이기 때문에 쥐구멍을 통해 서로 눈빛을 교환하는 것 이상의 교류는 할 수 없었지만 메리의 딸 줄리와 생쥐의 딸 샐리는 사적 공간인 자기 방에서 만남을 가졌기에 눈빛 교환을 뛰어넘어 서로에게 한 발짝 더 다가설 수 있게 되었다. 이 책은 용기를 내어 환기구 앞으로 얼굴을 바짝 내민 줄리, 그리고 위험을 무릅쓰고 생쥐의 공간 너머 인간의 공간으로 한 발 더 내디딘 샐리가 서로에게 잠자리 인사를 하는 것으로 끝이 난다. 작가는 둘의 우정이 앞으로 어떤 모습으로 발전할지 독자의 몫으로 남겨두고 있다. 글과 그림 작가가 상상한 이들의 이야기는 후속 작품 『샐리와 아기 쥐』에서 확인할 수 있다.

- 인간의 공간과 생쥐의 공간을 꼼꼼하게 비교하며 그림 읽기를 한 후에, 작은 동물이 된 자신의 모습을 상상해서 그려보고, 재활용품이나 못쓰게 된 물건들로 작은 방을 만들어 보는 활동을 해볼 수 있다. 각자 만들 방을 분담하여 인간의 물건들로 꾸민 생쥐 집을 만들어 봐도 좋겠다.
- 독자의 몫으로 남겨 놓은 줄리와 샐리의 뒷이야기를 직접 지어볼 수 있겠다.

© 메리와 생쥐

메리 크리스마스, 늑대 아저씨!

작가 소개

미야니시 타츠야는 1956년 일본 시즈오카현에서 태어나 니혼대학 예술학부 미술학과를 졸업했다. 인형 제작, 그래픽 디자이너로 일하다가 40대 중반부터 그림책을 내기 시작하였다. 작품으로는 〈아빠는 울트라맨〉 시리즈, 『개구리군의 물웅덩이』, 고단샤 출판문화상 그림책상 수상작 『오늘은 참 운이 좋아』, 애니메이션 DVD로도 제작된 『고 녀석 맛있겠다』 등 다수가 있으며 독자가 뽑

원제 | メリークリスマスおおかみさん, 2000 글·그림 | 미야니시 타츠야
출판사 | 시공주니어 출판년도 | 2017년 ISBN | 9788952783257 판형 | 226 * 260mm
쪽수 | 28쪽 주제 | 사회적 세계 / 양선 / 겨울

는 겐부치 그림책마을 대상을 세 번이나 수상하였다. 특히 『신기한 사탕』은 일본 그림책상 독자상을 수상하였다.

줄거리

크리스마스 전날 아기 돼지 열두 마리는 노래를 부르면서 크리스마스 준비에 여념이 없다. 늑대는 아기 돼지를 잡아먹으려다가 자기가 부러뜨린 크리스마스 트리에 발이 걸려 크게 다치고 정신을 잃는다. 깨어난 늑대는 아기 돼지들이 자신을 돌봐주고 있는 것을 알게 된다. 입에 붕대가 감긴 늑대는 돼지를 잡아먹겠다고 소리치지만 순진한 돼지들은 그것을 미안하다고 사과하고 고마워하는 거라고 해석하고, 늑대가 분해서 눈물을 흘리자 아파서 그러는 줄 알고 위로하고 크리스마스 선물도 준다. 아기 돼지들의 순수함에 감동받은 늑대는 망가뜨린 트리와 장식을 바로 해놓고 집으로 돌아간다.

서평

미야니시 타츠야 특유의 유머러스한 그림이 재미있다. 독특한 색감과 화풍, 게다가 밝은 빨간색의 면지와 채도 낮은 진한 초록색의 프레임 등 책 전체가 크리스마스 분위기를 자아낸다. 앞표지와 면지에 그려진 늑대는 점점 아기 돼지들에게 가까워지는데 그 눈은 당장 누군가를 해코지할 듯 매섭다. 반면 뒷면지에는 크리스마스트리가 있고, 뒤표지에는 붕대를 동여맨 늑대가 빨간 장갑을 끼고 행복한 표정으로 걸어간다. 그림책을 읽기 전에 표지와 면지, 속표지의 그림만 연결해서 보아도 이야기의 시작과 끝이 보인다. 특히 속표지의 그림은 아기 돼지들과의 관계를 통해 늑대에게 어떤 변화가 있을 것을 암시하고 있다.

노래를 부르면서 크리스마스 장식을 하며 즐겁기만 한 아기 돼지들과 그들을 잡아먹으려는 늑대는 여러 면에서 대조를 이룬다. 남을 해치기 위해 기회를 엿보는 늑대는 아무 것도 모르는 채 기뻐하며 축제를 준비하는 아기 돼지들이 크리스마스 노래를 부르자 더욱 심사가 꼬인다. 장을 넘길수록 늑대와 아기 돼지간의 물리적 거리는 점점 가까워지고 그만큼 아기 돼지들은 위험해진다.

그러나 늑대의 시나리오는 엉망이 되고 늑대는 꼼짝도

못할 만큼 크게 다친다. 늑대가 꿈꾸던 것은 아기 돼지 열두 마리를 요리한 성대한 식탁인데, 정작 자신이 커다란 식탁처럼 보이는 침대에 누웠고, 아기돼지들이 그를 둘러싸고 있다. 늑대가 침대에 누워있는 장면은 점점 늑대에게 초점이 맞추어져서 커지는데 늑대의 변화하는 표정만 슬라이드처럼 연결해서 보면 재미있다.

의심할 줄 모르는 순진함에 넘치는 환대와 친절을 경험한 늑대는 크리스마스의 진정한 의미를 깨닫게 되고 망가뜨린 트리와 화환을 고쳐놓고 돌아가며 나직이 속삭인다 "메리 크리스마스!" 크리스마스 아침을 맞은 아기 돼지들의

괜찮아. 이제 그만 우세요, 늑대 아저씨.
~~림없이 말끔히 나을 거예요."
~~고, 아기 돼지는 늑대의 눈물을 닦아 주었어요.

~~을 한 번 내쉬고는
~~ 감았답니다.

© 메리 크리스마스, 늑대 아저씨!

표정은 여전히 밝고 기쁨이 넘친다.

　작가는 마지막 장에 하고 싶은 말을 에필로그처럼 덧붙인다. 혹시라도 크리스마스의 메시지를 독자들이 놓치게 될까봐 늑대가 회심하는 데 결정적인 역할을 했던 빨간 장갑까지 그려두었다. 미야니시 타츠야는 그의 그림책을 통해 항상 착하고 고운 마음을 가진 인물의 선한 의도가 다른 인물에게 전해지고 그것이 누군가의 삶 자체를 바꿀 수 있다는 메시지를 전하고 싶어 한다.

◉ 그림만 보면서 아기 돼지가 몇 마리나 보이는지 세어보거나, 둘씩 셋씩 묶어서 세기 등의 수 세기 활동을 해볼 수 있다.

◉ 이 작품은 동극이나 인형극으로 전개하기에 적합하다. 이야기의 마지막에 크리스마스의 메시지를 요약하고 있기 때문에 교회의 성탄 축하극으로 활용할 수도 있을 것이다. 이야기의 시작과 끝에 나오는 노래를 악기를 동원한 말리듬 활동으로 해 볼 수도 있고, 적당한 다른 노래를 찾아보거나 어울리는 음악을 찾아보는 활동 등 연령에 따라 다양한 활동으로 확장이 가능할 것이다.

169

모두 행복한 날

작가 소개

글을 쓴 루스 크라우스는 피바디 예술교육원에서 그림과 음악을, 뉴욕 파슨스 디자인 스쿨에서 응용 미술을 공부했다. 그녀는 1944년 첫 책을 펴낸 후, 40여 년 동안 서른 권 이상의 어린이책을 썼다. 당시의 어린이 책이 긴 글로 교훈적인 내용을 담았던 것과는 달리, 정확한 언어에 집중하여 최소한의 단어를 사

원제 | *The Happy Day*, 1949 글 | 루스 크라우스 그림 | 마르크 시몽
출판사 | 시공주니어 출판년도 | 2017년 ISBN | 9788952784896 판형 | 227 * 309mm
쪽수 | 40쪽 주제 | 자연적 세계 / 희락 / 동식물과 자연, 봄

용하고 그림 작가와 밀접하게 작업하여 그림책 분야를 개척한 작가로 평가받고 있다.

그림을 그린 마르크 시몽은 프랑스와 스페인, 미국에서 어린 시절을 보냈으며, 잡지 〈*L'Illustration*〉의 일러스트레이터이자 아티스트인 아버지의 격려로 어린 나이에 그림을 그리기 시작했다. 이후 파리와 뉴욕의 예술학교에서 수학했지만 그는 자신의 아버지를 가장 위대한 스승으로 생각해왔다고 전해진다.

줄거리

하얀 눈이 소복소복 내리고 들쥐와 곰, 작은 달팽이들과 다람쥐, 마르모트들은 잠을 자고 있다. 그러다 문득 모두 눈을 뜨고 코를 킁킁거리며 하얀 눈 위를 달리기 시작한다. 땅 속과 나무 구멍 속에서 나와 모두 코를 킁킁거리며 같은 곳을 향해 달린다. 그러다가 모두 멈추고 모두 웃으며 신나게 춤을 추고 "와!" 하고 탄성을 지른다. 들쥐와 곰, 작은 달팽이들과 다람쥐, 마르모트들은 눈 속에서 노랗게 피어난 한 송이 꽃을 바라보며 감탄한다.

서평

『모두 행복한 날』의 앞표지와 뒤표지를 보면 밝은 노랑을 배경으로 동물들이 한데 어울려 흥겹게 춤을 추며 기뻐하는 모습을 볼 수 있다. 이들은 무엇을 바라보며 이다지도 기뻐하는 것일까? 작가는 왜 다른 색이 아닌 노란색을 선택해서 표지의 주요 색상으로 제시한 것일까?

  이 그림책은 페이지를 넘기면서 진행되는 이야기의 박자감과 색상의 대조가 오케스트라와 같이 어우러져 독자들로 하여금 다양한 감각을 느끼며 그림책 읽기의 즐거움을 누리도록 한다. 먼저 곳곳에 자리 잡고 눈을 꼭 감은 채 겨울잠을 자는 동물들의 모습이 네 페이지에 걸쳐 느린 박자로 전개된다. 그러다 다시 네 페이지에 걸쳐 동물들이 눈을 뜨고 코를 킁킁거리는 장면이 이어진다. 이때, 들쥐가 놀란 듯이 눈을 동그랗게 뜬 모습이나 곰이 졸음을 이겨내고 겨우 눈을 뜨는 모습 등 각 동물의 구체적인 움직임을 그림에서 읽어보는 것도 재미있다. 다시 동물들은 코를 킁킁거리며 네 페이지에 걸쳐 눈 위를 달린다. 동물들의 움직임이 빨라지고 몸짓이 커지면서 이야기는 절정을 향해 가고 독자의 마음도 함께 분주해진다. 그림책의 마지막 장면에서는 정신없이 달려가던 동물들이 순간 모두 멈추어 서서 노란 꽃을 둘러싸고 신나게 춤을 추며 감탄한다. 도무지 빛도, 색깔도, 향기도 생각해볼 수 없는 눈 내리는 한겨울에 동물들을 깨워 불러낸 이는 봄 소식을 머금고 있는 작고 노란 꽃이었다.

이처럼 『모두 행복한 날』은 페이지를 4-4-4-2로 구성하여 속도감을 조절하고, '코를 쿵쿵'과 같이 반복되는 구절로 리듬감을 더하고 있다. 또한 동물들이 겨울잠을 자는 고요하고 정적인 모습에서 일제히 한 곳을 향해 달려가 웃으며 춤을 추는 활기차고 동적인 모습으로 전개함으로써 글로 다 표현할 수 없는 긴장감과 박진감을 그림으로 훌륭히 표현하고 있다. 특히 흑백으로 묘사된 겨울의 배경 속에서 유일하게 꽃에만 노랑의 채색을 허락함으로써 꽃을 발견한 동물들의 탄성에 독자들도 동참하도록 하는데, 그야말로 이 책의 제목인 '행복한 날'의 의미를 책 전체에서 글과 그림을 통해 잘 전달하고 있다.

모두 "와!"
"눈 속에서

- 교사의 리드에 따라서 본문의 텍스트를 읽으며 모두 함께 들쥐와 곰, 작은 달팽이들과 다람쥐, 마르모트가 된 것처럼 흉내를 내며 누워 있다가 걷고, 뛰고, 춤을 춰보자. 경쾌한 클래식 음악을 배경으로 틀어 놓고 하면 더욱 실감날 것이다.

- 노란 꽃은 봄이 오는 신호였다. 봄이 왔음을 언제 무엇을 보고 알았는지를 얘기해 보자.

- 노란 꽃은 숲 속 동물들이 춤을 출 정도로 큰 기쁨을 안겨 주었다. 춤을 출 정도로 무척 기뻤던 순간을 회상해 보면서 이야기를 나누어 보자.

져요.
이 피어났어!"

ⓒ 모두 행복한 날

무슨 생각하니?

작가 소개

1982년 프랑스 브르타뉴에서 태어났다. 유년시절을 시골에서 보낸 로랑 모로는 자연스럽게 자연과 교감하며 성장하였고 고등학교 시절부터 북커버와 동화책 삽화에 빠져서 수많은 습작을 하였다. 2007년 스트라스부르에 있는 장식미술학교를 졸업한 후 여러 일러스트레이터들과 아뜰리에를 공유하며 그림책을 펴내고 있다. 손으로 이미지를 만들어 내는 것에 의미를 두는 그는 아

원제 | *A Quoi Penses-Tu?*, 2011 글·그림 | 로랑 모로 출판사 | 로그프레스
출판년도 | 2015년 ISBN | 9791195212187 판형 | 195 * 243mm 쪽수 | 40쪽
주제 | 사회적 세계 / 희락 / 우리 동네

날로그 방식으로 모든 작업을 하고 있다. 따뜻한 그림 속에 철학적인 내용을 재치 있게 풀어내며 많은 사랑을 받고 있는 작가로 한국에는 『근사한 우리 가족』, 『무슨 생각하니?』, 『이 다음엔』 등의 작품이 출판되었다.

줄거리

거리에서 마주치는 사람들은 무슨 생각을 할까? 이 책은 거리에 가득한 사람들의 생각을 재미난 방식으로 보여 주고 있다. 어린 아이에서부터 성인, 노인과 고양이까지 마을에 존재하는 다양한 이들의 생각과 감정을 두 페이지에 걸쳐서 하나하나 보여준다. 왼편에는 짤막한 문장으로 인물의 이름과 그가 하고 있는 생각을 보여주고, 오른편에는 각 인물과 동물의 초상화가 그려져 있다. 얼굴 부분은 플랩으로 열어 그들의 생각을 그림으로 확인할 수 있다. 뒤면지에는 본문에 등장한 인물들이 모두 등장하는 마을 광장의 모습이 그려진다.

서평

로랑 모로는 사람들이 어떤 생각을 하면서 사는지, 어떤 상황에서 특정한 감정, 생각이 떠오르는지를 시적이고도 감각적으로 풀어냈다. 18명의 인물과 반려동물인 고양이의 초상화들은 하나의 작품, 또는 포스터라고 할 만큼 간결하면서도 독특한 색감의 과슈물감으로 그려졌다.

각 인물들은 왼쪽 페이지에 나타난 간단한 설명과 함께 오른쪽 페이지에 상반신 그림으로 큼직하게 나타난다. 작가는 각 인물들의 감정을 효과적으로 나타내기 위해서 배경 색깔, 의상, 그리고 포즈를 신중하게 선택하였다. 각 그림의 배경은 특별한 패턴 없이 단색으로 나타나며 스무 명 가까이 되는 인물들이 순차적으로 등장하여 자칫하면 지루한 전개가 될 수 있다. 하지만 남자, 여자, 어린 아이에서부터 성인, 노인에 이르기까지 다양한 연령대의 사람들의 감정, 욕망, 상태를 다루고 있을 뿐 아니라 표현하기 쉽지 않은 추상적인 개념을 재치 있고 상징적인 그림으로 표현해 내었기 때문에 끝까지 기대감을 가지고 책장을 넘길 수 있다.

이 책은 플랩을 열어 다양한 사람들의 생각을 들여다보고 끝나는 단순한 나열식 책은 아니다. 본문을 다 읽고 면지를 펼치면 마을 광장이 나오는데 이 속에 지금까지 만났던 인물들이 빼곡히 자리하고 있기 때문이다. 면지를 살펴보면 각 인물들을 설명하는 생각이 어디에서 비롯되었는지를 짐작할 수 있는데 이렇게 적극적으로 면지와 본문 속 인물을 연결하면 작가가 전달하고자 했던 생각에 대한 주제를 보다 깊이 이해할 수 있다.

 신나는 모험 생각으로 가득한 어린 소년 막심은 면지 왼쪽 끝에서 엄마 손에 이끌리어 면지 밖으로 나가기 직전이다. 광장에서 더 놀고 싶은 아이의 마음을 십분 이해할 수 있는 장면이다. 어린 시절을 떠올리는 뤼시앙 할아버지는 손녀 아나엘과 카페에서 데이트 중이다. 달콤한 컵케이크를 눈앞에 두고 먹기 직전에 설레는 아나엘의 모습에서 할아버지는 자신의 유년 시절의 순수함을 떠올렸을 것이고 아나엘은 얼른 먹고 싶은 마음에 온통 단 것만 생각하고 있을 것이다. 좋아하는 여자를 본 마띠유는 행복감으로 가득차고 그를 지켜보는 마리는 질투심에 휩싸인다. 로잘리는 앙뚜완에게 반해서 그가 다가오기를 바라고 앙뚜완은 그녀에게 무슨 말을 할까 고민을 한다. 로잘리에게 건넬 말을 생각하고 있을 것이다. 이렇듯 본문에 직접적으로 나타나지 않는 인물들 간의 유기적인 관계들이나 그들이 처한 상황이 그림으로 나타난다.

 또한 생각이 어디서 비롯되었는가를 짐작할 수 있는 단서들도 찾을 수 있다. 여름이 빨리 오기를 기다리는 로랑의 손가락에 무당벌레가 앉아 있다. 그의 생각을 펼쳐 보면 로랑이 풀과 꽃이 무성한 잔디를 깔고 누워 자연을 음미하고 있다. 면지를 보면 꽃을 찾아 날아온 벌레들을 바라보고 있는 로랑의 모습이 나타나는데 본문의 벌레와 꽃 한 줄기가 여름의 이미지를 상상케 했고, 그의 마음은 이내 여름으로 가득 차게

되었다는 사실을 유추할 수 있다. 근사한 곡을 떠올리고 있는 에릭 아저씨의 생각을 열어보면 나비와 함께 음표들이 가득하다. 면지에서 에릭 아저씨는 거리에서 나비를 올려다보고 있는데 나비의 날갯짓이 악상을 떠오르게 했을 거란 짐작을 하게 한다.

이렇듯 생각에는 관계와 환경과 이유가 있다. 이러한 생각을 시적으로 또는 철학적으로 무척 아름답게 풀어내어 어린 아이에서부터 어른에 이르기까지 각자의 수준에서 즐길 수 있는 책이다.

⊙ 본문의 인물들을 면지에서 찾아보자. 본문의 모습과 면지의 모습을 연결해 보면서 플랩 속 그림을 해석해 보자. 각 인물들이 어떤 말을 할지 상상하며 말풍선을 채우는 활동도 함께 해보자.

⊙ 자신은 어떤 생각을 하고 있는 사람으로 그릴지 이야기를 나누어 보고, 자신의 얼굴을 그려보자.

⊙ 가족들이 모두 나와 있는 가족사진을 가져오게 하여 각 구성원들이 어떤 생각을 왜 하고 있는지를 상상해 보고, 그림으로 그리는 작업을 해보자. 면지의 양 끝에는 본문에 등장하지 않는 얼굴이 잘린 사람들이 나온다. 이 사람들의 얼굴을 완성해 보자.

무엇일까?

작가 소개

레베카 콥은 1982년 영국 태생으로 폴모스 미술학교를 졸업했다. 영국에서 앤서니 브라운의 뒤를 잇는 세계적인 그림책 작가로 주목받고 있다. 글을 쓰고 그림을 그린 『무엇일까?』는 2014년 전 세계 여러 나라에서 동시 출간되었으며 이 외에도 대표작으로 그림책 작가 줄리아 도날드슨과 작업한 『종이인형』, 『꼬르륵, 냠냠』, 영화감독 리처드 커티스가 글을 쓴 『산타 할아버지는 알

원제 | The Something, 2014 글·그림 | 레베카 콥 출판사 | 상상스쿨
출판년도 | 2014년 ISBN | 9788993702699 판형 | 215 * 270mm 쪽수 | 32쪽
주제 | 내적 세계 / 희락 / 나와 가족, 가을

고 계신대!』 등이 있다. 이 중 『종이인형』으로 케이트 그린어웨이상을 수상하였으며, 3년 연속 케이트 그린어웨이상에 후보로 오를 만큼 그 역량을 인정받고 있다. 작가의 홈페이지(http://rebeccacobb.co.uk/)를 방문하면 그녀의 그림책과 일러스트 작업에 대한 정보를 얻을 수 있다.

줄거리

주인공 남자아이는 개와 공놀이를 하다가 공이 벚나무 아래 구멍으로 튀어 들어가 버리자 구멍 안을 들여다보며 무엇이 살고 있는지 상상하게 된다. 아이는 주변의 여러 사람에게 구멍에 대해 이야기하고 구멍에 무엇이 있을지 각자의 생각을 듣는다. 구멍 안에 무엇이 살고 있는지 확인할 수 없지만, 시간이 흐르고 계절이 바뀌어가도 아이의 즐거운 상상은 계속된다.

서평

표지의 주인공 아이는 용과 트롤, 다양한 동물들이 뒤에서 자신을 바라보는 줄도 모른 채 구멍을 들여다보는데 열중하고 있다. 제목에는 아이와 동물들 사이 여백 공간에 원어제목 'The Something'이 병기되어 있다. 아이는 구멍 속에 무엇이 있을까 골똘히 생각하지만 정작 아이가 상상하는 구멍 속의 존재들은 실체인 것처럼 구멍 밖, 아이가 보지 못하는 등 뒤에서 아이를 보며 웃고, 그 둘 사이에 있는 개는 아이 옆에 있지만 등 뒤로 시선을 돌려 상상 속의 동물들을 바라본다.

앞뒤 면지는 작가 특유의 아름다운 색채감이 잘 드러나는 벚꽃 잎이 정원에 깔려있는 장면으로 장식되어 있다. 다양한 색감의 녹색 잎과 함께 군데군데 붉게 물든 잎사귀들이 가을을 연상하게 한다. 이야기는 아이가 개와 함께 공놀이를 하는 속표지에서부터 시작된다. 아이가 가지고 노는 빨간 공은 이야기의 발단이며 아이가 상상을 하는 장면마다 등장하여 상상의 씨앗이 된다.

공놀이를 하다 벚나무 아래 작은 구멍 속으로 들어간 빨간 공을 찾으려던 아이는 어느새 잃어버린 공보다는 공이 빠져 들어간 구멍 속에 관심을 갖게 되고 그 안에 무엇인가 살 것이라고 생각하게 된다. 엄마의 팔이 닿지 않을 만큼 구멍이 깊어서 공을 꺼낼 수 없게 되자, 엄마는

ⓒ 무엇일까?

© 무엇일까?

그 구멍이 생쥐가 사는 집으로 난 길일 거라고 한다. 아이는 그 때부터 구멍 속에 도대체 무엇이 있을지, 구체적으로 상상하기 시작한다. 아이 주변의 어른들과 친구들도 구멍 속에 무엇이 살 것 같은 지 이야기한다. 어떤 생각은 아이답게 풍부한 환상을 유도하지만 어떤 생각은 단정적이다. 아이는 이들의 생각을 결코 거부하지 않지만 무엇이 산다고 섣불리 단정하지도 않는다. 꾸준한 상상이 이어질수록 상상은 더욱 다채로워진다. 아이는 주변 어른이나 친구들의 반응을 기반으로 무엇인지 모를 그 존재 something 의 땅 속 생활을 상상한다. 환상의 공간에는 언제나 빨간 공이 등장하고 그 공이 어떻게 사용될까 상상하게 된다. 빨간 공은 아이가 상상을 시작하는 씨앗이 되고 상상을 발전시키는 소재가 된다.

작가는 화면을 재치 있게 분할하여 땅 속을 묘사함으로써 아이의 상상이 어떻게 확장되는지 그림을 통해 구체화시켜준다. 이를 위해 양쪽 펼침면 전체를 가로로 분할하거나 오른쪽 면을 적절히 분할하여 그림에 변화를 주고 다양한 상상을 그림으로 담아낼 수 있는 충분한 공간을 확보한다. 이러한 접근은 환상이 풍부한

© 무엇일까?

유아기 사고의 특징을 잘 보여주고 그런 면에서 작가가 얼마나 어린이의 눈높이에 맞는 소재를 잡고, 이야기를 풀어나가는 역량이 있는지 보여준다.

특히 색감이 다채로우면서 화려하지 않고, 차분하고 부드럽게 표현되어 그림이 사랑스럽다. 벚나무의 특성을 잘 보여주는 가로무늬의 나무껍질이나 계절이 바뀌면서 잎이 나고, 꽃이 피고 버찌가 열리고 알록달록 물이 들어 떨어지는 낙엽, 앙상한 겨울나무로 뚜렷하게 변하는 벚나무를 배경의 일부로 잡아 자연을 세밀하게 관찰하고 묘사하였다. 그러한 변화로 얼마나 오랜 시간동안 아이의 상상이 계속되는지 그림만으로 보여주는 작가의 섬세함이 탁월하다.

아이는 구멍 속에 무엇이 있는지 확인하기 위해 땅을 파보거나, 성급히 덮어버리지 않고 미지의 세계를 그대로 보존한 채 상상하는 즐거움을 누린다. 마치 보이지 않는 진리를 좇는 사람이 그 구도求道의 노력을 멈추지 않듯이, 기뻐하며 기대하는 아이의 모습이 그려진 마지막 장면은 사랑스러우면서도 차분하다. 초승달이 뜬 창가에 앉아 눈을 감고 즐겁고 평화로운 상상을 음미하는 아이의 표정은 아이와 함께 상상을 멈추지 않는 독자들에게도 평안함을 안겨준다. 달 밝은 창밖의 겨울 정원 풍경을 화폭 삼아 아이가 상상하던 동물들이 모두 한데 어우러져 공놀이를 하는 대조적인 조화는 상상을 통해 인간의 삶이 얼마나 풍요로울 수 있는지 드러낸다. 아이의 상상은 답을 얻지 못하지만 결코 의미없는 일nothing 이 아니다. 무언가 상상한다는 것은 그 자체로 의미 있고 가치 있는 일something 이다.

- ⦿ 집안 어딘가에 대한 상상의 이야기를 꾸며보자. 유아가 생각하는 은밀한 곳, 보이지 않는 곳도 있지만 어른들이 생각하지 못한 의외의 공간이 상상을 유발할 수도 있다. 이에 대한 다양한 유아의 이야기를 들어주고, 같이 이야기를 지어보자. 유아가 상상한 것을 그림으로 표현할 수 있도록 유도해 보아도 좋다. 유아 중에는 상상의 친구를 가지고 있는 경우도 있다. 서로의 상상의 친구를 소개하는 것도 좋을 것이다.

- ⦿ 바깥에 나가 벚나무를 찾아보고, 그림책의 벚나무와 비교하면서 그것이 벚나무라는 것을 어떻게 알 수 있었는지 이야기해 보자. 새싹과 꽃, 버찌, 단풍, 나무줄기 등 계절에 따라 달라지는 벚나무의 모습을 보면서 다음 계절에는 벚나무가 어떤 모양으로 변할 것 같은지 그림책을 보면서 예측해볼 수 있다.

미스 럼피우스

✎ **작가 소개**

바버러 쿠니는 1917년 뉴욕 브루클린에서 태어났고, 아마추어 작가인 어머니의 영향으로 어릴 때부터 붓, 물감, 종이 같은 미술재료를 마음껏 가지고 놀면서 그림공부를 시작하였다. 따뜻하고 감동적인 이야기를 잔잔하게 묘사하여 미국의 민속적인 정서를 잘 담아내었고, 『제프리 초서의 챈티클리어와 여우』, 『달구지를 끌고』로 칼데콧상을 두 번 수상 하였다. 백 권 남짓한 그림책을 출간하였고, 감기에 걸려 학교에 가지 않고 하루 종일 그림만 그릴 때가 가장 즐거웠다고 한다.

원제 | *Miss Rumphius*, 1982 글·그림 | 바버러 쿠니 출판사 | 시공주니어
출판연도 | 2017년 ISBN | 9788952783806 판형 | 257 * 188mm 쪽수 | 40쪽
주제 | 내적 세계 / 화평, 양선 / 동식물과 자연, 봄

줄거리

고모할머니의 어릴 때 이름은 앨리스이다. 어린 앨리스는 할아버지에게 어른이 되면 머나먼 곳으로 세상 구경을 갈 것이고, 바닷가로 다시 돌아와 살고 싶다고 하였다. 할아버지는 '세상을 좀 더 아름답게 만드는 일'을 한 가지 더 하라고 하셨다. 앨리스는 여행을 하면서 사람들에게 미스 럼피우스로 불렸다. 여행을 마치고 돌아와서 마을 곳곳에 루핀 꽃 씨앗을 뿌렸고, 이듬해 봄에 활짝 핀 루핀 꽃은 사람들에게 아름다움과 행복한 마음을 선물하게 되었다. 사람들은 이제 미스럼피우스를 루핀 부인이라고 부르게 되었다.

서평

꼬마 앨리스가 아이의 시선으로 고모할머니의 일생을 들려준다. 고모할머니는 어릴 적 해안가에서 할아버지와 함께 살며 저녁이면 할아버지 무릎에 앉아 머나먼 세상 이야기를 듣곤 하였다. 미스 럼피우스가 된 앨리스는 먼 곳에 가 보고 싶고, 다시 바닷가에 와서 살고 싶다는 소망 그대로 살게 된다. 하지만 어릴 적 할아버지가 세상을 아름답게 만드는 일을 해야 한다며 보태어 주신 꿈은 어떻게 이루어야 할지 방법을 쉽게 찾지 못한다. 어느 날 마당의 꽃씨가 바람에 날려 언덕에 아름다운 꽃밭이 만들어진 것을 보고서 꿈을 이룰 구체적인 방향을 잡는다. 미스 럼피우스는 가장 좋은 꽃씨 가게에서 5부셸, 즉 180리터나 되는 엄청나게 많은 양의 루핀 씨앗을 구입하여 주머니 가득 담고 마을 곳곳을 누비며 꽃씨를 뿌리고 다닌다. 아름다운 세상을 만드는 방법 중 하나가 바로 '나'의 작은 실천에서 시작된다는 것을 생각하게 하는 장면이다. 기회와 아이디어는 자신의 노력이 아닌 우연으로 찾아올 수 있지만 그것을 실현하는 데에는 결단과 인내가 필요하다. 큰 돈과 온 동네를 돌아다녀야 하는 노력을 들여야 했고, 1년이라는 시간 동안 '정신 나간 늙은이'라는 소리를 견뎌내야 했기 때문이다. 해가 바뀌어 꽃이 피어나자 사람들은 비로소 그녀가 세상을 더욱 아름답게 했음을 깨닫고는 '루핀 부인'이라는 이름으로 부르기 시작한다. 세상을 아름답게 만드는 일을 통해 새로운 이름을 갖게 된 사람들을 떠올릴 수 있는 대목이다.

이야기의 시작과 끝이 동일한 구조를 가졌다. 이전 세대의 가치가 다음 세대에도 전해져서 반복되고 확장되기를 바라는 작가의 바람을 구조에 담은 것

이다. 할아버지와 노년의 럼피우스는 자신이 가지고 있던 가치를 삶으로 보여주며 손자뻘의 아이에게 전해준다. 럼피우스는 할아버지가 가지고 있던 가치를 소중히 간직하며 평생을 산 것 같다. 그녀의 거실에 걸린 액자는 할아버지 방에 걸려 있던 액자이며, 할아버지가 그러했듯 럼피우스도 고양이를 기르고 있기 때문이다. 하지만 럼피우스는 할아버지가 물려주신 것에 자신만의 삶의 흔적들을 더했다. 그녀가 여행한 열대 섬의 사람들처럼 앵무새도 그녀의 거실에 있고, 여행지에서 받은 조가비가 눈에 잘 띄는 곳에 있다. 할아버지 무릎에서 홀로 이야기를 듣던 럼피우스는 동네 꼬마들을 거실에 가득 앉혀 놓고 이야기를 전해주었다. 이전 세대의 좋은 것들은 다음 세대에서도 소중히 지켜질 뿐만 아니라 더욱 나아지고 확장될 것임을 럼피우스의 삶을 통해 작가는 보여주고 있는 것이다.

　다시 이름을 생각해보자. 작가는 이름에 많은 의미를 부여한 것 같다. 각 시기별로 불리는 이름을 달리하였을 뿐만 아니라 럼피우스와 조카 손주의 이름이 앨리스로 같기 때문이다. 동일한 이름을 가진 꼬마 앨리스 또한 미스 럼피우스처럼 세상을 아름답게 만드는 일을 할 것이고, 노년에 접어들었을 때 자신의 이야기를 후세대의 꼬마들에게 들려줄 것임을 이름을 통해 암시하고 있다. 어떻게 세상을 아름답게 할 수 있을지 방법을 모르겠다는 꼬마 앨리스는 꽃을 한 다발 따서 뛰어간다. 자기도 모르게 꽃씨를 뿌리며 세상을 아름답게 하고 있는 것이다. 그녀는 럼피우스와 달리 노년기에 접어들기도 전에 세상을

아름답게 할 자기만의 방법을 찾을지도 모르겠다.

작가가 60세가 넘어서 쓴 럼피우스의 이야기는 작가 바버러 쿠니 본인의 이야기로도 읽을 수 있다. 그녀 역시 젊은 시절 세상 곳곳을 여행하였고, 바닷가에 집을 짓고 살았으며, 루핀 꽃을 가장 좋아했다고 한다. 바버러 쿠니가 뿌려놓은 수많은 꽃씨와도 같은 그림책들은 오랜 세월동안 많은 독자들에게 전해져 아름다운 꽃으로 피어나 여전히 감동을 전해주고 있다. 어떻게 하면 나만의 꽃씨를 심어 세상을 아름답게 할 수 있을지 생각해보게 하는 작품이다. 그림은 19세기의 미국을 떠올리게 하는 서정적인 수채화풍으로 그려졌다.

- 럼피우스가 소망한 것에 대해 이야기를 나누어 보자. 내가 할 수 있는 일은 무엇인지 생각하고 실천해 보자.
- 미스 럼피우스는 '루핀 부인'으로 불렸다. 선생님이나 친구들의 장점을 찾아서 다른 이름 지어주자. (예. 미소쟁이 선생님)
- 꽃씨를 심고 자라나는 과정을 관찰해 보자.

민들레는 민들레

\ **작가 소개**

글을 쓴 김장성은 성균관대학교에서 국어국문학을 수학한 후 편집자이자 어린이책 작가로 일해 왔으며, 『씨름』, 『나무 하나에』, 『골목에서 소리가 난다』, 『까치 아빠』, 『가슴 뭉클한 옛날이야기』 등 여러 그림책과 동화책의 글을 썼다. 특히, 『민들레는 민들레』는 2015년 볼로냐아동도서전에서 라가치상을 받았다. 현재 한국일러스트레이션학교와 서울시립대학교 디자인대학원에서 그림책 창작에 관한 강의를 하고 있다.

그림을 그린 오현경은 마당 가득 나무를 심어 주셨던 할아버지 덕분에 봄마다 라일락과 목련, 철쭉꽃을 보며 자랐다. 어릴 때 수줍고 말이 없던 작가는 혼자 풀과 벌레들을 지켜보기를 좋아해 이를 종이에 그리고 오려서 가지고 놀곤 하

글 | 김장성 그림 | 오현경 출판사 | 이야기꽃 출판년도 | 2014년 ISBN | 9788998751074
판형 | 228 * 198mm 쪽수 | 32쪽 주제 | 내적 세계 / 사랑 / 봄, 나와 가족

였다. 지금도 꽃과 풀, 나무, 새싹 나는 봄을 가장 좋아하고, 전통문화나 생태계처럼 우리가 지켜야 할 소중한 것들을 그림에 담아 자신의 네 자녀들을 포함하여 아이들에게 보여 주려고 한다. 한국일러스트레이션학교에서 그림책 공부를 하여 만든 첫 작품인 이 그림책으로 2015년 볼로냐아동도서전에서 라가치상을 받았다.

줄거리

민들레가 싹이 트고, 잎이 나며 꽃이 피는 모든 순간에 민들레는 민들레이다. 길가에, 콘크리트 틈 사이, 지붕 위 어디에 있든지 민들레는 민들레이다. 혼자 있어도, 둘이어도, 들판 가득 피어나도 민들레는 민들레이다. 꽃이 지고, 씨가 맺혀 바람에 하늘하늘 날아가도 민들레는 민들레이다. 어떤 모습으로 어디에서 얼마큼 있다 하더라도 민들레는 여전히 민들레이다.

서평

표지에는 민들레 두 송이가 깨진 컵에 심겨져 있고, 그 중 민들레 한 송이의 홀씨가 날아가 면지로 이어져, 금이 간 담장에 아이가 낙서한 듯 그려진 여러 아이들의 얼굴 사이로 지나간다. 계속해서 홀씨는 속표지의 제목을 가로질러 날아가 이야기의 첫 시작인 땅 위에 삐죽 나온 싹 옆에 떨어진다. 이러한 홀씨의 움직임은 독자로 하여금 그림책의 책장을 계속 넘기도록 이끈다.

　민들레는 이후 싹이 트고 잎이 나며 꽃이 피게 되는 성장과정을 거치는데 배경은 여백으로 채워지고 모습이 변화히는 민들레는 전경에 배치되어 오로지 민들레만 집중해서 보게 한다. 성장한 민들레는 이 곳 저 곳에서 강한 생명력을 드러내며 자신의 존재감을 드러낸다. 이때 꽃들이 피어있는 배경은 먼 곳이나 특별한 곳이 아닌 우리가 평소 무관심하게 스쳐지나갔던 곳들이다.

© 민들레는 민들레

ⓒ 민들레는 민들레

　꽃이 된 민들레의 모습은 순차적으로 리듬감 있게 제시된다. 예를 들어 여기저기서 피고 있는 민들레는 세 장면으로 묘사되는데, 첫 장면은 한 면만, 둘째 장면은 한 면과 1/4, 셋째 장면은 화면 가득 표현된다. 짧고 단순한 문장과 민들레의 성장과정 및 그 생태를 보여주는 내용이 자칫 단조롭게 여겨질 수 있지만 글과 그림에서 느껴지는 리듬감과 순차적인 구성, 초점의 변화가 독자의 시선을 끌게 한다.

　만개했던 민들레가 꽃이 지며 씨가 맺히는 종결부분으로 다가가면서 여백으로 나타나던 배경은 점차 하늘빛을 띤다. 홀씨가 바람에 날려 하늘로 올라가는 장면에서는 글자도 홀씨가 된 듯하다. 민들레 홀씨가 날아 땅으로 내려앉는 장면은 앞의 속표지를 연상시켜 마치 이야기가 반복될 것을 암시하는듯 하다. 뒤 면지에서는 앞 면지의 아이들의 얼굴들이 민들레로 바뀌어 그려져 있다. 뒤표지에 그려진 허름한 집의 창가에 있는 민들레는 앞표지의 그 민들레와 동일한 것이다. 앞표지부터 시작하여 뒤표지까지 연결된, 홀씨에서 시작된 생명이 다시 홀씨로 돌아가 또 다른 생명을 준비하는 과정을 통해 독자는 자연의 순환과 삶의 연속성을 알게 된다.

　이 작품은 봄이 되면 길, 담벼락, 들판, 정원과 산 등 도처에서 자라고 있는,

ⓒ 민들레는 민들레

그래서 하찮게 여겨지는 민들레를 주인공으로 하였다. 연필과 수채화로 따뜻하지만 세밀하게 표현한 민들레 그림과 운율을 띠고 있는 간결한 글이 조화되어 시화처럼 느껴진다. 창작 후기에서 글 작가는 "민들레가 사뭇 대견하고, 대단하고, 존경스럽기까지 하다. 어쩌면 그 작지만 야무진 생명이, 고단한 삶을 사느라 개성과 자존을 종종 놓치곤 하는 우리네보다 한 수 위인 것 같다"고 밝히고 있다. 작고 보잘 것 없는 민들레의 모습은 끊임없이 변하는 상황과 모습으로 '나'를 정의내리고, 판단하기보다 어느 상황에서나 '나는 나'라고 말할 수 있는 용기와 힘이 필요하다고 말하는 듯하다.

- 이 작품은 생일축하 노래의 선율에 맞춰 부를 수 있으며 민들레 대신 자신의 이름을 넣어 노래할 수 있다. 또한 자신의 성장과정의 사진들과 함께 글의 형식을 '…해도 ○○○', '○○는 ○○'라는 제목의 스크랩이나 책으로 구성할 수 있다.

- 씨앗과 같은 단계의 어린이들이 어떤 모습의 어른이 되고 싶은지 상상해 보게 한 후에 그림을 그려보자. 또는 자신을 표현하는 꽃을 그려보자.

- 밖으로 나가서 민들레를 직접 찾아보며 어떤 성장 단계에 있는지를 눈으로 확인해 보자. 더 나아가 가장 인상 깊었던 민들레를 그림으로 그려보자.

바구니 달

작가 소개

글을 쓴 메리 린 레이는 미국 뉴햄프셔 주에 있는 오래된 농장에서 살고 있다. 어렸을 때는 자신의 피부가 왜 초록색으로 바뀌지 않는지 의아할 정도로 자연과 친밀하게 뛰어놀았다고 한다. 현재는 환경 운동가로 활동하면서 그림책의 글을 쓰고 있다.

그림을 그린 바버러 쿠니는 산업화되기 전 미국인들의 삶을 서정적인 글과 그

원제 | *The Basket Moon*, 1999 글 | 메리 린 레이 그림 | 바버러 쿠니 출판사 | 베틀북
출판년도 | 2000년 ISBN | 9788984880191 판형 | 210＊297mm 쪽수 | 30쪽
주제 | 자연적 세계 / 화평 / 동식물과 자연

림으로 표현한 작가이다. 그의 작품 중에서 『달구지를 끌고』는 1980년 칼데콧상을 받기도 하였다. 『바구니 달』(1999)은 그의 마지막 작품으로서 인간과 자연이 조화를 이루며 살아가는 모습을 보여준다.

줄거리

오래전 미국 북동부의 한 시골마을에는 바구니를 짜며 살아가는 사람들이 있었다. 그들은 둥근 보름달을 바구니 달이라고 부르는데 왜냐하면 보름달 뜨는 날에 소년의 아버지가 바구니를 팔러 도시로 가기 때문이다. 소년이 아홉 살이 되자 아버지는 그를 데리고 도시로 가지만 그곳에서 소년은 자신을 촌뜨기라 놀리는 도시 사람들로 인해 마음의 상처를 입는다. 집으로 돌아온 소년이 울분을 삭이지 못해 창고에 쌓아놓은 바구니를 걷어찼다. 이때 조 아저씨는 그의 행동을 못 본척하며 바람에 대한 이야기를 들려준다. 마침내 아버지와 조 아저씨처럼 바구니 짜는 법을 익히고 있는 그에게 바람이 한밤중에 말을 걸어온다. 그 다음날 아침 나뭇가지들이 집을 스치는 소리에 잠을 깬 그에게 어머니는 나무들이 기지개를 켜고 있다고 말한다. 그 때 소년은 나무들이 키우는 것이 자신이 만들게 되는 바구니들이라는 것을 알게 된다.

서평

녹색과 갈색이 주조가 된 배경과 주로 원경과 중경을 사용한 객관적인 시점의 그림은 평화롭고 따뜻하며 때로는 신비스럽기도 한 산골마을의 분위기를 전달하고 있다. 숲속의 바람은 인간을 지켜보고 믿을 만한 사람이 누구인지 알아 그에게 말을 건네고 이름을 불러주며 바구니 짜는 법을 가르친다. 주로 목가적이며 서정적인 바버러 쿠니의 작품은 그림이 화려하지도 않고 다른 그림책들에 비교하여 글 텍스트의 비중이 커서 어린 독자들이 지루해할 수도 있다. 그래서 이 책을 읽어주는 어른들은 글의 문학성을 즐길 수 있도록 도움을 줄 필요가 있다. 다음은 주인공 소년이 허드슨 시내에서 본 상점의 모습을 묘사한 대목이다.

© 바구니 달

© 바구니 달

"난 아버지가 우리에게 필요한 물건과 바구니를 맞바꾸는 걸 지켜봤습니다. 그런 다음, 엄마가 부탁한 걸 사러 뤽맨 상점으로 갔어요. 통밀 가루, 하얀 밀가루, 베이킹파우더, 생강 건포도, 레몬과 돼지기름, 강낭콩, 양파, 깡통에 든 토마토…… 상점 진열대 앞에서 난 그 화려한 빛깔에 눈이 둥그래지고 말았습니다. 깡통에 붙어 있는 상표들, 가지런히 줄 맞춰 놓은 과일과 채소들, 커다란 금빛 치즈, 분홍빛 음료수와 하얀 달걀들 말이에요."

언어가 만들어내는 리듬을 즐기며 진열대 위에 놓인 식품을 상상하면서 읽거나 듣지 않는다면 이 음식 목록은 재미없고 의미 없는 단어의 열거에 불과할 것이다. 보름달이 뜬 밤에 아버지와 같이 바구니를 메고 허드슨으로 간 소년, 소년의 이름을 부르는 숲 속의 바람, 달빛 속에서 소년에게 절하는 나뭇잎의 이야기는 어린이들에게 문학의 아름다움을 맛보게 한다. 화려한 그림책이나 자극적인 영상매체로 인해 시각적인 상상력이 무디어지고 있는 현대의 어린이들에게 이 작품은 시각언어는 물론 청각언어의 아름다움을 즐길 수 있도록 한다.

- 나무와 바람이 소년에게 무슨 말을 했을지 생각해 보고, 바람이 되어 소년에게 말을 걸어보자. 날씨가 좋다면 바깥으로 나가 눈을 감고 바람을 느끼며 바람이 나에게 하는 이야기를 들어보자.

- 자연이 풍요로운 곳에 있다면 상품이 많은 곳을, 물건이 많은 곳에 산다면 자연의 아름다운 곳을 떠올려보자. 소년이 도시의 상점을 그린 것처럼 그곳에 있는 것들을 하나씩 소리 내어 말해 보자.

- 시장에 가서 물건 사기 말놀이를 해보자. 시장에 가서 무얼 사고, 무얼 샀다. 식으로 말을 늘려 가면서 말놀이를 해보자. 수 세기가 가능한 아이들이라면 개수까지 포함해서 말놀이의 즐거움을 느낄 수 있도록 해보자. 전단지를 준비해서 시장에서 파는 물건에 대한 아이디어를 얻어도 좋겠다.

바람이 불었어

작가 소개

팻 허친즈는 1942년에 영국에서 태어났다. 결혼 후 미국으로 이주하여 처녀작 『로지의 산책』으로 1968년 보스턴 글로브 혼북상을 수상하였으며 1974년에는 『바람이 불었어』로 케이트 그린어웨이상을 수상하여 영국과 미국에서 작가로서의 역량을 인정받았다. 그녀의 작품을 떠올릴 때면 노란색이 가장 먼저 연상될 정도로 모든 작품에 특유의 화사한 노란색을 사용하였다. 유년 시절을 숲에서 동물들과 함께 보낸 덕분에 작품 곳곳에 농장과 동물들이 등장하

원제 | The Wind Blew, 1974 글·그림 | 팻 허친즈 출판사 | 시공주니어
출판년도 | 2017년 ISBN | 9788952783127 판형 | 257*188mm 쪽수 | 32쪽
주제 | 자연적 세계 / 화평 / 환경과 생활

며 유머와 놀이성이 그림 곳곳에 숨어있다. 『로지의 산책』, 『티치』, 『자구자구 시계가 많아지네』 등 국내에서도 많은 그림책이 출판되었으며 애니메이션 시리즈 〈티치〉의 각본을 쓰기도 했다.

줄거리

바람이 불고 또 분다. 세찬 바람에 모든 것이 날아간다. 아저씨의 우산이 날아가고 소녀의 풍선, 새신랑의 모자, 연, 빨래, 손수건, 판사의 가발, 우체부의 편지들, 깃발, 목도리도 바람에 모두 휩쓸려 날아간다. 바람은 어느새 물건들을 다 내려놓고 바다로 불어 배를 띄운다.

서평

『바람이 불었어』는 바람이 온 마을을 휩쓸며 일으킨 작은 소동을 유쾌하게 그려낸다. 바람은 눈에 보이지 않지만 그림을 통하여 일으킨 일들과 앞으로 일어날 일들까지도 그려내고 있으며, 글은 시처럼 간결하다. 특히 원서 *The Wind Blew*의 원서 텍스트는 각운이 있어 운율감 있게 읽혀서 세찬 바람이 거칠기보다 리듬감 있게 느껴진다.

헌사 페이지에는 바람에 잘 날리는 단풍나무 씨앗이 그려져 있고 마지막 장에는 이제 막 항해를 시작하는 작은 돛단배가 그려져 있다. 그림책의 내용으로는 바람이 사람들을 방해하는 심술꾸러기처럼 보이지만 단풍나무 씨앗을 퍼트리고 배를 운행하게 해주면서 인간의 삶을 도와준다고 말하고 싶은 작가의 의도가 보인다.

첫 장을 펼치면 화이트 씨의 표정은 우산이 날아갈까 봐 불안하다. 이어지는 장에 나오는 정신없이 날리는 소녀의 머리카락과 리본, 휘어지는 개천가의 부들, 꺾어질 듯 흔들리는 나뭇가지와 새신부의 나부끼는 면사포는 바람이 예사롭지 않다는 것을 느끼게 해주고 바람 소리마저 들리는 듯하다. 바람은 남녀노소, 계층과 인종을 가리지 않는다. 허친스는 모든 장면에서 바람의 습격을 받을 다음 타자를 작게 그려 놓아, 다음에는 무엇이 날아갈지 예측할 수 있는 단서를 주고 있어 그림을 보는 어린 독자들을 기쁘게 해준다.

바람이 세게 계속 불수록 날아가는 물건은 늘어나고, 마침내 단단히 매어둔 깃발마저 뜯겨나간다. 바람에 날리는 물건이 많아질수록 물건을 쫓아가는 사람도 늘어난다. 여유 있게 미소를 짓던 사람들은 다음 장을 넘기면 어김없이 자신의 물건을 향해 두 팔을 뻗고 쫓아가는 우스꽝스런 대열에 합류한다. 게다가 우산, 풍선, 빨래와 같이 쉽게 바람에 날아갈 법한 것들로 시작하여 점잖고 위엄 있게 법원 앞에 서 있던 판사의 가발까지 날아간다. 권위를 상징하는 판사의 가발이 벗겨지고 귀엽게 반짝이는 대머리가 드러날 때, 허친스의 유머는 절정에 다다른다.

바람을 이기기에는 인간의 힘이 미약하며 모두가 바람 때문에 속수무책으로 애를 태운다. 마침내 바람이 모든 물건을 내동댕이치듯 돌려주고 바다로 가버리자 날아가던 물건들은 주인에게로 돌아간다. 빠르고 정신없게 진행되던 사건은 바람처럼 잦아들고 조용해진다. 그동안 사람들에게 심술을 부리던 세찬 바람은 바다 위에 떠 있는 배가 앞으로 나갈 수 있도록 힘차게 밀어준다.

- 그림책을 한 장 한 장 넘기면서 다음에는 무엇이 날아갈까, 날아간 물건들이 어떻게 될까, 물건의 주인들은 무슨 말을 하면서 쫓아갈까 유아들에게 추측하고 이야기해 보도록 하면 그림책을 보는 즐거움이 더할 것이다.

- 아무렇게나 팽개쳐진 물건이 제 주인에게 돌아가기까지 어떤 소동이 있었을까 상상하고 이야기를 하거나 역할극을 해보자.

- 종이, 또는 바람에 잘 날아가는 물건을 누가 가장 멀리 날리는지 실험해 보자. 어떻게 하면 가장 센 바람을 일으킬 수 있을지, 어떤 물건이 가장 멀리 날아갈 수 있는지 다양하게 궁리해 보자. 인원이 충분하다면 팀을 나누어 릴레이 게임을 진행해 볼 수도 있을 것이다.

045

발자국을 따라가 볼까요?

↘ 작가 소개

제르다 뮐러는 네덜란드에서 태어나 암스테르담과 파리에서 미술을 공부했고, 프랑스의 다양한 출판사와 작업을 하며 120권이 넘는 그림책을 출간했다. 국내에 소개된 책으로는 『비가 오면 동물들은 어디로 가요?』, 『어린 도시농부 소피』 등 몇 작품 안 되지만 유럽에서는 많이 알려져 있는 작가이다. 그녀의 작품은 자연과 풍경에 대한 사랑으로 가득하다. 특히 그녀의 작품 속에서는 계절에 따라 변하는 풍경을 생생하게 볼 수가 있다.

↘ 줄거리

눈 내린 어느 겨울날 한 소년의 아침 나들이를 그렸다. 아침 식사를 마친 소년은

원제 | Devine Qui Fait Quoi, 2002 글 · 그림 | 제르다 뮐러 출판사 | 파랑새
출판년도 | 2007년   ISBN | 9788952784728   판형 | 273 * 223mm   쪽수 | 32쪽
주제 | 자연적 세계 / 희락 / 겨울

강아지와 함께 집 밖으로 나가서 눈밭을 걸으며 말에게 풀을 주고, 창고 한 켠에 있던 판자를 이용해 개울을 건넌 후 나뭇가지를 꺾어 집으로 돌아온다. 소년이 눈밭을 뚫고 나뭇가지를 꺾어 와야 했던 이유는 마지막 장면에서 밝혀진다. 소년의 모습은 전면에 드러나지 않고 대신 발자국만 집 안과 눈밭 위에 나타날 뿐이다.

서평

글 없는 그림책은 쉽게 찾아볼 수 있다. 하지만 주인공이 등장하지 않는 그림책은 흔치 않다. 이 책은 주인공이 (거의) 등장하지 않는 독특한 그림책으로 눈이 많이 내린 어느 겨울날 한 아이의 아침 풍경을 담았다.

눈 오는 날 한 아이가 아침을 맞는다. 맨발로 침대에서 나와 실내화로 갈아 신고 욕실로 가서 씻은 후에 잠옷을 벗고 일상복으로 갈아입는다. 한 페이지 안에서 일어난 일이다. 텍스트에는 상황에 대한 설명도, 주인공도 나타나지 않는다. 그럼에도 이렇게 유추할 수 있는 것은 이 책의 제목이자 첫 페이지에만 나타나는 유일한 텍스트인 "발자국을 따라가 볼까요?"라는 문장 덕분이다. 발자국은 이처럼 낯선 형식의 그림책을 마주한 독자를 손수 안내하며 독자로 하여금 눈에 보이지 않지만 눈에 보이는 듯 아이의 행동을 상상하게 한다.

이야기 자체는 무척 단순하다. 아침에 일어나서 방안에 흐트러진 물건들을 보고 놀이 아이디어가 생각난 아이가 아침 식사 후 집 밖으로 나가서 다양한 동물들을 만나고, 놀이를 위해 꼭 필요한 무언가를 찾아서 집으로 돌아온다는 다소 평범한 내용이 이야기의 전부이기 때문이다. 하지만 주인공이 그려지지 않은 이 그림책을 독자가 주인공이 된 듯 상상하며 읽다보면 이 평범한 아침 일상이 전하는 경험과 기쁨이 결코 평범하지 않음을 느낄 수 있으며, 마지막 페이지에 빼꼼히 얼굴을 살짝 내미는 아이와 함께 미소지을 수 있을 것이다.

발자국을 살펴보자. 발자국의 모양으로 대상과 신발 또는 동물들의 발바닥 모양을 알 수 있다. 발자국 간의 거리로 걸었을지, 뛰었을지 제자리에서 점프를 했을지 누군가를 안고 갔을지도 추론할 수 있다. 발자국의 궤적은 오른쪽 끝에서 끝나지 않고 페이지 중간에서 멈추는데, 그 지점은 아이가 특별한 행동을 한 지점으로 다음 장에서 그 행동의 결과를 확인할 수 있다.

  작가가 등장인물의 행동을 유추하는데 필요 없는 요소는 모두 빼고 꼭 필요한 요소만을 그려 놓았기 때문에 발자국 외에도 그림을 꼼꼼하게 살피는 것이 좋다. 아이가 아침으로 무엇을 얼마나 먹었을지, 현관 앞에 있는 장화의 주인은 누구일지, 아이가 산책을 다녀온 동안 아침상을 말끔히 치워 놓고 대신 간식을 올려놓은 사람은 누구일지, 산책에서 돌아오는 길에 만난 아빠는 무엇 때문에 외출을 했을지 등을 모두 그림 속에서 또 전후의 페이지를 살펴보며 알아낼 수 있다.

　이 책의 특징이라고 할 점이 한 가지 더 있는데 면지의 활용이 그것이다. 면지에는 본문에 등장하지 않지만 등장하면 꼭 들어맞을 소년의 모습이 빼곡히 그려져 있다. 해답지 같은 면지 읽기는 일단 건너뛰고 주인공의 모습이 그려지지 않은 본문을 상상력을 발휘하여 충분히 읽은 후에 면지를 살펴볼 것을 권장한다. 어린 아이에게 책을 읽어주거나 주인공 없이 그림을 해석하기 힘든 독자들은 면지를 면밀히 살펴본 후에 그림책을 보는 것이 좋겠다. 이 책의 주인공과 비슷한 또래의 주인공이 등장하여 눈밭에서 다양한 놀이를 하고 눈밭에 흔적을 남기는 이야기인 에즈라 잭키츠의 『눈 오는 날』을 먼저 읽고 본 작품을 본다면 이해하기 더 수월하겠다.

- 주인공이 본문이 아닌 면지에 나타난다. 면지를 복사하고 오린 후 아이의 모습을 그림책 각 장면에 배치해 보자. 또는 주인공이 나타나지 않은 본문 페이지에 주인공의 모습을 상상하여 직접 그려 보자.

- 아이가 산책한 동네의 전체 모습을 지도로 그려볼 수 있다. 혹은 자신의 아침 일상을 얘기해본 후에 발자국을 이용하여 각자의 아침 동선을 그려보는 작업을 해보자. 이때 요구르트 병에 모루 등을 붙여서 발자국을 찍거나, 장난감 자동차의 고무바퀴에 잉크를 묻혀 활용하면 더욱 재미있는 활동이 될 것이다.

- 다양한 동물, 사물들이 눈밭에 어떤 자국과 흔적을 남기는지 함께 찾아보자. 또한 눈 오는 날 직접 밖에 나가서 도구를 이용하여 다양한 흔적들을 만들어 보고, 눈밭에 찍힌 다양한 자국들을 찾아보며 노는 것도 좋겠다.

배를 타고 야호!

작가 소개

피터 시스는 1949년 체코슬로바키아에서 태어나 프라하 실용미술학교와 영국 왕립 예술대학에서 그림과 영화를 공부했다. 현재는 뉴욕에 살면서 활발히 작품 활동을 하고 있다. 주로 초등학생 이상을 위한 정보책을 저술하였다. 작품으로 『갈릴레오 갈릴레이』, 『생명의 나무』, 『하늘을 나는 어린 왕자』, 『마들렌카』 등이 있다. 작가는 아빠가 된 이후 소방차에 빠진 어린 아들 매트를 위해 그의 이름을 딴 『소방차가 되었어』를 냈다. 이후 탈 것을 소재로 한 상상 놀이 시리즈 〈매트〉 5부작을 펴내었다.

원제 | Ship Ahoy, 1999 글·그림 | 피터 시스 출판사 | 시공주니어 출판년도 | 2017년
ISBN | 9788952761996 판형 | 209 * 211mm 쪽수 | 32쪽
주제 | 내적 세계 / 희락 / 교통기관

줄거리

물건들이 뒤엉켜 있는 소파 위에 어린 아이가 앉아 있다. 소파 앞에 놓인 파란색 러그를 보며 아이는 상상의 나래를 펼친다. 파란 러그는 푸른 바다를 연상시키며, 아이가 앉아 있는 소파는 아이의 머릿속에서 자연스럽게 배가 된다. 작은 고무보트로 시작했던 상상의 뱃놀이는 돛단배, 해적선, 여객선을 거치며 점차 정교해지고 커진다. 상상의 세계에 괴상한 모양의 괴물이 침입하는데 이 괴물은 다름 아닌 엄마의 청소기였다. 아이는 잠시 청소를 멈춘 엄마와 함께 그림책을 보며 또다시 상상의 세계로 모험을 떠난다.

서평

엄마가 청소를 하는 동안 소파 위에 잡다한 물건들과 앉아 있는 한 아이가 있다. 아이는 바다를 연상케 하는 파란색 러그를 보며 바다 한가운데로 상상 여행을 시작한다.

배에 빠져 지내는 어린 소년은 소파에 있던 막대기를 꺼내어 파란색 러그에 조심스럽게 대어 본다. 상상의 세계가 펼쳐지는 순간이다. 막대기가 러그에 부딪히자 평범했던 러그는 파란 바다가 되고, 아이가 앉아 있던 소파는 배로 변신을 시작한다.

왼쪽 면에는 처음부터 끝까지 어린 아이의 현실의 모습을, 오른쪽 면에는 아이 머릿속에서 펼쳐지는 상상 세계를 보여주고 있다. 현실의 모습은 아이가 벗어날 수 없는 소파라는 물리적 환경을 표현하듯 굵은 프레임 안에 윤곽선만으로 그려지며, 상상의 세계는 프레임 없이 보다 유연한 펜화로 수채화 채색이 된 채 나타난다. 바다의 크기는 동일하지만 페이지를 넘길수록 아이의 신체 크기가 점점 작아지기 때문에 상대적으로 바다가 점점 커지게 느껴지는 효과를 가진다. 소파 위에 어지러이 놓여 있던 물건들은 상상 세계 속에서 배를 이루는 구성요소가 된다. 막대기는 고무보트를 젓는 노였다가, 돛단배의 돛대가 되고. 방석은 카누 위에선 튜브가 되었다가, 여객선의 객실이 되기도 한다. 정돈되지 않은 물건들이 아이의 상상력을 통해 놀이 도구가 되는 것이다.

페이지를 넘길수록 배는 정교해지며, 커진다. 소파가 아이가 상상할 수 있는 가장 커다란 형태인 여객선이 되었을 때 이상한 형태의 괴물이 나타난다. 접힌 면을 펴면 세 면에 걸쳐서 괴물의 모습이 드러나는데 이는 아이의 상상력이 클라이맥스에 도달했음을 보여준다. 다음 장을 넘겨보면 이 괴물의 정체는 엄마가 청소하느라 밀고 있던 진공청소기임이 밝혀진다. 괴물은 굉음과 함께 등장했을 테고 이는 아이의 놀이를 더욱 극적으로 만들었을 것이다.

일반적인 기대와 달리 엄마의 등장으로 상상 세계가 깨지는 대신에 아이의 놀이는 새로운 국면으로 들어선다. 엄마가 청소기를 잠시 내려놓고 아이와 함께 러그에 앉아 배가 등장하는 그림책을 읽어주었기 때문이다. 이러한 엄마의 모습은 부모가 어떤 존재여야 하는지를 생각하게 해준다.

집안일을 멈추고 아이와 시간을 보내는 것은 엄마에게 결코 쉬운 일이 아니다. 그러나 청소를 잠시 접고 아이와 함께 그림책을 읽어주면서 그 시간을 즐기는 엄마, 그런 여유를 지닌 엄마와 함께라면, 장난감 하나 없는 공간이라 하더라도 아이들은 즐거운 상상의 나래를 펼치며 자라날 수 있을 것이다.

이 작품을 비롯한 매트 5부작은 장난감과 사랑에 빠진 아이의 놀이 세계를 글 없이 표현한 피터 시스의 그림책 시리즈이다. 놀이를 할 때 아이가 장난감 및 현실과 맺는 다양한 관계와, 놀이 속 상상 세계가 어떻게 구축이 되는지, 아이를 바라보는 따뜻한 부모의 시선까지도 보고 느낄 수 있는 책이다. 소개한 책 외에도 아침에 깨어나 보니 소방차가 된 매트의 이야기를 담은 『소방차가 되었어』, 공룡 인형을 들고 목욕을 하며 펼쳐지는 『공룡 목욕탕』, 청소하자는 엄마의 말에 놀이를 만들어 중장비 장난감을 청소하는 『일하는 자동차 출동!』, 거울 앞에서 자신의 모습을 비춰 보며 여러 발레 동작을 따라 해보는 『발레가 좋아』 등이 있다.

© 배를 타고 야호!

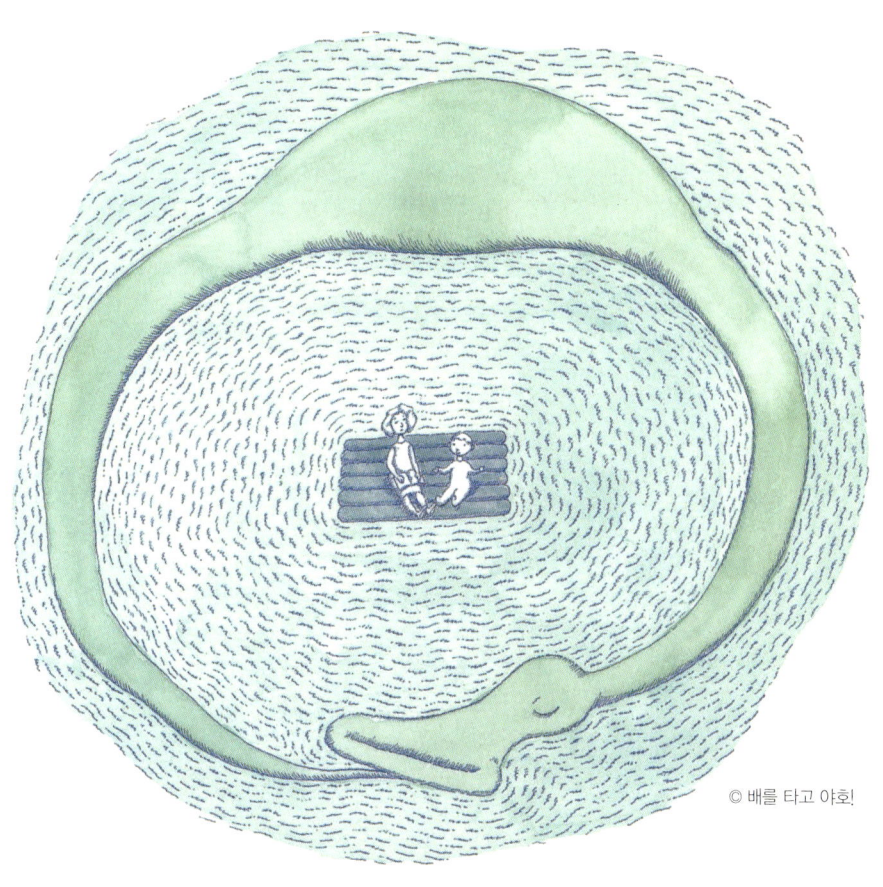

© 배를 타고 야호!

- 글 없는 그림책을 읽어주기란 쉽지 않다. 어쩌면 그림을 보는 유아들보다 글을 읽는 데 익숙한 성인들이 더 어려울지도 모른다. 처음부터 끝까지 말없이 그림만 본 후에 생각과 관심이 머무는 장면에서 떠오르는 것들을 자유롭게 말해 보도록 하자. 유아들의 말을 옮겨 써서 그림책에 글을 붙여볼 수도 있을 것이다.

- 쿠션과 막대기 등 주위에 있는 물건들을 가지고 배 모양을 만들어 보고, 아이들이 관심 있어 하는 주제(집, 비행기, 자동차, 기차 등 다양한 탈것들)의 사물들도 만들어 보자.

부루퉁한 스핑키

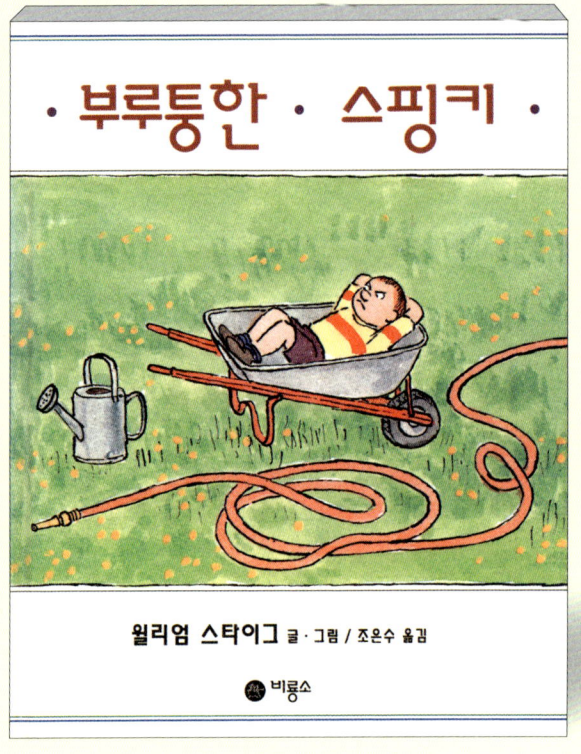

작가 소개

윌리엄 스타이그는 1907년 미국에서 네 형제 중 셋째로 태어났다. 어렸을 때부터 형에게 그림을 배웠고, 뉴욕 시립대학과 국립 디자인 아카데미에서 미술을 공부했다. 미국이 경제공황을 겪게 되자 가족들을 부양하기 위해 1930년도부터 〈뉴요커〉, 〈라이프〉 등에 카툰을 기고했다. 일찍부터 그림을 그렸지만 그림책 작가가 된 것은 은퇴를 결심한 1967년, 예순이 넘어서였다. 늦게 시작

원제 | *Spinky Sulks*, 1988 글·그림 | 윌리엄 스타이그 출판사 | 비룡소
출판년도 | 1995년 ISBN | 9788949110042 판형 | 204 * 257mm 쪽수 | 32쪽
주제 | 가족 세계 / 은유 / 나와 가족

했지만, 그때부터 2003년 96세로 사망할 때까지 예술은 사람들에게 즐거움을 주어야 한다는 신념에 따라 칼데콧상을 받은『당나귀 실베스터와 요술 조약돌』, 애니메이션의 원작으로 유명한『슈렉』을 비롯하여 수많은 좋은 작품들을 만들었다.

⬚ 줄거리

스핑키는 화가 났다. 누나가 놀리고 형이 다그쳤기 때문이다. 골이 난 스핑키를 달래려고 누나와 형이 사과를 하고, 엄마가 다정하게 대하고, 할머니가 선물을 주시는 등 가족들이 여러모로 노력해도 스핑키는 요지부동이다. 그래도 가족들은 친절하게 스핑키를 배려한다. 그 덕분에 스핑키는 대충 화가 풀리지만 이제는 화를 풀면 우스운 꼴이 될까 걱정이다. 밤새 고민한 스핑키는 울긋불긋하게 차려 입은 광대가 되어 식구들 앞에 나타나 가족들과 화해한다.

⬚ 서평

『부루퉁한 스핑키』는 여러모로 재미있는 그림책이다. 책의 구성이 독특하고, 모든 페이지를 알차게 활용한다. 보통 면지 바로 다음에 나오는 표제지 앞에 그림만 있는 한 장이 더 있다. 이 덧붙여진 페이지에서 누나는 스핑키를 놀리고, 형은 스핑키에게 화를 낸다. 이야기는 여기서부터 시작된 것이다. 타이틀 페이지에서는 아빠가 스핑키를 야단치기까지 한다. 그래서 스핑키는 잔뜩 화가 난 채로 헌사 페이지를 걸어간다. 본격적으로 이야기가 시작되는 속지가 펼쳐지기도 전에 이미 스핑키는 부루퉁해질대로 부루퉁해지는 것이다.

　단순하고 거침없이 그린 것 같은 그림은 인물들의 감정을 효과적으로 드러내는데, 그 그림들이 얼마나 위트가 넘치는지 웃음이 절로 난다. 눈썹을 치켜 올린 사나운 표정으로, 달래주는 가족들을 외면하고 딴청을 피우는 스핑키의 표정이나 아빠의 설교가 듣기 싫은 스핑키가 뚱하게 하늘만 보다가 급기야 귀를 막아버리는 장면, 할머니의 선물에 관심은 있지만 화가 났다는 것은 드러내고도 싶은 스핑키의 눈빛 등 모든 장면이 유머러스하다. 말을 걸면 화를 내겠지만, 그래도 관심을 가져주었으면 하는 아이들의 마음이 그대로 표현되다 보니 그림이 글과 꼭 맞아떨어지지 않는 것도 재미있다. 아빠가 출근할 때, "아무도 못 보게 숨어" 있었다는 스핑키가 독자의 눈에는 훤히 보이고, 글로는

"스핑키는 계속 다른 곳으로 옮겨다녔지만, 누나와 형이 그 때마다 찾아냈다"라고 쓰여 있지만 그림을 보는 독자들은 스핑키가 누나와 형의 관심을 끌려고 뚱한 표정으로 배회하는 것을 다 알 수 있다.

　재치 있는 말솜씨도 일품이다. "무슨 식구들이 이래! 처음에는 나를 엉망으로 휘저어 놓고는"이라거나 "이 세상이 스핑키에게 함부로 대했고, 그래서 스핑키도 이 세상을 싫어하기로 했습니다."와 같은 표현들은 이런 기분이 언어화 된 것만으로도 시원함을 느낄 수 있게 해 준다. 거침없이 솔직한 스핑키에게 식구들은 모두 "머저리"이고, "순 엉터리"이다. 형이 용서해 달라고 무릎을 꿇은 것에는 "그 잘난 무릎을 꿇"었다고 하고, 아빠의 설교는 "허튼 소리"라고

도 한다. 그런데도 독자들에게 스핑키의 분함이 전염되지는 않는다. 표현이 워낙 진솔하기도 하고, 웃을 수 밖에 없는 그림의 완충작용도 있기 때문이다. 하지만 그보다 더 큰 이유는 이 그림책이 전달하고자 하는 바가 스핑키의 부루퉁함이 아니라 그것을 받아내는 가족의 사랑이기 때문이다.

  가족의 사랑을 읽어내지 못하면 이 그림책은 정원도 없고, 사흘씩이나 골이 나 있는 아이를 위해 광대 아저씨를 불러주기도 쉽지 않은 한국 아이들의 현실에는 맞지 않는 그림책일 수 있다. 스스로 광대가 되는 것으로 화를 푸는 스핑키의 아이디어도 비현실적으로만 보일 것이다. 그러나 중요한 것은 스핑키의 말대로 "그게 그리 오래 못 가는 게 탈"이라도 서로를 배려하려는 가족의 사랑이다.

- 나는 언제, 어떨 때 화가 나는지 그림으로 표현하거나 이야기를 나누어 보자. 또한 화가 났을 때 기분이 좋아질 수 있는 방법은 무엇인지 서로 이야기해 보자.

- 스토리와 말을 단순화하여 대본을 만들고 동극을 해 보자. 누나와 형, 아버지, 엄마, 스핑키의 역할을 맡아 동극을 한 어린이는 동극을 통해서 알게 된 등장인물의 마음을 이야기해 볼 수도 있다.

- 옷과 소품을 이용하여 재미있는 분장을 하고 가족이나 친구에게 보여주자. 무엇이 재미있었는지도 이야기해 보자.

부엉이와 보름달

작가 소개

글을 쓴 제인 욜런은 1939년 미국의 뉴욕에서 태어났다. 고등학교 때부터 글을 쓰기 시작했고 이후 출판사에서 일했으며 시인이자 어린이 문학 평론가로 활동하고 있다. 우리나라에서 출판된 대표작으로 『부엉이와 보름달』, 『황제의 연』, 『악마의 덧셈』, 『아이 졸려! 아기 공룡의 밤인사』 등이 있다. 작가 홈페이지(http://janeyolen.com)에서 그의 작가세계에 대해 자세히 알 수 있다.

원제 | *Owl Moon*, 1987 글 | 제인 욜런 그림 | 존 쇤헤르 출판사 | 시공주니어
출판년도 | 2017년 ISBN | 9788952784728 판형 | 188 * 257mm 쪽수 | 32쪽
주제 | 자연적 세계 / 인내 / 동식물과 자연, 겨울

그림을 그린 존 쉰헤르는 1935년 뉴욕에서 태어나 2010년에 작고하였다. 독일인 아버지와 헝가리인 어머니 사이에서 태어나 어릴 적부터 다양한 문화를 가진 이웃 친구들과 그림으로 소통하며 성장했다. 공상과학 소설 시리즈 〈듄〉의 일러스트레이터로 유명하며 자연과 야생에서의 삶에 대한 동경과 애정이 작품을 통해 잘 드러난다는 평을 받고 있다. 『부엉이와 보름달』로 칼데콧상을 받았다.

줄거리

추운 겨울밤 아빠하고 아이는 부엉이 구경을 나갔다. 한밤중의 부엉이 구경을 오랫동안 고대했던 주인공은 드디어 그날을 맞았다. 아빠는 눈 쌓인 숲 속에서 소리 내어 부엉이를 불렀지만 부엉이는 좀처럼 모습을 드러내지 않는다. 달빛이 쏟아지는 컴컴한 숲 속 하얀 빈터에서 아빠는 다시 부엉이를 부르고 이윽고 부엉이가 나무들 사이로 느릿느릿 날아온다. 마침내 부엉이와 조우하고 부녀는 집으로 돌아온다.

서평

미국의 대표적인 시인과 일러스트레이터가 함께 만든 『부엉이와 보름달』은 꿈과 같은 유년시절의 추억을 수채화로 표현한 아름다운 작품이다. 밝은 보름달을 뒤로한 채 아빠가 아이의 손을 잡으려는 찰나를 고요하게 그려내고 있는 표지는 독자로 하여금 숨죽여 이야기에 주목하도록 이끈다. 표제지에는 한 아이가 문을 열고 눈 내린 숲 속으로 가려는 순간을 보여 주며, 이어서 헌사페이지에는 부엉이 한 마리가 눈 위에 그림자를 남기며 힘차게 날아간다. 헌사에 나와 있듯이 부엉이 구경은 미국의 문화이며, 글을 쓴 제인 욜런은 남편과 딸의 이야기에서 영감을 얻었다고 한다.

청회색과 흰색이 주를 이루는 바탕 색조는 겨울 밤 숲의 고요한 신비감을 잘 보여주고, 갈색 부엉이의 존재감을 부각시켜 준다. 글로 표현되지 않은 숲의 작은 동물들은 장면 곳곳에 숨은 그림처럼 포진하여 한밤중의 겨울 숲이 조용하지만 결코 잠들지 않았다는 것을 보여 주는데 이는 살아있는 동물을 그리기 위해서 화가가 된 존 쉰헤르의 일러스트레이터로서의 역량이 잘 드러나는 대목이다. 작가는 근경과 원경을 적절히 혼합하여 깊고 넓은 숲과 아빠와 딸의 유대감을 보여준다.

　추운 겨울 한밤중에 아버지와 딸은 부엉이 구경을 나간다. 오빠들이 거쳐 간 이 통과의례와도 같은 부엉이 구경을 주인공 아이는 오래도록 기다려왔다. 하얀 눈, 달빛, 멀리서 들려오는 기적소리와 개 짖는 소리에 대한 그림과 글의 묘사는 부엉이를 만나기 위해 조심스럽게 숲으로 가는 주인공 아이의 기대감을 잘 드러내며 독자를 찬찬히 한적한 저녁의 겨울 숲으로 데리고 간다. 숲속의 작은 동물들이 나무의 옹이와 쓰러진 나무 뒤에 숨어 그 모습을 드러내지 않듯 부엉이도 좀처럼 모습을 드러내지 않는다. 작품이 갖는 고요하고도 신비로운 시적인 분위기는 글과 그림 속에 잘 어우러진다.

　아빠와 함께 부엉이 구경을 다녀오는 것은 진정한 가족 구성원이 되고 어른의 세계에 속하기 위해 거쳐가는 통과의례와 같다. 주인공 아이는 얼음손이 등을 쓸어내리는 것 같은 추위도 혼자 이겨내고, 숨소리마저 죽이려고 벙어리장갑으로 입을 가리며 부엉이를 만나겠다는 소망을 가지고 임한다. 부엉이를 만나기 위해 조심스럽게 자기를 조절하고 절제하는 주인공 아이는 마침내 부엉이와 서로 마주보면서 시간이 멈춘 듯한 순간을 경험하게 된다. 마침내 아빠와 딸은 부엉이와 조우하며 목적을 성취한다.

　책 속의 아이는 오빠들이 그러했듯이 '부엉이 구경'이라는 하나의 가족 문화를 통해 추위를 이겨내고, 침묵하고 인내하며 성장한다. 딸의 손을 잡고 걷기도 하지만 때로는 앞서서 걸어가고 돌아오는 길에는 대견하게 모든 과정을 이겨낸 딸을 안고 있는 아빠의 뒷모습에서 따뜻한 부성애가 느껴진다.

- 가능하다면 아빠와 함께 둘이서만 밤길을 산책해 보자. 아버지는 어머니와 다른 독특한 방식으로 자녀와 유대감을 형성한다. 아빠와 함께 놀이를 하거나, 공동의 작업을 해보는 것도 좋을 것이다.
- 밤에 손전등을 켜고 손가락을 이용하거나 다양한 도구들을 이용하여 아빠와 함께 그림자놀이를 해보자.
- 장면 곳곳에 숨어있는 동물들을 찾아보자. 아빠와 함께 하면 더욱 의미가 있을 것 같다.

© 부엉이와 보름달

빨간 매미

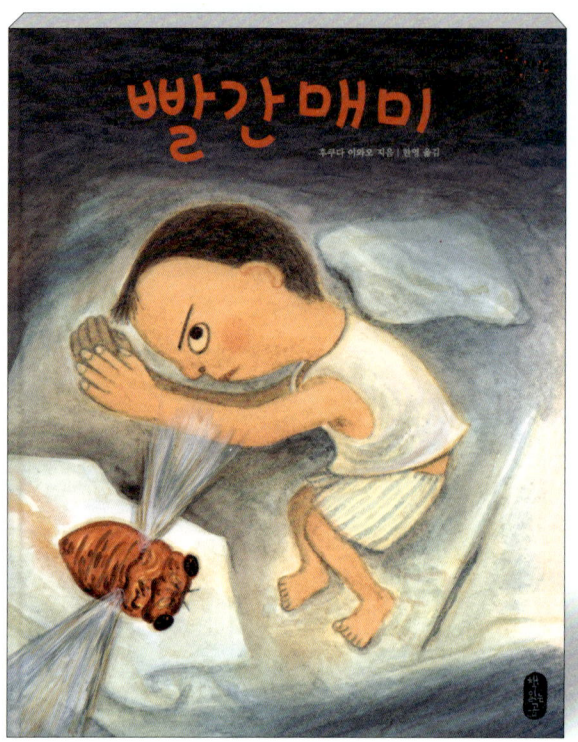

작가 소개

후쿠다 이와오는 1950년 일본 오카야마 현에서 태어났고 일본아동출판미술가연맹 회원이다. 『덜커덩 덜컹』으로 일본도서관협회에서 주관하며 그림책에 주는 권위 있는 상인 일본그림책상을 받았다. 작가는 초등학교 저학년 연령의 주인공들이 다양한 인간관계와 상황 속에서 겪는 심리적 경험을 생생하고 섬세하게 표현하여, 많은 팬들이 그의 따뜻한 이야기를 지지하고 있다고 알려져

원제 | あかいセミ, 2006 글·그림 | 후쿠다 이와오 출판사 | 책읽는곰 출판년도 | 2008년
ISBN | 9788993242003 판형 | 210 * 260mm 쪽수 | 32쪽
주제 | 내적 세계 / 절제 / 나와 가족, 우리 동네, 여름

있다.『방귀 만세』,『난 형이니까』,『고로야 힘내!』 등 다수의 그림책이 국내에 소개되었다.

줄거리

이치는 국어 공책을 사러 문구점에 갔다가 빨간 지우개를 훔치고 만다. 지우개를 보고 있자니 이치는 자꾸만 무서워진다. 이치는 유미와 수영장에 가기로 한 약속도 지키지 않고 매미의 날개도 홧김에 잡아 뜯으며 가족들과의 목욕시간도 즐기지 못한다. 더운 여름 밤, 이치는 문구점 아줌마가 날개 없는 빨간 매미를 내미는 꿈을 꾸고는 자신이 자꾸만 나쁜 사람이 되어가는 것 같아 괴롭다. 결국 이치는 지우개를 훔친 사실을 엄마에게 털어놓는다. 이치의 엄마는 함께 문구점에 가서 지우개를 돌려드리고 제대로 사과하자며 이치를 꼭 안아주신다. 문구점 아줌마는 이치가 앞으로는 그러지 않도록 약속을 받는다.

서평

책의 표지를 보면 주인공으로 보이는 소년이 잔뜩 경직된 표정으로 웅크리고 누워있고 소년의 얼굴크기만큼 커다란 빨간 매미가 한쪽 구석을 차지하고 있다. 부자연스럽게 기다란 소년의 팔과 위로 치켜뜬 커다란 눈, 어스름이 깔려 있는 이부자리위에 선명한 빨간색으로 쓰인 '빨간 매미'라는 제목까지. 표지는 책의 얼굴이라 여겨질 만큼 대표적인 이미지를 제시하는데 이 책의 표지는 어둡고 기괴하고 불안한 기호들로 가득하다. 표지를 넘겨 표제지로 오면 소년은 다소 과장되게 땀을 비 오듯 흘리며 서 있다. 그러나 소년의 벌겋게 상기된 뺨과 불안한 시선은 소년이 흘리는 땀이 단지 더워서가 아님을 알게 해준다. 표제지에서 이미 시작된 글에서 알 수 있듯이 이 책은 문구점에서 지우개를 훔치고 만 소년의 이야기, 조금 더 정확히 말하자면 잘못을 저지른 소년이 겪는 양심과 죄책감에 대한 이야기를 간결하면서도 섬세하게 그려내고 있다. 소년은 표제지의 모습처럼 이야기가 진행되는 내내 내적 갈등을 겪으며 그야말로 진땀을 뻘뻘 흘린다.

특히 이 책의 제목이기도 한 '빨간 매미'는 주인공이 훔친 지우개의 빨간 색깔과 주인공이 울컥한 마음에 날개를 뜯어버린 '매미'가 합쳐져서 주인공의 죄의식을 표상하는 중요한 소재로 등장한다. 주인공이 지우개를 몰래 주머

에 넣고 문구점 아줌마에게 가자 아줌마는 "숙제는 다 했니?"하고 물어보신다. 그런데 시간이 조금 흘러 매미를 잡으며 놀 때에도 친구 고우가 "숙제 다 했냐?"라며 같은 질문을 한다. 시간이 흘렀어도 잘못을 저질렀다는 사실은 변하지 않았고, 다른 일을 하며 그 일을 잊었다고 생각했지만 잊혀지지 않고 죄의식은 계속 마음에 걸려있었던 것이다. 같은 질문을 받고 잘못을 저지른 일이 떠오른 주인공은 당황한 나머지 매미 날개를 뜯어버린다. 잘못을 저지른 사람이라는 빨간 낙인처럼 빨간 매미가 주인공의 꿈에 등장하면서 죄의식으로 인해 괴로운 주인공의 심리가 절정에 이른다.

그림책에서 물건을 훔치는 사건이나 죄, 죄의식, 죄책감, 양심의 문제와 같은 것은 자주 다루어지는 소재나 주제가 아니다. 다소 진지하고 무겁게 느껴지는 이 주제를 작가는 글과 그림의 시점을 달리하여 제시함으로써 보다 효과적으로 풀어간다. 글은 주인공인 이치가 마치 일기를 쓰듯 1인칭 주인공 시점으로 전개된다. 이치가 작은 지우개를 내려다보며 무서워진다고 고백하는 장면이나 울컥한 마음에 매미 날개를 잡아떼는 장면 등에서 알 수 있듯 이치의 충동적이고 난폭해지는 행동의 이면에는 무겁고 불안한 심리가 작용하고 있다. 한편 이 책은 그림의 시점이 특징적인데, 대체로 위에서 아래를 내려다보는 부감의 시점으로 그려져 있다. 사실 이치가 문구점에서 지우개를 훔친 사건은 문구점 아줌마도, 동생인 유미나 친구 고우, 엄마, 아빠도 모른다. 그러나 마치 위에서 아래를 훤히 내려다보는 것 같은 그림은 전지적 작가 시점을 떠올리게 함으로써 누군가 이치의 마음속을 꿰뚫어보는 듯한 인상을 준다. 그래서 이 사건을 그저 이치만 조용히 넘어가면 아무렇지 않은 일이 될 수 있는 사소한 일로 남겨두지 않고, 이치 안에 자리 잡고 있는 선한 마음인 양심과 이치가 저지른 잘못된 행동이 치열하게 갈등하며 이치로 하여금 잘못을 고백하고 잘못된 것을 바로잡아가도록 이끈다.

지우개를 훔치는 사건을 겪는 동안에도 이치는 가족과 이웃 등 공동체의 사랑과 관심 안에서 안전하게 성장해 간다. 문구점 아줌마는 이치의 이름을 부르며 숙제를 했는지 물어볼 정도로 친근하다. 이치는 친구인 고우와 함께 놀기도 하고 숙제 걱정도 하며, 동생인 유미를 성가셔 하면서도 유미와의 약속을 지키지 못한 것에 대하여 마음을 쓴다. 이치가 자기 잘못을 엄마에게 고백하게 된 계기 역시 이러한 사랑하는 사람들과의 관계 안에서 자신이 점점 나쁜 사람이 되어가는 것이 싫어서이다.

아이들은 크고 작은 많은 사건들을 겪으면서 성취도 하고 실수도 하며 성장해갈 것이다. 중요한 것은 아이들이 결단코 잘못을 저지르지 않는 것이 아니라 설혹 잘못을 했더라도 선한 양심이 이끄는 대로 돌이켜 용서를 구하고 다시는 그 길로 가지 않는 성숙한 인격으로 자라가는 것, 사랑의 공동체 안에서 점점 더 나은 사람이 되어가는 것이 아닐까.

　이 책은 물건을 훔치고 나서 그로 인해 마음이 괴로운 한 아이의 이야기로 끝나지 않고 잘못된 행동을 한 후에 어떻게 바로잡아가야 하는지 그 과정에서 어른들이 어떻게 용기를 주고, 믿어주는지에 대해서도 이야기한다. 특히 이치의 고백을 들은 엄마는 쪼그리고 앉아 이치를 안아주는 한편 이치가 잘못에 대한 책임을 질 수 있도록 문구점까지 겸손하게 동행하며 이치가 어떻게 대처해야 하는지 손수 가르친다. 또한 문구점 아줌마는 새끼손가락을 마주 걸고 이제 그러지 않겠다는 이치의 약속을 상냥하면서도 진지하게 수용한다. 이들을 통해 잘못을 저지른 아이를 대하는 어른의 태도와 자세에 대해서도 생각해보자.

- 그림책에 표현된 다양한 감정을 찾아보자. 글에서는 '다리가 후들후들 떨렸다', '고개를 들 수가 없었다', '무서워졌다', '허둥지둥'과 같이 감정을 표현한 단어나 의태어, 행동을 묘사한 표현을 찾아볼 수 있다. 한편 그림에서는 이치나 유미, 고우 등 등장인물의 얼굴표정이나 몸동작 등을 찾아볼 수 있다. 특히 지우개를 훔친 후 줄곧 마음이 괴로운 이치의 얼굴 표정이 어떻게 바뀌어 가는지 살펴보고 이치의 마음 상태를 색깔로 표현해볼 수도 있다.

- 이 책의 그림이 다양한 시점에서 그려진 것처럼, 같은 사물 또는 인물을 다양한 앵글에서 사진으로 찍어보자. 예를 들어 어떤 사물을 옆에서 볼 때와, 위에서 볼 때, 아래에서 볼 때 어떻게 다르게 보이는지 살펴보자. 더 나아가, 계단이나 발코니 등을 이용하여 사물을 위에서 내려다 볼 때와 아래에서 올려다 볼 때 각각 느낌이 어떻게 다른지 비교해 보자.

빨간 줄무늬 바지

\\ **작가 소개**

글을 쓴 채인선은 성균관대학교 불어불문학과를 졸업하고 여러 출판사에서 오랫동안 편집자로 일했다. 두 딸들에게 이야기를 들려주다가 작가의 길을 걷게 되었고, 90권에 가까운 작품을 냈으며 우리나라 대표적인 동화작가로 손꼽힌다. 그의 작품은 발랄한 상상력과 현실적인 감수성을 담아낸다는 평을 받고 있다. 『손 큰 할머니의 만두 만들기』, 『내 짝꿍 최영대』, 『딸은 좋다』 등의 작품이 알려져 있으며, 어린이 교양서 『아름다운 가치 사전』과 저학년 어린이용 국어사전 『나의 첫 국어사전』을 펴냈다.
그림을 그린 이진아는 서울대학교 미술대학을 졸업하고 프리랜서 일러스트

글 | 채인선 그림 | 이진아 출판사 | 보림 출판년도 | 2014년 ISBN | 97889433062
판형 | 255 * 258mm 쪽수 | 36쪽 주제 | 사회적 세계 / 사랑, 희락 / 나와 가족, 환경과 생활

레이터로 활동하고 있다. 오랫동안 어린이 책에 그림을 그려왔으며 친숙한 캐릭터와 인형 제작으로 여러 차례 전시회를 가졌다. 작품으로는 『곰돌이 아기 그림책』, 『거꾸로 도깨비』, 『모두 꼭 맞아요』, 『너랑 안 놀아』, 『코코코 해 보아요』, 『혼자 할 줄 아니?』 등이 있다.

줄거리

해빈이 엄마가 동대문 시장에서 사 온 빨간 줄무늬 바지. 해빈이는 엄마가 토끼인형을 매달아준 예쁜 새 바지를 입으며 바지가 작아지면 나중에 누가 입을지 궁금해 하고, 엄마는 많은 아이들이 기다리고 있다고 대답해준다. 어느덧 해빈이에게 작아진 바지는 딸기 단추를 새로 달고 동생 해수가 입게 된다. 해수 다음엔 사촌 동생 형민이가 축구공 모양을 덧대 입고, 그 다음엔 해빈이 친구 동생 종익이가 멜빵을 달아 입는다. 그 다음엔 외사촌 동생 채슬이가 발레리나 옷으로 입고 긴 시간이 흐른 뒤에 해빈이의 딸 봄이의 차례가 된다.

서평

『빨간 줄무늬 바지』는 글작가 채인선의 두 딸이 입던 옷들을 조카에게 물려주었던 실제 경험을 녹여낸 작품이다. 그림 작가 이진아도 세 자매에게 옷을 만들어 주셨던 어머니의 모습과 함께 언니들의 옷을 항상 물려 입는다고 불평하던 동생을 기억하고 있다. 두 작가의 아름다운 추억이 담긴 이 책은 나눔과 성장의 이야기를 담고 있다.

거친 질감을 그내로 드러내는 크래프트지 재질의 앞뒤 표지와 속지, 먹지를 대고 타자기로 찍어낸 듯한 복고풍의 글자체, 낡은 책을 튼튼하게 만들기 위해 덧댄 것처럼 보이는 붉은 색 책등은 옛 추억 속으로 우리를 초대한다. 작가는 그림책의 물리적 특성을 통해서 이미 전달하고자 하는 주제와 정서를 표현하고 있다. 또한 다른 선에 비해 훨씬 굵은 선으로 그려진 빨간 줄무늬 바지는 앞표지와 뒤표지, 속지, 어느 장면에서나 가장 눈에 잘 띄게 배치되어 있다. 따라서 책장을 넘길 때마다 바지를 입는 아이들은 계속 바뀌지만 빨간 줄무늬 바지의 존재감은 흔들림이 없고, 아이들의 특성에 맞게 바지의 모양이 계속 변형되어도 여전히 그것이 빨간 줄무늬 바지라는 것을 알아볼 수 있다.

빨간 줄무늬 바지를 물려받는 아이들은 모두 바지를 무척 아끼고, 바지를 입는 것을 즐거워하고 행복해한다. 더 이상 그 바지를 입을 수 없을 만큼 자신이 성장했다는 것을 알게 되면 기꺼이 다음 아이에게 바지를 물려준다. 물려받는 아이는 그 이전에 입었던 아이들의 즐거움과 추억까지 물려받고 그들 사이에는 알 수 없는 유대감이 생긴다. 모든 것이 풍족한 현대사회에서는 누군가로부터 무엇을 물려받고 물려주는 일은 찾아보기 어려워졌다. 그러나 비록 하찮고 낡아 보이지만 그 속에 담긴 소중한 추억을 알고 공유할 수 있다면 가족이나 친척간의 관계는 더욱 끈끈하고 돈독해질 것이다.

그림을 자세히 들여다보면 바지를 입는 아이들이 바뀔 때마다 바지의 장식이 바뀌고 모양이 달라진다. 엄마는 행여 헌옷이라고 아이들의 맘이 상할까봐, 물려받은 바지가 그 아이만의 것이 될 수 있도록 한다. 엄마의 배려와 사랑이 듬뿍 담긴 작은 변화들 덕분에 아이들이 그 바지를 자기만의 것으로 여기고 더욱 좋아하게 된다.

계속되는 재활용 작업은 『요셉의 작고 낡은 오버코트가』의 스토리를 생각나게 한다. 『요셉의 작고 낡은 오버코트가』는 오랫동안 코트를 입으면서 자신을 위해 오버코트를 재활용해서 새로운 것으로 만들어 내는 절약의 지혜와 대물 애착에 대해 다루고 있다. 반면 이 책에서는 사랑과 관심의 손길을 통해서 자녀들의 상황과 취향에 맞게 어머니들이 정성껏 바지를 변형시킨다는 점이 다르다. 재치 있는 재활용의 아이디어를 넘어서는 삶의 철학이 담겨있다.

- 자신의 물건 중에서 누군가에게 물려받은 것이 있다면 찾아보고 그 물건에 얽힌 이야기를 공유해 보자.

- 포장지를 이용하여 동생이나 친구가 좋아할만한 빨간 줄무늬 바지를 만들어보자. 바지가 원래의 모양에서 어떻게 달라졌는지, 왜 그렇게 만들었는지(동생이나 친구가 좋아하는 것을 고려하여) 서로 비교하고 이야기해 보자.

- 지금은 작아져서 입거나 사용할 수 없지만 필요한 사람에게 선물할 수 있는 옷이나 물건을 모아보자. 받는 사람에게 낡은 물건이 아닌 선물이 되게 하려면 어떻게 해야 할지 생각해 보고 실천해 보자.

ⓒ 빨간 줄무늬 바지

사랑스러운 까마귀

작가 소개

글을 쓴 베아트리스 퐁타넬은 1957년 모로코에서 태어나 아르헨티나에서 석사를 마치고 기자로 활동한 프랑스의 시인이자 작가이다. 일상생활, 자연, 역사, 미술을 주제로 어린이와 청소년을 위한 작품을 많이 썼다. 작품으로는 『영국 여왕 엘리자베스 1세』, 『내가 정말 좋아하는건?』, 『무지개 학교에서』 등이 있다.

그림을 그린 앙트완 기요뻬는 1971년에 태어나 프랑스 리옹에서 미술을 전공하고 일러스트레이터로 활동하고 있다. 그는 로고 제작 및 북커버 일러스트레이션 작업과 더불어, 그림책 작업을 하고 있다. 흑과 백이 주조를 이루는 종이 오리기 작업에 한두 가지 색을 첨가하여 자신만의 독특한 시각적 서사 세계를 연출해 낸다.

원제 | Grand Corbeau, 2007   글 | 베아트리스 퐁타넬   그림 | 앙트완 기요뻬
출판사 | 국민서관   출판년도 | 2010년   ISBN | 9788911029310   판형 | 305 * 235mm
쪽수 | 26쪽   주제 | 내적 세계 / 희락 / 나와 가족, 동식물과 자연

줄거리

까마귀는 새까만 깃털과 거친 울음소리 대신 다채로운 색의 깃털과 예쁜 소리를 갖고 싶어 한다. 자신의 모든 것을 하찮게 여기고 우울해하던 까마귀는 눈 내리는 어느 겨울날 시인을 만나게 된다. 시인은 다른 색을 돋보이게 하는 검은색의 가치와 하얀 눈 위에서 도드라지게 빛나는 검은색의 아름다움을 까마귀에게 알려준다. 시인 덕분에 까마귀는 다른 새들과의 차이점을 받아들일 뿐만 아니라, 자신만의 고유한 아름다움을 깨닫고 행복해한다.

© 사랑스러운 까마귀

서평

표지는 앞과 뒤가 연결된 그림으로 까마귀의 검은 실루엣만 보이고 흑백의 대비에 빨간 꽃 몇 송이가 두드러진다. 장면은 매번 펼침면 전체를 사용하여 가로로 시야가 넓은 그림을 보여주는데, 주로 검은색과 흰색이 대비를 이루는 정교한 종이오리기 기법이 사용되었다. 면지에 사용된 빨간색은 양귀비의 아름다움을 더욱 돋보이게 하는 동시에 까마귀의 존재감을 드러낸다.

글 텍스트는 시적으로 까마귀의 마음을 전달하는데, 처음에는 3인칭 화자로 시작하지만 어느새 까마귀가 화자가 되어 직접 목소리를 낸다. 그러고서는 까마귀와 시인의 대화로 흘러가고 다시 3인칭 시점으로 이야기는 끝을 맺는다. 시점은 사건을 바라보는 눈이 되고 화자가 바뀔 때마다 상황을 보는 시각은 달라진다.

까마귀는 다른 예쁜 새들을 부러워하며 열등감으로 우울해한다. 까마귀는 자신의 외모와 재능과 환경을 비하한다. 흑백의 첫 장면부터 까마귀의 관점을 대변하듯 배경과 까마귀는 잘 구별되지 않는다. 다른 새들과 비교할 때도 까마귀는 왼편에 실루엣만으로 처리되고, 오른쪽 화면에는 다른 새들의 다채로운 모습이 나타나 대조된다. 아래에서 위를 올려다보는 앵글은 까마득하고, 하늘을 날아다니는 새들을 올려다보는 까마귀는 그들과 어울려 날아오르지 않는다. 심지어 자신과 비슷하게 생긴 까치마저도 친구로 여기지 못한 채 거리감을 두고 멀찍이 바라보고 왼쪽과 오른쪽 면으

© 사랑스러운 까마귀

로 대치하고 있다. 까마귀가 꿈꾸는 곳은 따뜻한 섬나라지만 실제 그가 있는 세계는 눈이 오고 춥다. 그러나 자신의 가치를 깨닫게 해준 시인을 만난 후 까마귀의 관점은 바뀌고 행복한 새로 거듭난다. 작가는 화자를 전환하여 까마귀의 관점 변화를 단숨에 이루어낸다.

　작가는 까마귀와 시인의 만남을 통해 자신의 진정한 가치를 인정해주는 존재와의 만남이 얼마나 소중한지 보여준다. 시인은 "난 말이야, 너를 처음 본 순간 … 반짝반짝 빛나는 잉크, 깊고 깊은 밤 … 부드러운 그림자 … 이런 애들이 생각났거든."이라고 말하면서 까마귀 본연의 아름다움을 일깨워준다. 이 장면에서 흑백은 반전되어 시인과 까마귀의 실루엣은 하얀색으로 처리된다. 까마귀는 시인과 이야기를 나누면서 있는 그대로의 모습에서 아름다움을 깨닫고 슬픔에서 기쁨의 세계로 힘차게 날아오른다. 시인은 창조주가 개체마다 독특한 아름다움을 주셨듯이 존재 자체의 기쁨과 가치를 알려준다.

© 사랑스러운 까마귀

앙트완 기요뻬의 그림책에는 대부분 글이 많지 않고, 그림은 흑백이 주를 이루면서 유채색은 제한적으로 사용된다. 검은 까마귀를 주요 등장인물로 한 만큼 검은색과 흰색의 대조, 검은색과 다른 색의 대조 등을 통해 까마귀의 심리 상태를 잘 보여 준다. 특히 까마귀가 자신의 소중함과 아름다움을 깨닫는 순간은 검은색과 빨간색을 대비시켜서 강렬한 메시지를 전달하고 있다. 까마귀의 공간인 숲과 하늘은 검은색과 흰색으로 표현되고, 다양한 앵글을 통해 각각의 그림에 역동성을 부여한다. 새가 주인공이기 때문에 작가는 '부감'을 잘 활용하는데, 특히 마지막 두 장면에서 하늘로 높이 날아오른 까마귀가 열등감의 굴레에서 벗어나 자유를 만끽하는 모습이 잘 표현되었다.

- 색종이를 이용하여 송이오리기 놀이를 해보자. 오려낸 종이의 배지를 무슨 색깔로 하느냐에 따라 느낌이 달라지는 것을 느껴보자. 또한 흰 도화지나 까만 도화지에 펀치로 구멍을 뚫고 배지를 대고, 대비되는 색으로 그 위를 날아가는 까마귀를 표현해 보자.

- 시인이 까마귀를 언어로 표현했던 것처럼 특정 색을 묘사해보자. 예를 들면 "빨간색은 반짝반짝 윤기 나는 빨간 딸기가 생각나요"와 같은 어린이들의 표현을 모아서 동시를 지어볼 수 있다.

- 초등학교 저학년 어린이라면 나카야 미와의 『까만 크레파스』를 같이 읽고 비교해 보자. 특히 주요 등장인물인 까마귀와 까만 크레파스, 시인과 샤프형의 공통된 특성과 차이점을 이야기해 보자.

052

새가 된 청소부

작가 소개

글을 쓴 아서 요링크스는 이 책을 비롯해 여러 권의 어린이 책을 집필하였다. 오랜 단짝 리처드 이겔스키와 함께 한 『숙제』, 『대단한 여행』을 비롯해 모리스 샌닥이 그림을 그린 『우리 엄마야?』, 『마이애미 자이언트』 등이 있다. 줄리아드 음대를 졸업할 정도로 음악에 재능이 있었으며 오페라, 무용, 영화, 라디오 방송 원고를 집필하고 감독하였다. 특히 오페라 음악 작곡가로 유명한 필립

원제 | Hey, Al, 1986 글 | 아서 요링크스 그림 | 리처드 이겔스키 출판사 | 뜨인돌어린이
출판년도 | 2013년 ISBN | 9788958074076 판형 | 228 * 253mm 쪽수 | 36쪽
주제 | 내적 세계 / 충성 / 나와 가족, 동식물과 자연

글래서의 오페라 대본 작가로 활발하게 활동했다.
그림을 그린 리처드 이겔스키는 미국의 화가로 지금까지 11권의 그림책에 그림을 그렸다. 아내 역시 화가이며 현재 뉴저지 밀퍼드에서 살고 있다. 아서 요링크스와 함께 호흡을 맞춰 여러 권의 그림책을 펴냈으며 『버즈』,『생강빵 소년』『세 개의 마술 공』 등의 작품에 글을 쓰고 그림을 그렸다.

ⓒ 새가 된 청소부

줄거리

알은 착하고 부지런한 청소부이다. 가족은 에디라고 하는 개뿐이며 거실 겸 침실과 화장실밖에 없는 아주 작은 집에서 살고 있지만 현재의 삶에 만족하고 있다. 그런데 어느 날 강아지 에디가 자기들의 집이 너무 작고 더럽다며, 평생 이렇게 살고 싶지는 않다고 울부짖고, 화장실에서 수염을 깎고 있는 알에게 큰 새가 나타나서 일하지 않아도 실컷 먹고 놀 수 있는 멋진 곳으로 가지 않겠느냐고 제안한다. 그 말을 엿들은 에디의 고집으로 둘은 짐을 싸서 새와 함께 신비한 섬을 향해 날아간다. 먹을 것이 가득하고 아름다운 섬에 도착한 알과 에디는 그곳에서 아주 만족스러운 시간을 보내면서 그 생활에 빠져들게 된다. 그러나 어느 날 아침 알과 에디는 자신들이 점점 새로 변해가고 있다는 사실을 깨닫게 되고 필사적으로 그곳을 탈출하여 집으로 돌아온다. 알과 에디는 이제 자신의 집을 수리하고 페인트칠을 하며 천국에 온 듯 기뻐한다.

서평

이 책의 줄거리는 단순하지만 1987년 칼데콧 메달을

ⓒ 새가 된 청소부

© 새가 된 청소부

받을 만큼 일러스트레이션이 돋보인다. 특히 공간 배경은 흥미롭다. 침실 겸 거실과 화장실, 두 개의 작은 공간으로 이루어진 주인공 알의 집은 액자식 그림으로 묘사되고 마치 연극 무대같이 그려져 있다. 파라다이스 섬으로 가는 장면과 섬의 공간적 배경을 제외하면 주인공들은 항상 왼편의 열린 현관문을 통해 방을 거쳐 화장실로, 그리고 화장실 오른편의 창문을 통해 바깥으로 이

동한다. 집의 실내 공간은 갈색 주조로 안정된 구도로 그려져 있는 반면, 파라다이스의 공간적 배경과 그 섬의 새들은 화려한 열대 지방의 색조를 띄고 있어 매우 대조적이다.

알과 에디가 섬을 탈출하여 집으로 돌아오게 되는 구성은 전래동화에서 자주 나타나는 집→환상세계→집의 플롯을 따르고 있으나 몇 가지 점에서 전래동화의 장르적 특성과 차이를 두고 있다. 가장 큰 차이는 인물에서 볼 수 있다. 전래동화의 주인공들이 대부분 평면적 캐릭터라면 이 작품의 주인공은 입체적 캐릭터로 나타난다. 알이라는 인물은 처음에는 검소하다 못해 집안도 지저분하고 외모도 누추하였으나 섬에 다녀온 이후에는 화려한 꽃무늬가 그려진 옷을 입고 집을 깨끗이 단장하고 노란색 페인트로 벽을 칠한다. 즉 캐릭터의 변화가 일어난 것이다.

이 번역서에서 원문이 가진 문학적 효과를 제대로 살리지 못한 점은 조금 아쉽다. 우선 원제인 *Hey, Al*을 『새가 된 청소부』라고 번역함으로써 원래의 제목이 품고 있는 다층적 의미를 제대로 살리지 못하고 있다. 여기에서 이름을 부르는 행위는 프랑스의 이데올로기 문화비평가인 알튀세르가 주장한 호명이론을 떠오르게 한다. 알튀세르는 대중문화가 소비자를 설득할 때 우선 그의 이름을 부르는 행위부터 한다고 주장했던 것이다. 또한 "알"이라는 이름은 그의 이름 "알튀세르"와 무관해 보이지 않는다. 또한 이 작품의 마지막 문장인 "알과 에디는 이곳이 천국이라는 생각을 했어요. 이제 둘은 행복해요"의 원문은 "Paradise lost is sometimes Heaven found" 으로서 "Paradise"와 "Heaven"을 의도적으로 병렬로 위치하였으나 번역본에서는 그러한 대조법이 가져다주는 효과를 놓치고 있다.

◉ 알과 에디가 되어 가방을 싸 보자. 내가 가방을 싼다면 무엇을 챙겨가고 싶을지, 다섯 가지만 생각해서 발표해 보자.

◉ 마음 편히 놀 수 있고 맛있는 것을 듬뿍 먹을 수 있지만 점점 새로 바뀌어 간다면 나는 어떤 생각이 들지 이야기를 나누어 보자. 편안하고 느긋하게 지낼 수 있지만 사람이 아닌 다른 존재가 되어야 한다면 어떤 선택을 할지도 생각해 보자.

성격이 달라도 우리는 친구

작가 소개

에런 블레이비는 1974년 오스트레일리아에서 태어났다. 1989년 텔레비전 배우로 데뷔하여 1995년 'AFI(호주영화협회) 최우수 배우상'을 받으며 13년간 활동하였다. 그림 분야로 자신의 영역을 넓혀 화가로도 활동하고 있으며, 2007년 펴낸 첫 번째 그림책 『성격이 달라도 우리는 친구』는 2008년 'CBC(어린이책협의회)가 선정한 올해의 그림책상'(영유아 부문)을 수상하였다.

원제 | Pearl Barley and Charlie Parsley, 2009 글·그림 | 에런 블레이비
출판사 | 세용출판 출판년도 | 2009 ISBN | 9788993196054 판형 | 225 * 278mm
쪽수 | 30쪽 주제 | 사회적 세계 / 화평 / 유치원과 친구

이 책은 25개국에 수출되어 출판되었다. 이외에 국내에는 『전학 온 친구』가 번역되었다.

줄거리

외향적인 펄은 활달하고 호기심이 많으며, 내성적인 찰리는 조용하고 부끄러움이 많다. 사람들은 너무 다른 이 둘이 친구라는 것을 의아해 한다. 하지만 펄이 추울 때 찰리는 따뜻하게 감싸주고, 찰리가 무서울 때 펄이 용기를 준다. 펄이 지칠 때 찰리가 보살피고, 찰리가 외롭거나 우울할 때 펄이 위로한다. 펄과 찰리는 서로의 부족한 부분을 채워주는 둘도 없는 좋은 친구다.

© 성격이 달라도 우리는 친구

서평

이 작품에서 친한 친구인 두 주인공은 성별도 다르고 성격도 다르다. 그런데도 이들이 친구가 될 수 있었던 비결은 무엇일까?

표지에서 어깨동무를 한 채 미소 짓는 두 아이의 모습은 겉모습부터 차이를 보인다. 펄은 머리와 옷 색깔이 다채롭고 둥근 얼굴에 함박웃음을 짓고 있는 반면, 찰리는 까만 머리와 회색빛 옷차림을 하고 있으며 갸름한 얼굴에 미소만 살짝 띄고 있다. 그러나 이들이 서로에게 고개를 기울이고 어깨동무를 하고 있어 사이좋은 친구임을 알 수 있다. 책장을 넘기면 그림의 전면에서 활짝 웃고 있는 펄이 뒤로 물러서서 다소 멋쩍어하는 찰리의 손을 이끌며 프레임 밖으로 나가자고 당기는 듯하다. 이를 통해 독자는 본문이 시작되기도 전에 적극적인 펄과 내성적인 찰리의 성격을 짐작할 수 있다.

이 작품은 단색 바탕에 배경이 생략된 채

© 성격이 달라도 우리는 친구

두 주인공만 배치하여 독자로 하여금 두 인물에만 집중하도록 한다. 본문 첫 장면에서 펄과 찰리는 나란히 손을 잡은 채 서로를 바라보며 서 있어 그들이 친밀한 관계임을 알 수 있다. 더불어 다소곳이 한 손을 뒷짐 진 채 서있는 찰리와 달리 한쪽이 흘러내린 양말을 신고 서있는 펄의 모습에서 아이의 성격을 짐작할 수 있다. 이후부터는 페이지의 왼쪽에는 펄을, 오른쪽에는 찰리를 두고 각각 독립된 그림으로 구성함으로써 두 아이가 어떻게 다른지가 선명하게 대비된다. 또한 다소 과장되게 그려진 그림은 두 아이의 성격을 더욱 효과적으로 대비시킨다. 그림책의 중반 이후부터는 이렇게 다른 그 둘이 어떻게 친구가 되었는지를 구체적인 에피소드로 밝히고 있다. 예를 들어 덤벙거리는 펄이 장갑을 잊고 나올 때 철저하게 준비하는 찰리가 따뜻하게 감싸주기도 하고, 소심한 찰리가 무서워할 때 용감한 펄이 용기를 주기도 한다. 이들은 각자의 부족한 부분을 서로를 통해 보완하고, 힘들고 외로울 때 이를 민감하게 알아차려 적절하게 보살피고 위로한다. 그래서 독자는 이들을 흐뭇하게 바라보게 된다.

마지막 장면에서는 작품의 서두에서처럼 그 둘이 다르다는 말이 반복된다. 이를 나타낸 장면은 이제껏 보여주었던 장면보다 더 과장된 모습으로 표현되었다. 낭떠러지 사이를 오토바이로 훌쩍 뛰어가는 펄의 양쪽 발에는 수북이 쌓인 커피잔들과 물고기가 튀어나간 어항이 올려져 있어 금방 무언가 쏟아질 것 같다. 반면 오른쪽 귀퉁이의 찰리는 차분하게 의자에 앉아서 뜨개질을 하고 있다. 찰리가 쓴 모자에는 마치 친구인 펄 발리의 이니셜 글자처럼 'PB'라고 쓰여 있고, 그가 사용하는 붉은 실은 펄의 한쪽 손을 묶고 있어 이들이 이렇게도 다르지만 늘 함께 연결되어 있다는 것을 시각화 한다. 이제 독자는 이들이 서로 다르다는 데 집중하기보다는 서로를 향한 마음 때문에 오히려 서로의 부족한 점을 채운다는 사실에 주목하게 된다. 그래서 표지와 같은 끝 장면에서 이들은 둘도 없는 친구라는 사실을 받아들일 수 있다.

이 작품은 다양한 모습과 성격을 가진 사람들이 서로 다르기 때문에 함께할 수 없는 것이 아니라 서로를 향한 마음만 있다면 그 다름이 서로를 보완할 수 있어 오히려 혼자일 때보다 시너지 효과를 낼 수 있다는 사실을 아이의 시각으로 그려내었다.

- 펄과 찰리의 그림을 복사해서 붙이고 아래에 그들의 성격과 각자 즐겨하는 일들을 제시해 보자. 또한 이 책에 제시된 내용 외에 서로에게 도움이 되거나 함께 하면 더 좋을 수 있는 것들을 글과 그림으로 표현해 보자. 각자의 성격과 공통점을 벤다이어그램으로 구성해 볼 수도 있다.

- 펄과 찰리처럼 부모님의 비슷한 점과 다른 점을 찾아보자. 또는 내가 좋아하는 것과 형제나 친구가 좋아하는 것을 서로 찾아보자. 서로가 고마웠던 경험이나 도움을 주었던 경험을 이야기 나누어 보고 책 만들기를 해볼 수 있다.

- 펄과 찰리의 모습을 막대인형이나 양말 퍼펫에 붙여서 역할극을 해볼 수 있다. 이때 목소리와 몸짓으로 이들의 성격을 나타내 본다. 상황이나 행동만 표현된 그림책에 등장인물이 어떤 말들을 할지 생각해서 이를 극으로 표현해 보아도 좋다.

© 성격이 달라도 우리는 친구

세 엄마 이야기

작가 소개

신혜원은 1964년 경북 안동에서 태어나 이화여대 서양화과를 졸업했다. 『생명의 거울』, 『하느님의 눈물』, 『쿨쿨 할아버지 잠 깬 날』 등 많은 책에 그림을 그렸고, 『어진이의 농장 일기』, 〈글자 없는 그림책〉 시리즈(전3권), 『세 엄마 이야기』를 지었다. 그림책 만들기, 마당 일하기, 옷 만들기, 뜨개질하기를 좋아하는 신혜원은 충북 제천 월악산 아래에서 남편과 아들, 강아지, 닭들과 함께 재미나게 살고 있다.

글·그림 | 신혜원 출판사 | 사계절 출판년도 | 2014년 ISBN | 9788958283010
판형 | 212*258mm 쪽수 | 44쪽 주제 | 가족 세계 / 희락 / 나와 가족, 동식물과 자연

줄거리

도시에서 시골로 이사를 간 엄마는 넓은 밭에 무엇을 심을지 고민하다가 콩가루가 듬뿍 묻은 인절미가 먹고 싶어 콩을 심기로 한다. 콩을 심을 줄 모르는 엄마는 어설프게 콩을 심다가 엄마의 엄마에게 도움을 청하고, 엄마와 엄마의 엄마는 다시 엄마의 엄마의 엄마에게 도움을 청해 성공적으로 콩을 심는다. 이렇게 4대가 함께 콩도 심고 풀도 뽑고 콩을 베어 말리고 털어 진주알 같은 콩알들을 얻는다. 가족들이 모두 함께 맛있는 인절미와 구수한 두부를 만들고 된장이 될 메주를 만든다.

서평

엄마, 엄마의 엄마, 엄마의 엄마의 엄마까지 4대가 함께 어울려 자고 있는 표지에는 행복함이 찰랑인다. 이 네 여인들의 편안하기 이를 데 없는 자세며 건강하고 발그레한 얼굴에 웃음을 띤 표정을 보고 있으면 독자도 덩달아 행복해진다. 이들을 둘러싸고 있는 어린 싹과 싱싱한 콩잎, 콩꽃, 누렇게 익은 콩꼬투리는 가장 어린 여자 아이부터 가장 연세가 많은 증조할머니까지의 삶을 상징적으로 보여준다. 편안한 잠자리를 폭신하게 감싼 콩들은 삶의 모든 과정이 지닌 그 나름의 아름다움과 한데 어우러지는 삶의 풍요를 새삼 깨닫게 해 준다.

이야기는 면지에서부터 시작된다. 아파트가 빽빽한 도시에서 구불구불 이어지는 길을 지나는 이사 트럭을 따라가면 표제지의 시골 마을에 도착한다. 그 길을 그대로 따라가면 새로 이사를 한 집 앞에 서게 된다. 첫 페이지에서 남자들은 짐을 내리고 딸은 밭 가운데서 신난 중에 임마는 이 넓은 밭에 무엇을 심을지 생각한다. 이 도시 엄마는 즉흥적이다. 문득 콩가루가 듬뿍 묻은 인절미가 먹고 싶어져서 콩을 심기로 하는 것을 보면 말이다. 이 엄마는 귀엽기도 하다. 예쁜 치마를 입고 구두를 신은 채 숟가락으로 콩을 심는 것을 보면 웃지 않을 수 없다. 혼자 도저히 감당할 수 없었던 엄마는 엄마의 엄마를 부르는데, 이 엄마의 엄마도 범상치 않다. 선명한 빨간

© 세 엄마 이야기

바지에 세련된 스카프를 두른 패션 감각, 할아버지는 걸어오는데 혼자 자전거를 타고 쌩 달려오는 데다 손자 손녀를 반기는 할아버지와 달리 일단 자기의 도움을 요청한 딸에게로 직진하는 경쾌함이 남다르다. 이 둘이 도움을 요청하게 되는 엄마의 엄마의 엄마, 즉 증조할머니도 특별하다. 등에는 각종 농기구를 메고 흙바람을 일으키며 소를 타고 등장한다. 이 세 엄마들이 보이는 밝음과 건강함으로 엄마라는 단어가 품고 있는 따뜻한 향기에 알록달록 색깔이 입혀진다.

이 책은 여러 고정관념을 깨트린다. 앞서 살펴본 것과 같이 세 엄마가 특정한 이미지에 뭉뚱그려지지 않는 엄마들인 것인 것만 봐도 그렇다. 그 뿐만이 아니다. 세 엄마가 힘을 모아 콩을 키우는 과정에서 해야 할 일들을 척척 해내는 모습이 시원시원하고 재미있어서 자연스럽게 노인의 지혜와 연륜에 감탄하게 된다. 덕분에 덤으로 콩의 한살이며 콩으로 할 수 있는 음식들을 자연스럽게 익히게 된다. 이 책의 노인들에게는 연배에 맞게 자전거를 타거나 소를 타고 등장하는 당당함, 도움을 요청하는 젊은이의 일을 함께 하는 너그러움, 어려운 일을 척척 해내는 노련함이 있다. 노동에 대한 시각도 새롭다. 농촌에서 하는 일들이 고되고 지저분하게 그려지지 않는다. 노동의 과정은 즐겁고 그 결과는 뿌듯하다. 세 엄마가 주인공이지만 그림 속에서는 오빠와 아빠, 할아버지가 모든 과정을 함께 하는 것도 눈여겨 볼 부분이다. 농사일도 콩을 삶고 메주를 쑤는 일도 남성이나 여성의 일로 제한되지 않는다. 가족들은 함께 일하고 함께 즐거워한다. 이 그림책의 미덕은 이렇게 여러 고정관념을 깨트리는 방식이 전혀 공격적이지 않다는 데 있다. 공격적이기는 커녕 잘 갈아진 밭의 흙, 잘 삶긴 콩처럼 몽글몽글한 느낌이다. 유머러스한 그림과 자연의 흐름을 따르는 이야기가 편안하게 조화된 덕분이다.

유머가 넘치는 그림에서 찾아볼 재미요소가 많다. 엄마는 농사일에는 서툴지만 바느질을 잘한다. 그래서 엄마가 바느질을 하는 장면을 잘 살피면 엄마가 만지던 것이 할머니나 증조할머니가 쓰는 물건, 가족들이 함께 덮고 자는 이불로 등장한다. 오빠와 아빠, 할아버지의 모습을 살펴보면 가족들의 성격이 보이기도 한다. 그래서 그림을 보다보면 이름을 붙여줄 수 있겠다 싶을 정도로 이 가족이 가깝게 느껴진다. 시골 풍경도 아름답고 넉넉하게 그려져 폭신한 흙을 밟아보고 싶고, 싱그러운 초록과 화려한 단풍을 느껴보고 싶어진다. 여러모로 참 재미있는 그림책이다.

ⓒ 세 엄마 이야기

- 엄마. 엄마의 엄마. 엄마의 엄마의 엄마를 생각하며 이 가족의 가계도를 그려보자. 각 인물들의 성격을 생각해 보고 이름을 붙여도 좋겠다.

- 엄마. 엄마의 엄마. 엄마의 엄마의 엄마가 함께 한 일들을 순서대로 떠올리며 콩의 한살이를 정리해 보자.

- 콩으로 만들 수 있는 음식들을 알아보고, 만들어 보자. 흰콩을 삶아서 작은 메주를 만들어 보거나, 찰흙으로 메주 모양을 만들 수 있겠다.

소피의 달빛 담요

작가 소개

글을 쓴 에일린 스피넬리는 어린 시절 도서관에서 많은 시간을 보내며 글과 사랑에 빠졌고 작가가 되기로 결심했다. 고등학생 때 시를 써서 처음으로 50달러의 상금을 받았고, 이후 식당 종업원과 비서 등 다양한 일을 하면서도 글쓰기를 쉬지 않았다. 작가의 홈페이지(http://www.eileenspinelli.com)에서 작가의 작품과 삶에 대해 더 자세히 알 수 있다.

그림을 그린 제인 다이어는 어린 시절의 기억과 자신의 두 딸을 통해 영감을 받아 어린이책 작업을 한다고 전해진다. 작가의 그림에는 가족과 가정에 대한 이미지가 주를 이루며, 25권 이상의 책에 그림을 그리고 다양한 상을 받았다. 국내에서는 그림책 〈쿠키 한입의~〉 시리즈로 큰 사랑을 받고 있다.

원제 | *Sophie's Masterpiece*, 2001 글 | 에일린 스피넬리 그림 | 제인 다이어
출판사 | 파란자전거 출판년도 | 2013년 ISBN | 9788989192091 판형 | 297 * 210mm
쪽수 | 32쪽 주제 | 사회적 세계 / 양선, 충성 / 우리 동네

© 소피의 달빛 담요

줄거리

소피는 보통 집거미가 아닌 예술가이다. 친구들과 어머니는 소피를 자랑스러워하며 소피가 언젠가 멋진 작품을 만들 것이라고 이야기한다. 어느덧 독립할 나이가 되어 소피는 비이크맨 씨의 하숙집으로 이사를 한다. 소피는 솜씨를 발휘하여 사람들에게 필요한 커튼이나 옷, 양말을 만들지만 사람들은 소피를 보고 소리를 지르며 내동댕이친다. 결국 소피는 가파른 계단 여행 끝에 할머니 거미가 되어 3층 여인의 뜨개질 바구니에 정착하고, 다행히 여인은 이제 어디론가 떠날 힘도 없는 소피를 받아준다. 마침 털실이 모자라 곧 태어날 아기를 위한 담요를 만들 수 없었던 여인을 위해 소피는 먹지도 자지도 않고 담요를 짠다. 마침내 소피는 생애 최고의 작품인 달빛 담요를 완성하고, 젊은 여인은 소피의 달빛 담요를 아기에게 덮어준다.

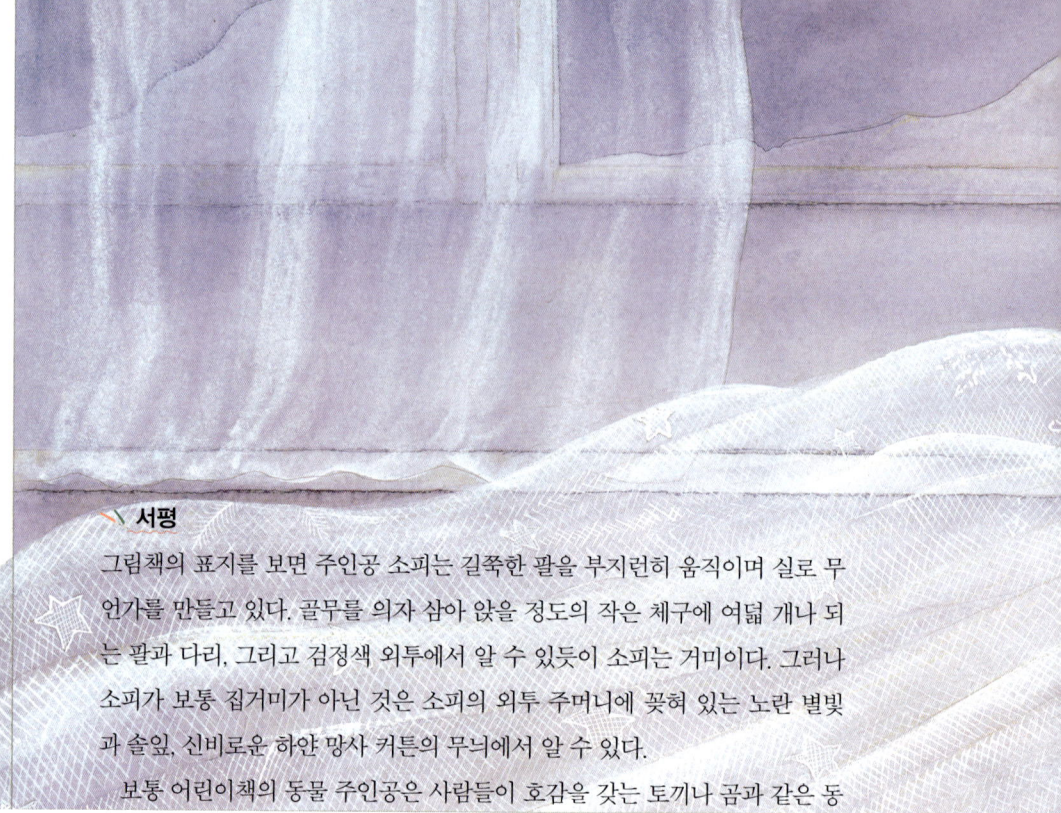

서평

그림책의 표지를 보면 주인공 소피는 길쭉한 팔을 부지런히 움직이며 실로 무언가를 만들고 있다. 골무를 의자 삼아 앉을 정도의 작은 체구에 여덟 개나 되는 팔과 다리, 그리고 검정색 외투에서 알 수 있듯이 소피는 거미이다. 그러나 소피가 보통 집거미가 아닌 것은 소피의 외투 주머니에 꽂혀 있는 노란 별빛과 솔잎, 신비로운 하얀 망사 커튼의 무늬에서 알 수 있다.

보통 어린이책의 동물 주인공은 사람들이 호감을 갖는 토끼나 곰과 같은 동물이기 마련인데, 이 책은 많은 이들에게 공포나 혐오감을 주는 거미가 주인공이다. 글 작가인 에일린 스피넬리는 자신이 하숙집에 살 때, 3층에 사는 젊은 엄마가 집주인에게 받은 구멍 난 낡은 담요를 갓 태어난 아기에게 덮어주는 것을 보고 오랫동안 잊지 못했다고 한다. 그래서 아기에게 담요를 지어줄 최적의 이웃으로서 작고 보잘 것 없어 보이지만 자신의 소명에 충실하며 기꺼이 생애 최고의 걸작을 만들어내는 거미 소피가 탄생하게 된 것이다.

또한 그림 작가 제인 다이어는 소피를 그릴 때 육아 거미에게서 영감을 얻었는데, 육아 거미는 다른 거미와 달리 먹이를 잡기 위해서가 아니라 아기 거미를 숨기고 보호하기 위해서만 거미줄을 사용한다고 한다. 그래서인지 작가는 본문이 시작되는 페이지에 육아 거미의 학명인 '피사우리나 미라'라는 글자와 함께 소피의 모델을 작게 그려 넣었다. 육아 거미의 독특한 습성은 갓 태어난 아기에게 선물할 담요를 짜는 데 자신의 마지막 땀방울을 아낌없이 쏟은 소피의 성격과 닮아 있다. 한편, 글이 있는 페이지마다 소피의 거미줄 작품을 연상시키는 독특한 프레임에서 그림 작가의 유머를 찾아볼 수 있다.

막 태어난 아기의 울음소리가 들려왔을 때
소피는 담요의 마지막 귀퉁이를 짜고 있었어요.
그 마지막 귀퉁이에 바로 자신의 가슴을 넣고 있었지요.

ⓒ 소피의 달빛 담요

작가가 이웃집 아기를 생각하며 자신의 달란트를 활용해 이 책을 만들어낸 것처럼, 소피는 자신의 달란트를 활용해 마침내 생애 최고의 작품인 달빛 담요를 만든다. 이들이 달란트를 잘 살려서 이웃의 삶을 풍성하게 해준 것과 같이 독자들은 이 책을 읽으며 자신의 달란트를 이웃과 나누는 삶에 대해 생각해 볼 수 있을 것이다.

- ⊙ 자신이 가진 재능을 찾아보자. 그리고 이 재능을 이웃과 나눌 수 있는 방법을 생각해 보자.

- ⊙ 소피는 다른 사람을 보며 필요한 것들을 잘 찾아낸다. 내 주변의 사람들을 떠올려 보며 무엇을 선물하고 싶은지 생각해 보자.

- ⊙ 손목도리 뜨기 등을 통해 실과 대바늘을 이용하여 뜨개질 작품을 만들어 보자. 소피는 거미줄을 짜는 예술가이고, 아동은 실을 짜는 예술가가 될 수 있을 것이다.

수염할아버지

↘ 작가 소개

글을 쓴 이상교는 1973년 잡지 〈소년〉에 동시를 발표하며 등단하였고, 조선일보와 동아일보 신춘문예에서 동시, 동화 등에 입선 및 당선되었다. 지은 책으로는 동화집 『댕기 땡기』, 『처음받은 상장』 등이 있고, 동시집으로는 『먼지야, 자니?』 등이 있으며, 그림책으로는 『야, 비 온다』, 『도깨비와 범벅장수』 등이 있다. 세종아동문학상, 한국출판문화상, IBBY어너리스트상 등을 수상했다. 그림을 그린 한성옥은 이화여자대학교에서 서양화를, 뉴욕주립패션공과대학과

글 | 이상교 그림 | 한성옥 출판사 | 보림 출판년도 | 2001년 ISBN | 9788943304553
판형 | 245 * 320mm 쪽수 | 30쪽 주제 | 사회적 세계 / 양선 / 우리 동네

스쿨오브비주얼아트에서 일러스트레이션을 전공했다. 한국보다 미국에서 먼저 그림책 작가로 활동하였으며, 『시인과 여우』로 이르마 제임스 블랙상 명예상을 받고 우리 옛이야기를 소재로 한 『황부자와 금돼지』는 미국 캔자스 주의 초등학교 교재로 채택되기도 하였다. 한국에 돌아와 그림책 작가로 활발하게 활동하고 있으며, 자전적 경험을 바탕으로 한 『나의 사직동』, 윤석남 작가의 드로잉을 아트 디렉팅하여 만든 『다정해서 다정한 다정씨』 등이 있다.

줄거리

길고 풍성한 수염을 가진 수염할아버지의 하루는 수염과 함께 시작되어 수염과 함께 마무리된다. 할아버지의 수염은 때와 장소에 맞게 관리되거나 기발하게 활용되고, 때론 사람들에게 즐거움을 선사하기도 한다. 수염할아버지에게 수염은 떼려야 뗄 수 없는 관계이다. 그러던 어느 가을 날, 수염할아버지는 낚시를 마치고 집으로 돌아가던 길에 둥지에서 떨어진 아기새들을 발견하고 풍성한 수염을 둥지삼아 아기새들을 따뜻하게 품어준다. 날이 저물어 더 이상 숲속에 머물 수 없게 되자 수염할아버지는 결국 자신의 수염을 잘라 새들에게 기꺼이 내어주고 집으로 돌아온다.

서평

커다란 그림책 표지에 수염 할아버지가 화면을 가득 메우고 환하게 웃고 있다. 할아버지의 턱과 가슴을 덮을 정도로 풍성한 하얀 수염은 단정하게 땋아 내린 모양새로 글자를 이루어 그 자체로 이 책의 제목을 만들어내고 있다. 그림이면서 글자의 역할을 하는 제목의 모양새는 그림이 곧 글의 역할을 담당하며 이야기를 이끌어가는 이 책의 특성을 잘 보여주는 듯하다.

표제지를 보면, '수염 할아버지'라는 수염으로 만들어진 글자에는 새들도 찾아오고, 페인트도 걸려 있다. 야무지게 묶여있는 수염의 끝은 마치 붓을 연상시키는 듯하다. 수염 붓의 끝에서 뚝뚝 떨어지는 초록색 페인트 방울을 따라 시선을 아래로 이동시키면, 초록색으로 쓰인 글 작가와 그림 작가의 이름이 나타난다. 작은 것 하나 하나 섬세하게 배치하고 디자인하려고 노력한 작가의 흔적이 보인다. 마치 독자를 바라보는 듯 반갑다고 꼬리치는 강아지를 따라 이야기 속으로 들어가 보자.

수염할아버지는 이름처럼 길고 풍성한 수염을 갖고 있다. 수염은 할아버지를 '수염할아버지'답게 만들어준다. 수염은 변기 위에 앉은 할아버지의 맨다리를 따뜻하게 덮어주고, 할아버지는 양치하거나 음식을 먹을 때 수염이 더럽혀지지 않도록 잘 묶거나 수건을 둘러준다. 할아버지는 운동을 하거나 일을 할 때에는 수염이 방해가 되지 않도록 뒤로 많아 묶기도 하고 붓을 잃거나 청소기가 고장 났을 때에는 수염을 적절하게 활용하여 위기를 극복하기도 한다. 수염은 그 자체로도 사람들에게 즐거움을 주어서 아이들은 수염할아버지를 곧잘 따르며 할아버지는 신기하다는 듯 바라보는 사람들의 시선을 즐기며 능청스러운 표정을 짓기도 한다. 또한 수염은 멋진 보타이로 연출되어 할아버지의 데이트 시간을 더욱 특별하게 만들어주기도 한다. 할아버지가 수염을 대하는 자세나 수염으로 무언가를 하는 과정을 따라가다 보면 할아버지의 세심하고 따뜻한 성품, 긍정적이고 창의적이며 유머와 멋을 사랑하는 할아버지의 성격을 읽어낼 수 있다.

특히 이야기가 절정에 이르면서 수염할아버지가 자신의 수염을 잘라내는 결단을 내려야할 때. 우리는 수염할아버지의 진짜 모습을 바라보게 된다. 할아버지에게 수염은 자신의 정체성을 보여주는 것이기도 하고, 다른 사람들에게 주목을 받고 사랑을 받을 수 있었던 일종의 힘이기도 하다. 수염을 자르기로 결단하기까지의 과정이 결코 쉽지 않았겠지만 할아버지는 자신의 삶에서 많은 부분을 차지하는 수염을 약하고 어린 작은 동물을 위해 기꺼이 잘라내고 돌아선다. 할아버지는 나의 이익보다 다른 이의 생명을 소중히 여기고 희생하는 참다운 사랑을 선택한 것이다. 그렇다고 해서 수염을 잘라낸 할아버지가 아무렇지도 않은 것은 아니었다. 거울을 보며 스스로 괜찮다고 수염은 또 자랄 거라고 위로하기도 하고, 침대에 누워 고단한지 괴로운지 일그러진 표정을 짓기도 한다.

그림책의 마지막 장면은 길고 풍성한 수염 대신 할머니가 선물한 머플러가 잠든 할아버지의 가슴을 따뜻하게 덮어주는 모습이 그려져 있다. 이 장면의 그림은 둥근 원형 프레임 안에 담겨 있는데 할아버지의 사랑이 참새에게로 흘러가고 할머니의 사랑이 다시 할아버지에게로 흘러가며 둥글게 순환하는 사랑의 속성을 생각해 보게 한다.

이야기는 다시 뒤표지로 이어지는데 창가에 서서 바깥을 바라보며 웃음 짓는 할아버지의 모습을 볼 수 있다. 그 사이 시간이 흘러 계절은 가을에서 겨울로 바

© 수염할아버지

뛰었고, 할아버지의 수염도 조금 더 자라난 것 같다. '겨울이 지나면 수염이 한층 더 자라겠지'라고 기대하는 듯한 할아버지의 마음이 느껴져 따뜻한 웃음이 난다.

　이 책은 글 없는 그림책이다. 그래서 작가는 커다란 화면을 통째로 시원하게 사용하기도 하고, 혹은 장면을 분할하여 시간의 흐름이나 속도, 분위기 등을 나타내기도 한다. 이 책은 글을 대신하여 그림이 많은 이야기를 들려주기 때문에 큼직한 화면 안에 들어있는 다양한 이야기들을 그림을 통해 찬찬히 읽어볼 필요가 있다.

- 수염할아버지는 반복되는 일상생활뿐만 아니라 위기의 순간이나 특별한 날에도 수염을 다양하게 활용한다. 할아버지가 수염을 어떻게 활용했는지 이야기 나누어 보고, 내가 만일 할아버지라면 수염으로 무엇을 하고 싶은지 즐거운 상상을 해보자. 또 털실과 같은 재료를 사용해서 수염할아버지처럼 물감을 찍어 그림을 그려보자.

- 이 책은 그림 곳곳에 숨은 이야기들이 많이 있다. 공원에 등장했던 사람들과 식당에 등장했던 사람들을 찾아 비교해 보며 이야기를 유추해 보자.

- 독자는 그림을 통해 할아버지에 대한 많은 것을 알아낼 수 있다. 할아버지가 좋아하는 색깔은 무엇인지, 할아버지의 생일은 언제인지, 할아버지의 취미나 할아버지의 성격은 어떠한지 그림에서 찾아내어 이야기 나누어 보자.

수호의 하얀말

작가 소개

그림을 그린 아카바 수에키치는 1910년 일본 동경에서 태어나 1932년 만주로 건너가서 체류하다 1947년에 귀국하였다. 1959년 일본동화회전에서 시모다이 상, 1962년 『일본의 신화와 전설』로 쇼가쿠칸 동화출판문화상 가작상, 1965년 『모모타로』와 『하얀 용 검은 용』으로 각각 산케이 아동 출판 문학상을 받았다. 1975년 『수호의 하얀말』로 브룩쿨린 미술관 그림책상을 수상하였고, 1980년에 안데르센상을 수상하여 일러스트레이터로서 국제적으로 인정받았다. 1990년 작고하였다.

원제 | スーホの白い馬, 1967 글 | 오츠카 유우조 그림 | 아카바 수에키치
출판사 | 한림출판사 출판년도 | 2001년 ISBN | 9788970943114 판형 | 297 * 210mm
쪽수 | 48쪽 주제 | 문화적 세계 / 충성 / 유치원과 친구, 세계 여러 나라

줄거리

옛날 몽골의 넓은 초원에서 할머니와 단둘이 살아가던 가난한 양치기 소년 수호는 엄마 잃은 하얀 망아지를 발견하여 집으로 데려와 정성껏 돌봐주게 되었다. 하얀 망아지는 준마로 성장하고 그 둘은 서로 아끼는 좋은 친구가 되었다. 수호는 말타기 대회에 나가 우승하지만 신분이 낮은 수호에게 약속대로 딸을 주기가 싫었던 원님에게 뭇매를 맞고 쫓겨나고 하얀 말도 빼앗긴다. 원님은 잔치를 열고 사람들 앞에서 자랑하려고 말을 타지만 하얀 말은 수호를 찾아 도망치다 화살을 맞고, 간신히 수호의 집으로 돌아와 죽고 만다. 슬픔에 잠긴 수호의 꿈에서 하얀 말이 가르쳐 준대로 마두금을 만들고 수호는 그것을 연주하며 자신과 삶에 지친 사람들을 위로하였다.

© 수호의 하얀말

서평

이 작품은 몽골의 민속악기 마두금에 얽힌 전설을 재화한 이야기로 성인기를 만주에서 보낸 일본의 그림작가 아카바 수에키치의 독특한 화풍이 돋보이는 그림책이다. 글은 옛 이야기의 전형성을 그대로 보여주는 이원적인 인물묘사가 스토리의 맥을 이룬다. 가난하지만 열심히 살아가는 수호와 할머니, 신분은 높지만 뻔뻔하고 욕심 많은 원님, 빼앗고자 하지만 얻을 수 없고 잃은 것 같지만 영원히 간직하는 대조적인 이야기로 구성되어 있다.

그림책은 가로로 긴 판형에다 펼침면 전체에 붉은색과 황토색이 주조를 이룬 그림이 많은데 이는 넓은 몽골 초원을 연상시킨다. 표지부터 모든 그림은 펼침면 전체를 사용하며 전체 장면(23개 장면) 중 절반에 해당하는 12개 장면에서 지평선을 그려 넣어 광활한 초원의 느낌을 잘 살리고 있다. 앞뒤가 연결된 표지를 펼쳐보면 붉은색 옷을 입은 다부진 체격의 수호가 하얀 말을 안고 있어서 둘 간의 독특한 유대감을 암시하며 책 제목을 표지 하단에 배치하여 그림 상단의 지평선을 방해하지 않으려 했다.

작가는 색을 적절히 사용하여 그림의 메시지를 강조하는 기법을 사용한다. 예를 들어서 수호가 엄마 잃은 망아지를 데려오는 장면에서 다른 모든 인물은 검은 색으로 하고 망아지만을 분홍색으로 처리하였다. 또한 그 옆에 다 자란 말을 검은색으로 대조하여 망아지가 갓 태어난 새끼라는 것을 부각시켰다. 그림의 색은 스토리에 따라 진해지기도 하고 부드러워지거나 흐려지기도 하며

　전체 그림을 채색하기도 하고 윤곽선만으로 표현하기도 한다. 특히 말타기 대회 장면을 원경으로 하였다. 오른쪽에는 수호와 하얀 말이 앞서 달리고 왼쪽에는 다른 말과 기수 다섯 쌍이 쫓아가는 이 장면은, 넓은 벌판을 거침없이 달리는 수호와 하얀 말의 뛰어난 기량과 역동성을 잘 묘사하고 있다.
　또한 수호가 말타기 대회에서 승리하지만 욕심 많은 원님에게 말을 빼앗긴 채, 매를 맞고 돌아와 할머니의 간호를 받는 장면도 인상적이다. 이 때 배경색을 짙은 회색으로 하고 모든 공간을 비워둔 채 왼쪽 구석에 수호의 상반신만을 푸른 윤곽선으로 그려서 수호의 암울한 슬픔을 표현하였다. 이와 같이 작가는 공간과 색채, 배색을 사용하여 이야기의 분위기를 잘 전달하고 있다.
　마지막 장에는 연한 갈색 윤곽선으로 밑창이 있는 신발을 그려놓아 그 의미를 유추하게 한다. 본문의 그림을 살펴보면 등장인물 중 수호와 할머니만 늘 맨발로 묘사되어 있는데 신발의 유무와 종류가 사람의 신분에 따라 구별되는 것 같다. 표제지에 그려진 마두금과 맨 마지막 장에 그려진 신발의 의미를 같이 생각해 보면 좋은 모자, 신발, 안장은 높은 신분을 상징하는 반면 수호는 맨발에 두건을 쓰고 안장도 없이 말을 탄다. 그러나 여러 사람과 동물에게 위로를 주고 교감하는 데는 신분이 아닌 인격적인 사귐과 사랑과 헌신이 필요하다는 메시지를 주려는 게 아닐까 생각한다.
　하얀 말의 뼈, 심줄, 털로 만들었다는 마두금에 대한 몽골민화를 재화한 이 작품은 많은 설화들이 그러하듯이 이야기는 어둡고 무겁지만 결말은 따뜻하

고 아름답다. 수호가 하얀 말을 정성껏 돌보고 사랑하며 영원한 우정을 쌓는 모습이 감동적이다. 또한 하얀 말의 죽음을 통해 유아들에게 익숙하지 않은 주제인 죽음과 정의에 대해 생각해 볼 수 있게 하며 다른 문화권의 악기, 풍습, 옷차림에 대한 경험을 제공한다.

- 마두금의 연주음악을 들으면서 그림책을 다시 보거나 어른들이 읽어 준다면 의미가 더욱 잘 와닿을 것이다.

- 『곰과 작은 새』나 『천개의 바람, 천개의 첼로』처럼 음악을 통해 위로 받는 그림책을 함께 읽고 비교해 봐도 좋다. 음악의 아름다움이 이야기와 어떻게 조화를 이루는지에 대해서도 느껴볼 수 있을 것이다.

- 몽골의 전통 복장과 주거형태에 대한 그림을 보며 이야기해 보고 우리의 전통가옥과 다른 점을 살펴보자. 필요하다면 인터넷을 통해 사진 자료를 같이 검색해 봐도 좋을 것이다.

신기한 사탕

작가 소개

미야니시 타츠야는 1956년 일본 시즈오카현에서 태어나 일본대학 예술학부 미술학과를 졸업했다. 인형 제작, 그래픽디자이너로 일하다가 40대 중반부터 그림책을 내기 시작하였다. 작품으로는 〈아빠는 울트라맨〉 시리즈, 『개구리군의 물웅덩이』, 고단샤 출판문화상 그림책상 수상작 『오늘은 참 운이 좋아』, 애니메이션 DVD로도 제작된 『고 녀석 맛있겠다』 등 다수가 있으며 독자가 뽑는 겐부치 그림책마을 대상을 3번이나 수상하였다. 특히 『우와! 신기한 사탕이다』는 일본 그림책상 독자상을 수상하였다.

원제 | ふしぎなキャンディーやさん, 2007 글·그림 | 미야니시 타츠야 출판사 | 계수나무
출판년도 | 2018년 ISBN | 9791187914143 판형 | 208 * 240mm 쪽수 | 40쪽
주제 | 사회적 세계 / 자비, 절제 / 건강과 안전

줄거리

꿀꿀이는 신기한 사탕가게 주인 너구리 아저씨를 만나 여러 가지 사탕을 맛보게 된다. 그 사탕들은 색깔에 따라 신기한 변화가 일어나지만 사탕을 다 먹고 나면 효력이 사라진다. 꿀꿀이는 맘에 드는 사탕을 사고, 너구리 아저씨는 곤란한 일이 생길 때 먹으라며 덤으로 흰 사탕을 준다. 꿀꿀이는 빨간 사탕을 먹고 늑대로 변신하여 숲속 친구들을 놀려주다가 늑대소굴까지 가서 위험에 처하게 된다. 마침내 너구리 아저씨가 준 흰 사탕을 먹고 간신히 위기를 모면한다.

서평

표지를 보면 커다란 분홍 돼지가 웃으며 빨간 사탕을 먹으려고 한다. 그림의 돼지는 코와 앞발의 모양 외에는 일반적으로 표상되는 돼지의 모습이 아니다. 이는 미야니시 타츠야 그림의 특징으로, 그는 디테일을 생략하고 평면적으로 보이는 굵고 간결한 검정 윤곽선을 사용하여 등장인물과 대상을 단순화하는 독특한 화풍을 가지고 있다. 표지의 배경에는 숲과 나무에 몸을 숨긴 여러 마리의 늑대들이 얼굴만 내민 채 돼지를 살펴보고 있어서 돼지와 늑대가 만나서 무슨 일이 벌어질 것이라는 기대감을 준다.

첫 장을 펼치면 마치 연극무대의 막이 오른 것처럼 사탕가게가 정면에 있고 꿀꿀이와 너구리가 이야기를 하고 있다. 작가는 그림의 디테일을 생략하듯 곧바로 이야기의 중심인 사탕가게 앞으로 독자들을 데려간다. 너구리 아저씨가 파는 녹색사탕을 먹으면 몸이 보이지 않게 되고, 노란 사탕은 엄청난 힘이 생기는 등 색깔에 따라 먹는 사람의 몸에 신기한 변화가 일어나는데 사탕을 다 먹으면 그 효과도 사라진다. 그래서 사탕의 효력만 믿고 장난을 치던 꿀꿀이는 위험에 처하게 된다. 갈색 늑대들 한가운데 둘러싸여 사탕이 녹을수록 눈과 분홍색 코, 분홍 몸이 점점 원래대로 돌아온다. 이를 보는 어린 독자들은 꿀꿀이와 같이 마음을 졸이게 된다. 특히 삼십여 마리의 매서운 눈을 한 늑대들을 보며 도대체 꿀꿀이가 어떻게 이 위기에서 벗어날 수 있을지 궁금해진다.

꿀꿀이는 마침내 너구리 아저씨가 덤으로 준 흰 사탕을 먹고서 몸이 커다래져서 안전하게 늑대소굴에서 빠져나온다. 작가는 꿀꿀이가 거대해질 때 그림의 배경으로 붉은색을 사용하여 우글거리는 늑대떼와의 대비를 극대화하고 있다.

"너구리 아저씨, 고맙습니다."
꿀꿀이는 기뻐하며 숲 속으로 들어갔어요.
조금 뒤,
"어디, 장난 좀 쳐 볼까?"
꿀꿀이는 빨간 사탕 세 개를
한꺼번에 입에 털어 넣었어요.

한국어 번역판과 달리 원본인 일어판 제목은 '신기한 사탕가게 주인'이다. 작가는 제목을 통해 사탕이 아닌 사탕가게 주인에게 초점을 맞추고 싶었던 것 같다. 너구리는 신기한 사탕을 주어서 꿀꿀이에게 진기한 경험을 하게 해주지만 그 모험이 위기가 되지 않도록 흰 사탕을 덤으로 주어 돼지를 보호하고 배려해주는 따뜻한 마음을 가지고 있다. 만일 사탕에만 초점을 맞추면 너구리아저씨의 마음이 제대로 전달되기 어려울 것이다.

ⓒ 신기한 사탕

- ⊙ 사탕을 먹고 변화가 일어날 때의 상황, 사용된 의성어나 의태어를 악기나 동작으로 표현해 보자. 어떤 악기의 소리가 어울릴지 어떤 동작이 상황을 잘 전달하는지 탐색해 보면 재미있을 것이다.

- ⊙ 너구리 아저씨처럼 사탕가게 주인이 된다면 어떤 사탕을 팔고 싶은지 이야기해 보자. 신기한 사탕을 먹고 할 수 있는 일들을 생각해 보자. 사탕가게 주인이 되어서 각종 사탕에 대해 설명해 보자. 또한 덤으로 준 흰 사탕은 몸을 거대하게 하여 위기에서 벗어나게 해주었다. 위기에서 탈출하게 하는 또다른 사탕을 상상해 보자.

- ⊙ 동극활동으로 확장하면 유아들이 그림책을 통해 보다 다양한 경험을 할 수 있을 것이다.

ⓒ 신기한 사탕

씩씩해요

작가 소개

전미화는 한국일러스트레이션학교에서 그림 공부를 시작하여 2009년 CJ 그림책잉에서 50인의 일러스트레이터 가운데 한 명으로 선정되었다. 글을 쓰고 그림을 그린 책으로 『달려라 오토바이』, 『눈썹 올라간 철이』, 『씩씩해요』가 있고, 그린 책으로 『몽당연필도 주소가 있다』, 『책 씻는 날』, 『호주머니 속 알사탕』이 있다. 2015년에는 『미영이』로 볼로냐아동도서전에서 일러스트레이터 상을 받았다.

줄거리

교통사고로 아빠가 돌아가셨다. 엄마는 바빠졌고, 혼자 밥을 먹는 식탁은 너무 넓다. 아빠 없는 목욕은 힘들고, 그네 타기는 재미없다. 밤에는 늦게까지 엄마

글·그림 | 전미화 출판사 | 사계절 출판연도 | 2010년 ISBN | 9788958285045
판형 | 220 * 170mm 쪽수 | 32쪽 주제 | 가족 세계 / 사랑 / 나와 가족

를 기다린다. 그러던 어느 날, 아름다운 풍선이 가득하고 아빠와 엄마, 내가 함께 있는 멋진 꿈을 꾼다. 깨어보니 이불이 젖어 있어 혼날 줄 알았는데, 엄마는 괜찮다고 한다. 엄마와 함께 산에 오른 날, 엄마는 우리 둘이 씩씩하게 살자고 한다. 이제 혼자 밥을 먹거나 그네타기도 괜찮고 엄마가 마신 커피잔을 씻을 줄도 안다. 엄마는 운전을 시작하고 망치질도 잘한다. 사진 속의 아빠와 나는 서로 웃음을 주고받는다. 나는 씩씩하다.

서평

『씩씩해요』의 표지는 밝은 원색이 활짝 웃고 있다. 주인공으로 보이는 아이가 웃음을 띠고 있는 것 이상으로 표지 전체가 밝은 웃음을 머금은 것 같다. 제목도 힘차다. 말풍선에 쓰인 '씩씩해요'라는 제목은 아이의 말이다. 아이의 표정도, 자세도, 표지의 색깔도, 심지어 제목의 글꼴까지도 정말 씩씩해 보인다. 첫 페이지를 열기도 전부터 독자가 자기도 모르게 아이에게 응원을 보내게 된다.

이 책에서는 사고로 아빠를 잃은 아이가 일상을 회복해가는 과정이 나직나직 들려지고, 담담하게 그려진다. 글과 그림의 절제가 돋보이는 작품이다. 자동차 사고 장면은 글 없이 그림만으로 상황을 전달하고, 아빠가 돌아가셨다는 사실은 직접적으로 표현되지 않는다. 수술실에서 아빠가 나오길 아주 긴 시간 동안 기다렸다고 하고서는 곧장 아빠가 없는 일상을 보여줄 뿐이다. 슬픔의 감정도 눈에 보이게 드러내지 않는다. 글에서도 그림에서도 눈물 한 방울 보이지 않는다. 이렇게 과할 정도로 절제된 언어와 그림은 독자가 슬픈 사건에 매몰되어 감정적으로 걱정되지 않도록 한다. 그래서 독사들은 이 책이 보여주는 너무나도 슬픈 '사건'이 아니라 그 사건을 겪는 '사람'에 집중하게 된다.

아빠를 잃은 후의 일상을 이야기하는 아이의 목소리에는 물기가 없다. 아빠가 그리워서 밥을 먹는 것도 목욕을 하는 것도 그네를 타는 것도 쓸쓸하고 불편하고 재미없는데, 아이는 울지 않는다. 이때의 그림 속 아이는 배경색에 스며들어 색깔이 없고 화면의 언저리에 위태롭게 자리한다.

그러던 어느 날, 아이가 아빠와 엄마가 함께 있는 행복한 꿈을 꾸는 것은 이 책의 변곡점이다. 바삭바삭 바스라지던 아이의 목소리는 아빠와 엄마가 함께 있는 행복한 꿈을 계기로 촉촉함을 얻게 된다. 아이가 이불에 실수를 한 것은 아이가 자기 나름의 방식으로 흘린 눈물이었다. 그 사건을 계기로 아이와 엄

마는 단 둘이 산에 올라 이제부터 둘이서 씩씩하게 살아갈 것을 다짐하게 된다. 그 다음부터는 쓸쓸한 목소리로 이야기했던 상황을 씩씩하게 이겨나가는 아이의 모습을 볼 수 있다. 알록달록하고 행복한 꿈을 꾼 이후에 아이는 배경색에서 벗어난다. 그러나 아이는 배경과 분리되긴 했지만 여전히 색깔이 없이 흰색이다. 엄마와 산에 다녀온 후에야 비로소 아이는 색깔을 갖게 되고, 시무룩하게 서 있기만 하던 예전과는 달리 활발하게 움직이기도 한다. 이전에는 등장하지 못하던 엄마가 그림에 나타나게 되고 엄마와 아이 사이의 물리적인 거리도 가까워진다. 단색으로만 그려지던 배경들도 색깔을 갖게 된다. 온 세상이 온통 하나의 색깔로 가득 차 그 속에서 가만히 있을 수밖에 없었던 아이가 슬픔을 극복하며 세상에 갖가지 색깔을 입힐 수 있게 된 것이다.

이 그림책에는 슬픔에 대한 일종의 예의가 담겨 있다. 이 책의 인물들은 슬픔을 벗어나야 한다는 강박으로 슬픔을 부인하지 않는다. 슬픔을 극복하기 위한 특별한 노력 대신 엄마의 머리 스타일이 바뀌고, 운전을 할 줄 알게 되기까지의 시간을 슬픔에게 내어줄 수 있는 인내, 경솔하게 서로의 슬픔을 방해하거나 다그치지 않는 존중, 위로를 전하는 따뜻한 어깨동무와 다정한 손길이 있다. 작품과 같은 극단적인 상황을 가정하며 아이들과 함께 나눌 필요가 없음에도 이 책이 가치 있는 이유가 여기에 있다. 보편적인 슬픔과 슬픔을 겪는 사람에 대한 이야기이기 때문이다. 여기에는 슬픔을 슬픔답게 겪어내고 씩씩해질 수 있는 힘이 담겨 있다.

- 여러 색종이들을 놓고 색종이를 순서대로 배열하면서 이야기를 다시 말해볼 수 있겠다. 색깔을 통해 아이의 감정을 진하게 느끼고, 감정의 변화 과정을 확인할 수 있을 것이다.

- 내가 슬펐던 때를 생각하면서 이야기를 나누고 씩씩하게 이겨낸 것을 기뻐하거나 씩씩하게 이겨나갈 것을 다짐하며 씩씩한 자기 자신을 그려보도록 하자. 표지나 마지막 장면을 참고할 수 있을 것이다.

- 알록달록 색깔이 예쁜 아이를 표현해 보아도 좋겠다. 아이의 사진 위에 OHP 필름을 덮고 윤곽선을 그린다. 은박지에 여러 색깔의 물감을 짠 후 윤곽선이 그려진 OHP 필름으로 누르면 색깔이 고울 뿐 아니라 의외성이 있는 그림을 얻을 수 있다.

아빠! 머리 묶어 주세요

작가 소개

유진희는 대학에서 디자인을 전공하고 유치원 미술교사로 오랫동안 아이들과 함께 했다. 아이들에게 받은 행복을 많은 사람과 나누고 싶어 그림 공부를 시작했고 앞으로 그림책을 통해 아이들에게 많은 웃음을 선물하고 싶다는 포부로 『아빠! 머리 묶어 주세요』를 썼다.

글·그림 | 유진희 출판사 | 한울림어린이 출판년도 | 2013 ISBN | 9788998465094
판형 | 190*240mm 쪽수 | 40쪽 주제 | 가족 세계 / 사랑 / 나와 가족

⟶ 줄거리

엄마가 아기를 낳으러 가자 아빠는 직장에 다니면서 집안 일 하랴, 은수 유치원 보내랴 정신없이 보낸다. 곧 있을 유치원 생일 파티에 은수는 머리를 땋고 가고 싶다고 한다. 머리를 한 번도 땋아본 적이 없는 아빠는 열심히 연습하지만 손을 다치게 되어 은수의 머리를 땋아줄 수 없게 된다. 아빠는 은수에게 머리띠를 사주고, 생일 파티 날 은수는 머리띠를 하고 유치원에 간다. 며칠이 지난 후 은수는 머리를 멋지게 땋고 유치원에 갔다. 아빠가

© 아빠! 머리 묶어 주세요

해 준 것이다. 은수는 기분이 매우 좋았다. 엄마가 집에 돌아오셨지만 여전히 은수는 아빠가 머리를 땋아 주기를 기대한다.

⟶ 서평

『아빠! 머리 묶어 주세요』는 유치원에 다니는 어린이의 사랑스런 일상을 그린 그림책이다. 표지에서 아이는 머리 끈과 빗을 들고 헝클어진 머리를 보이며 장난기 어린 표정을 짓고 있다. 제목과 어우러져서 아빠의 머리 묶는 실력을 한 번 보겠다는 심산으로 서 있는 것 같다. 면지에는 알록달록 다양한 종류의 머리 끈들이 가득하여 머리 묶기가 중요한 소재임을 느끼게 한다. 표제지는 표지와 마찬가지로 제목 아래에 머리가 헝클어진 아이가 서 있다. 왜 엄마가 아닌 아빠에게 머리를 묶어 달라고 하는 것인지 독자는 그 내막이 궁금할 것이다. 본문은 엄마가 없는 동안 아빠와 잘 지내라는 엄마의 말로 시작이 된다. 어떠한 상황인지 글 텍스트는 설명하지 않지만 왼편에 그려진 커다란 가방과 아기 젖병, 물티슈, 기저귀가방 등의 물건들을 통해서 엄마가 은수의 동생을 출산하기 위해 병원으로 간 것임을 짐작할 수 있다. 물건들을 바라보고 있는 은수의 머리는 능숙한 엄마의 솜씨가 물씬 풍기듯 단정하다.

이후 아빠와 함께 하는 일상의 모습이 소개되는데 은수의 얼굴은 편하지 않고 머리는 늘 양 갈래로 대충 묶여 있다. 아빠는 다소 나이가 들어 보이는 민머리에다 집안일도 서툴다. 은수는 유치원에서 친구와 놀면서 마음이 편치 않고 머리를 예쁘게 땋고 온 친구를 곁눈질로 보고 있다. 금요일 생일 파티에 땋

 은 머리를 하고 싶다는 은수의 부탁 때문에 아빠는 머리 땋기 연습에 들어간다. 잠자는 시간까지 줄여가며 자녀를 위해 최선을 다하는 아빠의 모습이 작품에 고스란히 담겨있다. 아빠는 저녁을 준비하면서도 온통 은수 머리만을 생각하다가 손을 다친다. 그러나 아빠는 손을 다친 상태에서도 아이에게 온통 집중되어 있다. 손을 다쳤으니 머리를 땋아 줄 수 없다는 사실이 신경이 쓰여 은수의 마음이 위축되지 않도록 머리띠를 사러 간다.
 아빠가 머리를 땋아 주려고 얼마나 애썼는지 아는 은수는 생일 파티 날 머리를 땋아주지 못하고 대신 머리띠를 내미는 아빠에게 크게 투정을 부리지 않

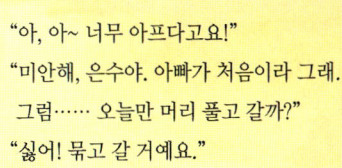

"아, 아~ 너무 아프다고요!"
"미안해, 은수야. 아빠가 처음이라 그래.
 그럼…… 오늘만 머리 풀고 갈까?"
"싫어! 묶고 갈 거예요."

ⓒ 아빠! 머리 묶어 주세요

는다. 머리를 땋지 못해서 시무룩해지는 마음이 없는 것은 아니지만 아빠가 밤늦도록 머리 땋기 연습을 하며 노력한 것을 생각해서이다. 부모가 자녀들을 위해 얼마나 애쓰는지 모르는 것 같아도 아이들은 다 보고 있으며 마음으로 느끼기 마련이다. 다행히 친구들이 머리띠를 예쁘다고 칭찬해서 조금이나마 서운했던 마음도 말끔하게 씻겨나간다.

 아이의 머리 손질은 아빠들이 하기 힘든 일로 엄마의 부재가 가장 잘 드러나는 소재일 것이다. 게다가 이 아버지는 민머리라 머리를 빗겨주는 일이 더욱 낯설었을 것이다. 작가는 엄마의 빈자리를 느끼지 않도록 고군분투하는 아빠의 모습을, 어렵고 익숙하지 않은 일이지만 자녀를 위해 어떻게든 해내려는 머리 손질을 소재로 그려냈다. 부모의 사랑은 그런 것이다. 자신의 분량을 넘어서는 일도 자녀를 위해서라면 힘을 쏟게 되는 것이다. 마침내 엄마가 집에 돌아 왔지만 은수는 아빠에게 머리를 묶어 달라고 할 만큼 아빠의 머리 빗기는 솜씨가 좋아졌다. 자녀를 위해 최선을 다하는 아빠의 사랑과 성숙한 사랑의 저력을 느낄 수 있다.

- 뒤 면지에는 머리 묶는 다양한 방법들이 소개되어 있다. 그림의 설명을 보며 긴 머리 인형의 머리를 직접 손질해 보자.

- 아빠가 가장 잘할 수 있는 것에는 무엇이 있는지, 아빠한테 해달라고 하고 싶은 것은 무엇인지 얘기해 보자.

안녕, 우리 집

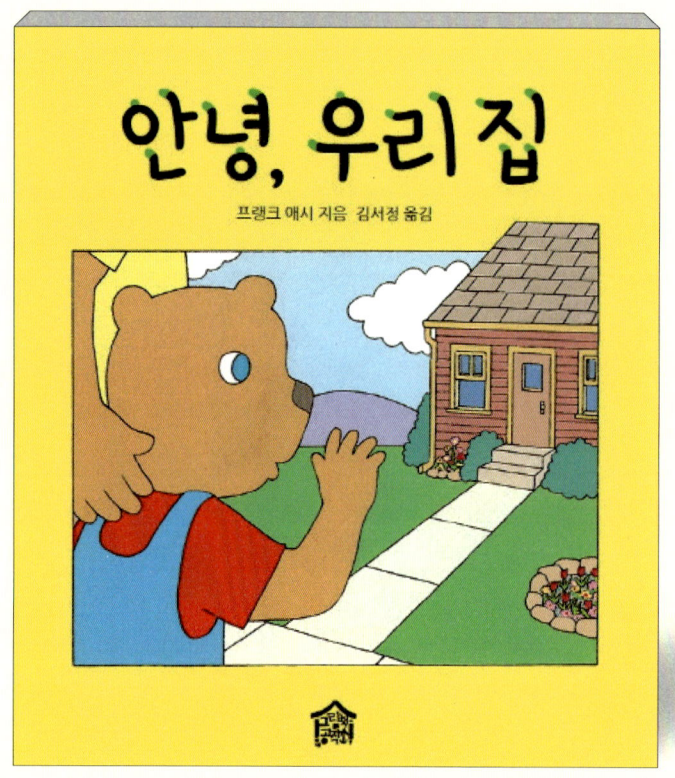

✎ 작가 소개

프랭크 애시는 미국 뉴저지에서 태어나서 대학에서 예술사를 전공했고 그림책, 논픽션, 소설 등 아동 문학 전 분야에서 글을 쓰며 지금까지 80권이 넘는 어린이책을 만들었다. 〈달곰이〉*Moonbear* 시리즈는 많은 이들에게 사랑을 받았으며 이 시리즈 중 한 권인 『생일 축하해요』는 1982년 뉴욕 타임즈 올해의 어린이책으로 선정되었다.

원제 | *Goodbye House*, 1986 글·그림 | 프랭크 애시 출판사 | 그림책공작소
출판년도 | 2015년 ISBN | 9791195328291 판형 | 150 * 170mm 쪽수 | 34쪽
주제 | 가족 세계 / 자비 / 나와 가족, 환경과 생활

🔖 줄거리

곰 가족이 이사를 간다. 이삿짐은 다 실었고 떠나야 하는데 아기 곰이 갑자기 뭔가를 잊었다며 집으로 달려 들어간다. 그러나 거실도 부엌도 다락방도 지하실도 텅 비었다. 그러자 아빠 곰은 아기 곰의 기억을 물어 보고 엄마 곰도 "내 의자가 있던 자리가 생각나네."라는 말을 꺼내며 물건들이 있던 방을 상상해 본다. 아빠 품에 안긴 채 아기 곰은 방들을 둘러보며 방마다 잘 있으라며 인사를 한다. 이삿짐 차에 돌아와서 잊었던 것은 다름 아닌 작별 인사였던 것을 깨닫는다.

🔖 서평

『안녕, 우리 집』은 특별한 갈등 없이 잔잔하게 이사하는 날을 소개한 책이다. 찬찬히 들여다보면 그 잔잔함은 아이를 기다려 주고, 아이의 감정을 소중히 여기는 부모가 빚어내는 것임을 알 수 있다.

 아이는 정든 집을 떠나며 아쉬운 마음에 차에서 도로 집 안으로 들어간다. 부모는 곧바로 쫓아오지 않는다. 아이는 홀로 방 곳곳을 돌아다녀 보지만 허전하고 아쉬운 마음은 채워지지 않는다. 뒤늦게 집으로 들어온 부모는 "거봐. 짐을 다 쌌잖아."라고 타박하는 대신 "집에 아무 것도 없니?"하고 아이에게 물어본다. 아이는 "우리 건 모두 차에 있잖아요."한다. 아이는 그 허전함이 무엇인지 모르는 것이다. 그때 아빠가 기억은 어떠냐고 말을 건넨다. 아이에게 추상적으로 들릴 수 있는 질문에 엄마가 먼저 의자가 있던 자리가 생각난다고 대답을 한다. 아빠도 손으로 가리키며 얘기를 하자 꼬마 곰은 보이지 않는 것을 마치 보이는 듯 떠올려 보는 작업을 함께 하기 시작한다. 방은 이전 모습 그대로 생생하게 보이지만 금세 사라진다. 하지만 꼬마 곰은 떠올리려고 하면 떠올릴 수 있다는 사실을 터득했을 것이다. 아빠는 꼬마 곰을 번쩍 안아 들고 이 방 저 방 돌아다니며 작별 인사를 하자고 제안한다. 아빠와 함께 집안 곳곳에 작별을 고하는 장면은 한 페이지에 한 장소에서 머무는 모습이 꽉 차게 그려져 있다. 꼬마 곰 혼자 집을 돌아다니던 장면이 한 페이지에 네 개의 그림으로 분할되어 나타난 것과 대조된다. 아마도 각 공간에서 머무른 시간도 혼자였을 때보다는 길었을 것이고 각 공간에서 행복했던 이전의 모습을 떠올려 보았을 것이다. 둘은 꼬마 곰이 홀로 들렀던 곳은 물론이거니와 미처 생각하지 못했을 계단, 천장, 벽, 복도에게까지도 잘 있으라며 인사를 한다. 아빠 품에 안겨 있던 꼬마 곰은 이제 내려와서 주도적으로 이곳저곳을 다니며 적극적으로 손까지 흔들며 작별 인사를 한다. 모두 함께 집에게까지 인사를 고하고 차를 타고 마침내 집을 떠나간다.

 모든 일상은 돌이켜보면 한 시인의 말처럼 "꽃봉오리" 같은 시간들이다. 아이는 이 작별 인사를 통하여 집과 헤어지던 날을 오랫동안 기억할 꽃봉오리와도 같은 추억으로 간직할 것이다. 부모에게는 아이들의 모습이 하루하루 같아 보일지도 모르겠다. 하지만 몇 주, 몇 달이 지나면 아이가 그새 많이 자라 있음을 새삼 깨닫게 되는 순간이 오곤 한다. 어쩌면 부모들은 매일매일 일생에서 가장 어린 자신의 아이와 이별하고, 하루씩 성장한 아이와 새로 만나는 것인지도 모른다. 속 깊은 아빠, 엄마 곰의 완벽한 유대와 제안으로 시작한 정든 집과의 작별 의식은 아이에게도 큰 의미로 남겠지만 부모에게도 그 시간에 아이의 마음을 충분히 보듬고, 함께 공감했던 순간으로 오래 기억에 남을 것이다.

© 안녕, 우리 집

 작가는 익숙한 것들을 우리가 얼마나 소중하게 생각하며 살았는지를 느끼게 할 뿐만 아니라 소중함을 표현하고 있는지도 생각하게 한다. 그래서 이 '익숙한 것'이 여러 의미로 다가온다. 아기에게는 집이, 부모에게는 아이가. 그래서 더욱 더 아이의 마음을 더 깊이 읽고 공감하고 아이 본인이 미처 알지 못하는 감정까지도 헤아려서 함께 풀어나가는 아빠 엄마 곰의 모습이 감동을 준다. 모든 것은 언젠가는 끝이 난다. 매일 살던 집과도 이별할 때가 오고, 매일 드나들던 유치원과 학교도 언젠가는 졸업을 하고, 매일 부대끼며 사는 아이들도 언젠가는 독립을 하여 떠날 것이다. 함께 있을 때 마음껏 사랑을, 소중함을 표현하며 살아가자. 또한 떠날 때에는 함께 했음을 깊이 감사하는 시간을 가져보자. 이러한 감사의 표현과 의식이 삶을 더욱 풍요롭게 할 것이다. 『안녕, 우리 집』은 그런 의미에서 삶의 질을 높여주는 방법을 어린 독자들에게 제공해 주는 가치 있는 작품이다.

 그림은 굵은 윤곽선에 알록달록하게 평면적으로 채색된 프랭크 애시 특유의 스타일로 그려졌다. 디테일이 많이 생략되고 주요 인물과 사물이 큼직하게 그려져 있다. 표정에 거의 변화가 없이 그려진 곰돌이 가족의 파란 눈동자를 살펴보자. 아이와 함께 같은 곳을 바라보는 부모의 모습, 아이를 바라보는 부모를 발견

© 안녕, 우리 집

할 수 있다. 또한 부엌 개수대에서 똑 떨어지고 있는 물방울을 통해 집 또한 이별을 아쉬워하는 건 아닐지 상상하게 한다. 절제된 단순한 그림이 주는 재미이다.

- 이시와 같이 큰 일이 아니더라도, 작아져서 더 이상 입을 수 없게 된 옷 또는 더 이상 사용하지 않는 장난감 등에 고마웠다는 표현을 해보자. 작아진 옷과, 못쓰게 된 장난감 등을 가져와서 언제 어디서 입고, 어떻게 놀았던 것인지를 친구들 앞에서 소개해 보자.

- 집 안의 모습을 얼마나 기억하고 있는지 빈 종이에 가구와 물건들을 그려 보자. 어린 유아의 경우에는 그리기 활동 대신에 미리 프린트 해 놓은 가구와 물건들을 배치하여 붙이는 활동을 해보자.

- 아기 곰돌이는 계단, 수도꼭지, 지하실 등 집의 주요 공간이 아닌 곳들에까지 작별 인사를 했다. 각자가 사랑하는 집안의 공간을 사진으로 찍어서 서로 나누어 보자. 사진을 묶어 〈우리 반 아이들이 사랑하는 집의 구석구석〉이란 제목의 사진집으로 만들어 보자.

애너벨과 신기한 털실

작가 소개

글을 쓴 맥 바넷은 뉴욕타임즈 선정 베스트셀러 작가로 그의 책은 백만 부 이상이 팔리고 30개 이상의 언어로 번역되었다. 존 클라센과 함께 만든 『샘과 데이브가 땅을 팠어요』와 『애너벨과 신기한 털실』은 칼데콧 아너상과 E. B. White 상을 비롯한 여러 상을 받았다. 그 밖에도 『레오, 나의 유령 친구』, 『규칙이 있는 집』, 『말 말 말』이 국내에 번역되었다. 작가의 소식과 책에 대한 정보는 홈페이지(https://www.macbarnett.com)에서 확인할 수 있다.

그림을 그린 존 클라센은 캐나다 온타리오 주에서 태어났고 지금은 미국 로스앤젤레스에 살면서 애니메이션과 그림책 작업을 하고 있다. 그는 2011년에 출

원제 | *Extra Yarn*, 2012 글 | 맥 바넷 그림 | 존 클라센 출판사 | 길벗어린이
출판년도 | 2013년 ISBN | 9788955822564 판형 | 260 * 222mm 쪽수 | 40쪽
주제 | 사회적 세계 / 희락, 양선 / 우리 동네, 생활도구

판한 그림책『내 모자 어디 갔을까?』로 2011년에 뉴욕타임즈 올해의 그림책 Top10에 선정되었고 2012년 닥터수스 명예상을 받았다. 또한『이건 내 모자가 아니야』로 2013년 칼데콧 상과 2014년 케이트 그린어웨이상을 수상하였다. 블로그(http://jonklassen.tumblr.com)에서 그의 일러스트를 감상할 수 있다.

줄거리

어느 날 애너벨은 갖가지 색깔의 털실이 들어있는 작은 상자를 발견하고 집으로 가져와 스웨터를 한 벌 뜨고도 털실이 남자, 강아지와 친구들, 선생님과 부모님, 이웃들에게도 스웨터와 털모자를 떠준다. 모두들 금방 실이 다 떨어질 거라고 생각했지만 애너벨은 모든 동물과 옷을 입지 않는 물건들에게도 스웨터를 떠 준다. 이내 무채색의 춥고 작은 마을은 애너벨과 털실 덕분에 달라진다. 애너벨의 이야기를 듣고 전 세계에서 사람들이 몰려와 구경하고 먼 나라에 사는 귀족도 애너벨을 찾아와 10억, 20억, 아니 100억을 줄 테니 털실 상자를 팔라고 한다. 그러나 애너벨이 상자를 팔지 않자 귀족은 털실 상자를 훔쳐 달아나는데 놀랍게도 상자가 비어 있다. 귀족은 상자를 창밖으로 던져 버리며 애너벨을 저주하지만 상자는 다시 애너벨을 찾아가고 애너벨은 행복해 한다.

서평

표지를 보면 여러 사람들과 동물들이 제각각 털실로 짠 스웨터를 입고 나란히 서 있다. 서로를 바라보는 것 같기도 하고 독자를 정면으로 응시하는 것 같기도 한 이들은 무심한 듯 다소 무표정한 표정을 지으며 입을 다물고 있지만 얼굴에 번지는 엷은 미소를 감출 수가 없다. 흥미롭게도 이들의 스웨터는 끊어지지 않은 털실로 서로서로 연결되어 있다. 표정 없는 마을의 표정 없는 사람들에게 따뜻한 스웨터를 선물하여 서로서로 연결되게끔 만든 이는 누구일까? 털실 끝에 작은 상자를 들고 서 있는 여자 아이, 바로 애너벨이다.

애너벨은 어느 추운 날 털실이 들어있는 상자를 발견한다. 마을의 변화는 애너벨이 털실 상자를 발견한 데서부터 시작된다. 문득 털실 상자가 왜 다른 누군가가 아닌 애너벨에게 왔을까 궁금해진다. 나중에 부자 귀족은 애너벨에게서 상자를 훔쳐 달아나는데, 상자 안은 텅 비어 있고 화가 난 귀족은 애너벨을 저주하며 상자를 바다로 던져 버린다. 그러자 상자는 다시 흘러 흘러 애너벨에게로 간다. 어쩌면 처음부터 상자는 애너벨에게 발견된 것이 아니라 애너벨을 직접 찾아간 것인지도 모른다. 애너벨은 그저 작고 추운 마을에 사는 작고 어린 소녀이지만, 그녀에게는 털실로 스웨터를 짜는 재능이 있고 그 재능으로 색깔 없고 무표정한 사람들에게 그리고 동물과 사물들에게까지 스웨터를 선물하는 따뜻한 마음이 있다. 털실 상자가 애너벨에게로 간 이유, 부자 귀족이 상자 속에서 털실을 발견하지 못했던 이유가 바로 이 때문이 아닐까.

그러나 애너벨의 스웨터가 처음부터 환영받은 것은 아니었다. 네이트는 스웨터를 입은 애너벨과 마스를 손가락질하며 비웃었고, 학교 선생님은 애너벨의 스웨터 때문에 수업 분위기가 엉망이라고 야단을 쳤다. 흥미로운 것은 모두에게 스웨터를 떠주겠다는 애너벨의 생각이 불가능하다며 비웃고 냉소적인 사람들의 반응에도 불구하고 애너벨은 자신의 소신대로 스웨터를 짜서 모두에게 선물한다는 점이다. 심지어는 자신을 비웃거나 야단치는 사람들의 것도 만들어 선물한다. 때로는 스웨터처럼 따뜻한 마음, 모두에게 선물하고픈 넉넉한 나눔이 선의로 받아들여지지 않고 우스꽝스러운 공상으로 여겨질 때가 있다. 그러나 애너벨의 말대로 짜도 짜도 계속 남아있는 그 털실로 애너벨은 많은 이들에게 스웨터를 선물하고, 냉소적이었던 사람들과 동물들의 표정은 변한다.

마을 사람들과 동물들은 애너벨과 털실 덕분에 한층 더 따스해지고 한층 더 부드러워진다. 뿐만 아니라 마을 전체가 변한다. 애너벨이 집과 건물, 자동차, 나무 등 마을 곳곳에 스웨터를 선물한 덕분에 마을은 화려하진 않지만 다양한 색감으로 옷 입혀지고, 마을의 소문을 들은 사람들이 세계 곳곳에서 찾아올 만큼 마을은 아름다워진다. 이 책에는 이처럼 작은 소녀의 따뜻한 생각이 사람들과 마을 전체를 조용히 변화시킨다는 메시지가 분명히 드러나지만, 간결한 글과 여백이 많은 그림 덕분에 그다지 교훈적인 이야기로 무겁게 받아들여지지 않는다.

이 책의 원제는 *Extra Yarn*, 즉 여분의 실, 추가되는 실 정도의 의미를 지닌다. 번역된 제목에서는 애너벨이라는 주인공을 함께 제시하며 털실이 '신기한' 능력을 지녔음을 암시하고 있어, 간결한 원제가 갖는 여운이나 상상의 여지가 독자에게 전달되지 못하는 점이 다소 아쉽다. 원본의 표지 이미지도 애너벨이 표지를 가득 채운 커다란 글자의 제목을 하나하나 스웨터로 입히는 장면이어서 또 다른 유머를 자아낸다.

- 애너벨은 털실로 사람들과 동물들, 마을 이곳저곳에 스웨터를 선물하여 사람들과 동물들의 표정을 바꾸고 마을을 아름답게 만든다. 나는 무엇으로 사람들의 마음을 따뜻하게 하고 내가 사는 동네를 아름답게 변화시킬 수 있을까? 내가 할 수 있는 아주 작은 일부터 생각해 보자.

- 애너벨의 털실은 스웨터를 아무리 떠도 떨어지지 않는다. 이렇게 계속 사용해도 떨어지지 않고 끊임없이 생겨나는 것은 무엇이 있을지 찾아보자. 눈에 보이는 것과 눈에 보이지 않는 것까지 생각해 보자. 예를 들어 시간은 흘러도 흘러도 없어지지 않고 계속 흐른다. 웃음은 아무리 웃어도 떨어지지 않는다.

- 어느 날 나에게 털실 상자가 온다면 털실로 무엇을 하고 싶은지 이야기 나누어 보자.

- 애너벨의 털실은 그것을 발견한 사람이 어떤 성품으로 어떻게 사용하려는 지에 따라 달라지는 것인지 모른다. 부자 귀족은 털실을 발견조차 못했지만, 애너벨에게는 털실을 쓰고 써도 계속 남았던 것처럼. 우리에게도 역시 하나님이 허락하신 많은 것들이 있으나 우리가 미처 발견하지 못하고 누리지 못하는 것이 있을 것이다. 애너벨처럼 우리도 가족과 친구들을 사랑의 눈으로 바라보고 칭찬 릴레이를 해보자. "언니는 종이 오리기를 잘 해." "엄마는 스파게티를 잘 만들어." "○○○는 재미있는 이야기를 잘 지어내." 이런 식으로 사랑의 말풍선을 만들고, 말풍선을 털실로 이어 벽에 장식해 보아도 좋겠다.

© 애너벨과 신기한 털실

앨피가 일등이에요

✎ **작가 소개**

셜리 휴즈는 1927년 영국 워렐에서 태어나 옥스퍼드대학교와 리버풀대학교에서 미술을 공부했다. 졸업 후 일러스트레이터로 활동하며 200권이 넘는 책에 그림을 그렸고, 세 아이의 엄마가 된 이후에는 글을 쓰고 그림을 그리며 작품 활동을 시작하여 50권이 넘는 그림책을 펴냈다. 대표 작품으로 〈앨피〉 시리즈와 『강아지 인형』, 『바다로 떠난 소년』이 있다. 뛰어난 그림책 작가로 공로를 인정받아서 '엘리너 파전상'을 받았으며, 두 번의 케이트그린어웨이상을 수상하였다.

원제 | Alfie Gets in First, 1994 글·그림 | 셜리 휴즈 출판사 | 보림 출판년도 | 2000년
ISBN | 9788943304157 판형 | 250*245mm 쪽수 | 32쪽
주제 | 내적 세계 / 인내 / 우리 동네

↘ 줄거리

앨피는 엄마와 동생과 함께 시장에서 돌아오는 길에 앞장서 달려서 집에 가장 먼저 도착한다. 엄마가 문을 열어준 후 유모차에 타고 있는 동생을 데려오기 위해 현관 밖으로 나가자 앨피는 일등을 한 들뜬 마음에 현관문을 세게 닫아 버린다. 앨피는 장바구니와 그 속의 현관 열쇠와 함께 집 안에 갇혀 버린다. 지쳐있던 동생 애니로즈는 집 밖에서 울기 시작하고, 집 안의 앨피도 뒤따라 울기 시작한다. 엄마는 앨피에게 열쇠를 건넬 방법이나 문을 열 방법을 이웃들과 함께 찾아보지만 쉽사리 열리지 않는다. 온 동네사람들이 모여 문을 열 궁리를 하는 사이 울음을 그친 앨피는 의자를 가져와 올라서서 손잡이를 돌리고 의기양양한 표정으로 현관문을 연다.

↘ 서평

셜리 휴즈는 아이들이 종종 겪을 법한 사건들을 소재로 삼는데 특히 심리 변화를 포착하여 풀어내는 재주가 탁월하다. 그녀의 대표작인 〈앨피〉 시리즈를 통해 그녀가 그린 세계는 실제 유럽의 동네를 보는 듯 자연스럽다. 인물들과 그들이 품고 있는 감정도 무척 사실적이기 때문에 실제로 존재하는 꼬마와 이웃의 이야기를 들여다보는 느낌이 든다. 이 책도 〈앨피〉 시리즈의 한 권으로, 주인공인 앨피는 편지함에도, 현관문의 손잡이에도 손이 닿지 않는 꼬마 남자아이다. 남다른 재주가 있거나, 특별한 모험을 하지 않는데도 앨피의 이야기는 일상의 재미와 행복을 느끼게 하는 매력이 있다. 그것은 누구나 겪었을 법한 사건들에 반응하는 아이의 모습이 아이답게 그려지고 부모를 비롯한 어른들의 따뜻하고 배려 깊은 모습에 많은 이들이 깊이 공감을 할 수 있기 때문일 것이다.

 엄마와 동생과 시장에 갔다 돌아오는 길에 앨피는 앞장서서 집으로 달려가다가 그만 현관문을 실수로 닫아 집 안에 갇히게 되었다. 호기롭게 문을 닫았으나 여는 방법을 알지 못하는 앨피는 곤경에 처하고 만다. 바깥에 있는 엄마와 집 안에 있는 앨피가 다른 공간에 존재하게 되었다. 문 하나를 사이에 두고 있을 뿐이지만 앨피가 있는 집 안과, 엄마가 있는 집 밖은 구분된다. 접혀지는 제본선을 기준으로 왼쪽 페이지는 엄마가 있는 바깥 세계를, 오른쪽 페이지는 앨피가 있는 집 안을 각각 분리된 그림으로 그렸다. 특히 왼쪽 페이지의 오른쪽 테두리와, 오른쪽 페이지의 왼쪽 테두리는 굵게 처리하여 마치 접힌 면이 현관문의 단면처럼 보이게 했다. 두 그림 사이의 간격은 실제 현관문 단면보다 넓게, 앞서 나온 두 공간을 이어주는 편지함은 생략되고 열쇠구멍의 측면만 음영으로 처리하여 그려서 단절된 이들의 심리를 표현한다.

앨피가 있는 오른쪽 페이지는 배경이 생략된 채 앨피와 장바구니만 그려져서 독자는 앨피의 모습에 집중할 수밖에 없다. 이러한 일이 있을 때 아이의 감정선이 어떻게 움직이는지 작가는 잘 알고 있는 듯하다. 작가는 앨피가 문을 닫은 후에 정적에 잠긴 모습, 애써서 문제를 해결해 보려는 모습에 이어 시무룩하다가, 사태가 파악이 된 후에 점점 격앙되는 모습을 지나 눈물을 그치고 바깥의 소리를 듣고 방법을 생각해 내어 문제를 해결하기까지 각각의 모습을 미묘하게 변화하는 얼굴 표정과 손동작을 통해서 드러냈다.

반면 바깥 풍경을 담은 왼쪽 페이지는 현관과 뒤로 보이는 주택이 줄지어 있는 거리가 고정된 시점으로 그려진다. 배경이 고정되어 있기 때문에 페이지마다 달라지는 이웃들의 움직임이 눈에 잘 들어온다. 바깥에서 청소하고 있던 맥널리 아줌마가 다음 페이지에서 길을 건너오고, 자전거를 타고 집으로 가던 모린이 자전거를 세워두고 함께 고민하는 등 앞 장에 등장한 인물들이 다음 페이지에서 함께 사태를 해결하려 하는 모습이 나오기에 전후를 살피며 그림 읽기

에 집중하게 만든다. 적극적으로 함께 하지 않았어도 창문을 통해서 내다보는 이웃, 길 건너에서 지켜보는 이웃, 이 문제에 끼기 싫은 듯 현관 앞에서 낮잠을 자다가 프레임 밖으로 뛰쳐나가는 고양이 등을 찾아 읽어보면 또 다른 재미를 느낄 수 있다.

글 텍스트의 시점은 앨피가 갇혀있던 긴박했던 순간을 효과적으로 그려낸다. 앨피가 집 안에 갇힌 순간부터 텍스트는 바깥 상황만을 묘사하는데 이는 독자 또한 집 바깥에 서서 집 안에 앨피가 갇힌 상황을 이웃들과 함께 안타까워하게끔 만든다. 한편 독자는 집 밖의 인물들과는 달리 집 안에서 앨피가 스스로 문제를 해결해 나가는 모습도 볼 수 있기에 앨피를 응원하게 된다.

현관에 빼곡히 모인 이들이 마지막으로 생각해낸 방법은 사다리를 타고 이층 화장실 창문을 통해 집 안에 들어가서 문을 여는 것이었다. 하지만 감정을 스스로 진정시키고 의자를 들고 와서 손잡이를 돌려 문을 연 앨피 덕분에 문제는 해결된다. 모두가 들어올 수 있도록 현관 앞에서 문을 잡고 서 있는 의기양양한 앨피의 모습이 퍽 귀여워 보인다. 그리고 이어지는 장면에서는 모두가 따뜻한 차를 마시는데 오른쪽과 왼쪽으로 분리되어 있던 프레임이 없어지고 펼침면 가득 그려져 있다. 스스로 문제를 해결한 앨피를 대견하고 따뜻한 눈으로 바라봐주는 이웃들이 함께 하는 장면은 무척 정겹고도 따뜻하다.

한 페이지를 넘기면 다시금 엄마보다 앞장서서 달리는 앨피의 모습이 그려진다. 또다시 같은 일이 벌어진다 해도 앨피는 당황하지 않고 침착하게 문을 열 수 있으리라.

◉ 가장 좋았던 장면, 인상 깊었던 장면을 뽑아보자. 매 페이지가 다른 감정을 다루고 있다. 아이들이 뽑은 장면을 놓고 왜 그 장면을 뽑았는지 이야기를 나누며 유사한 경험이 있다면 함께 나누어 보자. 좋았던 장면을 뽑아서 표지로 꾸며보는 활동도 해볼 수 있다.

◉ 앨피의 표정을 흉내내 보고 어떤 기분인지 말해보자. 아이에게 있었던 비슷한 모험담을 아이 이름을 넣고 꾸며보아도 재미있을 것이다. 앨피와 같이 단절되었던 경험, 즉 앨피처럼 문이 닫혔거나 엄마와 떨어져서 길을 잃어버렸던 경험을 나누고, 그때 어떤 기분이었고, 어떻게 해결했는지 이야기를 나누어 보자.

앵무새 열 마리

작가 소개

퀜틴 블레이크는 1932년 런던에서 태어났다. 케임브리지대학교에서 공부했으며 런던대학교에서 교육학으로 석사학위를 받았다. 그의 그림이 처음 출판된 것은 『펀치』를 통해서인데, 그때 그는 16살의 학생이었다. 이후 만화가, 전시 큐레이터 등으로 활동을 하면서 어린이책을 만들었다. 1980년 『마놀리아 씨』로 케이트 그린어웨이상을 2002년에는 안데르센 삽화가상을 받았

원제 | *Cockatoos*, 1992 글·그림 | 퀜틴 블레이크 출판사 | 시공주니어
출판년도 | 2017년 ISBN | 9788972593843 판형 | 215＊280mm 쪽수 | 32쪽
주제 | 사회적 세계 / 희락 / 동식물과 자연

다. 우리나라에는 『내 이름은 자가주』, 『내가 가장 슬플 때』 등의 작품이 번역되었다. 작가에 대한 자세한 이야기와 작품들은 작가의 홈페이지(http://www.quentinblake.com)에서 확인할 수 있다.

줄거리

뒤퐁 교수님은 자신이 기르는 앵무새 열 마리를 무척 아낀다. 그래서 아침마다 앵무새들이 있는 온실에 와서 "안녕, 나의 멋진 깃털 친구들!"이라고 인사를 한다. 매일 어김없이 똑같이 되풀이되는 뒤퐁 교수님의 아침 인사에 지겨워진 앵무새들은 교수님을 놀려주기 위해 온실의 깨진 유리창으로 탈출을 한다. 앵무새와 교수님의 숨바꼭질이 시작된 것이다. 뒤퐁 교수님은 부엌이며 화장실, 지붕까지 집안 곳곳을 다니며 앵무새들을 찾지만 결국 찾지 못한다. 뒤퐁 교수님은 앵무새들 걱정으로 잠을 이루지 못한다. 그래도 그 다음날이면 여느날과 똑같이 하던 대로 씻고, 옷을 입고, 온실로 내려간다. 그랬더니 늘 있던 자리에 앵무새들이 그대로 있는 것을 발견한다. 뒤퐁 교수님은 평소와 꼭같이 "안녕, 나의 멋진 깃털 친구들!"이라고 인사한다.

서평

『앵무새 열 마리』는 표지부터 재미있다. 분명 제목이 앵무새 '열 마리'인데 앞표지에는 앵무새가 아홉 마리 밖에 없기 때문이다. 뒤표지까지 펼쳐보아야 앵무새 '열 마리'가 완성된다. 표지부터 숨바꼭질이 기대되는데 앵무새 열 마리들이 색깔이나 무늬가 다 달라서 세어볼 때 헷갈리지도 않는다.

함께 놀이를 하는 뒤퐁 교수님은 언제나 똑같이 하루를 시작하는 분이다. 뒤퐁 교수님은 모든 일을 늘 하던 대로 한다. 일어나서 씻고, 옷을 입고, 온실에 가고, 인사를 하는 모든 과정이 변함이 없다. 두 번째 핵심 인물인 앵무새들은 장난기가 많고 똑같은 것이 계속 반복되는 것을 지겨워하는 발랄한 새들이다. 교수님은 활짝 웃으면서 두 팔을 벌려 인사를 하는데, 교수님의 한결 같은 인사가 지겨운 앵무새들이 심드렁하다. 교수님과 앵무새들의 표정이 대조되어 유머러스하다.

교수님을 놀려주기 위해 온실을 탈출한 앵무새들은 집안 곳곳에 숨는다. 앵무새들은 거실이며 부엌, 침실, 지붕까지 온 집안 곳곳에 숨는데, 뒤퐁 교수님

이 찾으러 간 곳에서 처음에는 한 마리, 다음에는 두 마리, 세 번째 공간에서는 세 마리를 찾을 수 있다. 숨어 있는 앵무새들이 한 마리씩 늘어나기 때문에 페이지를 넘기면서 몇 마리가 숨어 있는지를 알고 찾아볼 수 있는 것이다. 그런데 독자들의 눈에는 뻔히 보이는 앵무새를 뒤퐁 교수님은 도무지 발견하지 못한다. 교수님 대신 앵무새들을 찾으며 독자들도 이 놀이에 참여하는 인물이 된다. 어리숙한 것인지 일부러 속아주는 것인지 알 수 없는 뒤퐁 교수님과 뒤퐁 교수님이 지겨워서 도망가고 싶은지 아니면 같이 놀고 싶은지 알 수 없는 앵무새들의 유쾌한 숨바꼭질에서 양쪽 입장을 오가며 갈피를 잡는 놀이를 하게 되는 것이다. 그래서 독자는 이 책을 읽을 때마다 새롭게 재미있다. 어떤 때는 앵무새에게 들키지 않게 숨을 곳을 알려주고 싶기도 하고, 어떤 때는 뒤퐁 교수님에게 앵무새들이 있는 곳을 알려주고 싶기도 하다. 어떤 때는 독자만 알고 있는 기쁨을 만끽할 수도 있다. 깨진 유리틈으로 또다시 탈출을 감행하는 앵무새들로 마무리되는 이야기는 더 흥미진진한 다음 이야기를 기대하게 한다. 참으로 재미있는 놀이 한마당이다.

© 앵무새 열 마리

매일 똑같은 일과 말을 되풀이하는 뒤퐁 교수님의 모습과 그것이 너무나 싫어서 도망가는 앵무새들을 보면서 일탈을 꿈꾸는 어른과 아이들에게 해방감을 안겨 주기도 한다. 교수님을 놀려주기 위해 숨어버린 장난기 넘치는 앵무새들과 절대 앵무새들을 찾지 못하는 교수님의 모습은 어린 유아들을 혼란스럽게 하고, 웃음 짓게 하며, 조금 더 큰 유아들에게는 "여기 있잖아요~" 하면서 교수님에게 소리를 지르게 만들 것이다. 직선을 찾아볼 수 없는 구불구불한 선들과 정신없는 그림들 속에서 앵무새를 찾아 그 숫자를 세는 일은 유아들에게 미션을 제공하는 것처럼 보인다. 유아들은 미션을 수행하면서 숨어 있는 앵무새의 숫자가 한 마리씩 누적되어 간다는 것을 발견하는 기쁨도 얻을 수 있다. 이러한 패턴을 발견한다면 유아들은 앵무새의 생김새까지 맞춰가며 숫자를 늘려가는 재미를 찾게 된다.

◉ 앵무새가 되어 숨바꼭질을 해 보자. 앵무새를 그려서 머리띠를 만들거나 가슴에 붙이면 더 실감나게 놀이를 즐길 수 있을 것이다.

◉ 앵무새들을 찾으러 다니는 뒤퐁 교수님이나 숨어 있는 앵무새들의 표정과 행동을 따라해 볼 수도 있다. 숨어 있는 앵무새의 행동을 따라하는 친구를 보고 그 앵무새가 숨어 있던 곳을 알아맞히는 놀이도 재미있겠다.

◉ 뒤퐁 교수님에게 앵무새들에게 건넬 수 있는 다양한 인사를 알려주자. 인사할 때 하는 말과 행동을 구상해서 발표해 보면 뒤퐁 교수님에게 좋은 가르침이 될 것이다.

앵무새 해럴드

작가 소개

코트니 딕마스는 미국 매캘러스터대학과 영국 케임브리지의 예술대학에서 미술을 공부했다. 영국에서 공부하는 동안 첫 작품인 『앵무새 해럴드』를 출간했고 그 후로 2017년 현재까지 세 권의 그림책을 더 펴냈다. 코트니 딕마스는 우리나라에서 3년 동안 영어를 가르친 적이 있고, 태국, 중국, 인도네시아, 코스타리카, 이라크 북부 지역 등지를 여행했다. 지금은 미국 위스콘신 주 매디슨대학에서 그래픽 디자인과 일러스트레이션을 가르치면서 '헨리'라고 부르는

원제 | *Harold Finds a Voice*, 2013 글·그림 | 코트니 딕마스 출판사 | 봄봄
출판연도 | 2016년 ISBN | 9788991742758 판형 | 250*250mm 쪽수 | 40쪽
주제 | 내적 세계 / 사랑, 양선 / 나와 가족

나무 책상에서 작업을 한다고 한다. 작가에 대한 자세한 내용과 그녀의 작품에 대한 정보는 홈페이지(http://www.courtneydicmas.com/)에서 확인할 수 있다.

줄거리

해럴드는 어떤 소리든지 한 번 들으면 그대로 흉내낼 수 있는 재주 많은 앵무새다. 집안에 있는 모든 소리를 낼 수 있게 된 해럴드는 날마다 똑같은 소리를 내는 것에 싫증이 나고, 밖에서 나는 소리가 궁금해진다. 해럴드에게 바깥 세상은 아름다운 소리로 가득 차 있는 곳이었다. 해럴드만 빼고 모든 것들이 자기의 소리를 갖고 있었다. 해럴드는 자신만의 소리를 내보기로 결심한다. 그러나 솔직한 자신의 소리를 들은 해럴드는 끔찍한 소리라고 생각하며 입을 가리지만, 주변의 친구들은 해럴드의 소리를 멋지다고 한다. 해럴드는 이제 자기의 소리를 내게 된다.

서평

© 앵무새 해럴드

해럴드는 친화력이 좋은 앵무새다. 표지에서부터 날개를 활짝 펼치고 동그란 눈으로 독자들을 똑바로 바라보며 인사를 건넨다. 알록달록 예쁜 해럴드의 환영을 받으며 표지를 열면 면지에서는 해럴드를 따라 파리로 날아가게 된다. 면지에 이어 푸른색 배경에 색색의 깃털들이 나란히 그려져 각사의 색깔을 뽐내고 있는 펼침면이 나온다. 면지에 그려진 도시를 날아오느라 색깔도 다양한 깃털들을 떨구었나보다. 그렇게 해럴드는 자신의 생활 터전으로 독자들을 이끌고 간다.

헌정페이지에 내려앉은 해럴드는 계속해서 독자들과 눈을 맞추며 표제지에 그려진 자기 방까지 독자들을 데려간다. 어찌나 상냥하게 독자들을 안내하는지 본격적인 이야기가 시작되기도 전부터 독자들은 해럴드에게 친근감을 느끼게 된다.

해럴드는 각종 소리들을 흉내내는 재주가 대단한 앵무새다. 자명종 소리부터 다양한 물소리까지 온갖 소리들을 따라할 수 있다. 이 그림책에서는 이런 소리들을 딱 맞는 의성어와 타이포그래피의 적절한 배치로 기가 막히게 표현하였다. 이를테면 휴대전화의 진동 소리는 '부르르르!'로 쓰여 있는데 서체가 흔들흔들하고, '후쉬후쉬 위잉위잉' 세탁기가 돌아가는 소리는 실제로 세탁물이 돌아가는 모양이 연상되게 곡선으로 쓰여 있는 식이다. 그 소리를 내고 있는 해럴드의 포즈도 소리와 꼭 어울려서 웃음이 난다. 예를 들면, 토스터의 '띵!' 소리는 글자도 위로 톡 튀어오르는 것처럼 표현되어 있고 그 옆에 있는 해럴드도 목을 쭉 빼고 서 있어서 토스터에서 튀어 오른 빵과 같은 모양을 하고 있다. 그래서 일상생활 속 소리들을 시각적으로 즐길 수 있는 경험을 할 수 있다.

이 그림책은 다양한 타이포그래피와 앵무새 해럴드가 자기만의 소리를 찾아가는 여정을 담은 그림책의 내용이 긴밀하게 연결되어 독자들에게 글을 읽는 즐거움을 준다. 해럴드는 날마다 똑같은 소리를 내는 것에 싫증이 나서 '안녕'이라는 한 마디를 이런 소리로도 내 보고 저런 소리로도 내 본다. 여러 소리로 '안녕'이라는 말을 반복하는 것이 타이포그래피의 변화로 시각화되는데, 이 서로 다른 '안녕'들은 독자들이 보내 준 손글씨를 받은 것이라고 한다. 해럴드가 하는 '안녕'들은 모두 다 다른 사람의 소리인 셈이다. 자기 소리가 아니니 아무리 다양한 소리를 내 보아도 지루해지는 것은 어쩔 수가 없다. 원서에는 자기만의 소리는 목소리 voice 로, 다른 소리들은 소리의 성격에 따라 소음 noise 과 소리 sound 로 구분해서 사용하는데, 이 때 해럴드가 흉내내는 소리들은 소음 noise 이다. 공허한 소음이었던 것이다. 그래서 해럴드는 새로운 소리를 찾아 여행을 떠나게 된다.

해럴드는 기회를 틈타 새로운 소리들이 가득한 바깥으로 나간다. 해럴드는 빨래가 바람에 날리는 소리, 자동차들이 빵빵대는 소리를 비롯해 사람에게는 소음으로 느껴질 법도 한 소리들을 마음껏 즐긴다. 해럴드에게는 자동차 소리, 큰 배의 묵직한 소리, 달팽이가 기어가는 작은 소리까지 모두 아름답다. 그러고서 해럴드는 고민 끝에 자신만의 소리를 내 보기로 결심한다. 큰 결심을 한 해럴드는 펼침면 가득히 소음으로 들릴 법한 요상한 소리를 뱉어낸다. 해럴드는 순간 입을 막고 당황했지만, 다른 앵무새들은 해럴드의 소리를 칭찬해준다. 그렇게 해럴드는 자신의 소리를 찾게 되고 자신의 소리를 내면서 행복할 수 있게 된다.

자아를 찾기 위한 여행은 비장하게 느껴질 때가 많다. 그런데 해럴드의 여

행은 그렇지 않다. 비장하기는커녕 즐겁다. 화면 가득히 빨강, 파랑, 노랑, 초록 등 원색의 밝은 빛이 넘치고 글자와 그림의 유려한 흐름이 춤을 추듯 경쾌해서 자기를 찾아가는 여정, 자기 자신으로 성장하는 과정이 행복하고 즐겁게 보인다. 눈으로 소리를 듣고, 귀로 그림을 보는 것 같은 새롭고 감각적인 즐거움을 제공하면서 깊이 있는 주제를 알록달록하게 풀어낸 참 재미있는 책이다.

- 이 작품은 색깔이 다양하고 화면이 경쾌해서 눈으로 읽는 재미가 있는 책이다. 여러 색깔의 색종이를 찢어 붙여 해럴드를 만들어 보면 아름다운 한 존재에 다양한 색깔들이 모여 있다는 것을 직접 느낄 수 있을 것이다.

- 각종 소리들이 문자화되어 입으로 읽고, 귀로 듣는 재미도 있는 책이다. 주변에서 나는 소리를 흉내내 보거나 글자를 쓸 줄 아는 아동이라면 소리를 문자로 표현해 보도록 하면 재미있을 것이다. 글자로 표현한 소리를 보고 무슨 소리인지 알아맞히는 놀이도 해볼 수 있겠다.

- 아이들의 목소리를 녹음하여 들려주고 누구의 목소리인지 알아맞혀 보자.

야, 비 온다

작가 소개

글을 쓴 이상교는 1949년 서울에서 태어나 강화에서 성장하였으며 1973년 잡지 〈소년〉에 동시를 발표하며 등단하였고, 조선일보와 동아일보 신춘문예에서 동시, 동화 등에 입선 및 당선되었다. 지은 책으로는 동화집『댕기 땡기』, 『처음 받은 상장』등이 있고, 동시집으로는『먼지야, 자니?』등이 있으며, 그림책으로는『야, 비 온다』,『도깨비와 범벅장수』등이 있다. 세종아동문학상, 한국출판문화상, IBBY어너리스트상 등을 수상했다.

글 | 이상교 그림 | 이성표 출판사 | 보림 출판년도 | 2002년 ISBN | 9788943304393
판형 | 207 * 247mm 쪽수 | 36쪽 주제 | 자연적 세계 / 희락 / 동식물과 자연, 환경과 생활

그림을 그린 이성표는 1958년 경기도 용인에서 태어나 홍익대학교에서 시각디자인을 전공하였다. 2005년 『호랑이』로 한국출판문화대상을 수상했으며 현재 한국일러스트레이션 학교에서 강의하고 있다. 대표작으로는 『별이 좋아』, 『도마뱀아 도마뱀아 비를 내려라』등이 있다.

줄거리

단이는 삼촌으로부터 노란 우산을 선물 받는다. 단이는 날마다 비가 오길 기다리지만 쉽사리 비가 내리지 않는다. 마침내 기다리던 비가 내리고 단이는 신이 나서 우산을 펴 들고 밖으로 달려 나간다. 보이는 모든 것들에게 우산을 씌워 주며 빗속에서 한바탕 논다. 비가 그친 후 떠오른 무지개는 단이의 눈에 세상에서 가장 크고 아름다운 우산으로 보인다.

서평

이 책은 주인공 단이가 비를 애타게 기다리는 마음과, 빗속에서 상상의 나래를 동원하여 즐겁게 노는 모습, 비가 그친 후의 아쉬운 마음을 생동감 있는 의성어와 아이가 스케치한 것 같은 느낌의 그림으로 잘 표현했다.

　노란 우산을 선물 받은 단이는 어서 비가 오기만 기다린다. 바스락 거리는 나뭇잎 소리, 타박타박 발자국 소리, 치르륵 치르륵 자전거 바퀴 소리가 혹시 빗소리가 아닌지 확인해볼 정도로 단이는 비를 고대하고 있다. 단이의 온몸이 푸른색으로 칠해져 있는 그림으로도 단이가 얼마나 비 생각으로 가득 차 있는지를 엿볼 수 있다.

　마침내 기다리던 비가 내리기 시작한다. 단이는 하늘을 향해 두 팔을 활짝 벌리고 우산도 없이 비를 바라보며 행복해 한다. 단이가 빗방울 하나하나에 관심을 두는 듯 빗방울은 다소 과장될 정도로 크게 그려졌다. '토독 토독 톡 토독'이라는 의성어는 비 내리는 날의 소리를 상기시키고, 연보라색으로 바뀐 바탕색은 단이의 설렘을 전달하는 동시에 상상 속의 일이 일어날 것만 같은 분위기를 만들어 낸다. 이어지는 에메랄드색 배경의 페이지에서 단이는 본격적으로 빗속으로 달려간다. 빗방울도 짧은 흰색 선으로 바뀌어 있어 단이의 시각이 빗방울 하나에서 비오는 공간 자체로 확장되었음을 보여준다. 계속해서 배경색과 비의 모습은 바뀌는데 이와 함께 단이의 시각도 바뀌어 간다. 비가 내리는 하늘에서 공간 자체로 대롱대롱 우산에 달려 있는 빗방울에서 바닥에 핀 민들레에게로 점진적으로 단이의 시각이 하늘에서 땅으로 내려온다. 바닥에 있는 민들레에게로 시선이 닿자 단이는 보이는 것에 모두 우산을 씌워주고 싶어진다. 그렇게 아이는 상상 속에서 민들레부터 시작하여, 고양이와 개구리에게 우산을 씌워준다. 비를 맞을 리 없는 물 속 물고기, 사물인 자동차와 신호등, 눈에 잘 보이지 않는 미물인 개미에게도 우산을 씌워준다. 각자가 자신과 닮은 우산을 쓰고 있는 모습이 유머러스하게 그려져 있다.

모두가 우산을 쓰고 나자 비로소 비가 기다렸다는 듯이 시원하게 쏟아져 내리기 시작한다. 세차게 내리는 비와 함께 다양한 빗소리의 향연도 펼쳐진다. 똑 또닥, 후둑 후둑, 토닥토닥, 투둑 투둑, 탁 타닥, 호도닥. 비오는 날의 클라이맥스를 모두가 감상하듯이 비가 쏟아지고, 점차 멎어가는 사이, 펼침면에서는 우산을 든 이들이 대부분 정지한 채 비에 집중한다. 그러기에 독자도 함께 멈추어 서서 비를 맞고 있는 듯한 느낌을 받을 수 있다. 똑 똑 똑, 쪼록 쪼록 쪼록, 톡 톡 톡. 비는 마침내 그쳤다.

기다리던 빗속에서 즐기던 시간은 끝나고 이제는 우산을 접을 시간이 되었다. 아쉬운 마음에 주위를 둘러보니 이미 모두가 우산을 접어 감추었다. 아쉬운 마음 안고 단이는 우산을 접었지만 하늘은 접지 않고 대신 비를 맞아주며 예쁜 무지개를 보여 주고 있다. 때문에 우산을 쓰고 비를 맞는 순간이 너무 좋았던 단이의 눈에 무지개도 거대한 우산으로 보인다. 마지막 책장을 넘겨 뒤표지에 이르렀을 때 노랗던 우산은 단이처럼 파란 우산이 된다. 앞으로 우산도 비오는 날을 기다리게 될 것만 같다.

쉽게 그린 듯한 그림도 자세히 보면 무척 섬세하게 그렸음을 알 수가 있다. 배경색의 미묘한 변화는 상상과 현실을 넘나드는 단이의 상태와 빗줄기의 세기를 반영하고 있다. 비의 모양이 매 페이지마다 다른데 빗방울의 크기와 밀도, 색깔까지도 작가가 의도적으로 변화를 주고 있다. 단이의 모습과 어여쁜

"으응? 하늘은 아직 우산을 썼네?"
둥글둥글 둥그런 무지개 우산.
세상에서 가장 커다란 우산.
세상에서 가장 아름다운 우산.
하늘이 쓴 우산.

"삼촌, 저 위에서는
아직 비가 오나 봐!"

의성어들과 함께 동심으로 돌아가 우산을 들고 빗속에서 즐겼던 시간들을 추억해 보자.

◉ 비가 쏟아지는 장면의 글을 각자가 기억하는 빗소리의 느낌과 속도감을 살려서 실감나게 읽어보자.

◉ 빗소리가 나는 레인스틱을 준비하여 함께 소리를 들어보고, OHP와 쿠킹호일을 이용하여 간단한 레인스틱을 만들어 보자. 또 새로운 방법과 재료(쌀, 콩알 등 입자 크기가 다른 곡류 등)로 빗소리를 내는 악기를 만들어 보는 창의 활동을 해보자.

◉ 날씨에 관하여 이야기를 나누어 보고, 투명 비닐우산에 유성펜이나 매직으로 '나만의 우산 만들기' 활동을 해보자.

언제까지나 너를 사랑해

작가 소개

글을 쓴 로버트 먼치는 50여 권의 그림책을 펴낸 작가이다. 어릴 때부터 공상하는 것과 시 쓰는 것을 좋아했다. 수도사가 되기 위해 공부를 하던 중에 우연히 자신이 원하는 일이 아이들을 돌보는 일이라는 것을 알게 되어, 유아원을 하며 아이들에게 이야기를 들려주기 시작했다. 그는 스스로를 이야기꾼이며 어린이들을 위한 책을 쓰고, 어린이들에게 말하며, 어린이들의 이야기를 듣는 사람

원제 | *Love You Forever*, 1995 글 | 로버트 먼치 그림 | 안토니 루이스 출판사 | 북뱅크
출판년도 | 2000년 ISBN | 9788995048924 판형 | 209 * 259mm 쪽수 | 32쪽
주제 | 가족 세계 / 사랑 / 나와 가족

으로 소개한다.『종이 봉지 공주』를 비롯한 많은 작품들로 국내에서도 사랑받고 있는 그는 지금도 계속해서 어린이들을 위한 시와 이야기를 쓰고 있다.

그림을 그린 안토니 루이스는 부모님의 영향으로 어려서부터 그림에 열정이 있었다. 영국 리버풀 미술학교를 수석으로 졸업한 뒤, 300권이 넘는 책에 그림을 그렸다. 대표작『언제까지나 너를 사랑해』로 유명해졌으며, 『올빼미 나무』로 영국에서 스마티즈상을 받았다.

줄거리

어머니는 갓 태어난 아기를 부드럽게 다독이며 노래를 불러준다. 그 노래는 언제까지나 너를 사랑한다, 어떤 일이 닥쳐도 사랑한다는 내용이다. 아이는 자라면서 온갖 말썽을 부리지만 그래도 아이가 잠든 밤이면 어머니는 아이에게 그 노래를 불러준다. 아이는 자라 어른이 되고 다른 곳에 살게 되지만, 어머니가 불러주신 사랑의 노래를 기억한다. 나이가 드신 어머니가 움직이기 힘들어지자 이제는 아들이 어머니를 찾아와 어머니께 그 노래를 불러드린다. 그러고서 그는 막 태어난 자신의 딸에게도 그 노래를 들려준다.

서평

『언제까지나 너를 사랑해』는 자녀를 향한 어머니의 사랑 고백이다. 자녀가 갓 태어난 아기일 때도 그 아기가 자라 아이의 아버지가 되어도 어머니의 사랑 고백은 한결 같다. 아이가 말썽을 피워 '미칠 것 같아'도, 아이의 행동에 화가 나 '동물원이라도 팔아버리고 싶어'도, 잠이 든 아이에게 어머니가 가만가만 불러주는 노래는 '너를 사랑해 언제까지나 / 너를 사랑해 어떤 일이 닥쳐도 / 내가 살아 있는 한 / 너는 늘 나의 귀여운 아기'이다.

아이는 자란다. 아이가 자라면서 변화되는 많은 것들을 그림에서도 찾아볼 수 있다. 아이 방의 커튼은 오리 무늬에서 곰돌이 무늬로 그 다음은 축구 선수 무늬로 아이의 취향에 따라 바뀐다. 창밖으로 보이는 풍경도 점점 달라진다. 태어날 아이를 기다리며 심었을 지도 모를 앙상한 묘목은 아이가 자라면서 점점 무성해 지고, 아들이 나이 든 어머니를 뵈러 왔을 때는 제법 굵은 나무가 된다. 멀리 있던 나무는 점점 가까이 다가오고, 나무밖에 없던 창 밖에는 집이 생기고, 큰 건물도 들어선다. 이는 세월이 지나 아이가 사는 동네에 새로운 것들이 생기는 것일 수도 있겠지만, 그보다는 아이가 자라면서 겪는 변화로 읽힌다. 갓난아기에게는 집 뜰이 자기 세계의 거의 대부분이었지만 어른이 되면 그 세계에 더 많은 것들이 들어오게 되는 것이다. 어른으로 자라가는 아이의 세계에는 주변의 집도 예쁘게 자리 잡고, 큰 건물도 조화롭게 놓인다. 아이의 세계는 점점 넓어지고 다채로워진다. 아이가 겪는 성장과 변화의 중심에는 변치 않는 어머니의 사랑 노래가 있다. 어머니에게서 자녀에게로만 흐르던 그 사랑의 노래는 자녀에게서 어머니를 향해 퍼져나가고, 동시에 자녀의 자녀에게로 전해진다. 갓 태어난 아들의 딸 역시 그 사랑의 노래 가운데 세계가 넓어지고 어른이 되는 변화를 겪고, 자기가 받은 사랑을 연세 드신 아버지께 고백하게 될 것이다.

말썽을 피우고 희한한 언행으로 어머니를 화나게 하는 자녀의 모습이나 그런 자녀를 향해 무서운 표정을 짓고 속상해 하는 어머니의 모습이 현실적이다. 어머니의 사랑을 지나치게 이상화하지 않는 것이다. 그래서 『언제까지나 너를 사랑해』는 지극히 사랑하면서도 서로에게 조금씩의 걸림이 되는 어머니나 자녀 모두 안심하면서 읽을 수 있고, 각자의 감동을 누릴 수 있다. 그러나 어린 아이들은 한 장면에 같은 아이가 여러 번 반복해서 그려지는 것이나 어른이 된 아이가 어머니의 사랑 노래를 그대로 간직하며 잠이 드는 것을 어머니가 밤중에 버스를 타고 잠든 자녀의 집에 가는 것으로 그린 부분 등을 이해하기 어려워할 수 있다. 아이가 하는 여러 행동들을 따라해 보도록 하거나 어려워하는 장면에 대해서 이야기를 나누면 이해에 도움이 된다. 그러나 아이가 잘 이해하지 못하는 부분이 있더라도 '어떤 경우라도, 언제까지나' 자녀를 사랑하는 어머니의 마음은 진하게 전달될 것이다.

- 책을 읽으며 말과 노래, 시화나 몸으로 하는 표현 등의 다양한 방법으로 '어떤 경우라도, 언제까지나' 사랑한다는 것을 표현해 보자.

- '언제까지나 너를 사랑해' 노래를 듣고 따라 불러보자. 노래는 인터넷으로 검색하면 쉽게 찾을 수 있다.

- 엄마를 속상하게 했던 경험을 떠올리며 이야기를 나누어보자. 엄마를 속상하게 할 때에도 변함없이 자녀를 사랑하는 엄마에게 사랑과 감사의 마음을 담아 편지를 쓰거나 선물을 만들어 보자.

ⓒ 언제까지나 너를 사랑해

엄마, 꼭 안아 주세요

작가 소개

글을 쓴 닉 블랜드는 오스트레일리아에서 태어났으며 어린 시절 농장에서 자유롭게 놀면서 아버지의 아트 스튜디오에서 예술에 대한 꿈을 키우며 자랐다. 지금은 오스트레일리아의 다윈에서 120여 명의 원주민을 보살피며 글을 쓰고 있다. 우리나라에 출간된 작품으로는 『짜증난 곰을 달래는 법』, 『엄마, 꼭 안아 주세요』가 있다.

원제 | The Runaway Hug, 2011 글 | 닉 블랜드 그림 | 프레야 블랙우드
출판사 | 책과콩나무 출판년도 | 2011년 ISBN | 9788994077277 판형 | 225 * 274mm
쪽수 | 32쪽 주제 | 가족 세계 / 사랑 / 나와 가족

그림을 그린 프레야 블랙우드는 영국에서 태어나 오스트레일리아에서 자랐다. 화가와 건축가인 부모 덕분에 어렸을 때부터 그림 그리는 걸 좋아했다. 시드니 공과대학교에서 시각디자인을 공부한 뒤, 영화와 애니메이션 일을 했다. 2002년부터 그림책의 그림을 그리기 시작했으며, 『이젠 안녕』으로 2010년 케이트 그린어웨이상을 받았다. 우리나라에 출간된 작품으로는 『엄마의 얼굴』, 『아빠가 제일 좋아요』, 『엄마, 꼭 안아 주세요』 등이 있다.

줄거리

잠자리에 들기 전 루시는 혼자서 화장실에 다녀오고, 세수를 한 후, 이를 닦고, 예쁜 잠옷으로 갈아입었지만 잠이 오지 않는다. 그래서 루시는 엄마에게 한 번만 안아 달라고 부탁을 한다. 이에 엄마는 하나밖에 남지 않은 포옹을 루시에게 빌려준다. 루시는 가족들에게 포옹을 하고 다시 돌려받았는데 강아지 애니에게서 포옹을 돌려받지 못하자 이를 돌려받기 위해 애니를 쫓아다니다 결국 돌려받는다. 방으로 돌아온 루시는 엄마의 뽀뽀 세례를 받고서 잠이 든다.

서평

잠들기 전 엄마가 해 준 포옹을 가족들에게 차례차례 나누어 주는 주인공 루시를 보며, 이 책을 읽는 아이도 사랑을 듬뿍 느끼며 편안하게 잠자리에 들 수 있을 것이다.

    이 책은 표제시에서부터 이야기기 시작되고 있는데, 양치를 하고, 잠옷으로 갈아입는 등 주인공 루시가 잠자기 전에 하는 일들을 자연스럽게 보여주고 있다. 이 모든 일들이 루시에게 쉬워 보이지는 않는다. 루시는 엄마의 손길이 많이 필요한 어린아이이기 때문이다. 하지만 엄마는 더 어린 동생을 포함하여 네 자녀를 돌보며 집안일을 해야 하기에 루시를 일일이 도와줄 수가 없다.

    잠잘 준비를 마친 루시는 엄마에게 안아 달라고 부탁을 한다. 엄마는 포옹이 하나밖에 남지 않아서 다시 돌려받아야 한다고 하는데 이러한 설정이 사랑스럽다. 팍팍한 일상의 긴장은 훈육이 아닌 이와 같은 부모의 따뜻한 상상력

© 엄마, 꼭 안아 주세요

과 유머로 풀어지곤 한다. 할 일이 태산인데 TV 시청에 폭 빠져 있는 아빠, 장난감을 가지고 티격태격 싸우는 오빠들, 틈을 타서 사고를 치고 있는 아기 동생에게까지도 엄마가 전해준 따뜻함이 루시의 포옹을 통해 온 가족에게 전해진다. 루시의 포옹 릴레이를 지켜보노라면 이 아이가 엄마의 말을 얼마나 진지하게 여기고, 이를 지키려고 애쓰는지가 전해져 온다. 그래서 애완견 애니가 포옹을 받고는 어딘가로 뛰어나가자 안절부절하지 못하고 온 집을 쫓아다니다가 눈물을 흘리는 루시가 안쓰럽다. 결국은 애니에게서 포옹을 돌려받고, 방으로 돌아와 엄마와 둘만의 시간을 가지며 뽀뽀 세례를 받은 루시가 편안한 마음으로 잠이 드는 모습을 보며 독자 또한 안도를 할 수 있을 것이다.

네 명의 자녀가 있는 집이라면 무척 분주할 것 같은데 이 책은 서두름이 없고 편안하다. 쌍둥이 형제가 싸우고 있어도, 아이가 개를 쫓아서 뛰어다녀도, 집안 곳곳이 어질러져 있어도 이 모든 것이 자연스럽게 다가온다. 연필선이 그대로 드러나는 스케치에 부드러운 수채 물감으로 채색된 그림이 자아내는 따뜻한 분위기도 한 몫을 하겠지만 그 무엇보다도 엄마가 가진 따뜻함이 독자에게도 전해지는 것이 더 큰 이유일 것이다. 엄마는 책 전체에 몇 번 나오지 않지만 그녀의 표정과 행동과 말에서 아이들을 향한 사랑과 이해가 풍겨져 나온다.

집안 곳곳에 걸려 있는 액자에는 작가의 다른 작품들 속 캐릭터들이 그려져 있어 그림 읽기의 재미를 더한다.

- 이 책을 읽고 나면 우리 아이들을 꼭 안아주고 싶은 마음이 들 것이다. 그동안 미안한 마음이 있었다면 더 진하게 안아주자. 그러면 더 깊은 포옹으로 응답하는 아이의 사랑스런 모습을 대하게 될 것이다.

- 음악에 맞춰 자유롭게 움직이다 음악이 멈추면 가까운 친구와 포옹을 하는 활동을 해보자.

- 작가의 다른 작품들에 나오는 캐릭터들이 액자에 걸린 그림으로 다양하게 등장한다. 작가의 작품들을 읽어보며 어떤 작품의 무슨 장면이 나왔는지를 찾아보자. 액자의 장면이 본 작품의 상황과 어떻게 연관이 되는지도 생각해 보자.

엄마, 잠깐만!

작가 소개

앙트아네트 포티스는 미국에 있는 UCLA대학교에서 미술을 공부하고 그림책 작가로 활동하기 전 디즈니사에서 일했다. 『이건 상자가 아니야』로 닥터 수스 상과 뉴욕타임즈 베스트 일러스트 그림책에 선정되었다. 작품으로 『이건 막대가 아니야』, 『펭귄 이야기』, 『안녕? 유치원』 등이 있다. 작가와 그녀의 작품에 대한 정보는 홈페이지(www.antoinetteportis.com)에서 확인할 수 있다.

줄거리

아이의 손을 이끌고 지하철을 타기 위해 서두르는 엄마와 다양한 동물과 사물들에게 시선을 빼앗겨 "잠깐만!"을 외치는 아이의 이야기를 담았다. 아이는

원제 | Wait, 2015 글 · 그림 | 앙트아네트 포티스 출판사 | 한솔수북 출판년도 | 2015년
ISBN | 9791170280088 판형 | 260 * 185mm 쪽수 | 32쪽
주제 | 사회적 세계 / 인내 / 나와 가족, 교통기관, 환경과 생활

© 엄마, 잠깐만!

지하철을 타러 가는 길에서 만나는 강아지와 공사장 인부, 공원의 오리와 아이스크림 트럭, 물고기 가게 등을 그냥 지나칠 수 없다. 길거리에서 만나는 이에게 인사를 하고, 동물들은 쓰다듬어주어야 하기 때문이다. 지하철을 놓치지 않으려고 "빨리" 가자는 엄마의 마음은 급하다. "빨리"와 "잠깐만" 사이의 긴장감은 점점 커지고 승강장에서 외치는 아이의 마지막 "잠깐만"에 엄마는 마음을 내려놓고 아이와 처음으로 같은 곳을 바라본다. 함께 바라본 하늘에는 쌍무지개가 떠있다.

서평

아이를 둔 집의 아침 풍경 속엔 늘 서두르는 엄마와 이에 따르지 않으려는 아이가 있다. 이 작품은 "빨리!"를 외치며 서두르는 엄마와 "잠깐만" 기다려 달라며 사소한 것들에게 마음을 주는 아이 사이의 대비가 잘 나타난다

　표지에는 아이의 손을 잡아끌며 발길을 재촉하는 엄마와 고개를 돌려 무언가를 바라보며 엄마에게 끌려가지 않으려는 아이가 나온다. 엄마는 비옷을 입고 장화를 신었는데, 아이는 외투조차 입지 않았다. 집밖으로 나오기 전부터 벌어졌을 엄마와 아이 사이의 "빨리"와 "잠깐만"의 실랑이를 짐작할 수 있다.

　번역서에는 전후 맥락과 엄마와 아이가 했을 법한 둘 간의 대화를 풀어서 소개하고 있지만 원서에서는 빨리 Hurry!와 잠깐만 Wait 그리고 마지막 페이지에 그래 Yes 까지 세 단어만 나온다. "빨리"는 이탤릭체로 옆으로 기울어져 있어서 빨리 가고픈 엄마의 마음을, "잠깐만"은 고딕체로 반듯하게 서 있어서 천천히 가려는 아이의 마음을 타이포그래피에 시각적으로 반영하였다.

　첫 페이지에는 시계를 확인하며 앞으로 가려는 엄마와 뒤를 바라보며 강아

지를 가리키는 아이가 있다. 뒤이은 장면에서 아이는 엄마의 "빨리"에 아랑곳하지 않고 아예 주저앉아서 강아지에게 인사를 건넨다. 아이의 다음 시선은 공원 호숫가에서 오리에게 빵을 주는 할아버지에게 가있다. 그냥 지나칠 리가 없는 아이는 할아버지에게서 빵을 한 조각 받아 오리에게 먹이를 주고 간다. 아이스크림 트럭, 열대어 화단에 숨어 있는 나비에

© 엄마, 잠깐만!

아이는 차례로 눈길을 빼앗기고 그때마다 멈춰 선다. 아이의 시선을 빼앗을 단서가 나오는 장면과 아이와 그 시선에 포착된 것에 "잠깐" 멈춰 서는 장면이 번갈아 나온다. 아이가 잠깐 멈춰 서 있는 장면에서는 엄마의 모습은 나오지 않기 때문에 엄마는 아이가 발견한 것들을 공유하지 않는다는 것을 알 수 있다.

비가 내리기 시작하면서 "빨리!"와 "잠깐만" 사이의 균형은 깨진다. "빨리" 서둘러야 한다는 엄마의 의지가 반영된 듯 폰트의 크기는 이전보다 크게, 그리고 세 페이지에 걸쳐 연속해서 나타난다. "빨리!", "빨리!" 간신히 제 시간에 맞춰 승강장에 도착을 했고 지하철의 문도 열렸다. 이제 지하철 안으로 들어가기만 하면 되는데 그 순간 아이도 양보하지 않고 강력하게 "잠깐만" 기다리라며 무언가를 가리킨다. 아이의 요청에 엄마는 눈앞에서 지하철을 떠나보내고 아이를 안고 처음으로 같은 방향을 바라본다. 함께 바라본 그 곳에는 빌딩숲 위로 쌍무지개가 선물처럼 펼쳐져있다.

원서의 서지 정보 위 헌사에는 "기다려 준 나의 엄마에게"라는 작가의 말이 적혀 있다. 그 어떤 것보다도 부모가 자녀에게

© 엄마, 잠깐만!

해줄 수 있는 가장 큰 것은 기다려주는 것일는지도 모르겠다. 부모에게는 아이를 기다려 주는 책 속의 엄마의 모습을 통해서 천천히 가도 괜찮고 바쁘게 살아가느라 놓치고 사는 것은 없는지 돌아보자는 메시지를, 아이에게는 즐거웠던 등원길의 추억을 전해주는 책이다.

  이제 책을 다시 바라보자. 급하게 읽느라고 놓친 작은 것들이 더 없는지를. 표지를 쫙 펼쳐 보고, 표제지도 자세히 살펴보자. 작가가 숨겨 놓은 재미난 것들을 발견할 수 있을 것이다.

- ⊙ 빨리 가기 바쁜 어른들이 놓치는 작은 것들을 아이들은 잘 포착한다. 유치원 가는 길에서 만난 재미난 것들을 이야기 나누어 보고, 사진으로 찍어 와서 함께 나누어 보자.

- ⊙ 본문의 엄마와 아이의 모습을 따서 워크시트를 준비하고 여백에 등원길 풍경을 채워 보자.

- ⊙ 작은 네모 프레임을 준비하여 엄마와 아이가 나오는 전체 장면 곳곳에 대어 보며 아이가 발견한 것이 무엇일지 함께 찾아보며 읽어보자.

엄마를 잠깐 잃어버렸어요

작가 소개

크리스 호튼은 아일랜드에서 태어났으며, 대학에서 그래픽 디자인을 전공했다. 호튼은 동료이자 아내가 보여준 그림책의 세계에 매료된 후 그림책 작업에 참여하게 된다. 볼로냐아동도서전에 출품한 포트폴리오를 보림출판사에서 보고 『엄마를 잠깐 잃어버렸어요』라는 제목으로 우리나라에서 먼저 그림책의 처녀작이 출간되었으며 현재 계속해서 그림책 작업을 하고 있다. 대표작으로는 『쉬잇! 다 생각이 있다고』, *Hat Monkey*, *Oh No, George!* 등이 있다. 작가의 홈페이지(http://www.chrishaughton.com)에서 더 많은 정보를 볼 수 있다.

글·그림 | 크리스 호튼 출판사 | 보림 출판년도 | 2009년 ISBN | 9788943307622
판형 | 180 * 180mm 쪽수 | 22쪽 주제 | 사회적 세계 / 양선 / 건강과 안전

줄거리

엄마 부엉이와 함께 잠을 자던 아기 부엉이가 둥지에서 떨어진다. 아기 부엉이는 다람쥐의 도움으로 엄마 찾기에 나선다. 아기 부엉이는 여러 동물들의 도움을 받아 곰, 토끼, 개구리를 거쳐 엄마 부엉이와 재회한다. 둥지에서 엄마 부엉이가 개구리와 다람쥐에게 감사의 인사로 차를 대접하는 사이, 아기 부엉이는 다시 꾸벅꾸벅 존다.

서평

표지에 크게 클로즈업된 아기 부엉이가 무얼 찾고 있으며 무언가를 묻는 듯한 표정으로 시작하는 『엄마를 잠깐 잃어버렸어요』는 보드북이다. 인물과 배경이 모두 편화로 디자인되어서 사물의 특징만 간략하게 드러내는 작가의 독특한 화풍이 영아들의 주의를 끌기에 적합하다. 책의 크기도 크지 않아서 영아들이 옆구리에 끼고 다니기 좋다. 또한 면지와 표제지 없이 바로 이야기가 시작돼 속도감 있게 이야기 속으로 독자들을 안내한다. 첫 페이지는 반 페이지를 플랩 처리하여 꾸벅 꾸벅 졸고 있는 아기 부엉이가 어떻게 될지 궁금증을 자아내는데 플랩면을 넘기면 아기 부엉이는 바닥으로 떨어지고 만다.

떨어지는 아기 부엉이를 다람쥐와 곰, 개구리, 토끼가 바라본다. 그런데 곰과 개구리, 토끼는 펼침면의 왼쪽에 배치되고 배경과 같은 주황색 계통으로 처리되어 아기 부엉이를 바라보는 눈동자를 빼면 존재가 부각되지 않는다. 그러나 다람쥐는 오른쪽 상단에 몸을 쑥 내밀고 배경과 다른 보라색으로 채색되어 눈길을 끌고 독자들은 다람쥐의 활약을 기대하게 된다.

엄마를 단편적으로 묘사하는 아기 부엉이의 설명 때문에 엄마 찾기를 도와주는 다람쥐의 추측은 번번이 빗나가고 그 때마다 차례로 등장하는 곰과 토끼, 개구리는 멀뚱멀뚱 눈을 굴리며 금방이라도 자신은 아기 부엉이의 엄마가 아니라고 말할 태세이다. 마침내 개구리가 아기 부엉이를 엄마에게 데려다주는데, 그 단서는 아기 부엉이의 설명이 아니라 개구리가 엄마 부엉이를 숲에서 보았기 때문이다. 엄마 부엉이는 아기 부엉이가 다람쥐와 함께 엄마를 찾고 있을 때부터 아기 부엉이를 찾고 있었다. 그림을 자세히 보면 엄마 부엉이는 숲속 여기저기를 헤매며 아기 부엉이를 찾는다.

아기와 엄마 부엉이가 다시 만나게 되는 장면은 페이지 터너의 활용이 돋보인다. 다람쥐와 개구리의 도움으로 엄마와 재회하는 모습을 곧바로 보여주지 않고 먼저 오른쪽 페이지에서 "자~ 네 엄마 맞지?"라고 말하며 다람쥐와 개구리가 오른쪽을 가리키고 극적인 재회를 기대하는 긴장이 이어진다. 독자들은 이번에는 과연 엄마를 찾을 수 있을까 궁금해 하면서 페이지를 넘기게 된다. 페이지를 넘기면 엄마와 아기 부엉이가 반갑게 만나는 장면이 펼친 화면에 가득하다. 어린 독자들은 엄마를 찾은 아기부엉이를 보며 자신의 예상이 맞아떨어져서 기뻐하고 부엉이 모자의 행복한 재회에 안도한다. 그렇지만 엄마부엉이가 다람쥐와 개구리에게 감사의 인사로 차를 대접하는 사이 아기 부엉이는 다시 졸기 시작하여 사건이 반복될 것이라고 예측하게 되면서 독자에게 웃음을 선사한다.

 엄마를 잃어버렸다가 찾아가는 과정과 재회라는 간단하고도 안정된 구조, 또한 다시 같은 사건이 순환 반복될 것 같은 암시를 둠으로써 대상 독자인 영아들이 이해하기 쉽도록 구성한 이 작품은 그림책의 크기나 재질, 간략한 화풍에 선명한 색상, 스토리 구성까지 영아들에게 적합한 그림책으로 손색이 없다.

- 등장인물을 막대인형으로 만들어 손인형극을 해보자. 스토리가 간단하고 반복되는 말로 이루어져 있기 때문에 어린 유아들도 즐겁게 참여할 수 있을 것이다. 아기 부엉이 대신 영아의 이름을 넣어서 이야기를 해보면 영아들이 더욱 기쁘게 활동에 참여할 수 있을 것이다.

- 그림을 다시 보면서 엄마 부엉이가 아기 부엉이를 찾는 모습을 살펴보자. 엄마

ⓒ 엄마를 잠깐 잃어버렸어요

부엉이가 되어서 아기 부엉이를 찾는 행동을 몸으로 표현해 보아도 재미있을 것이다.

◉ 여러 동물들의 엄마와 새끼 사진을 모아 카드처럼 양면에 붙여서 엄마 아가 동물사전을 만들어보자. 아기 동물이 되어서 엄마를 설명하고 서로 알아맞히기 놀이를 해보자. 예를 들어 아기코끼리라면 '우리 엄마는 덩치가 크고, 귀도 커요. 코는 길어요'라고 말하면 다른 사람들은 그 동물이 무엇인지 알아맞힌다. 또한 영아들과 엄마들이 함께 모이거나 엄마의 사진을 보면서 엄마의 모습을 말하거나 몸으로 표현하여 찾는 놀이를 해보아도 재미있을 것이다.

엄마 마중

작가 소개

글을 쓴 이태준은 1904년 강원도 철원에서 태어났다. 1925년 단편 소설『오몽녀』입선을 시작으로 1930년부터 동화를 많이 썼으며, 『엄마 마중』은 1938년 〈조선아동문학집〉에 실린 글이다. 이태준은 여섯 살에 어머니를 여의고 아홉 살에 아버지를 잃었는데 그 때문인지 이태준의 동화에는 유난히 부모를 잃은 아이들이 많이 등장한다.

그림을 그린 김동성은 1970년 부산에서 태어나 1995년 홍익대 동양화과를

글 | 이태준 그림 | 김동성 출판사 | 보림 출판년도 | 2013년 ISBN | 9788943309725
판형 | 226 * 247mm 쪽수 | 36쪽 주제 | 사회적 세계 / 자비 / 우리나라, 겨울

졸업하였다. 그 후 우연한 기회에 『삼촌과 함께 자전거 여행』에 그림을 그렸고 이를 계기로 그림책 작가로 활동하게 되었다. 작품으로는 『북 치는 곰과 이주홍 동화나라』, 『들꽃 아이』, 『메아리』, 『안내견 탄실이』 등이 있다. 김동성의 그림은 매혹적인 동양적 미감과 치밀하게 연출된 시각적 구조를 가지고 있다는 평을 받고 있다.

줄거리

어느 추운 겨울날, 아가가 전차 정류장으로 엄마를 마중 나간다. 아가는 전차가 들어올 때마다 차장에게 자기 엄마가 오는지 물어보지만 차장은 너희 엄마를 모른다는 대답만 하고 이내 정류장을 떠난다. 그런데 한 차장은 차에서 내려 아가에게 엄마가 오실 때까지 한군데 가만히 있으라고 한다. 아가는 홀로 정류장에서 엄마를 계속 기다린다. 날은 저물고 온 세상은 눈으로 덮여간다. 마침내 아가는 한 손에는 엄마 손을 잡고 다른 손에는 사탕을 들고 집으로 향한다.

서평

한 아이가 정면을 보며 시작하는 『엄마 마중』의 표지는 연한 노랑색이다. 면지를 넘기면 바로 이어지는 장면에서 요즘은 볼 수 없는 허름한 적산가옥과 그 사이를 누비는 어지러운 전선, 골목길과 계단이 보인다. 그림 작가는 이태준이 글을 발표했던 1930년대의 풍경을 표현하려 한 것 같다. 속표지를 열면 한 아가가 요즘 아이들과는 다른 복장으로 계속 앞을 향해 걸어가는데 글을 통해 이 외출은 먼 길을 혼자 걸어 전차 정류장까지 이어진다는 것을 알 수 있다. 이 작품은 면지와 표제지 사이에 중간 페이지를 넣어서 아이가 사는 동네 그림을 보여주면서 이야기가 시작된다.

아이와 사람들이 함께 정류장에 서있는 장면은 채색 없이 갈색의 윤곽선만

© 엄마 마중

으로 처리되었다. 이러한 모노톤의 그림은 정류장에 있는 사람들과 아이 사이에 어떤 정서적 교감이나 유대감이 없다는 느낌을 갖게 한다. 연하게 채색된 전차와 전차를 타고 내리는 사람들도 담담하게 느껴진다. 반면에 아득히 멀리서 달리는 전차 그림은 이전의 장면과는 달리 아름답고 신비스러운 초록과 노랑으로 물들어 선명한 색감을 드러낸다. 아이의 현실을 보여주는 다른 장면들과 확연히 대조되는 환상적인 느낌을 준다. 전차는 커다란 나무 밑, 꿈결 같은 바다 속, 새들과 함께 하늘 길을 달리기도 한다. 노란색부터 연두와 초록의 농담을 자유롭게 넘나드는 아름다운 그림은 엄마를 기다리는 아이의 그리움과 기대를 보여준다. 동시에 그 빛깔들은 애잔하게도 느껴져서 처음에는 귀엽기만 했던 코끝 빨간 아이가 빨리 엄마를 만났으면 좋겠다고 독자들의 마음도 간절해진다. 특히 정류장에서 기다리는 사람들은 전부 바뀌고 어두운 거리에는 눈발이 날리는데 여전히 꼼짝 않고 남아있는 아이를 보는 독자들은 점점 조바심이 난다. 글이 끝나는 장면에서 아이의 옆모습은 클로즈업되고 아이는 글처럼 '코만 새빨개서 가만히 서있다.'

 글 없이 그림만 있는 연두색 톤의 마지막 세 장면, 즉 어두워진 밤거리를 배경으로 펑펑 쏟아지는 눈송이를 올려보는 아이, 환영처럼 희미하게 뭉개진 함박눈 내리는 동네 풍경과 엄마와 아가가 손을 잡고 정답게 귀가하는 장면은

© 엄마 마중

© 엄마 마중

그림 작가의 재해석을 통해 첨가된 장면이다. 아마 그림 작가도 아가의 마중이 엄마와의 만남으로 완성되길 바랐던 것 같다. 처음 페이지에서 갈색의 모노톤으로 그려졌던 동네는 마지막 장면에서 함박눈이 쏟아지는 초록빛 설경으로 변해, 귀가하는 엄마와 아기를 보여주면서 처음과 결말을 하나로 묶어준다.

2004년 소년한길 출판사에서 이 작품을 처음 펴낼 당시에는 면지가 짙은 적황색이었다. 그러나 2013년 보림 출판사에서 재출판하게 되면서 앞면지는 연한 노랑색, 뒷면지는 환한 연두색으로 바뀌었는데, 이는 출판 기획과정에서도 안정된 결말을 암시하려 한 것으로 보인다.

- 첫 장면과 마지막 장면의 동네 풍경과 앞뒤 면지를 비교해 보면서 다른 점을 찾아보자. 색깔이 달라지면 그림의 느낌이 어떻게 달라지는지 느껴보자. 아기와 엄마가 집으로 돌아가면서 무슨 이야기를 할지 상상하고 이야기를 꾸며보자.

- 다양한 톤의 초록 색상지에 면봉으로 흰 물감을 찍어 눈 오는 풍경을 표현해보자. 그림책의 장면과 비교하면서 느낌이 어떻게 다른지 이야기해 보자.

- 김재홍 작가의 『동강의 아이들』을 같이 읽고, 『엄마 마중』의 아가와 『동강의 아이들』의 오누이의 같은 점과 다른 점에 대해 이야기해 보자.

여우 나무

작가 소개

브리타 테켄트럽은 유명한 일러스트레이터이며 작가이고 순수 미술가이다. 함부르크의 부퍼탈 마을에서 태어나고 자랐으며 1988년 영국 런던으로 옮겨 미술을 공부했다. 1993년부터 지금까지 90권이 넘는 그림책에 글을 쓰고 그림을 그렸다. 그녀의 책들은 20개국 이상에서 출판되었다. 그녀는 영국에서 17년간 살았고, 현재는 베를린에서 남편과 아들, 그리고 늙은 고양이 오스카

원제 | *The Memory Tree*, 2013 글·그림 | 브리타 테켄트럽 출판사 | 봄봄
출판년도 | 2013년 ISBN | 9788991742499 판형 | 245 * 245mm 쪽수 | 32쪽
주제 | 사회적 세계 / 사랑 / 유치원과 친구

와 함께 살고 있다. 국내에는 『시끌벅적 세상의 모든 탈것들』, 『나랑 친구 할래?』, 『세상은 얼마만큼 커요?』, 『난 목욕이 싫어!』 등이 소개되었다. 작가의 홈페이지(http://www.brittateckentrup.com)에는 작가에 대한 정보와 작품에 대한 자세한 안내가 담겨 있다.

줄거리
옛날 옛날에 여우 한 마리가 동물 친구들과 함께 숲에서 오랫동안 행복하게 살았다. 여우는 가장 좋아하는 숲 공터로 가 눈을 감고 영원한 잠에 빠져들었다. 주위는 고요하고 평화로웠고, 흰 눈은 여우를 부드럽게 덮어주었다. 여우의 친구 부엉이는 여우를 가만히 안아주었다. 숲 속 친구들은 하나둘씩 여우 주변으로 모여들었다. 오랜 동안 말없이 앉아있던 친구들은 여우와 함께 했던 아름다운 추억을 하나둘씩 떠올리며 이야기를 나누었다. 그 동안 여우가 누워있던 자리에서는 조그만 싹이 올라오고, 점점 자라서 튼튼하고 아름다운 나무가 되었다. 여우 나무는 숲 속 동물 친구들에게 든든한 힘이 되어주었다.

서평
작가 브리타는 돌아가신 할머니를 생각하며 이 책을 만들었다고 한다. 속표지 앞의 헌정 페이지에는 '안나 헤르트리히를 추모하며'라고 돌아가신 할머니에 대한 마음을 담았고, 작가의 홈페이지에서는 작가가 그리워하는 할머니의 모습도 사진으로 만날 수 있다. 이 책은 사랑하는 이의 죽음에 대한 자전적 경험이 빗어낸 이야기인 것이다.

이 책이 들려주는 '죽음'의 이야기는 특별하다. 그것이 아마도 작가의 철학일 것이다. 이야기는 여우의 죽음에서 시작된다. 죽음이 이야기의 끝이 아니라 시작인 것이다. 죽음을 맞이하는 여우는 차분하고 일상적인 모습이라 죽음이 특별한 사건이 아니라 평범한 삶의 일상적인 일로 느껴지기도 한다.

그 중 가장 특별한 점은 아마도 죽음을 대하는 방식일 것이다. 사랑하는 이의 죽음을 다루면서 이 책이 주목하는 것은 상실의 슬픔이 아니라 사랑하는 이와 함께 했던 시간에 대한 감사와 그것을 추억하는 따스함이다. 그래서 그림에는 눈물 한 방울이 없고, 글 텍스트에도 직접적으로 슬픔을 표현하는 언어가 없다. 그림은 차분한 이차색을 이용한 단순한 표현으로 동물들의 감정을 전달하고, 글은 풍부하고 다채로운 단어들로 동물들의 마음을 들려주는 데도 말이다. 그렇다고 해서 사랑하는 이의 죽음에서 비롯되는 슬픔의 깊이가 덜한 것은 아니다. 죽은 여우를 가만히 안아주는 부엉이의 모습, 여우의 죽음 앞에서 아무 말도 하지 못하고 그저 둘러앉아 여우를 바라보고 있을 수밖에 없는 동물들을 보여주는 펼침면은 담담하고 말갛게 그려졌는데도 깊은 사랑과 진한 슬픔을 전한다. 그러나 이보다 많은 지면은 여우와 함께 했던 시간을 추억하며 따스함과 행복함을 느끼는 친구들의 모습을 보여준다. 친구들은 이야기를 나누며 점점 활기를 띠게 되고, 친구들의 사랑과 추억은 여우의 빛깔과 꼭 같은 오렌지색의 나무를 키워낸다. 그 나무는 여우가 그랬듯이 많은 친구들의 보금자리가 되고 든든한 힘이 되어준다.

 죽음을 대하는 방식은 색채의 변화로도 표현된다. 앞표지는 남색에 가까운 짙은 푸른빛이다. 이렇게 무겁고 깊은 느낌으로 시작하지만, 뒷표지는 흰 바탕에 밝은 오렌지색 나무를 중심으로 둘러앉은 동물 친구들을 보여주어 죽음의 슬픔이 아름답게 승화되었다는 것을 보여준다. 면지 역시 앞면지는 짙은 푸른빛의 나뭇잎들 위에 회색빛의 나뭇잎들이 겹쳐져 있지만, 뒷면지는 같은 푸른빛의 나뭇잎들 위에 밝은 오렌지색의 나뭇잎들이 더해져 있다. 죽음의 무게와 슬픔을 부정하지 않지만, 그것이 끝이 아니라는 메시지가 분명하다. 어둡게 가라앉는 슬픔을 예쁜 오렌지색으로 물들게 하는 것은 사랑하는 이와의 추억이다. 밝고 선명한 여우의 주황색을 빼면 무채색이 주조를 이루던 배경은 여우에 대한 추억을 담기 시작하면서부터 화려한 색깔을 입게 된다. 절제되던 색깔은 한 페이지 전면을 덮을 정도로 대담하게 활용되어 여우와의 추억을 아름답게 보여준다. 마침내 커다랗고 튼튼해진 여우 나무가 화려한 주황빛으로 펼침면을 물들이는 것이다.

 여우의 죽음을 애도하는 동물 친구들의 마음과 그들이 떠올리는 추억이 아름다운 것은 여우가 참 좋은 친구였기 때문이다. 여우는 다정했고, 친구들을 잘 보살펴 주었다. 모두들 여우를 좋아했다. 그래서 친구들은 여우를 추억하며 행복함과 따뜻함을 느낀다. 따뜻한 마음을 나눈 시간이 쌓여 아름다운 삶이 되고, 그런 삶은 죽음 이후에도 사랑하는 사람들에게 영원한 추억으로 기억된다. 이 작품은 죽음에 대해 이야기하는 동시에 삶에 대해 말하고 있는 것이다.

© 여우 나무

◎ 여우를 애도하는 친구들 중에서 여우와의 추억을 이야기 하지 않은 동물들도 있다. 애도의 자리에 직접 참여하지 않지만 멀리서 실루엣만 보이는 사슴도 있다. 이 동물 친구들은 여우와 어떤 추억이 있을지 상상해서 이야기를 꾸며보고, 장면을 그림으로 표현해 보자.

◎ 커다란 여우 나무를 만들어 보자. 주황색 종이로 나무 기둥을 만들어 두고 아동이 나뭇가지와 잎을 만들어 붙일 수 있도록 할 수 있다. 주황빛의 질감이 다른 종이들, 털실이나 깃털 등 다양한 소재로 나뭇잎을 표현하게 해도 재미있을 것이다. 나무를 만든 후에는 스티커나 종이 인형으로 나무에 깃드는 동물들을 붙여보면 여우 나무의 의미를 느낄 수 있을 것이다.

영이의 비닐우산

작가 소개

글을 쓴 윤동재는 1958년 경북 청송에서 태어나 고려대학교 대학원에서 국문학을 공부했으며 1982년 현대문학에서 시부문의 추천을 받아 작품 활동을 시작하였다. 〈시안〉 편집장을 지냈으며, 저서로 동시집 『재운이』, 『서울 아이들』, 시 그림책 『영이의 비닐우산』 등이 있다.

그림을 그린 김재홍은 경기도 의정부시에서 태어나 홍익대학교에서 서양화를 전공하였다. 인간과 자연이 어우러지는 특유의 작품세계를 구축한 중견화가

글 | 윤동재 그림 | 김재홍 출판사 | 창비 출판년도 | 2005년 ISBN | 9788936454098
판형 | 225 * 255mm 쪽수 | 36쪽 주제 | 사회적 세계 / 양선 / 환경과 생활

로 2004년에는 『동강의 아이들』로 스위스의 에스파스 앙팡상을, 2007년에는 『영이의 비닐우산』으로 BIB 어린이심사위원상을 수상하였다.

줄거리

주룩주룩 비가 내리는 월요일 아침 등교길에 영이는 거지 할아버지가 비를 맞으며 교문 앞 담벼락에 기대어 잠들어 있는 것을 보았다. 할아버지의 깡통엔 밥 대신 빗물이 가득 고여 넘치고 짓궂은 아이들은 할아버지를 툭툭 건드리며 지나간다. 문방구 아주머니도 할아버지가 달갑지 않아 욕을 한다. 아침 자습을 마치고 할아버지를 찾은 영이는 남 몰래 자신의 비닐우산을 할아버지에게 씌워준다. 비 갠 오후 하교길, 할아버지는 보이지 않고 비닐우산만 담벼락에 꼿꼿하게 세워져 있다.

서평

표지를 펼치면 앞뒷면에 걸쳐 커다랗게 그려진 초록색 우산이 보인다. 그림은 주로 회갈색 흙빛과 무채색들로 이루어지며 초록과 노랑만이 유채색으로 사용되었다. 초록이 주는 생명력과 노랑의 따뜻함이 그림책 전체를 통하여 작가가 전하려는 주제인 셈이다. 쏟아지는 빗방울을 막고 있는 찢어진 비닐우산에 비쳐 보이는 흐릿한 영이의 노랑 스웨터와 거지 할아버지의 거적 그림자는 그림책 속의 두 주인공 영이와 거지 할아버지간의 교감을 전하는 듯하다.

　면지를 연결해서 보면 앞 면지에는 따뜻하게 느껴지는 흙빛 담벼락 위쪽 구석에 비닐우산이 세워서 있다. 뒤 면지에는 포근한 연두색 담 오른쪽 구석에 우산이 거꾸로 세워져 있다. 같은 그림 같지만 우산이 세워져 있는 장소와 우산을 세워놓은 사람이 다른 면지의 그림들은 제목과 함께 비닐우산에 특별한 의미가 있다고 말해준다.

　속표지에 그려진 작고 허름한 창문과 그 너머로 보이는 지붕들은 영이의 집이 아래 동네가 훤히 보이는 산동네라는 것을 알려준다. 창가의 초록빛 깡통에 피어난 이름 모를 노란 꽃은 화려하지는 않지만 따뜻하게 보인다. 다음 장면들은 마치 영이를 향해 화면이 클로즈업 되듯이 장을 넘길수록 그림은 점점 영이에게로 확대되다가 영이의 시선으로 옮겨간다.

　이제 그림은 영이의 시선을 따라가서 거지 할아버지에게 모여드는 짓궂은 아이들과 빗물만 가득한 찌그러진 초록빛 깡통으로 확대된다. 영이는 아이들이 할아버지를 건드리고 문방구 아주머니가 욕을 하는 상황이 안타깝지만 한 발 물러서서 바라보기만 한다. 못 본 척 지나칠 수도 없고 그들을 말릴 수도 없는 영이의 심정을 반영하듯 영이는 그림의 프레임 바깥에 있거나 흐릿하게 보인다. 한쪽 구석이 뜯겨나간 비닐우산을 쓴 채, 거지 할아버지를 바라보던 영이가 프레임 속으로 들어가 학교로 향하게 되면 그림의 시점은 할아버지의 시선으로 이동한다.

중반부에 비가 쏟아지는 장면에서 흙바닥 위로 세차게 내리는 빗줄기는 문방구 아주머니의 매몰찬 말을 닮았고, 글과 일치하지 않는 그림에서 모든 상황을 무덤덤하게 받아내는 할아버지의 고단한 마음이 느껴진다. 프레임 없이 전체 화면을 채운 이 장면은 회갈색 흙빛만으로 표현되어 황량하게 보인다. 그러나 페이지를 넘기면 왼쪽 상단에 희미하게 초록 그림자가 비친다. 그래도 세상은 살만한 곳이라는 희망을 전하듯 영이는 다른 사람들 몰래 할아버지에게 와서 자신의 우산을 주고 간다. 왼쪽 절반으로 시작되는 영이의 재등장 장면은 점점 커져서 프레임 없이 전체 화면을 채우는데, 이 때 초록 우산의 그림자가 화면 하단을 넓게 물들이면서 그림은 따스한 빛과 소망으로 반짝인다. 할아버지의 시선에서 그려진 연속된 이 장면들은 세상을 보는 할아버지의 심경 변화를 그대로 보여주는 것 같다.

비가 갠 하굣길, 할아버지가 앉아있던 담벼락엔 비닐우산만 세워져 있다. 활짝 갠 날씨처럼 아이들은 언제 그랬냐는 듯이 아침의 일은 잊어버리고 우산싸움을 하며 논다. 영이는 프레임 밖에서 그들을 바라보며 할아버지를 찾는다. 그러나 할아버지는 없고 대신 비닐우산을 담벼락에 정갈하게 세워놓아 영이의 따뜻한 마음에 감사를 표하고 있다. 영이의 마음도 날씨처럼 맑게 개어 살짝 미소를 짓고 있을 것 같다.

- 작가는 글에서 담아내지 못한 영이와 할아버지의 마음, 그리고 두 주인공 간의 교감을 그림으로 표현하고 있다. 그림을 보면서 무채색에 가까운 흙빛 사이에 드러나는 노란색과 초록색이 어떻게 사용되었는지 살펴보자. 특히 물웅덩이나 비닐우산 속의 그림자가 무엇인지 살펴보면 그림을 읽는 즐거움을 경험할 수 있을 것이다.

© 영이의 비닐우산

- 초등학교 연령의 어린이라면 할아버지의 관점에서 동시를 써서 읽어보자.
- 쇼팽의 빗방울 전주곡을 들어보자. 곡의 분위기가 달라질 때 이야기의 어떤 장면이 생각나는지, 어떤 대목과 일치하는지 이야기해 보자.

온 세상을 노래해

작가 소개

글을 쓴 리즈 가튼 스캔런은 칼데콧 아너상을 받은 『온 세상을 노래해』를 포함하여 청소년을 위한 다양한 책을 펴냈다. 지금은 버몬 예술대학을 비롯하여 학교와 도서관, 학회 등에서 강의를 하고 있다. 작가의 홈페이지(http://lizgartonscanlon.com)를 방문하면 글 작가의 다양한 작품 세계에 대한 정보를 볼 수 있다.

그림을 그린 말라 프레이지는 미국 로스앤젤레스에서 태어나 그림책 작가이자

원제 | *All the World*, 2009 글 | 리즈 가튼 스캔런 그림 | 말라 프레이지 출판사 | 웅진주니어
출판년도 | 2010년 ISBN | 9788901109411 판형 | 285 * 283mm 쪽수 | 38쪽
주제 | 가족 세계 / 희락 / 나와 가족, 여름

일러스트레이터로 활동하며 아트센터 대학에서 어린이책 일러스트레이션을 가르치고 있다. 집 뒤뜰 작업실에서 작업을 하고, 앞뜰에 작은 도서관을 개방하여 어린이들을 만나고 있다. 2009년 『최고로 멋진 놀이였어!』, 2010년 『온 세상을 노래해』로 2년 연속 칼데콧 아너상을 수상하였다. 홈페이지(http://marlafrazee.com/)에서 작가의 다양한 작품들과 작가에 대한 이야기를 만날 수 있다.

줄거리

파도가 일렁이는 해변에서 모래성을 만들며 놀던 아이들은 부모님과 함께 시장에 간다. 시장에는 마을 사람들이 재배한 꿀과 옥수수, 토마토, 꽃 등을 사고 팔려는 사람들로 북적거린다. 할아버지와 함께 시장에서 작은 나무와 과일을 사서 동산에 올라온 아이들은 나무 위에서 놀이를 한다. 동산 너머로 보이는 호숫가에서는 사람들이 벤치에 앉아 쉬거나 분수대와 호수에 배를 띄우고 공을 가지고 놀거나 자전거를 타며 저마다의 시간을 보낸다. 그러다 문득 먹구름이 몰려오는가 싶더니 후드득 빗방울이 떨어지고 사람들은 서둘러 비를 피한다. 어느새 비가 그치고 해질녘이 되자 가족들이 거실에 모여 앉아 함께 악기를 연주하거나 감상하고 이야기를 나눈다. 그리고 각자의 자리에서 가족을 돌아보거나 인사를 나누고 하루 일을 마무리한다.

서평

그림책의 제법 커다란 크기가 시선을 끈다. 제목을 들여다보니 무려 '온 세상을 노래하는' 이야기다. 꽤나 거창하다 싶지만 책을 다 읽고 나면 번역된 제목이 참 적절하다는 생각이 든다. 원제가 'All the world'인 이 책은 온 세상에 대해, 혹은 살아간다는 것에 대해, 더 나아가 이 세상을 만들고 다스리시는 하나님께 대한 경이로움을 노래하고 있기 때문이다. 이 작품은 시 그림책이다. 글 텍스트는 그림이 담고 있는 각각의 이야기를 묘사하지 않고, 여러 개의 단어들을 나열하거나 또는 특정 문구-'(온) 세상' All the world 을 반복하며 시인의 심상을 전달한다. 시인은 독자가 큰 것에서 작은 것으로 시선을 옮기도록 여러 차례 시어들을 나열하여 제시하고는 이내 온 세상을 노래한다. 마치 소리가 점점 작아졌다가 크게 울리듯이 리듬감 있게 반복된다. 온 세상은 멀리 있는 거창한 것이 아닌 가장 작고, 어린 존재에서 시작하는 것임을 반복해서 알리듯이 말이다. 글 작가의 텍스트에는 설정이나 등장인물이 구체적으로 드러나지 않는다. 순전히 그림 작가가 상상력을 동원하여 완성한 그림이다. 그림 작가가 아름다운 시에 어떠한 살을 붙였는지 살펴보자.

앞표지에는 맨발에 수수한 옷차림을 한 아이들이 그려져 있는데 바다가 내려다보이는 언덕에 서서 독자를 뒤로한 채 뭉게구름을 정면으로 마주하고 있다. 아이들은 구름이 어떤 일을 몰고 올지 알고 있었을까? 표지와 면지를 넘겨 표제지를 펼치면 작은 조가비 하나가 나타난다. 온 세상을 노래하는 이 그림책은 사실 이 작은 조가비 하나에서 시작되고 끝난다.

아이들은 바닷가 모래밭에서 함께 힘을 모으고 때론 투닥거리면서 모래성 쌓기 놀이를 한다. 점차 물이 차오르자 아이들은 완성된 모래성을 남겨둔 채 엄마 아빠와 함께 돌아갈 채비를 한다. 이때 엄마에게로 두 팔을 쭉 뻗은 여자 아이가 눈에 띄는데 아이에게 함께 손을 뻗어 조심스레 바라보는 엄마의 자세를 통해 독자는 여자아이가 단순히 안아달라는 포즈를 취한 것이 아니라 자신이 발견한 소중한 무언가를 엄마에게 보여주는 것임을 알 수 있다.

가까운 거리에서 아이들의 모습을 담았던 그림은 다음 페이지에서 좀 더 먼 거리의 풍경을 담아내어 마을의 전반적인 모습을 보여준다. 바닷가에서 놀던 가족은 빨간 차를 타고 어디론가 향하고 있고, 모래성은 이내 불어난 바닷물에 휩쓸리고 있다. 페이지의 한 구석에는 아이들과 함께 바닷가에 나와 바람을 쐬는 엄마의 모습이, 위쪽에는 그네와 자전거가 놓여있는 분홍색 집과 바구니를 든 여인들이 보인다. 언덕 너머 저 멀리에는 시장이 희미하게 보여 그림 안에서 독자는 마을 곳곳의 다양한 이야기를 읽어낼 수 있다.

페이지를 넘기면 다시 그림은 농작물을 수확하는 사람들의 모습을 가까운 거리에서 담아낸다. 꿀을 채집하고 옥수수를 따고 꽃과 토마토를 재배하는 사람들을 따라 오른쪽으로 이동하다보면 자연스럽게 페이지를 넘기게 되는데 이제 다시 먼 거리에서 시장의 전체적인 풍경을 담아낸 디테일한 그림이 탄성을 자아낸다. 이처럼 이 그림책은 페이지를 넘길 때마다 근경과 원경이 번갈아 반복되면서 독자가 세상을 가까이에서도 바라보고 멀리서도 바라보며 그 사이에서 풍성한 의미와 아름다움을 누릴 수 있도록 해준다.

특히 페이지를 넘길 때마다 장소가 이동되고 시간도 흘러가면서 그림 곳곳에 그려진 다양한 마을 사람들의 이야기가 나름대로 지속성을 가지고 전개된다. 뒤에서 앞으로, 다시 앞에서 뒤로 수없이 페이지를 뒤적이며 한 사람 한 사람의 스토리를 따라가다 보면 함께 자전거를 타고 시장에 다녀온 두 여인의 하루, 아기를 등에 업거나 품에 안고 일을 하고 공부를 하는 아기 엄마의 하루, 아이들과 작은 나무를 사서 동산에 다녀온 할아버지의 하루, 카페에서 음식을 만들고 나르는 부부의 하루, 작은 조가비를 주워들고 가족들과 함께 꽃을 사서 집으로 돌아온 작은 여자아이의 하루가 눈에 보이고 또 궁금해진다.

작가의 말처럼 세상은 넓고도 깊고, 오래되었어도 새로우며, 맑다가도 비가 내리고, 춥고도 따뜻하다. 세상은 돌고 돌 뿐만 아니라 사람들 각자가 온 세상이고 우리가 경험하고 느끼는 모든 것이 온 세상이다. 작가는 그저 어느 바닷가 마을의 평범한 하루를 그려내었지만 그 안에는 우리가 매일매일 살아가는 진짜 세상이 들어 있다. 누군가에게는 벅차고 기쁜 하루, 누군가에게는 아프고 힘든 하루, 누군가에게는 전쟁 같이 치열한 하루, 또 누군가에게는 다소 심심한 하루일 수 있지만 우리는 모두 같은 하늘 아래에서 날마다 살아간다. 그리고 가장 중요한 것은 시간이 흘러가면서 많은 것들이 변화된다는 것과 우리들이 마치 각자의 삶을 살아가는 것 같지만 사실 모두가 서로 연결되어 있다는 것이다. 때로는 갑작스러운 비에 당황하고 기분이 엉망이 되기도 하지만 서로 연결되어 있는 친구, 이웃, 가족 덕분에 우리는 다시 따뜻해지고 평화를 찾고 희망을 갖고 사랑을 전하고 믿음을 간직하게 된다.

이 책의 그림은 풍성한 가로선을 사용하고 있는 점이 특징인데 이는 마치 시간의 흐름을 보여주는 듯하다. 또한 전체적으로 둥그스름한 곡선과 동그라미 형태를 자주 사용하고 있어서 연속되어 흘러가는 시간이나 서로 연결된 느낌이 들게 한다. 이 책의 글은 꼭 시와 같이 단어 하나하나가 맑고 아름다운 느낌을 주며 소리 내어 읽기에도 좋다. 글과 그림이 유기적으로 잘 어우러져 마치 한 사람이 글을 쓰고 그림을 그린 것 같지만 서로 다른 두 사람이 이토록 따뜻하고 아름다운 이야기를 조화롭게 완성하여 더욱 감동스럽다.

- 그림책에 나오듯 온 세상에는 조가비처럼 아주 작은 것에서부터 하늘처럼 아주 큰 것이 있다. 아이들과 함께 수의 개념을 생각하며 '온 세상의 ○○를 노래해' 게임을 해보자. 예를 들어 '온 세상의 탈 것을 노래해' 게임을 한다면 크기의 순서대로 '자전거-자동차-버스-기차-비행기' 이러한 식으로 나열해볼 수 있다.

- 등장인물을 하나 골라 그림에서 그 사람을 계속 따라가며 이야기를 꾸며보자. 내가 그 사람이 되어 일기를 써보아도 좋을 것이다.

용감한 아이린

작가 소개

윌리엄 스타이그는 1907년 미국에서 네 형제 중 셋째로 태어났다. 어렸을 때부터 형에게 그림을 배웠고, 뉴욕 시립대학과 국립 디자인 아카데미에서 미술을 공부했다. 미국이 경제공황을 겪게 되자 가족들을 부양하기 위해 1930년부터 〈뉴요커〉, 〈라이프〉 등에 카툰을 기고했다. 일찍부터 그림을 그렸지만 그림책 작가가 된 것은 은퇴를 결심한 1967년, 예순이 넘어서였다. 늦게 시작했지만,

원제 | *Brave Irene*, 1986 글·그림 | 윌리엄 스타이그 출판사 | 비룡소 출판년도 | 2017년
ISBN | 9788949112732 판형 | 216 * 264mm 쪽수 | 40쪽
주제 | 내적 세계 / 충성 / 나와 가족, 겨울

그때부터 2003년 96세로 사망할 때까지 예술은 사람들에게 즐거움을 주어야 한다는 신념에 따라 칼데콧상을 받은 『당나귀 실베스터와 요술 조약돌』, 애니메이션의 원작으로 유명한 『슈렉』을 비롯하여 수많은 좋은 작품들을 만들었다.

줄거리

하얀 눈이 펑펑 쏟아지고 바람이 휘몰아치는 날, 아이린은 아픈 엄마를 대신해 공작 부인에게 드레스를 배달하기로 한다. 아이린은 엄마가 만든 드레스를 소중히 전달하기 위해 씩씩하게 길을 나서지만 매섭게 내리는 눈과 휘몰아치는 바람 때문에 드레스가 날아가기도 하고, 눈 속에 빠지기도 하는 위기를 겪는다. 그러나 아이린은 어려운 상황이 닥칠 때마다 용기를 내어 드레스를 공작 부인에게 무사히 전달한다.

서평

『용감한 아이린』은 우리가 살아가는 삶을 그대로 보여주는 감동적인 작품이다. 아이린은 비단 어린이만의 이야기가 아니다. 아이들에게도 그렇지만 어른들에게도 소중한 사람을 위해 무엇인가 하는 일이 쉽지 않은 경우가 많다. 엄마를 돕기 위해 집을 나선 아이린이 세찬 눈보라와 마주했듯이 사랑하는 마음으로 선한 발걸음을 내딛어도 가는 길이 순탄하지 않을 때가 있는 것이다. 아이린처럼 소중하게 전하고 싶었던 옷이 바람에 날아가 버리고, 대견하게도 용기를 내어

ⓒ 아이클릭아트

나쁜 소식을 솔직하게 말하기로 결심했는데 눈구덩이에 빠지는 일이 종종 생긴다. 그러나 아이린은 좋은 마음으로 하는 일이 뜻대로 되지 않고 점점 더 힘들어지기만 할 때에도 용감하다. 아이린은 변명하거나 포기하려는 생각에 지지 않는다. 『용감한 아이린』을 읽는 우리들도 그렇다. 어려움을 만날 때마다 용기를 내어 걸어간다. 그래서 아이린이 잃어버린 드레스를 찾아 공작부인에게 무사히 전할 수 있게 되는 것은 독자들에게 큰 위로가 된다.

어려움을 겪으면서도 용기라는 가치를 지켜야 한다는 것이 이 그림책이 하는 말의 전부는 아니다. 아이린이 드레스를 무사히 전하는 것으로 이야기가 끝나지 않는다는 것을 주의 깊게 볼 필요가 있다. 공작부인과 그 저택의 하인들은 눈보라를 뚫고 드레스를 전해준 아이린을 몹시 기뻐하며 반기고, 아이린의 이야기에 귀를 기울인다. 어른들은 용감한 아이린을 대접하고, 아이린은 무도회를 즐긴다. 다음 날 아침, 아이린은 아픈 엄마를 보살펴 줄 의사 선생님과 함께 '드레스가 얼마나 예뻤는지, 아이린이 얼마나 용감하고 사랑스러운 아이인지'가 자세히 쓰인 편지를 들고 집으로 돌아간다. 아이린은 엄마에게 신뢰가 가득한 사랑을 받고 있고, 공작부인으로 대표되는 사회 속에서 용기 있는 행동을 인정받고 격려 받고 있다. 아이린은 사랑과 격려 속에서 용감하게 자랄 수 있었던 것이다.

윌리엄 스타이그 특유의 무심하면서도 재치 있는 인물 표현이 어김없이 빛을 발하는 작품이다. 아픈 엄마를 보살피는 아이린의 뿌듯하면서도 상냥한 표정, 눈길에 드레스를 배달하려는 아이린을 바라보는 걱정스러운 엄마의 눈빛 등은 상황 속에 있는 인물들의 심리를 그대로 보여준다. 그러나 단연 압권은 세찬 바람과 눈을 대하는 아이린의 태도 변화가 선명하게 드러나는 아이린의 표정이다. 그 덕분에 눈이 모든 것을 덮어버린 배경에 꼬마 하나가 상자를 들고 가는 모습이 반복되는 그림이 지루할 틈이 없다. 그림만으로도 아이린이 시시때때로 무엇을 생각하고 있는지, 자신에게 닥친 상황에 어떻게 대처하는지를 살펴볼 수 있기 때문이다.

아이린이 용기 있게 어려움을 헤쳐 나갈 수 있었던 바탕에는 어른들의 사랑과 지지가 있었다. 그래서 이 책을 읽는 어른들은 아이린의 공동체처럼 아이들이 용기를 발휘할 수 있는 튼튼한 사랑의 기반을 마련해주고 싶어진다. 아이들은 그 바탕 위에서 아이린처럼 장갑과 목도리, 모자로 자기가 할 수 있는 최선의 무장을 하면서 어려움에 맞설 수 있는 용기를 갖게 될 것이다.

- 아이들이 추위를 이길 수 있게 해 주는 것들을 찾아 스스로 무장을 해 보면 아이린이 된 것 같은 느낌을 즐길 수 있을 것이다.

- 어린이들에게 용기 있게 해냈던 일들을 자랑할 수 있는 마당을 열어보면 좋겠다. 그와 함께 자신이 용기를 낼 수 있게 사랑해주고 믿어주는 어른들을 떠올려보며 감사의 인사를 해 보자. 용기 있는 자기 자신과 자신에게 용기를 주는 주변 사람을 더욱 사랑하게 될 것이다.

- 책을 함께 읽는 어른들이 이 아이가 얼마나 용감하고 사랑스러운 아이인지 편지를 써 주어도 좋겠다. 공작부인이 아이린의 어머니에게 쓴 편지처럼 말이다.

우리는 벌거숭이 화가

\ **작가 소개**

글을 쓴 문승연은 1963년 경기도 부천에서 태어나, 서울대학교 미술대학을 졸업했다. 지금은 아이 둘을 키우며 돌베개어린이에서 그림책 만드는 일을 하고 있다. 아이들이 어렸을 적, 벌거벗고 붓을 휘두르며 놀던 기쁨을 떠올려 이 책을 썼다.

그림을 그린 이수지는 1974년 서울에서 태어나 서울대학교 미술대학을 졸업하고, 런던의 캠버웰 예술대학에서 석사 학위를 받았다. 작품으로는 『동물원』, 『거울』, 『이상한 나라의 앨리스』, 『토끼들의 복수』 등이 있다.

글 | 문승연 그림 | 이수지 출판사 | 길벗어린이 출판년도 | 2005년 ISBN | 9788955821345 판형 | 268 * 216mm 쪽수 | 32쪽 주제 | 내적 세계 / 희락 / 나와 가족

↘ 줄거리

누나 진이와 동생 훈이가 놀고 있을 때 엄마가 목욕을 하라고 부른다. 물감놀이를 계속 하고 싶은 남매는 서로의 몸에 물감을 칠한다. 훈이는 인디언 추장이 되고 진이는 고양이가 된다. 둘은 방에 파란색 물감을 뿌려 바다여행을 떠난다. 배는 섬으로 향하고 훈이는 인디언 추장, 진이는 얼룩고양이가 되어 독뱀들이 가득한 섬으로 용감하게 들어간다. 섬에서의 모험 도중 엄마가 목욕을 하자고 부르고 진이, 훈이는 엄마와 함께 씻는다.

↘ 서평

이야기는 목욕을 하자고 부르는 엄마의 목소리로 시작된다. 아이들은 방 안에 있는데 열려 있는 방문 너머로는 욕실이 아닌 거실 식탁이 보인다. 엄마는 물리적으로 거리가 있는 거실 너머에 있는 욕실에 있다. 아이들이 조용하다 싶으면 사고를 친다는 말처럼 엄마의 시선이 닿지 않는 곳에서 진이와 훈이는 옷장에서 발견한 페이스페인팅 물감을 가지고 놀이를 시작한다. 깨끗해서 목욕하고 싶지 않다는 아이들의 말이 복선이 된 셈이다. 엄마는 계속해서 목욕을 하자고 아이들을 부르고, 사소하게 시작된 물감 놀이가 작고도 우연한 행동의 결과로 큰 놀이로 번진다. 옷장에서 발견한 물감으로 얼굴에 그림을 그리다가 실수로 물감이 옷에 튀자 아이들은 옷을 벗게 되고, 벌거숭이가 된 몸은 도화지가 되어 아이들은 얼굴 뿐 아니라 몸에도 그림을 그리게 된다. 몸에 그림을 그리느라 간지러워서 웃음이 터지고 그래서 붓을 휘두르게 되고 몸에 튄 파란 물감 자국 때문에 이들은 푸른 바다로 여행을 떠나게 된다. 진이와 훈이의 놀이의 시작과 전개를 보면서 아이들의 상상놀이가 어떻게 시작되고 발전하는가를 엿볼 수 있다.

텍스트는 왼쪽 페이지에, 그림은 오른쪽 페이지에 각각 공간을 나눠 갖는데 아이들이 상상의 나라에 진입하면서 그림이 차지하는 공간이 점차로 커져가고, 아이들이 몸에 두른 놀잇감도 현실감 있게 변형되어 간다. 또한 먹으로 윤곽선을 그리고, 일부에만 색을 쓴 정적인 장면으로 시작하여 색상이 점점 더 해지고 역동성도 커진다. 아이들이 독뱀이 사는 풀 속에 뛰어들어 완전하게 상상의 세계에 빠져들어서 놀이를 하는 장면은 글이 생략된 채 펼침면 전체가 그림으로 꽉 찬다. 상상 놀이를 위해 치장했던 소품들은 어느새 진짜가 되어

ⓒ 우리는 벌거숭이 화가

진이는 고양이 귀와 꼬리를 가지게 되었고, 훈이는 추장의 머리띠 치마를 입게 되었다.

　부연 설명 없이 "진이야, 훈이야, 목욕하자"고 부르는 엄마의 소리가 하얀 페이지 한 가운데 짤막하게 나타나면서 상상의 공간을 깬다. 현실 공간으로 돌아온 아이들은 그제야 자신들의 몸을 돌아보며 충분히 더러워져서 목욕할 필요를 인정하고 욕실로 향한다. 깨끗한 엄마의 몸에 물감을 칠하고서야 모두 함께 더러워진 몸을 씻어 내며 노는 이야기로 마무리된다.

　이렇게 목욕탕에 들어가서 새로운 놀이로 이어지는 이야기의 결말에 의아해 할 독자가 있을지도 모른다. 목욕을 마친 후 엉망이 된 방은 누가 어떻게 치웠는지 궁금해 할 이들도 분명히 있을 것이다. 작가는 엄마의 반응도, 아이들의 뒷이야기도 독자의 몫으로 남긴다. 다만 작가 소개 페이지 한편에 수건을 뒤집어쓰고 웃고 있는 아이들의 모습을 작게 그려 넣어 끝까지 아이들의 유쾌했던 상상 놀이 시간을 지켜준다.

　첫 페이지에 그려진 방 안의 갖가지 물건들이 상상의 세계에서 어떻게 변형

되고, 등장하는지 찾아보자. 나뒹굴고 있는 뱀, 사자, 악어, 그리고 고릴라 인형은 클라이맥스에서 숲 속 동물로 등장하고, 화장대 앞 머리띠와 자는 훈이가 머리에 쓴 인디언 추장 머리띠가 되고, 옷장에 있던 목도리는 고양이 꼬리가 된다. 그 외에도 스케치북의 그림과 종이배, 벽에 붙은 그림 등 보이는 모든 것들이 상상의 세계에 등장한다. 아이들의 상상력은 빈 도화지가 아닌 보이는 것으로부터 시작함을 보여준다.

- ⊙ 페이스 페인팅 물감으로 얼굴과 몸에 그림을 그려보자.
- ⊙ 커다란 도화지에 물감을 흩뿌리며 마음껏 그림을 그린 후 무엇처럼 보이는지 제목을 붙여 보자.
- ⊙ 아이들의 상상 놀이는 방 안에 놓여 있던 장난감으로부터 시작하였다. 물건들을 이용하여 동물로 변신해 보자(예, 목도리를 바지에 넣어 꼬리를 만들어 보고, 선글라스를 써서 판다가 되어 보자).

ⓒ 우리는 벌거숭이 화가

위를 봐요!

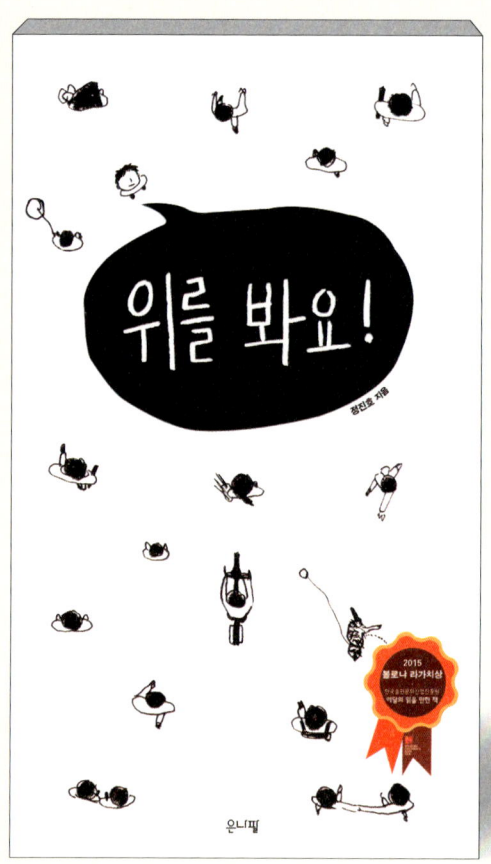

\ 작가 소개

정진호는 1987년에 태어난 젊은 작가다. 건축학도에서 동화작가, 일러스트레이터로 삶의 방향을 바꾸었다. 현재는 동화와 건축을 접목해 아름다운 책들을 만들어내고 있다. 그는 어린 시절 화상을 입어 장기간 병원에 입원해 있으면

| 글 · 그림 | 정진호 출판사 | 은나팔 출판년도 | 2014년 ISBN | 9788932373706 판형 | 180 * 305mm 쪽수 | 40쪽 주제 | 사회적 세계 / 자비 / 우리 동네, 건강과 안전 |

서 동화책에 대한 깊은 관심이 생겼고, 군복무 시절에 동화와 소설을 틈틈이 쓰고 전역 후에 다수의 공모전에 참여하였다.『흙과 지렁이』로 인천시립박물관 창작 동화 공모전에서 최우수상을,『부엉이』로 한국 안데르센상 미술 부문 우수상을 수상했고,『위를 봐요』는 2015년 볼로냐에서 신인 그림책 작가가 내놓은 첫 출판 작품에 주는 상인 라가치상 오페라 프리마 부분에 선정되었다. 작가는 가슴 따뜻한 이야기를 좋아하며 주변으로 따듯한 파장이 퍼질 수 있는 글을 쓰고 싶다는 소망을 가지고 작품을 쓰고 있다.

줄거리

교통사고를 당한 수지는 두 다리를 쓸 수 없게 된다. 밖으로 나갈 수 없는 수지는 아파트 베란다에서 외부 세계를 바라볼 뿐이다. 수지의 눈에는 위에서 아래로 내려다 본 사람들의 모습이 마치 개미 같아 보이지만 이들과 소통하고 싶다는 간절한 마음을 가지게 된다. 마침내 그 열망이 한 아이에게 가 닿는다. 그 아이는 수지의 이야기를 듣고 자신의 모습을 위에서도 온전히 볼 수 있도록 바닥에 드러눕는다. 지나가던 사람들도 이내 아이의 행동에 동참한다. 소통이 없던 단조로운 흑백의 거리는 비로소 색깔을 띠며 새싹이 돋고, 꽃이 피고, 풍선이 날아다니는 생기 넘치는 풍경으로 변해 가고, 집에 갇혀 있던 수지가 거리로 내려가서 사람들과 함께 미소 짓게 된다.

서평

언뜻 봐서는 무엇을 그렸는지 알 수 없는 까만 물체들이 표지에 듬성듬성 그려져 있다. 텅 빈 거리로 시작되고 그림책의 세팅이 소개된 페이지를 넘기면 휠체어를 탄 아이의 신체 일부가 나타나는데 이 아이가 사고를 당한 수지라는 사실과 "개미 같은" 검은 물체들이 사람을 위에서 아래로 내려다 본 모습임을 어렵지 않게 알 수 있다.

사고를 당하여 집 밖으로 나갈 수 없는 수지가 느끼는 자신과 외부 세계와의 거리감은 고층 아파트에서 바닥까지의 물리적 거리감만큼이나 크다. 물리적 거리감과 수직 방향으로 밖에 볼 수 없는 제한된 시선은 사람들의 모습을 제대로 보지 못하게 한다. 멀리 있기 때문에 사람들은 디테일이 빠진 채 최소한으로 표현된다. 사람들의 모습은 거친 질감의 콩테로 최소한의 옷과 동작으로 그려졌다. 심지어 수지를 올려다보는 아이의 얼굴 표정까지도 생략이 되었다. 이러한 생소한 시선은 건축학을 전공한 작가가 평면도에 사람들이 몰개성적으로 그려지는 데서 아이디어를 얻은 것으로 아이의 눈을 빌어 바라본 세상 풍경이다.

주인공 수지는 마지막 장면을 제외하고는 늘 같은 공간에 같은 옷을 입고 나온다. 줄무늬 옷은 마치 바깥으로 나갈 수 없는 처지를 대변하듯 창살과 같은 느낌을 주고 있다. 거리의 사람들과는 어떠한 소통도 없다. 사람들은 수지와는 무관하게 빠르게 길을 지나갈 뿐이다. 하지만 비가 내리고 제한적으로 보이던 사람들의 모습인 뒤통수마저도 우산에 가려져 버리자 수지의 눈에서도 눈물이 흐르듯 거리가 검게 얼룩져 버린다. 그리고 소통하고 싶은 열망이 폭발한다. "누구라도 좋으니 나를 바라 봐요"라는 외침이 실제로 귀에 들렸는지, 마음이 전달됐는지 알 수 없지만 마침내 거리를 지나가던 한 아이가 위를 바라보게 된다. 그 아이는 수지가 자신을 볼 수 있도록 바닥에 드러눕는다. 이러한 소년의 모습이 의아한 지나가는 이들도 수지의 이야기를 듣고는 드러눕기에 동참한다. 마음을 열고 소통하고자 할 때 마음을 열지 않을 사람은 없을 거라는 작가의 믿음을 반영하듯 아이, 어른 그리고 심지어 동물과 사물인 자전거까지도 바닥에 드러눕는다. 지나가는 모든 이들이 위를 바라봐 줌으로써 비로소 세상과 소통의 고리를 찾게 된 수지는 "모두 위를 봐요!"라는 말과 함께 본인도 위를 올려다보며 독자와 시선을 마주치게 된다. 수지가 그림 속 외부 세계와 소통하고 싶었듯이 작가가 외부 세계에 있는 독자에게 "나와 눈을 마주쳐요. 그리고 바깥을, 다른 이들을 함께 돌아봐요."하며 거는 말일 것이다.

한편 책에서 표현하고 있는 시간은 얼마나 흘렀기에 삭막한 거리가 웃음과 색깔이 넘치는 거리로 바뀌었을지 궁금해진다. 시간이 많이 흘러서 겨울이 가고 마침내 봄이 된 것일까? 사람들의 복장을 보면 그

© 아이클릭아트

렇지 않음을 알 수 있다. 주인공인 수지나, 거리의 인물들이 입고 있는 옷은 마지막 장을 제외하고는 처음부터 끝장까지 동일하다. 어쩌면 극적인 수지의 변화가 단 하루 동안에 일어난 일일지도 모른다.

작가는 작은 노력으로 다른 사람을 행복하게 만들어 주는 '배려'를 전달하고 싶었다고 한다. 자신이 잘나야 한다는 이유로 배려심이 점점 더 부족해지고 있는 현실에서 자신을 양보하며 남을 위할 줄 알았으면 하는 소망을 평면도가 담고 있는 조건들을 통해 이렇듯 최소한의 선과 색과 구도를 가지고 훌륭하게 풀어냈다. 마지막 페이지에 나타난 새싹을 틔운 화분은 이런 세상이 오기를 바라는 작가의 소망을 대변해 주고 있다.

- 이 책은 사물을 바라보는 시각이 일반적인 그림책과는 다르다. 위에서 아래를 내려보는 것이다. 아이들에게 사물을 앞, 뒤, 좌, 우, 위, 아래에서 각각 바라보게 하고 그림을 그려보게 하자. 같은 사물이 보는 각도에 따라서 얼마나 달라질 수 있는지를 확인해 보고, 나와 다른 시각으로 세상을 바라볼 수밖에 없는 존재와 사람들, 사물들에 대해서 얘기를 나누어 보자(예. 장애인, 아기, 가로등).

- 이 책은 배려에 관한 책이기도 하다. 관계 맺고 있는 이들을 어떻게 도울 수 있을지 생각해 보자.

은지와 푹신이

작가 소개

하야시 아키코는 1945년 일본 도쿄에서 태어나 요코하마 국립대학 교육학부 미술과를 졸업했다. 잡지의 삽화를 그리다 우연한 기회에 일본의 복음관서점과 인연을 맺어 그림책의 그림을 그리기 시작했다. 『오늘은 무슨 날?』로 제2회 일본그림책상을 수상했으며, 『목욕은 즐거워』로 산케이 아동출판문화상을, 『은

원제 | こんとあき, 1989 글·그림 | 하야시 아키코 출판사 | 한림출판사
출판년도 | 1994년 ISBN | 9788970941455 판형 | 210 * 297mm 쪽수 | 40쪽
주제 | 사회적 세계 / 충성 / 건강과 안전, 교통기관

지와 푹신이』로 제21회 고단샤 출판문화상을 수상했다. 『달님 안녕』, 『이슬이의 첫 심부름』, 『순이와 어린동생』, 『은지와 푹신이』 등의 작품을 통해 일상에서 아이들에게 일어날 수 있는 따뜻한 이야기를 섬세하게 그려내는 작가로 정평이 나있다.

줄거리

할머니가 만든 여우 봉제인형 푹신이는 할머니의 부탁으로 아기를 잘 돌봐주기 위해 은지에게 왔다. 은지와 푹신이는 서로에게 좋은 친구가 되어 늘 함께 했다. 세월이 지나 푹신이는 점점 낡게 되고, 어느 날 푹신이의 팔이 뜯어지자 푹신이와 은지는 할머니에게 가기 위해 길을 나선다. 기차여행 중 도시락을 사러갔던 푹신이의 꼬리가 기차 문에 끼는 해프닝도 있었지만 둘은 무사히 할머니가 사는 마을에 도착한다. 그들은 모래언덕을 구경하기 위해 잠시 바닷가에 들렸다가 검은 개를 만나는데, 개가 푹신이를 물고 가서 모래 속에 파묻어 버린다. 은지는 간신히 푹신이를 찾아내지만 만신창이가 된 푹신이는 정신을 잃어간다. 은지는 푹신이를 업고 할머니에게 찾아가 푹신이를 고쳐달라고 하고 할머니는 능숙한 바느질과 목욕으로 푹신이를 말끔히 고쳐준다.

서평

표지에는 이제 막 기차여행을 시작하는 꼬마 여자아이와 봉제 인형이 서있다. 이 둘은 서로 마주보면서 뭔가 이야기를 나누고 있는데 이들이 친밀한 관계라는 것을 표정과 제목으로 짐작할 수 있다. 작은 여우 봉제인형이 여러 개 그려진 면지, 인형본이 그려진 표제지와 마지막장을 보면 작가는 이 그림책에서 은지보다 푹신이에게 비중을 두고 있다는 것을 알 수 있다.

실제로 일본어 제목은 『곤과 아키』로 그대로 번역하면 『푹신이와 은지』의 순서가 된다.

작가는 인물의 움직임과 표정을 생동감 있게 묘사하기 위해 언제나 사람을 모델로 정하여 사진을 찍어둔 후 작업을 했다. 실제로 바느질 솜씨가 좋은 자신의 할머니를 모델로 하고, 여우인형도 직접 만들어서

ⓒ 은지와 푹신이

다양한 포즈를 연구했다고 한다. 특히 은지와 푹신이가 기차에서 중심을 잡느라 기우뚱거리는 사랑스러운 장면이나 은지가 기차 창문에 뺨을 붙이고 마음 졸이는 장면, 할머니 옆에서 걱정스러운 듯 푹신이를 지켜보는 모습은 작가의 뛰어난 역량을 여실히 보여준다. 유명한 애니메이션 감독 미야자키 하야오는 작가들에게 인물 묘사를 할 때 하야시 아키코의 그림책을 참고할 것을 권했다고 한다.

첫 장을 열면 창가의 빈 침대 앞 의자에 앉은 푹신이가 보인다. 푹신이는 꼬리도 축 처져있고 고개도 숙이고 있어 지루해 보인다. 반면 다음 페이지는 전 장면과 비슷하지만 침대에 아기가 누워있고 상황이 바뀌었다. 푹신이도 귀와 꼬리를 곤추세우고, 생기가 넘친다. 작가는 시간이 흐르면서 이들의 관계가 어떻게 바뀌는지 여러 장의 작은 그림을 사선으로 배치하여 보여준다. 은지가 자랄수록 푹신이와 은지의 크기는 역전되지만 푹신이는 할머니의 부탁대로 언제나 은지를 잘 돌보려고 애쓴다. 푹신이가 단순한 놀이친구가 아니라는 것은 기차여행을 하는 동안 잘 드러난다. 은지를 창가에 앉히고, 안심시키고 역에서 파는 맛있는 도시락을 사러가는 등 푹신이는 은지의 보호자 역할을 훌륭하게 해낸다.

할머니 댁으로 가는 도중 모래언덕을 보고 싶어 하는 은지를 위해 잠시 들른 바닷가에서 커다란 개를 만날 때까지도 푹신이는 할머니의 부탁을 충성스럽게 지킨다. 모래 속에 파묻혔다가 은지에게 발견되었을 때도 푹신이는 "괜찮아"를 연발하면서 은지를 안심시키려한다. 그러나 이들의 보호관계는 역전되고 은지는 일몰의 바다를 등진 채 정신을 잃어가는 푹신이를 등에 업고서 할머니를 찾아간다. 이 장면은 펼침면 전체를 사용하여 넓게 그려진 인상 깊은 장면이다. 지는 해에 황금빛으로 물든 바다와 점점 어두워져가는 보랏빛 모래길

ⓒ 은지와 푹신이

© 은지와 푹신이

을 발이 푹푹 빠져가면서 힘겹게 걷는 은지가 오른쪽 구석에 작게 그려져 있다. 그동안 푹신이가 은지의 충실한 보호자였다면 이제는 어린 은지가 푹신이를 보호하려 애쓰지만, 떨어지는 해처럼 혹시나 푹신이가 죽어가는 게 아닐까 독자들은 숙연해진다. 푹신이는 그 순간에도 꺼져가는 작은 목소리로 "괜찮아, 아무렇지도 않아"라고 말하지만 글자의 크기마저 점점 작아져서 푹신이의 상태가 결코 낙관적이지 않다는 것을 보여준다.

날이 점점 어두워져서 상황이 점점 나빠지는 것 같지만 자신을 만들어준 할머니에게 가면 모든 것이 해결된다는 것을 아는 푹신이와 그걸 믿는 은지, 이들을 따뜻하게 맞아주고 문제를 말끔하게 해결해주는 할머니의 모습은 마치 하나님과 부모, 자녀의 모습을 닮은 것 같다. 그래서 회복된 푹신이를 보는 독자들은 마음이 따뜻해지고 벅차오르는 기쁨을 느낀다.

- ⊙ 아끼는 인형이 있다면 이름을 지어주자. 푹신이처럼 다친 곳에 붕대를 감아주고 보살펴주는 역할놀이를 해보자. 헝겊인형이라면 깨끗이 목욕시켜주는 놀이도 할 수 있을 것이다.

- ⊙ 여러 가지 재료들을 이용하여 자신이 좋아하는 음식을 담은 도시락을 만들어보자. 그림이나 잡지에 있는 사진을 오려붙이는 평면작업을 할 수도 있지만 플라스틱 통에 포장재료, 털실, 스티로폼이나 폼폼과 같은 다양한 재료를 이용하여 도시락을 꾸밀 수도 있을 것이다.

- ⊙ 역할을 정하여 기차놀이를 해보자. 승객, 승무원, 도시락 판매원 등을 누가 할 것인지, 기차표, 도시락, 의자 등의 소품은 무엇으로 할 것인지 유아가 창의적인 발상을 할 수 있도록 도와주자.

이건 상자가 아니야

작가 소개

앙트아네트 포티스는 미국에 있는 UCLA대학교에서 미술을 공부하고 디즈니사에서 일했다. 현재 캘리포니아에 살고 있다. 『이건 상자가 아니야』로 닥터 수스상을 수상하였고, 그 외 『이건 막대가 아니야』, 『펭귄이야기』, 『안녕? 유치원』도 저자가 글과 그림을 함께 작업한 그림책이다.

원제 | Not a Box, 2007 글·그림 | 앙트아네트 포티스 출판사 | 베틀북
출판년도 | 2007년 ISBN | 9788984885202 판형 | 229 * 229mm 쪽수 | 40쪽
주제 | 내적 세계 / 희락 / 생활도구

줄거리

상자를 들고 있는 아기토끼에게 질문자는 상자를 가지고 뭘 하냐고 묻고, 아기토끼는 이건 상자가 아니라고 한다. 상상놀이를 하고 있는 아기토끼에게 상자는 자동차, 산, 빌딩이자 로봇이다. 또한 아이에게 상자는 탈 수 있는 해적선이자 열기구, 코끼리, 그리고 배도 되는 무엇으로나 변신할 수 있는 꿈의 마법사이다.

서평

『이건 상자가 아니야』는 주변에서 흔히 볼 수 있는 종이상자가 상상 속에서 멋지고 다양하게 변신하는 모습을 보여준다. 자유로운 상상의 세계를 펼쳐가는 아이들은 이 책의 토끼처럼 단순한 상자를 가지고 자연스럽게 즐거운 환상의 세계로 빠져들게 될 것이다.

© 이건 상자가 아니야

앞뒤표지와 면지는 크라프트지로 이루어졌으며 뒤표지에는 '거꾸로 들지 마세요'라는 문구가 적혀 있어 외형적으로는 상자와 꼭 같은 모습을 하고 있는 책이다. 이는 상자가 아니라고 하는 제목과 대비를 일으키며 독자에게 '상자인데 왜 상자가 아니라고 하지?' 하는 의문을 갖게 한다.

면지에서부터 본문이 시작하기 전까지 토끼는 왼쪽 끝에서 쓸모를 다해 밖에다 치워 놓았을지 모를 상자를 발견하여 서서히 오른쪽 끝으로 상자를 옮기면서 독자들을 놀이의 현장으로 안내한다. 넉넉한 여백과 색깔이 채워지지 않은 크레파스 질감의 단순한 선으로만 이루어진 그림은 아이들이 빈 공간을 상상으로 채우게끔 한다. 질문이 나오는 펼침면과 대답이 나오는 펼침면이 반복되는데, 두 펼침면의 분위기가 완전히 다르다. 질문이 나오는 펼침면은 왼쪽 페이지에 질문이 나오고 오른쪽 페이지에는 질문자의 시선이 보인다. 질문 펼침면은 크라프트지와 같은 갈색 바탕에 토끼와 상자가 검은색 윤곽선으로 그려진다. 이는 상자를 단순히 상자로 보는 시각이 반영된 것으로 상상이 배제된 현실을 나타낸다. 페이지를 넘기면 펼침면의 대답은 빨간색 바탕 위에 흰 글씨로 나타나며, 오른쪽에는 검은색 선으로 그려진 현실의 모습 위에 토끼가 상상하는 모

© 이건 상자가 아니야

습이 연노란색 배경 위에 빨간색 선으로 덧그려져 있다. 토끼와 상자는 여전히 검은 선이지만 빨강, 노랑의 유채색이 주는 생동감이 전 페이지의 모노톤 그림과 대비된다.

질문자는 처음부터 끝까지 계속해서 토끼에게 상자를 가지고 뭐하고 있느냐고 질문을 하고, 토끼는 구체적으로 무엇으로 상상하며 노는지 대답하지 않고 그저 상자가 아니라는 대답을 한다. 상상 속에서 토끼는 상자를 이용하여 자동차, 산, 소방관, 로봇, 해적선, 열기구, 배 등을 타고 놀고 즐거워한다. 마지막에 가서 상자가 아니고 대체 뭐냐는 질문에 자신 머릿속에만 있던 상상을 마침내 언어로서 표현하는 토끼의 모습이 펼침면 전체에 나타난다. 토끼는 생각 끝에 상자는 꿈의 마법사라고 대답하고, 토끼가 로켓을 타고 우주로 날아가는 모습이 양 페이지 가득 그려진다.

상자는 상자일뿐이고 토끼가 상상력을 발휘한 것인데 토끼는 상상이 가능한 이유를 상자가 꿈의 마법사라며 상자에게 돌린다. 아이들의 상상놀이는 아이들에게서 시작되는 것 같지만

ⓒ 이건 상자가 아니야

물건 때문에 시작되고 발전하는 경우가 많다. 그래서 어른들에게 쓸모없는 물건도 애들 손에 가면 좋은 놀잇감이 된다. 화려하고 비싼 장난감보다는 구체성이 떨어지는 놀잇감들이 오히려 유아들에게 표상적 사고를 돕는 좋은 매체가 되기도 하는데 작가는 이 책과 『이건 막대가 아니야』를 통해서 그런 유아의 놀이 세계를 잘 그려 내었다.

◎ 이 그림책은 아주 단순하지만 많은 이야기를 꺼내놓을 수 있는 책이다. 이 책을 읽은 아이들은 분명 자신도 상자놀이를 하고 싶어 할 것이다. 상자를 밀어 보고, 들어가 보고, 위에 올라가 보면서 다양하게 상자를 즐겨보자.

◎ 상자를 제공해주고 마음껏 자신만의 상상의 나래를 펼칠 수 있는 시간과 공간을 허락해주는 것도 좋겠다. 상자로 상상 놀이를 한 후 적절한 언어로 설명을 해보자.

◎ 질문 페이지에 나온 토끼의 그림을 소재로 하여 상상으로 상자를 변형시키고, 공간을 채워 보게 그림을 그려보자. 또한 다양한 선(곡선, 대각선, 톱니모양의 선 등)과 도형을 주고 그림을 완성해 보는 셰이프게임 shape game 을 해보아도 좋겠다.

이만큼 컸어요!

원제 | *The Growing Story*, 2007 글 | 루스 크라우스 그림 | 헬린 옥슨버리
출판사 | 웅진주니어 출판년도 | 2007년 ISBN | 9788901067940 판형 | 215 * 280mm
쪽수 | 40쪽 주제 | 내적 세계 / 희락 / 나와 가족, 동식물과 자연, 봄

작가 소개

글을 쓴 루스 크라우스는 미국 볼티모어에서 태어났으며, 피바디 예술학원에서 그림과 음악을 공부한 후, 뉴욕 파슨 스쿨 응용 미술과를 졸업했다. 1993년 세상을 떠날 때까지 30권 이상의 어린이 책을 썼다. 그 중 『이만큼 컸어요』는 1947년 이후 1975년, 그리고 2007년 세 번째로 출간될 정도로 꾸준히 사랑받는 작품이다.

그림작가 헬린 옥슨베리는 1938년 영국에서 태어나 런던 센트럴 아트 스쿨에서 무대 디자인을 공부하고 연극, 영화 분야에서 일했다. 남편 존 버닝햄의 영향을 받아 그림책 작가가 되었다. 아이를 낳고 양육하는 과정에서 그림책 작업의 영감을 얻는다고 한다.

줄거리

이 이야기는 아직 강아지도 병아리도 어린, 겨울부터 시작된다. 봄이 되자 나무에 새싹이 돋고 땅에 풀도 자란다. 아이는 풀, 꽃처럼 자신도 자라는지 궁금하다. 그래서 엄마에게 묻는다. "나도 커요, 엄마?"라고. 엄마는 "물론!"이라고 답한다. 여름이 되면서 풀과 꽃, 나뭇잎들이 쑥쑥 자라고, 병아리와 강아지도 자란다. 아이는 자기만 그대로인 것 같아서 엄마에게 다시 묻는다. "엄마, 나도 컸어요?" 엄마는 이번에도 "물론!"이라고 답한다. 가을이 되고 병아리들은 어느새 아이의 무릎만큼 커졌다. 주위에 모든 것이 자라고 있는데 자기만 그대로인 것 같은 아이는 조바심이 난다. 그러나 지난 계절에 입었던 긴팔 옷을 꺼내 입어보며 옷이 삭아진 것을 보고서 아이의 조바심은 기쁨으로 바뀐다.

서평

『이만큼 컸어요!』의 아이는 자라고 싶어 한다. 주변의 풀과 나무, 병아리와 강아지의 성장을 보면서 자기의 변화를 기대하는 것이다. 그래서 엄마에게 자기의 성장 과정을 자꾸 물으며 확인하고 싶다. "그럼 나도 커요, 엄마?", "엄마, 나도 컸어요?"로 조금씩 바뀌는 아이의 질문에는 아이의 기대감과 조바심이 오밀조밀 뭉쳐 있어 귀엽다. 계절에 따라 꽃이 피고 열매를 맺는 식물들과 크면서 생김새가 크게 달라지는 병아리, 크기는 커지지만 생김새는 바뀌지 않는 강아지를 등장시켜 성장의 여러 모습들을 보여주고 그것들과 아이의 성장을 비교해 볼 수 있도록 한 장치들도 재미있다. 아이는 빨리 자라고 싶어서 마음이 급한데 시간이 지나면 자랄 것을 알고 있는 엄마의 대답은 한결 같고 느긋한 느낌마저 들어서 그 대화 장면을 상상하면 만담을 보는 것 같아서 웃음이 나기도 한다.

　얼른 자라고 싶은 아이의 조바심을 모르는 자연은 평화롭고 아름답기만 하다. 서정적인 수채화 그림은 계절의 변화와 주변 자연물들이 바뀌어가는 과정을 차분하게 담아낸다. 경계가 분명하게 드러나기보다는 모든 것들이 부드럽게 어우러지는 수채화는 분절되지 않고 자연스럽게 이어지는 시간의 흐름을 느끼게 해 주고, 펼침면 전체를 활용하여 새순이 돋는 이른 봄과 배꽃이 흐드러진 봄의 한가운데, 생기가 가득한 여름과 잎이 지는 늦가을을 표현한 페이지들은 그 계절의 가장 아름다운 모습을 보여준다. 그림을 보고만 있어도 코끝으로 계절의 향기가 느껴질 정도이다. 흘러가는 시간 속의 순간을 이렇게 아름답게 그려낸 것은 여러 가지 의미로 읽힌다. 성장을 기대하느라 지금을 누리지 못하는 아이에게 현재의 아름다움을 바라볼 수 있게 해 주고, '시간의

흐름 앞에서 네가 무리해서 서두르지 않아도 된다'는 위로를 전하며, '너의 성장이 이렇게 아름답다'는 응원을 보내는 것 같다. 그래서 이 책에서 보는 자연과 아이의 변화 과정은 아름다울 뿐만 아니라 흐뭇하다.

 이 작품의 그림은 서정적이기는 하지만 차분하게 가라앉기보다는 시각적인 리듬감이 있다. 원근과 배경을 자유자재로 활용하는데, 널찍한 펼침면 전체를 프레임 없이 활용하여 품 넓은 자연 속에 사람과 동물들을 조그맣게 배치하기도 하고, 다른 배경 없이 아이만 보여주기도 한다. 이 뿐 아니다. 채색 화면이 주를 이루지만 흑백 화면도 간간히 등장한다. 그림이 부여하는 율동감 덕분에 독자들은 거시적인 시간의 흐름과 미시적인 아이의 변화를 탄력 있게 오가며 그림책을 즐길 수 있다. 그래서 이 아이는 키만 자란 것이 아니라 자신을 성장하게 하는 힘에 대한 믿음이 자랐으리라 생각하게 되고, 아름다운 자연 속에서 좋은 품성도 성숙했으리라 기대하게 된다. 헬린 옥슨버리의 말처럼 이 책은 정말 '날마다 조금씩 자라고 있는 모든 아이들'을 위한 책이다.

- ⊙ 이 책을 읽으며 아이가 어렸을 때 입었던 옷이나 신발을 꺼내보며 아이가 지금보다 더 어렸을 때의 모습에 대해 이야기를 나눠볼 수 있겠다. 아기 때 사용했던 물건이 있다면 많은 이야기가 나올 것이다. 그 옷이나 신발을 입고 신어보아도 재미있을 것이다.

- ⊙ 도화지에 아이의 손이나 발을 대고 그려보면서, 혹은 키를 재어 벽에 표시를 해 보면시 아이가 잘 자란 스스로의 모습을 확인하고 감탄할 수 있도록 해 보아도 좋겠다.

081

이야기 담요

작가 소개

글을 쓴 페리다 울프는 작가가 되기 전 교사와 저널리스트로 일했다. 대표적인 작품으로는 *It is the wind, Is a worry worrying you?* 등이 있다. 해리엇 메이 사비츠는 수많은 소설과 논픽션을 썼으며 그의 작품들은 〈영혼을 위한 닭고기 수프〉 시리즈에 실리기도 하였다.
그림을 그린 엘레나 오드리오솔라는 스페인 출신으로 화가인 할아버지와 아

원제 | *The Story Blanket*, 2008 글 | 페리다 울프, 해리엇 메이 사비츠
그림 | 엘레나 오드리오솔라 출판사 | 국민서관 출판년도 | 2013년 ISBN | 9788911028115
판형 | 182 * 257mm 쪽수 | 32쪽 주제 | 사회적 세계 / 자비 / 유치원과 친구

버지의 영향으로 어린 시절부터 그림에 관심이 많았다. 일러스트 작업을 하기 전에 광고 일을 하였다. 작품으로는 『노란궁전, 하품공주』, 『남쪽으로 세 친구』 등이 있다.

© 이야기 담요

줄거리

바바 자라 할머니에게는 낡고 널찍한 이야기 담요가 있다. 아이들은 그 위에서 할머니 이야기를 듣곤 했다. 어느 날 할머니는 니콜라이 신발에 구멍이 난 것을 보고 따스한 양말을 떠 줘야겠다고 생각한다. 할머니는 실이 없어 결국 이야기 담요를 조금 풀어 양말을 떠준다. 이후 우체부 아저씨, 선생님, 이바노프 아줌마를 비롯한 여러 사람들에게 담요의 실을 조금씩 풀어 필요한 물건을 만들어 선물한다. 이야기 담요는 점점 작아지고 결국에는 담요가 한 올도 남지 않게 된다. 사람들은 할머니가 잠든 사이에 털실 뭉치를 할머니 집 앞에 갖다 놓고 이야기 담요를 짜 달라고 부탁한다. 덕분에 포근한 담요가 다시 생기고 아이들은 다시 이야기를 들을 수 있게 된다.

서평

표지의 부드러워 보이는 알록달록한 담요와 아이들, 그리고 분홍빛 앞뒤 면지는 따뜻한 이야기의 분위기를 전달한다. 면지의 분홍색 꽃 패턴은 본문 마지

© 이야기 담요

막에 할머니가 입고 있는 원피스의 패턴과 동일한데 이는 할머니가 이야기 전체를 감싸는 주체임을 드러낸다. 그림은 전체적으로 차분하고 단정하고 여백이 많아서 동양적인 느낌이 나며, 할머니와 마을 사람들의 여유롭고 너그러운 마음이 잘 드러난다.

할머니는 이야기 담요 위에서 아이들에게 따뜻한 이야기를 들려주곤 했다. 담요 위에 오밀조밀 모여 앉은 아이들은 편안한 자세로 이야기에 집중하기도 하고, 낮잠을 자고 딴 짓도 한다. 그림책의 제목이 '이야기 담요'이고 아이들이 담요 위에 앉아 이야기를 듣는데 정작 이야기의 내용은 나오지 않는다. 대신 할머니가 이야기 담요의 올을 풀어 무엇을 하는지가 소개된다.

어느 추운 겨울, 한 아이의 신발에 난 구멍이 할머니 눈에 띈다. 할머니는 새 신발을 선물하는 대신 따스한 양말을 떠 줄 생각을 하고, 새 털실이 없어 고민

© 이야기 담요

© 이야기 담요

하다가 이야기 담요를 풀어서 그 실로 양말을 뜨기로 한다. 이야기 담요를 풀어서 필요한 물건을 선물하는 작업은 담요가 사라질 때까지 계속된다. 할머니의 눈은 사람들의 필요를 잘 찾아내고 자신의 담요를 풀어내어 새로운 물건으로 떠서 채워주고 있는데 이런 할머니의 따뜻한 마음은 담요와 털실, 뜨개질이라는 소재의 특성과 어울려 더 효과적으로 전달된다.

담요가 작아질수록 아이들은 바짝 붙어 앉을 수밖에 없지만 아이들 표정에는 변화가 없다. 담요가 넓을 때나 그렇지 않을 때나 아이들은 정서적으로 평안하다. 아이들은 담요가 좁아지자 신발과 목도리를 나뭇가지 위에 올려놓기도 한다.

이웃들로부터 새 털실을 선물 받아 다시금 새 담요를 완성한 후에도 할머니는 한 아이의 옷에 난 구멍을 보고는 그 필요를 채우고자 새 담요를 다시 한 번 떠올린다. 많이 가져서 나누는 것이 아니라 있는 것에서 나눈다. 나눈다고 없어지는 것이 아니라 마르지 않는 샘처럼 끝없이 나눌 것이 생긴다.

아이들은 다시금 작아진 담요 위에서 따뜻하고 정 많은 어느 마을의 이야기를 듣는다. 이야기의 내용이 나오지 않았던 것은 그들이 들었을 이야기가 바로 그들 자신이 깔고 앉은 담요의 이야기이며 동시에 할머니의 삶의 이야기였기 때문일 것이다.

© 이야기 담요

- 할머니는 새로운 물건을 사서 선물하지 않고 자기가 가지고 있는 물건을 재활용하여 선물하였다. 업 사이클링(Up-cycling)을 소개하고 못쓰는 양말, 옷을 가지고 와서 인형 또는 다른 소품으로 만들어 보자.

- 할머니는 자신이 가진 재능으로 이웃의 필요를 채웠다. 자신이 가장 잘하는 것은 무엇이고 이를 가지고 어떻게 다른 이들을 도울 수 있을지 이야기 나누어 보자. 털실을 소재로 한 『애너벨의 신기한 털실』을 같이 읽고 비교해 보자.

- 신문지를 펼쳐 놓고 팀을 나누어 아이들을 올라가게 해보자. 반씩 접으면서 점점 좁아지는 신문지 위에 서로 협동하여 올라가는 게임을 해보자.

일곱 마리 눈먼 생쥐

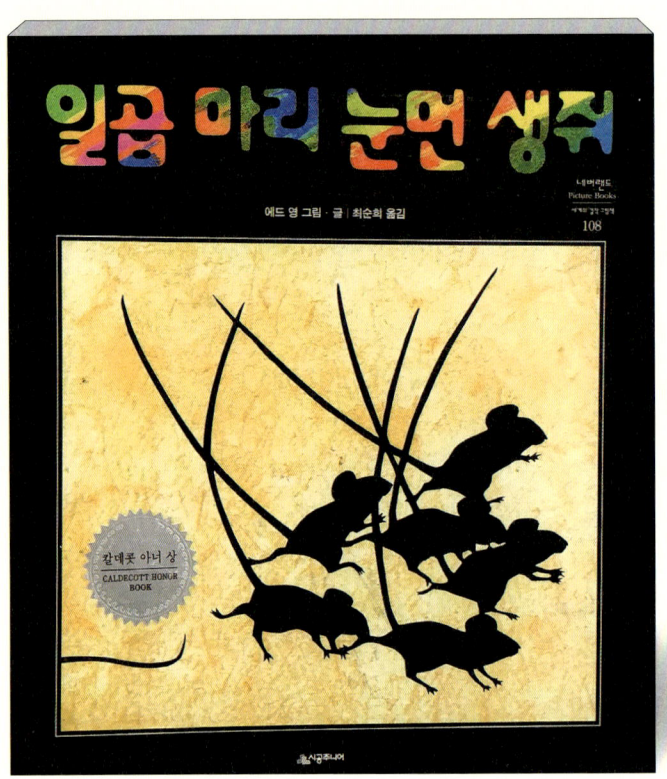

↘ 작가 소개

에드 영은 중국 톈진에서 태어나 상하이에서 자랐으며 미국에서 대학을 다녔다. 어린 시절 저녁이면 아버지가 옛이야기를 들려주던 추억을 소중히 간직하고 있다. 대학에서 건축학을 공부하다 관심분야가 광고학과 미술로 바뀌고 마침내는 그림책 작가가 되었다. 그는 그림책을 만들 때 중국 회화가 갖고 있는

원제 | *Seven Blind Mice*, 1992 글·그림 | 에드 영 출판사 | 시공주니어
출판년도 | 2017년 ISBN | 9788952783110 판형 | 262 * 288mm 쪽수 | 40쪽
주제 | 내적 세계 / 온유 / 동식물과 자연

글과 그림 간의 상호보완적인 관계에서 영감을 받는다고 말한다. 에드 영은 50권 이상의 어린이책을 발표했으며 칼데콧상과 혼북상을 비롯한 많은 상을 수상했다. 1990년 『론포포』로 칼데콧상을 수상했으며, 1993년 『일곱 마리 눈먼 생쥐』, 『황제와 연』으로 칼데콧 아너상을 받았다.

줄거리

어느 날, 일곱 마리 눈먼 생쥐가 연못가에서 아주 이상한 것을 발견하고 몹시 궁금해하며 집으로 돌아온다. 생쥐들은 알 수 없는 것의 정체를 확인하기 위해 일주일 동안 매일 한 마리씩 돌아가며 알아보러 간다. 빨간 생쥐는 그것을 기둥, 초록 생쥐는 뱀, 노란 생쥐는 창, 보라색 생쥐는 낭떠러지, 주황 생쥐는 부채, 파란 생쥐는 밧줄이라고 말하며 서로 자기 말이 옳다고 다툰다. 마지막으로 간 하얀 생쥐는 다양하게 탐색을 하고 전체를 살펴보고 돌아와서 그것이 코끼리라고 알려준다.

서평

표지에는 노란 한지의 네모 프레임 안에 여섯 마리의 생쥐가 오른쪽을 바라보고 있고 왼쪽 구석에는 쥐꼬리가 하나 보인다. 이것은 뒤표지의 여섯 마리 생쥐 앞에서 이야기를 하는 생쥐의 꼬리이다. 뒤표지에는 까만 실루엣의 여섯 마리 생쥐가 나란히 서서 다른 생쥐의 이야기를 경청하고 있다. 앞표지에 있는 여섯 마리 생쥐는 앞다투어 한 방향으로 달려가는 모양새라 이 생쥐들이 내지를 지나 뒤표지에 도착한 것 같이 보인다. 이와 같이 표지는 앞뒤가 분리된 듯하면서도 연결되어 있다. 표지와 그림의 배경, 표지의 일곱 마리 생쥐의 실루엣으로 사용된 검정색은 눈이 멀어서 보지 못하는 답답한 상태를 암시하는 것 같다.

표제지보다 앞에 한 장 더 삽입된 그림 하단에는 검정 배경에 빨간 생쥐 꼬리가 솟아있다. 표제지에는 형형색색의 생쥐 꼬리가 그려져 있지만 이것이 무엇인지에 대한 것은 독자의 상상에 맡긴다. 이는 부분만 보고 전체가 무엇인지 파악하기 어렵다는 사실을 독자에게도 미리 환기시키는 것처럼 느껴진다.

이상한 물체가 있다는 사실을 알게 된 생쥐들은 그것이 무엇인지 알아보러 가서 시각 대신 다른 감각을 사용하여 대상의 실체를 파악하게 된다. 작가는 생쥐 눈의 눈동자를 없애고 확대된 흰 동그라미로만 그려서 그들이 실체를 파악하기 어려울 것 같다는 느낌을 준다. 원래 옛이야기에는 생쥐가 아니라 일곱 명의 장님이 등장하는데 작가는 이들을 사람 대신 작은 생쥐로 바꿔서 코끼리와의 대비를 극대화하였다. 또한 눈먼 생쥐가 경험하는 코끼리가 얼마나 큰지 시각화하기 위해 코끼리의 전체 모습을 보여주지 않고 일부분만을 보여준다.

월요일부터 토요일까지 생쥐가 코끼리를 탐색하고 이야기하는 장면에서 왼쪽과 오른쪽으로 화면이 분할된 것도 매우 대조적이다. 왼쪽의 생쥐들은 호기심에 차서 소곤거리듯 이야기를 하는 반면 오른쪽 화면의 파악해야할 대상은 크고 위협적이다. 생쥐들은 그 실체가 무엇인지 알아내는 데 초점을 맞추고 저마다 자신의 판단이 옳다고 믿는다. 이를 반영하듯, 각각의 생쥐들이 파악한 사물을 설명하는 장면마다 사물은 그 생쥐와 같은 색깔을 띤다. 예를 들어

© 일곱 마리 눈먼 생쥐

빨간 생쥐가 코끼리 다리를 기둥이라고 묘사할 때는 기둥도 붉은 색이고 초록 생쥐가 뱀이라고 할 때는 코끼리의 코도 초록색 뱀으로 그렸다. 실체에 가까운 사실 묘사와 변형된 상징 묘사가 교차하면서 독자들은 그것이 무엇인지 더욱 호기심을 갖게 된다.

하얀 생쥐가 실체를 알아보러 가는 장면부터는 양쪽으로 분리되었던 그림이 바뀌고 작가는 펼침면 양쪽을 다 사용하며 마침내 코끼리의 전체 모습이 드러난다. 이제 독자들도 하얀 생쥐를 통해 그 대상이 코끼리라는 것을 알 수 있다. 작가는 마지막 생쥐를 흰색 생쥐로 설정함으로써 모든 편견을 버린 상태, 혹은 전체를 보는 지혜를 가진 상태를 암시한다. 원문에서 여섯 마리 생쥐는 'he'로 묘사하고 흰색 생쥐만 'she'로 지칭하여 여성적 수용과 지혜를 남성적 자기주장이나 허풍과 대비시키는 유머도 포함하고 있다.

마지막 장에 이르면 '부분만 알고서도 아는 척할 수는 있지만 참된 지혜는 전체를 보는 데서 나온다'는 옛이야기의 전형적인 교훈적 화법으로 작품을 맺음으로 이야기의 허구성과 현실세계를 구별하고 경계를 짓는다. 이는 이야기의 허구성을 드러내어 재미를 의도적으로 차단하면서 현실적인 교훈을 돌아보도록 하는 기능을 한다.

- 그림책의 생쥐들은 차례대로 나가서 코끼리를 관찰하고 돌아와서 이야기하는 구조를 반복하고 있다. 다음에는 어떤 생쥐가 나갈 차례인지, 그것을 어떻게 알 수 있는지 이야기해 보자. 또한 그들이 묘사하는 물체를 대신할 수 있는 다른 물체를 찾아보자.

- 한 가지 물체를 크게 확대해 보면서 각 부분이 무엇처럼 보이는지 이야기를 꾸며 보고 그림책을 만들어 보자. 혹은 부분과 전체에 대한 퍼즐을 만들어서 알아맞히는 놀이로 확장해 보자.

- 이야기를 그림자극으로 제작하면 작품의 특성이 잘 살아날 것이다. 그림자극을 위해 유아들 스스로 자료를 만들고 공연을 해보자.

장갑

작가 소개

그림을 그린 에우게니 M. 라쵸프는 1906년 시베리아 톰스크에서 태어나 일찍이 아버지를 여의고 할머니 밑에서 자랐다. 시베리아 자연환경에 대한 인상을 깊이 간직한 그는 열네 살에 할머니가 돌아가시자 어머니에게 갔고, 이후 어린이들을 위한 그림을 그리기 시작했다. 인간을 닮은 동물의 모습을 잘 그려내는 것으로 평가받는 그의 그림책은 외국에서도 많이 출간되었다. 국내에서 출판된 그의 대표작으로 『장갑』, 『아기 곰 형제와 여우』, 『톨스토이 우화 그림

원제 | *рукавичка*, 1947 그림 | 에우게니 M. 라쵸프 출판사 | 한림출판사
출판년도 | 2015년 ISBN | 9788970941387 판형 | 221 * 288mm 쪽수 | 16쪽
주제 | 사회적 세계 / 화평 / 겨울

책』이 있다.

줄거리

한겨울 숲 속을 강아지와 함께 걸어가던 할아버지는 장갑을 한 짝 떨어뜨린 채, 그대로 걸어가 버린다. 어디선가 나타난 쥐가 장갑 속에서 살겠다며 들어가고, 뒤이어 개구리, 쥐, 여우, 늑대, 멧돼지가 차례로 들어간다. 장갑 속은 여섯 마리의 동물들로 발 디딜 틈이 없어지고 심지어 장갑이 곧 터질 것 같은데, 곰까지 들어가게 된다. 이때 할아버지는 장갑 한 짝을 잃어버렸다는 사실을 깨닫고 되돌아온다. 앞서 가던 강아지가 장갑을 찾고 짖어대자 동물들은 깜짝 놀라 숲 속으로 달아나고 할아버지는 장갑을 주워든다.

서평

이 작품은 옛이야기의 전형적 특성인 반복, 비논리적 상상과 현실로의 빠른 귀환을 보여주는 우크라이나 민화에 에우게니 M. 라쵸프의 사실적 그림이 절묘하게 어우러진 그림책이다. 표지에는 나뭇가지로 아래를 받치고 있는 장갑 속에 토끼, 생쥐, 개구리가 얼굴을 내밀고 있다. 표제지에는 이야기의 발단이 되는 장갑 한 짝이 그려져 있는데, 이야기가 시작되기 전 평범한 사물로서의 장갑을 보여준다. 길 위에 떨어진 장갑은 이야기의 시작이자 끝이다. 표지와 표제지의 그림은 우크라이나의 전통 무늬 장식 안에 들어있어서 이야기가 우크라이나의 전통 옛이야기임을 알게 해준다. 첫 장면의 텍스트는 장갑이 떨어지게 된 경위를 설명하지만 그림은 장갑의 주인인 할아버지나 강아지를 보여주지 않기 때문에 본문의 첫 장면부터 독자들은 곧장 옛이야기의 세계로 들어가게 된다.

이야기에는 여러 동물들이 몸집의 크기에 따라 순차적으로 등장한다. 생쥐, 개구리, 토끼, 여우, 늑대, 멧돼지, 곰은 모두 옛이야기의 등장인물답게 사람처럼 옷을 입고 말도 한다. 만일 이들이 자연 세계에서 만났다면 천적 관계일 수도 있지만 옛이야기 속에서 그런 특성은 전혀 문제가 되지 않는다. 이들은 추위로 언 몸을 녹이기 위해 장갑 안으로 들어가려 하고, 동물이 등장할 때마다 그들끼리 주고받는 대화의 패턴은 유사하게 반복된다. 생쥐부터 늑대까지 다섯 마리의 동물이 장갑으로 들어갈 때까지 이들은 서로가 누구인지 확인하고 순순히 들어오도록 허락한다. 이들의 얼굴은 상당히 사실적이어서 금방 서로를 물고 잡아먹을 것 같지만 동시에 옷을 입고 서있기 때문에 독자는 이것이 상상 속의 일이라는 것을 느낄 수 있다. 이들이 작은 장갑 속으로 어떻게 들어가는지, 갈등도 없고 설명도 없다. 동물이 많아질수록 서로를 소개하는 글이 길어질 뿐이다.

멧돼지가 등장할 때부터 동물들의 대화는 좀 달라진다. 이들은 멧돼지에게 이제 장갑 안이 좁아서 들어오기 어려울 것이라고 말하고 멧돼지는 들어갈 수 있을 것 같다고 한다. 그런데 들어오고 싶은 동물은 또 등장하고, 설상가상으로 그는 덩치가 크고 스스로도 느림보라고 말하는 곰이다. 동물들은 "안돼요."라고 하지만 곰은 들어간다. 텍스트는 장갑이 곧 터질 것만 같다고 하여 독자에게 위기감을 주지만 정작 사건은 다른 곳에서 일어난다.

할아버지가 장갑 한 짝을 잃어버린 것을 불현듯 깨닫게 된 것이다. 할아버지를 따라가며 강아지가 짖는 소리는 돌연 옛이야기의 세계를 현실로 소환하고 동물들은 도망친다. 이 장면은 그림으로 나타나지 않고 도입부와 마찬가지로 글 텍스트로만 표현된다. 현실 속 장갑은 처음과 달라진 것이 없다. 첫 장면의 장갑이 그대로 축소된 그림은 마치 이제까지의 이야기가 이 세계가 아닌 다른 공간에서 일어난 일이라는 듯이 아무 변화가 없다.

이야기가 진행되는 동안 동물들의 보금자리가 된 그림 속 장갑은 계속 변화하는데 자연스럽게 바뀌어 가는 장갑의 모습을 살펴보는 것이 이 그림책을 읽는 가장 큰 묘미이다. 장갑 아래에는 나뭇가지가 쌓여 올라가고 버팀목과 창문과 굴뚝, 사다리가 생긴다. 그런 것들을 누가 어떻게 세웠는지 글은 설명하지 않지만 한 페이지를 넘겨 새 식구를 맞은 장갑은 어김없이 증축을 해간다. 절대로 들어갈 수 없을 것 같은 커다란 동물들까지 장갑 안으로 들어가지만 그림이 어색하지 않고 자연스럽다. 이야기의 발단이 되는 할아버지는 글로는 표현되지만 그림 속에서 한 번도 등장하지 않기 때문에 독자들은 할아버지와 강아지를 맘껏 상상한다. 이와 같이 글과 그림, 독자의 상상이 한데 어우러져 다양한 이야기가 생겨날 수 있는 것이 이 작품이 가지고 있는 독특한 매력이다.

◉ 이 작품은 의성어와 의태어가 사용된 대화가 반복되어 동극하기에 적합하다. 동극을 하면서 동물들의 특징을 몸과 말로 표현해 보자. 만일 여러 어린이가 동극에

참여하기를 원한다면 다른 동물을 추가하고 그들을 묘사할 대사를 만들어 보자.

- 늘어나는 요술 장갑 속에 물건을 숨기고 무엇이 들었는지 "만져 보고 알아맞히기 놀이"를 해보자. 또한 장갑 속에 작은 블록을 얼마나 많이 집어넣을 수 있을지 예측하고 놀이를 해보자.
- 장갑에 어떻게 창문과 굴뚝이 생기고 변해 가는지 이야기를 꾸며 보자. 할아버지와 강아지는 어떻게 생겼을지, 할아버지는 어떤 복장을 하고 있을지 상상하여 그림을 그려보자.

장수탕 선녀님

작가 소개

백희나는 스스로를 그림책 작가이자 인형장난 전문가, 애니메이터, 그리고 두 아이를 둔 바쁘고 정신없는 엄마로 소개하고 있다. 작가는 이화여자대학교에서 교육공학을, 캘리포니아 예술학교에서 애니메이션을 공부하였다. 2005년 그림책 『구름빵』으로 볼로냐아동도서전에서 픽션 부문의 올해의 작가로 선정되었고 『장수탕 선녀님』으로 2012년 한국출판문화상과 2013년 창원아동문

글·그림 | 백희나 출판사 | 책읽는곰 출판년도 | 2012년 ISBN | 9788993242706
판형 | 205 * 280mm 쪽수 | 44쪽 주제 | 내적 세계 / 희락, 양선 / 우리 동네, 건강과 안전

학상을 수상하였다. 그 밖에 『달 샤베트』, 『어제 저녁』, 『이상한 엄마』 등의 작품이 있다. 홈페이지(http://storybowl.com)에서 작가의 이야기를 더 만나볼 수 있다.

줄거리

덕지는 엄마와 함께 동네에서 아주아주 오래된 목욕탕인 장수탕에 간다. 큰 길가에 새로 생긴 스파랜드는 아니지만 덕지는 장수탕이 좋다. 냉탕에서 실컷 놀 수도 있고, 울지 않고 때를 밀면 요구르트도 먹을 수 있기 때문이다. 그러던 어느 날, 덕지는 날개옷을 잃어버려 오랜 시간 냉탕에 머물고 있는 선녀 할머니를 만나 신나게 놀이를 한다. 그리고 선녀 할머니가 궁금해하는 요구르트를 선물하기 위해 울지도 않고 기꺼이 때를 민다. 덕지의 선물을 받은 선녀 할머니는 '요구룽'이라 부르며 요구르트를 맛있게 드신다. 집으로 돌아온 덕지는 심하게 감기를 앓다가 한밤중에 나타난 선녀 할머니 덕분에 다음 날 거짓말처럼 감기가 싹 낫는다.

서평

우리 옛이야기의 고유한 캐릭터인 '선녀'의 이미지는 곱게 말아 올린 검은 머리와 백옥 같은 피부, 하늘거리는 날개옷을 연상시킨다. 그런데 만일 선녀가 날개옷을 잃어버린 지 오래되어 하늘로 돌아가지 못했다면, 그래서 여리고 고운 선녀가 아닌 선녀 할머니를 선녀탕 대신 장수탕에서 마주친다면 어떨까? 이 책은 때가 덕지덕지 붙어 있다는 의미의 주인공 덕지가 장수탕에서 선녀 할머니를 만난 이야기를 담고 있다. 작가는 어릴 적 동네 목욕탕에서 놀던 기억을 떠올리며 이 작품을 만들었다고 한다.

백희나 작가는 실감나는 인형을 만들고 사진을 찍어 그림책을 펴내는 것으로 유명하다. 이 책 역시 작가가 인형을 손수 만들어 늘어진 주름이나 고운 화장 등을 생생하게 표현하였으며 인물의 배치나 화면의 구도를 세심하게 고려하였다. 또한 사진의 다양한 초점에 따라 배경이 아웃포커싱 되도록 함으로써 독자는 정교한 일러스트레이션을 감상할 수 있다. 특히 아스팔트 길이나 목욕탕 내부와 같이 실제 공간에서 사진을 촬영하여 이 이야기가 판타지임에도 불구하고 마치 진짜 있었던 일인 것 같은 사실감을 더해준다.

앞표지를 보면 할머니가 쪼글쪼글해진 입술을 오므리며 요구르트를 맛보고 있어 천진난만하고 개구쟁이 같은 할머니의 성격을 짐작할 수 있다. 뒤표지는 물때가 낀 파란 타일의 이미지로 덮여 있어 무언가 오래된 듯도 하고 동시에 신비로운 분위기를 자아내기도 한다. 본격적으로 이야기가 시작되기 전에 앞면지에는 선녀 할머니가 오래도록 머물고 있는 폭포수 배경의 냉탕이 펼쳐져 있는데 실제 목욕탕에서는 있을 수 없는 산속의 바위들이 탕 속에 솟아 있어 현실과 환상을 넘나드는 배경임을 암시해 준다.

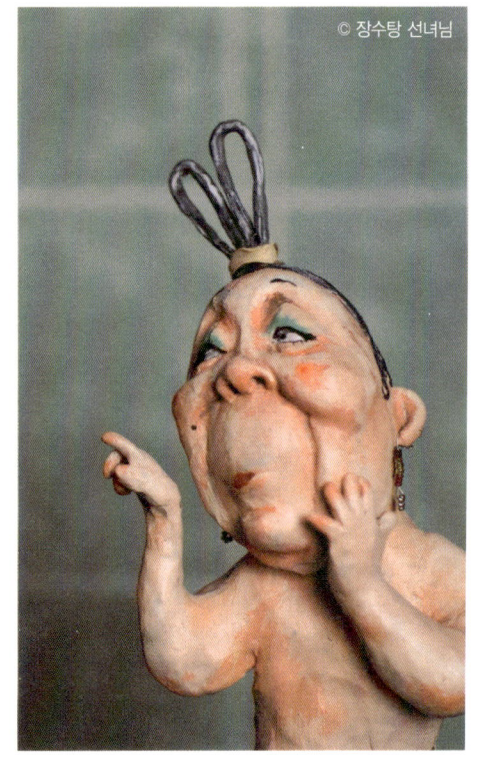

이 책의 글과 그림은 상호보완적인 그림책의 특성을 잘 보여준다. 한 장면 안에서 글이 전하는 정보와 그림이 보여주는 정보가 서로 중복되지 않기에 독자는 글과 그림을 함께 읽으며 의미를 채워나가게 된다. 예를 들어 글에서 덕지가 큰 길가에 새로 생긴 스파랜드에 대해 이야기하며 장수탕에 가는 것을 못내 아쉬워하는 내용을 전할 때, 그림은 매표소의 주인과 덕지 엄마가 요금표 앞에서 서로를 건너다보는 장면을 보여준다. 글에서 굳이 설명하지 않더라도 덕지 엄마가 덕지를 스파랜드가 아닌 장수탕에 데려가는 이유가 요금과 관련이 있을 것임을 짐작케 한다.

스파랜드가 아니어도 덕지가 장수탕에 만족할 수 있는 이유는 바로 요구르트와 냉탕 덕분이다. 이 두 가지는 덕지와 선녀 할머니를 연결시켜 준다. 덕지와 선녀 할머니는 냉탕에서 만나 함께 신나게 놀이를 하고, 요구르트를 주고받으며 특별한 유대감이 생긴다.

이야기가 모두 끝나고 뒤 면지에는 선녀 할머니가 영업이 끝난 목욕탕 휴게실의 세숫대야 속에서 요구르트가 든 냉장고를 흐뭇한 표정으로 바라보고 있다. 덕지의 감기가 싹 나

은 것은 정말로 선녀 할머니가 도와주었기 때문일까? 장수탕에서 선녀 할머니를 만난 사람은 덕지 말고 또 있을까? 선녀 할머니는 영영 하늘나라로 돌아가지 못하고 장수탕에서 살아야 하는 것일까? 많은 궁금증과 호기심을 남겨둔 채 이야기는 끝이 난다. 독자가 상상할 수 있는 폭이 넓어 자꾸 펼쳐보고 싶은 그림책이다.

ⓒ 장수탕 선녀님

- 백희나 작가는 정교하게 인형을 만들고 세심하게 사진을 찍어 그림책을 만들곤 한다. 우리도 이러한 방식으로 이야기를 만들어 보자. 작은 인형을 만들고 다양한 배경에서 인형을 배치하여 사진을 찍어 보자. 사진을 출력하여 글을 담고 사진 그림책을 만들어 볼 수 있겠다.

- 뒷이야기를 상상해보는 것도 좋을 것이다. 요구르트 냉장고를 바라보던 뒤 면지의 선녀 할머니에게 어떤 일이 벌어질지, 덕지와 선녀 할머니가 장수탕에서 또 만나게 될지. 둘이 다시 만난다면 어떤 이야기를 나누고 어떤 놀이를 하게 될지 상상해 보자.

- 목욕탕에 다녀온 경험이나 혹은 집에서 목욕할 때의 경험에 대하여 이야기 나누어 보자. 선녀 할머니와 덕지처럼 냉탕이나 욕조에서 해볼 수 있는 다양한 놀이에 대해 이야기를 나누어 볼 수 있다. 또한 목욕 후에 먹을 수 있는 특별한 간식에 대한 이야기를 나누어 보아도 좋을 것이다.

점

✎ **작가 소개**

피터 레이놀즈는 캐나다에서 태어났다. 여러 번 뉴욕타임즈 베스트셀러 1위를 기록하고 어린이책과 미디어 작품으로 보더스 오리지널 보이스상, 앤드류 카네기상 등을 수상했다. 글을 쓰고 그림을 그린 작품으로는 『별을 따라서』, 『점』, 『느끼는 대로』 등이 있고, 『언젠가 너도』, 〈주디 무디〉 시리즈와 같은 베스트셀러 작품에 그림을 그렸다. 또한 애니메이션 영화와 책, 소프트웨어를 만드는 교육회사인 '페이블 비전'의 창립자이자 CEO이다. 그는 블로그, 트위터와 같은 온라인 공간을 비롯하여, 가족들과 함께 운영하는 블루버니 서점까지 다양한 채널을 통해 독자들과 활발히 소통하고 있다. 작가의 홈페이지(http://www.

원제 | *The Dot*, 2003 글·그림 | 피터 레이놀즈 출판사 | 문학동네 출판년도 | 2011년
ISBN | 9788982816888 판형 | 212 * 200mm 쪽수 | 32쪽
주제 | 사회적 세계 / 사랑, 자비 / 유치원과 친구

peterhreynolds.com)에서 작가와 작품에 대한 많은 정보를 확인할 수 있다.

줄거리
미술 시간이 끝났는데도 베티가 아무것도 그리지 못하고 있자 선생님은 무엇이라도 하고 싶은 대로 한번 시작해 보라고 권한다. 베티는 잡고 있던 연필을 종이 위에 힘껏 내리꽂고, 선생님은 도화지를 들고 한참을 살펴본 후에 베티에게 이름을 쓰라고 한다. 1주일 뒤 베티는 자신의 도화지가 금테 액자에 끼워져 선생님 책상 위에 걸려 있는 것을 보고 깜짝 놀란다. 그리고 그보다 훨씬 멋진 점을 그릴 수 있다며 다양한 색깔과 크기의 점을 그리기 시작한다. 얼마 후 학교 전시회에서 베티가 그린 작품들은 인기를 끌고, 누나처럼 그림을 잘 그리고 싶다는 한 아이를 만나게 된다. 베티는 아이가 그린 그림을 한참 바라보고 나서 선생님이 베티에게 했듯 이름을 쓰라고 한다.

서평
아담한 크기의 정사각형 판형으로 되어 있는 이 책은 『점』이라는 제목에 대비되는 커다란 동그라미 그림이 표지를 가득 채우고 있다. 페인트 붓을 장대 끝에 매달아 커다란 동그라미를 그리고 있는 이 아이가 바로 이야기 속 주인공 베티이다. 베티는 자기 키보다 훨씬 기다란 장대를 두 손으로 받쳐들고 커다란 점을 그리고 있지만, 베티가 처음부터 이랬던 것은 아니다.

　미술 시간이 이미 끝났는데도 베티는 텅 빈 교실 안에서 흰 도화지를 등진 채 혼자 앉아있다. 아무것도 못 그리겠다는 베티에게 선생님은 "어떤 것이라도 좋으니 한번 시작해 보렴. 그냥 네가 하고 싶은 대로 해 봐."라고 말한다. 베티는 화난 사람처럼 도화지에 연필을 힘껏 내리꽂았지만 선생님은 그 도화지를 한참 살펴보고는 이름을 쓰라고 한다. 그리고 선생님은 베티의 '종이'를 번쩍거리는 금테 액자에 담아 책상 위에 걸어놓는다. 선생님은 베티를 작가로서 존중하고 '점'만 찍혀 있을지라도 베티의 도화지를 하나의 작품으로 소중히 여겼다.

　그 후 자신감과 열정이 생겨난 베티는 처음 그린 그림 속의 점보다 훨씬 멋진 점을 그릴 수 있다며 이제껏 한 번도 써본 적 없는 수채화 물감을 꺼내든다. 그리고 다양한 색깔과 크기의 점을 쉴 새 없이 그려낸다. 독자들은 그림책

© 아이클릭아트

의 그림을 보며 베티가 창조해가는 수많은 점들을 감상하는 동시에 베티의 표정이 변화해가는 과정도 살펴볼 수 있다. 눈에 힘을 주고 굳은 표정으로 입을 삐죽거리던 베티의 얼굴에는 서서히 기쁨과 평온함, 즐거움이 번져간다. 피터 레이놀즈는 이러한 베티의 변화를 베티 주변의 배경색과 붓 터치를 사용하여 효과적으로 표현하고 있다. 작가는 배경 묘사를 거의 생략한 채 인물 중심으로 그림을 그렸지만 베티와 미술관에서 만난 아이의 주변에는 커다란 점을 배경색처럼 표현하였다. 이때 붓 터치나 배경색은 마음의 상태를 반영하는 듯 베티가 화가 나 있을 때는 강렬한 붉은색으로, 평온함이 느껴질 때에는 잔잔한 푸른색으로 나타난다.

누구나 베티처럼 무언가를 표현하는 것에 두려움을 가져본 적이 있을 것이다. 하얀 도화지나 빈 원고지 앞에서 어떻게 시작해야 할지 몰라 안절부절 못하기도 하고, 혹은 사람들 사이에서 내 목소리를 낸다는 것이 막막해서 베티처럼 괜스레 뚱해 있기도 한다. 어쩌면 나름대로 표현했던 것을 인정받지 못하면서 점점 표현 자체를 힘들어 했는지도 모른다. 이 책을 만든 피터 레이놀즈는 아이들이 그림 그리는 것을 어려워하는 것을 보고 어린이 미술교육을 시작하게 되었다고 한다. 작가는 베티의 선생님을 통해 세상의 많은 베티들에게 말한다. 일단 무엇이든 한번 표시라도 내보라고, 자기가 하고 싶은 대로 표현해 보라고 말이다. 또한 작가는 어린이들과 그들의 작품을 있는 그대로 존중해주어야 한다고 베티와 선생님의 관계를 통해 간접적으로 말하고 있다.

베티는 자신이 창작의 즐거움을 누리는 데 그치지 않고 더 나아가 다른 친구에게도 자신이 경험한 것을 나눠준다. 베티는 전시회에서 만난 한 아이가 나도 누나처럼 그림을 잘 그리고 싶다고 하자, 종이를 주고 그림을 그려 보게 한 후 이름을 쓰게 한다. 베티에게서 용기를 얻은 이 아이는 피터 레이놀즈의 또 다른 그림책인 『느끼는 대로』에서 레이먼이라는 이름으로 등장한다. 창작의 즐거움과 고민을 아이의 눈높이에서 다루는 작가의 따뜻한 시선을 『느끼는 대로』에서도 이어서 감상할 수 있다.

- 작가는 홈페이지를 통해 그림책 『점』을 읽고 나서 해볼 만한 활동을 제안한다. 할 수 있는 한 가장 작은 점을 만들고 나서 그것을 고해상도로 스캔하여 큰 사이즈로 출력해본 후, 점이 작았을 때 미처 살펴보지 못했던 디테일한 부분들을 크게 확대하여 관찰해 볼 수 있다. 혹은 같은 크기의 동그라미를 여러 개 오려서 친구와 함께 색칠하고 동그라미를 반으로 잘라 서로 교환하여 두 부분을 연결해 보는 활동을 해볼 수도 있다. 그림책 속 베티처럼 다양한 점을 그려 보는 활동도 가능한데, 감자, 연근, 양파 등 다양한 채소를 잘라 단면을 찍어볼 수도 있다.

- 일본의 미술가인 쿠사마 야요이는 반복되는 점들의 패턴을 모티브로 하는 작가로 유명하다. 『노란 호박』 등 작가의 작품을 감상한 후에 하얀 종이 접시를 다양한 크기와 색깔의 동그라미 스티커로 꾸며보는 활동을 해보아도 좋겠다. 미술 활동을 마친 후에는 아이들이 각자 원하는 자리에 원하는 색깔로 자기 이름을 직접 남기도록 해보자.

- 베티도 레이먼도 누군가의 격려와 존중 속에서 그림 그리기에 대한 두려움을 버리고 즐겁고 자신 있게 창작 활동을 해나갈 수 있게 된다. 우리도 베티의 선생님처럼 친구의 미술 작품을 보고 잘했다고 느끼는 것, 좋다고 생각되는 것들을 칭찬해 보자.

천 개의 바람 천 개의 첼로

\\ **작가 소개**

이세 히데코는 1949년 삿포로에서 태어나 도쿄예술대학을 졸업하고 프랑스에서 공부했다. 『마키의 그림일기』로 노마아동문예상을 받았고, 『수선월 4일』로 산케이 아동출판문화상 미술상, 『나의 클리외르 아저씨』로 고단샤출판문화상 그림책상을 수상했다. 글을 쓰고 그림을 그린 책으로 『첼로, 노래하는 나무』, 『나무의 아기들』, 『고흐, 나의 형』이 있고, 그림을 그린 책으로 『첫 번째 질문』, 『백조』 등이 있다. 실제로 작가는 열세 살 때부터 첼로를 시작했고, 고베 대지진 복구 지원 음악회에 참가한 경험을 바탕으로 이 그림책을 만들었다.

원제 | 1000の風・1000のチェロ, 2000 글·그림 | 이세 히데코 출판사 | 천개의바람
출판년도 | 2012년 ISBN | 9788996622499 판형 | 297 * 216mm 쪽수 | 28쪽
주제 | 내적 세계 / 자비 / 유치원과 친구, 환경과 생활

줄거리

키우던 강아지를 잃은 대신 첼로를 배우기 시작한 소년은 첼로 교실에서 새로 온 여자아이를 보았다. 그 아이는 첼로를 잘 켰지만 소리는 왠지 화를 내는 것 같았다. 여자아이와 공원에서 이야기를 나누다가 소녀가 대지진이 일어난 고베에서 왔다는 걸 알게 된다. 두 아이는 첼로를 매고 어디론가 가는 사람들의 대열에 우연히 합류하여 고베 대지진 피해자를 위로하는 자선 음악회 연습에 참가하게 된다. 그들은 공연 연습장에서 지진으로 온 가족을 잃은 할아버지를 만난다. 셋은 함께 연습을 하면서 음악을 더 알게 되고 서로의 아픔을 공유하고 치유한다. 또한 연주회를 통해 많은 사람의 마음이 하나가 되는 아름다운 경험도 하게 된다.

서평

그림책을 읽으면서 음악이 들린다고 하면 과장일까? 보라색, 파란색, 흰색과 초록색이 주조를 이룬 담채화는 사람의 마음을 위로하는 차분한 첼로 소리를 연상하게 한다. 또한 제목의 글씨도 비스듬히 누워 있어서 마치 부드러운 음악이 바람이 불 듯 멀리 퍼져나가는 것 같다.

작가는 등장인물의 표정이나 글보다는 그림의 색깔 톤을 바꾸어 이야기의 분위기를 표현하고 크로키로 등장인물의 내면적 변화와 그들 간의 교감을 섬세하게 묘사하였다. 이 작품에는 딱 한번 흑백사진이 사용된다. 작가는 차마 그릴 수 없었던 폐허의 현장 사진을 삽입하고 사진 중앙에 친구의 유품인 첼로를 안고 구부정하게 서있는 할아비지의 그림을 콜라주처럼 함께 배치하여 상실의 아픔을 시각화한다. 작가는 대지진이 난 직후, 고베로 스케치 여행을 떠났다고 한다. 그러나 생명력을 완전히 잃어버린 참혹한 현장을 쉽게 그려내 버리고 나면 화가로서 자신의 의무를 다한 것

© 천 개의 바람 천 개의 첼로

© 천 개의 바람 천 개의 첼로

으로 여기고 잊어버릴 것 같아 빈 스케치북으로 돌아왔고, 이를 마음의 빚으로 간직하고 있었다고 고백한다.

　작가는 가로로 길고 넉넉한 화면 안에, 수많은 사람들이 마음을 모아 첼로를 연습하는 모습을 역동적인 크로키로 거침없이 그려냈다. 이런 그림들은 누구에게 보여주는 음악이 아닌, 음악 그 자체에 몰입하고 영혼끼리 교감하는 연주자들의 모습과 음악을 통한 치유라는 작품의 주제를 극적으로 표현하는 효과를 발휘한다. 첼로 연주자들의 음악은 바람처럼 가볍지만 경박하지 않고 자유롭게 퍼져간다. 연주자들의 멜로디는 슬픔에 매몰된 사람들의 마음을 치유하여 자유로운 바람이 되어 날아간다. 마지막 장면에서는 대지진 이후 고베에 심어진 25만 그루의 목련을 그려두었다. 작가는 만개한 목련을 하얀 새로 표현함으로써 절망에 잠긴 과거를 바람결에 실어 보내고 미래를 향해 날아오르자는 희망의 메시지를 전하는 것 같다.

　실제로 1995년 일본에서 발생한 고베 대지진의 피해자들을 위로하기 위해, 3년 후인 1998년에 세계 각지에서 모인 남녀노소의 연주자 1000여 명이 동시에 첼로를 연주하는 자선 음악회가 열렸다. 대지진이 일어나기 일 년 전에

ⓒ 천 개의 바람 천 개의 첼로

아들을 잃은 이세 히데코는 이 연주회를 통해 자신의 비통한 마음을 치유하고 그 굴레에서 벗어났으며, 상실의 아픔과 고통을 가진 사람들의 마음을 위로하려는 소망을 그림책에 담았다고 한다.

- ◉ 첼로 연주곡을 배경음악으로 하여 그림책을 읽어주거나, 여건이 허락된다면 직접 연주하는 첼로 소리를 들으면서 그림책을 읽는 경험을 해보자. 이 그림책만이 만들어내는 독특한 정서를 느끼는데 도움이 될 수 있을 것이다.

- ◉ 초등학생이라면 최근 지진이 일어난 곳에 대한 뉴스를 찾아보고 재난을 통해 아픔을 겪는 사람들의 고통에 대해 알아보자. 유모토 가즈미의 『곰과 작은 새』를 같이 읽으면 음악을 통해 위로와 치유가 일어날 수 있다는 것을 이해하는 데 도움이 될 것이다.

- ◉ 마음이 슬플 때 위로가 될 수 있는 음악을 골라서 들어보자. 특별히 위로가 되는 이유(소리의 특징, 곡조, 리듬 등)와 소절을 찾아보자.

천둥 케이크

\ 작가 소개

패트리샤 폴라코는 1944년 미국에서 태어나 캘리포니아와 미시간에서 자랐다. 그녀의 아버지는 아일랜드계이고, 어머니는 러시아계이며, 학교에서는 러시아와 그리스 미술을 공부했고 미술사로 박사 학위를 받았다. 풍요로운 문화적 배경과 예술적 감성은 작품의 바탕이 되리라 짐작이 된다. 작가의 어린 시절을 상상하게 되는 따뜻한 이야기와 섬세한 연필선이 살아있는 모나지 않은

원제 | *Thunder Cake*, 1990 글·그림 | 패트리샤 폴라코 출판사 | 시공주니어
출판연도 | 2000년 ISBN | 9788952709516 판형 | 188 * 257mm 쪽수 | 30쪽
주제 | 가족 세계 / 사랑 / 생활도구, 환경과 생활

그림은 많은 사람의 사랑을 받고 있다. 현재는 미국 미시간에서 농장을 가꾸며 작품 활동을 하고 있다.

줄거리
나는 천둥을 정말 무서워한다. 그래서 폭풍이 몰려오면 침대 밑으로 숨기 바빴다. 곧 폭풍이 몰아칠 것 같은 어느 날, 할머니는 '천둥 케이크'를 만들자고 침대 밑에 숨어 있는 나를 부른다. 폭풍이 몰아치기 전에 케이크를 만들어 구워 내야 진짜 천둥 케이크가 되기 때문에 나는 할머니와 함께 달걀을 가지러 헛간으로, 우유를 가지러 젖소에게로, 광으로 바쁘게 움직인다. 폭풍이 겨우 3마일 밖에 있을 때 케이크를 오븐에 넣게 되었고 폭풍이 도착했을 때에는 우르르 쾅앙쾅 천둥과 함께 진짜 천둥 케이크가 완성된다. 비가 시작되고 천둥이 바로 우리 집 위에서 무섭게 으르렁 대는 폭풍 속에서 할머니와 나는 천둥 케이크를 나눠 먹는다.

서평
『천둥 케이크』는 표지에서 이야기가 시작된다. 바람이 불어 할머니와 소녀의 옷자락이 세차게 날리고, 저 멀리서 먹구름이 몰려오고 있어 주위는 어둑어둑하다. 표제지로 가면 표지에서 할머니와 동물들과 함께 먹구름을 바라보던 소녀는 온데간데없고, 할머니만 씩씩하게 동물들과 함께 농장으로 돌아오는 것을 볼 수 있다. 내지가 시작되고도 한동안 소녀는 보이지 않는다. 들에 계시던 할머니가 농장으로 돌아와 집안으로 들이오니 그제서야 침대 밑에 숨어있는 소녀의 엉덩이가 보인다. 천둥소리에 깜짝 놀란 소녀가 표지에서부터 세 번째 펼침면까지 달려들어왔던 것이다. 그림책 페이지의 전개로 시간과 공간이 함께 지나간다.

소녀는 천둥이 무섭다. 그런 소녀를 위해 할머니가 제시하는 방법이 기발하다. 바로 '천둥 케이크'를 굽는 것이다. 사실 소녀가 무서워하는 것은 천둥만이 아니다. 천둥 케이크를 굽기 위해 계란을 가지러 가서는 암탉을 무서워하고, 우유를 가지러 가서는 젖소를 겁낸다. 광 속은 어두워서, 울타리는 올라가면 땅이 까마득히 멀어 보여서 무섭다. 그렇지만 소녀는 겁쟁이가 아니다. 무서웠지만 케이크 재료들을 훌륭하게 다 구해왔고 시간에 맞춰 케이크를 구워냈으며, 심지어 천둥이 치고 비가 오는 폭풍 속에서도 숨지 않고 할머니와 웃으며 케이크를 나눠먹었으니 말이다. 현명한 할머니의 사랑 넘치는 지지와 격려로 아이는 두려움을 이기고 케이크를 즐기는 성취를 얻게 된다.

© 천둥 케이크

 글이 많은 편이지만 소리 내어 읽기만 해도 감각이 느껴질 정도로 의성어와 의태어가 생생하고 부사와 형용사가 풍부해 읽는 재미가 있다. 특히 천둥소리를 묘사하는 글 텍스트만 큼직하게 쓰여 있어 눈으로도 소리의 크기를 느낄 수 있다. 실감 나는 천둥소리와 천둥이 가까워지는 것을 확인하는 수 세는 소리 등 그림책을 읽는 동안 아이가 참여할 수 있는 지점도 많다.

 섬세한 연필선이 살아있는 소녀와 할머니의 표정은 두 사람의 생각과 느낌을 잘 보여준다. 시간의 흐름에 따른 두 사람의 감정 변화에 몰입하고, 두려움을 이기는 소녀를 응원하다 보면 나도 모르게 그림 속 인물의 표정을 따라하게 된다. 그림에는 작가의 문화적 배경을 엿볼 수 있는 소품들도 많이 등장한다. 패트리샤 폴라코는 아일랜드계 아버지와 러시아계 어머니, 그리고 여러 가족 구성원들이 들려주는 이야기를 들으며 자랐는데, 가족들이 들려주는 이야기의 전통은 작가에게 큰 영향을 미

© 천둥 케이크

ⓒ 천둥 케이크

쳤다고 한다. 실제로 『천둥 케이크』의 집안 곳곳에 있는 양탄자며 쿠션, 액자, 바닥에 놓여 있는 항아리 등은 이국적인 색채가 강하다. 글밥은 길지만 지루할 틈이 없는 재미있고 따뜻한 책이다.

- 맨 마지막에 실린 레시피를 따라 케이크를 구울 수 있다면 의미 있는 활동이 될 것이다. 진짜 케이크를 만들지는 못하더라도 이곳저곳에 있는 물건을 모아 작품을 만들어 볼 수 있겠다.

- 무서워하는 것에 대한 이야기를 나누고 어떻게 하면 그 두려움을 이길 수 있을지도 생각해 보자.

- 패트리샤 폴라코의 다른 작품들도 찾아보자. 그 작품들과 함께 보면 작가가 가족들에게 물려받은 풍부한 문화적 전통이 숨어있는 러시아풍의 양탄자와 침대보, 집안 곳곳의 장식들이 더 재미있게 보일 수도 있다. 이 그림책처럼 자신의 자전적인 이야기를 담은 작가의 다른 그림책 『존경합니다. 선생님』을 함께 읽고 작가의 어린 시절을 상상해 보는 것도 재미있겠다.

088

치과 의사 드소토 선생님

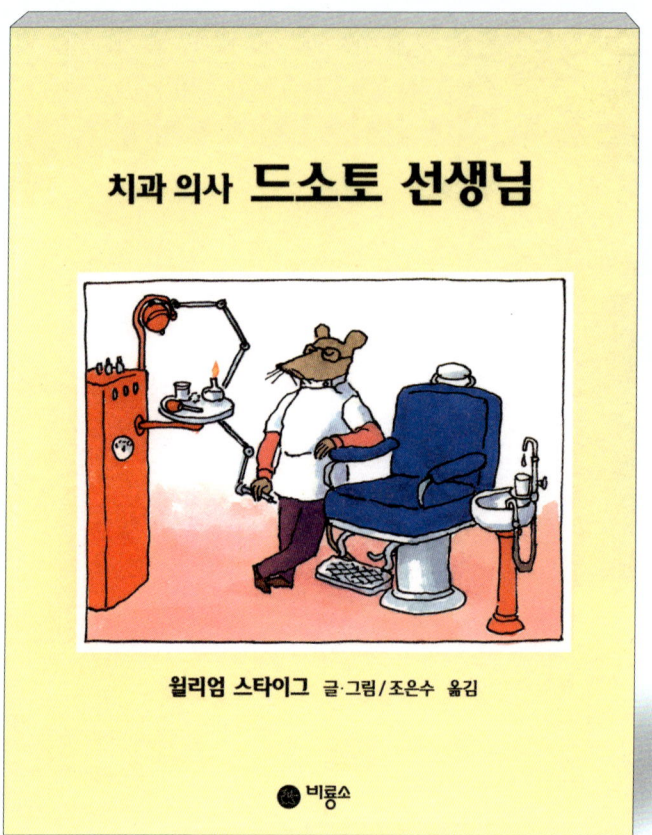

작가 소개

윌리엄 스타이그는 1907년에 예술가 집안에서 태어났다. 미국의 유명한 주간 잡지 〈The New Yorker〉의 명망 있는 카툰 작가로 활동하다가 60세가 된 1968년 Roland the Minstrel Pig로 어린이 그림책을 그리기 시작하여 1970

원제 | Doctor de Soto, 1982 글 · 그림 | 윌리엄 스타이그 출판사 | 비룡소
출판년도 | 1995년 ISBN | 9788949110097 판형 | 219 * 260mm 쪽수 | 32쪽
주제 | 사회적 세계 / 충성 / 우리 동네, 생활도구

년 『당나귀 실베스타와 요술 조약돌』로 칼데콧상을 받았다. 그 밖에도 『아벨의 섬』과 『치과 의사 드소토 선생님』으로 뉴베리 명예상을 받았다. 2003년 세상을 떠날 때까지 미국을 대표하는 그림책 작가로 수많은 작품을 내놓았다.

줄거리

치과 의사 드소토는 솜씨가 좋아 환자가 많다. 그는 작은 동물뿐만 아니라 큰 동물을 섬세하게 치료해서 인기가 많았는데 사다리를 타고 올라가거나 도르래를 타고 환자의 입속에 들어가서 직접 치료를 했다. 그의 진료 원칙은 고양이나 사나운 동물은 치료하지 않는다는 것이다. 어느 날 여우가 병원에 와서 아픈 이를 치료해달라고 애걸한다. 드소토는 딱한 마음에 치료를 시작하지만 도중에 여우가 자기를 잡아먹을 심산이라는 것을 알게 된다. 드소토 부부는 고심 끝에 여우 입 속에 아교풀을 발라 치료를 끝까지 마치고 여우에게 잡혀먹힐 위기에서 벗어난다.

서평

표지의 그림 속 드소토는 지그시 눈을 감고 치료용 의자 팔걸이에 기대어 늠름한 표정으로 서있다. 치과 의사로서의 자신감과 권위가 엿보이는 자세이다. 면지에 이어지는 다음 장에는 날카로운 송곳니를 가진 맹수의 치아모형이 그려져 있어서 드소토의 환자 중에는 맹수도 있으며 그로 인해 무엇인가 일이 벌어질 수 있다는 것을 암시하는 것 같다.

자신의 신체적 약점 때문에 고양이나 맹수는 치료하지 않는나는 진료 원칙으로 스스로를 보호하는 드소토는 부인과 함께 창밖을 내다보고 환자를 선별한다. 그림에서 드소토는 안경 때문에 표정을 알 수 없지만 드소토 부인의 눈에서는 조심성이 느껴진다. 치통에 시달려 치료를 애걸하던 여우는 장을 넘길수록 교활한 표정으로 바뀌고 마침내는 기다란 막대로 입을 벌려놓아야 할 만큼 치료 자체가 위험한 수준에 이른다. 마지막 치료를 받으려는 여우는 마치 만찬을 즐기려는 듯 정장을 갖춰 입었다. 여우나 드소토, 조수인 아내의 두 눈을 보고 있노라면 두 개의 점에 불과한 눈동자만으로도 얼마나 다양한 정서를 표현할 수 있는지 카툰 작가이기도 한 스타이그의 탁월함이 돋보인다.

드소토는 자신의 신체적 약점을 오히려 장점으로 활용하면서 진취적인 삶을 살고 있다. 그는 사다리나 도르래를 이용하여 몸집이 큰 동물에게 섬세한 치료를 하여 명성을 쌓는다. 마지막 페이지에 그려진 높이가 다른 두 종류의 계단은 드소토가 자신의 한계를 분명히 알고 어떻게 지혜롭게 극복하고 이를 강점으로 살리는지 보여준다.

치료를 마치기 직전, 드소토 부부가 준비한 비책인 특별 치료를 받고 어리둥절한 여우의 얼굴과 권위를 찾은 드소토의 여유로운 자세는 독자의 마음을

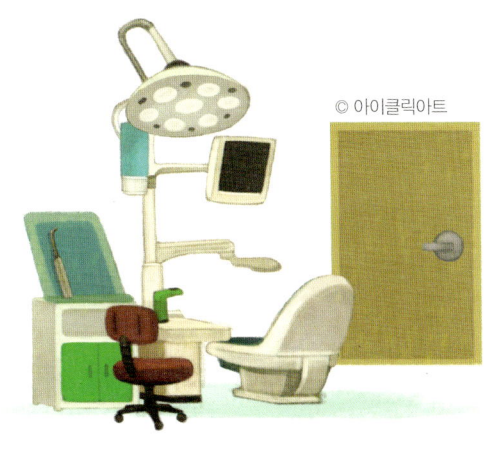
© 아이클릭아트

시원하게 해준다. 드소토는 여우의 교활한 본성을 통찰하는 지혜가 있다. 드소토 부인은 여우가 자기들을 해치지 않을 것이라고 생각하지만 그는 결코 여우를 믿지 않는다. 그렇다고 여우를 비난하거나 여우를 믿을 수 없어서 치료를 그만두려고 하지도 않는다. 그는 자기 일에 최선을 다하며 맡은 일을 끝까지 마치는 충실함과 의사로서의 투철한 직업의식을 가졌다. 본문 중에서 자신의 일에 대한 소신을 피력할 때는 한번 시작한 일은 꼭 끝을 내야 한다는 정신을 아버지로부터 물려받았다고 한다.

드소토의 매력적인 모습은 스타이그의 10년 후 작품 『아프리카로 간 드소토 선생님』에서도 볼 수 있다. 또한 그의 전작 『아모스와 보리스』와 함께 세 작품을 같이 보면 공통적으로 등장하는 생쥐 캐릭터 간의 상호일관적인 캐릭터 특성을 볼 수 있을 것이다.

- 큰 동물을 치료하기 위해 드소토가 도르래를 타고 아내가 도르래를 잡아주는 장면이나, 여우의 치료 여부를 결정하기 위해 서로의 의견을 묻고 나누는 등 의사 드소토와 조수 드소토 부인의 역할 분담과 협력 관계에 초점을 맞추어서 그림과 글을 보고 이야기를 나누어 보자.

- 드소토가 치과에서 사용하는 도구나 도르래와 같이 특별한 도구들을 집중하여 살펴보자. 또 실제로 도르래를 사용해 보거나 커튼과 블라인드, 엘리베이터와 같이 일상생활에서 도르래가 사용되는 곳을 찾아보자.

- 주요 등장인물인 드소토 부부와 여우의 그림을 보면서 그들의 생각이 어떻게 흘러가고 변화하는지 이야기를 나누어 보자. 좀 더 큰 어린이라면 드소토 부부가 여우를 치료해 줄 것인가 망설이는 상황, 특별처방이라고 여우를 속이고 위기에서 벗어나는 상황, 여우가 자신을 치료해준 드소토를 잡아먹어야 할까 말까 갈등하는 상황에 대한 도덕적 추론과정에 대해 토의해 보는 것도 의미가 있을 것이다.

커다란 나무

╲ 작가 소개

레미 쿠르종은 1959년에 프랑스에서 태어난 작가이자 삽화가이자 현장기자다. 파리 에스티엔느 미술학교에서 시각표현을 공부한 뒤 오랫동안 광고 일을 했다. 프랑스와 미국에서 열리는 미술전에 여러 차례 참가했고, 잡지 〈Geo〉 현장 기자로 여행기를 썼으며, 서른 권이 넘는 어린이책을 출간하고, 생텍쥐페

원제 | *Le Grande Arbre*, 2003 글·그림 | 레미 쿠르종 출판사 | 시공주니어
출판년도 | 2017년 ISBN | 9788952784438 판형 | 264 * 362mm 쪽수 | 26쪽
주제 | 자연적 세계 / 희락 / 동식물과 자연

리 문학상, 엥코티블 문학상, 주니어 독자상 등을 받았다. 그는 그림뿐만 아니라 언어를 다룰 줄 아는 예술가로, 나이를 떠나 사람들이 다 함께 행복할 수 있는 시적인 세계를 만들어 내려고 노력하는 작가이다. 직접 글을 쓰고 그림을 그린 책으로는 『고양새 즈필로』, 『진짜 투명인간』, 『3일 더 사는 선물』 등이 있다.

줄거리

수영장이 있는 성에 살면서 개인 비행기와 비서를 둘 만큼 부자인 아저씨는 어느 날 비행기를 타고 가다가 커다란 나무 한 그루를 발견한다. 그리고 그 나무를 자기 수영장 옆에 심고 싶어서 가져가려고 한다. 그런데 그 큰 나무의 뿌리가 옆집의 작은 나무의 뿌리와 단단히 연결되어 있어서 그 나무의 주인인 할머니의 허락을 받아야 했다. 할머니를 설득하러 간 아저씨는 할머니가 만든 아몬드 비스킷을 먹고 차를 마시며 마음이 바뀐다. 할머니의 요청대로 직접 나무의 뿌리를 덮어주며 1년을 보낸 아저씨는 갖고 싶어 했던 커다란 나무와 친구가 된다.

서평

『커다란 나무』는 돈으로 무엇이든 할 수 있다고 생각했던 부자 아저씨의 가치 변화를 나무라는 친숙한 소재를 사용해서 유쾌하게 풀어냈다. 부자 아저씨는 자기 생각대로 커다란 나무를 돈 주고 사겠다고 큰소리를 치러 가지만, 손수 구운 아몬드 비스킷과 따뜻한 차를 대접하는 할머니를 만나고는 아무런 얘기도 하지 못한다. 뜻밖에도 할머니의 생신인 것을 알고는 선물을 하고 싶다고 말하기까지 한다. 그래서 아저씨는 파헤쳐 놓은 흙을 다시 덮어 달라는 할머니의 소원을 들어주게 된다. 아저씨가 순순히 할머니의 소원을 들어주게 된 것은 생전 처음 따뜻한 대접을 받아보았기 때문이다. 그래서 아저씨는 얼마인지를 물어보려고 마주한 할머니의 눈에서 두 나무의 모습과 서로를 단단히 연결하는 나무뿌리 같은 할머니의 주름들을 읽어내게 된다. 아저씨가 바라본 할머니의 얼굴로 한쪽 면을 가득 채운 장면은 깊은 여운으로 다가온다. 아저씨는 할머니의 소원대

ⓒ 커다란 나무

로 파헤쳐 놓은 흙을 덮느라 일 년 동안이나 열심히 일하고, 다시 돌아온 할머니의 생신에 휴대전화를 선물한다. 아저씨의 전화를 받은 할머니의 마지막 말 한 마디, "그 부자 아저씨야, 널 바꿔 달래."에서는 큰 웃음과 함께, 그동안 아저씨와 나무가 어떤 관계로 발전했는지를 상상하게 해주면서 깊은 감동을 안겨준다.

커다란 판형으로 제작되어 커다란 나무의 모습을 잘 표현하고 있으며, 그림은 실크스크린 기법을 이용해서 선명하면서도 강한 인상을 만들어냈다. 검정, 주황, 초록, 보라 이 네 가지 빛깔만으로 표현했기 때문에 일반적인 나무, 사람, 흙, 새의 색깔이 아니다. 이렇게 평범하지 않은 빛깔들은 서로 조화를 이루어 매우 독특하면서도 자연스럽고 편안한 느낌을 준다.

이 책의 그림들은 웃음과 감동을 동시에 주는 매력이 있다. 땅을 파서 큰 나무의 뿌리를 드러내고 있는 장면에서는 많은 인부들을 과장되게 작게 그려 만화적으로 표현하고 있다. 사람이 개미 같아 보여서 웃음을 짓게 되는 한편 커다란 나무와 작은 인간의 모습이 대조되어 자연 앞에서 큰소리 칠 수 없는 인간의 한계를 돌아보게 한다. 할머니의 두 눈에 비친 큰 나무와 작은 나무가 할머니의 주름으로 연결되어 있는 장면도 마찬가지다. 판형이 큰 책이라 할머니의 얼굴이 한 면 가득하게 그려진 이 페이지를 마주하면 그 대담한 구성에서 오는 시원한 유쾌함과 함께 나무와 나무, 나무와 사람의 관계에 대한 진지한 성찰의 필요를 느끼게 된다. 이런 장면들은 할머니가 아저씨에게서 온 전화를 나무에게 바꿔주는 결말과 결합하면서 자연과 인간의 관계를 따뜻하고 아름답게 그려낸다.

『커다란 나무』는 글이 좀 많게 느껴지더라도 천천히 읽어 가면 좋을 책이다. 자연과 인간의 관계 이외에도 삶을 가치 있게 만드는 요소들, 이를테면 따뜻한 대접, 솔직한 대화, 건강한 노동과 같은 것을 차분하게 생각할 수 있게 해 주기 때문이다. 글자가 많고 생각할 거리가 많기도 하지만 자연스럽게 읽기 속도를 조절하게 되기도 한다. 판형이 커서 그림책을 읽는 행위 자체를 의식하게 되고, 아저씨의 변화를 따라가며 읽어야 해서 그림책 속에서 흘러가는 시간의 리듬에 호흡을 맞추게 되기 때문이다. 이 책이 제안하는 대로 여유롭게 그림책 속 아저씨, 할머니와 함께 시간을 보내다 보면 자연의 위대함과 따뜻하고 건강한 삶을 만날 수 있을 것이다.

© 커다란 나무

- 온 몸으로 커다란 나무를 표현해 보자. 가장 커다란 모습의 나무가 되어 사람들과 어떤 관계를 맺고 싶은지, 할머니나 아저씨와 무슨 얘기를 나누고 싶은지 표현해 보자.

- 이 책은 실크스크린 기법으로 제작하여 색감이 독특하다. 이 책과 같이 네 가지의 색깔만 골라 그림을 그리거나 그림책 속 장면을 따라 그려보자. 우리가 실제로 보는 환경의 색깔과 다른 색깔로 그림을 그려본 느낌을 이야기해 보아도 좋겠다.

커다란 순무

작가 소개

글을 쓴 알렉세이 톨스토이(1883~1945)는 희곡을 주로 쓴 러시아 작가다. 13세가 될 때까지 정식 교육을 받지 못했지만 어린 시절부터 고전 문학을 열심히 탐독했다. 1차 세계대전 당시 종군기자로 활동하다가 러시아의 사회주의 혁명 후 파리를 거쳐 베를린으로 망명하였다. 하지만 1923년 조국에 대한 향수로 다시 러시아로 돌아온다. 그는 수십 권의 이야기와 소설, 그리고 희곡을 쓴 다작가이기도 하다. 대표작으로 『자매들』, 『1918년』, 『흐린 아침』 등이 있다.

그림을 그린 헬린 옥슨버리는 1938년 영국 이프스위치에서 태어났으며 어릴 적부터 그림 그리기를 좋아했다. 연극과 영화 무대 디자인을 하다가 결혼 후 그림책 작업을 시작하였다. 그녀는 가정에서 일어나는 소소하고 평범한 일상

원제 | The Great Big Enormous Turnip, 1968 글 | 알렉세이 톨스토이
그림 | 헬린 옥슨버리 출판사 | 시공주니어 출판년도 | 2017년 ISBN | 9788952782953
판형 | 216 * 193mm 쪽수 | 30쪽 주제 | 가족세계 / 희락 / 나와 가족, 동식물과 자연

의 그림을 잘 표현하며 리듬감을 살린 문장 사용에 능하다. 대표작으로는 『곰 사냥을 떠나자』, 『아기 늑대 세 마리와 못된 돼지』, 『동생이 태어날 거야』 등이 있다.

줄거리

할아버지가 순무 씨앗 하나를 땅에 심는다. 할아버지는 다 자란 순무를 뽑으려고 하지만 너무나 큰 순무는 꼼짝도 하지 않는다. 할아버지는 할머니에게 도움을 청해 함께 순무를 뽑아보려 하지만 여전히 순무는 뽑히지 않는다. 그래서 손녀를 부르고, 손녀는 검둥개를, 검둥개는 다시 고양이를 부른다. 마지막으로 고양이는 생쥐를 부르고 모두가 힘을 합해 가까스로 순무를 뽑는다.

서평

『커다란 순무』란 제목은 아이러니하다. 특히 원제목에서는 엄청나고 great, 크고 big, 어마어마하다 enormous 는 수식을 더하는데 순무는 일반 무보다 훨씬 작은 품종이기 때문이다. 표지 그림을 보면 순무 밭에 유난히 큰 순무가 하나 그려져 있고, 그 위에 세 사람과 강아지까지 올라타고 있다. 바로 이 커다란 순무에 관한 이야기가 책 속에서 벌어질 것임을 독자들은 단번에 알 수 있다.

이 이야기는 1891년 우크라이나의 작가가 어린이 잡지에 기고하여 세상에 나왔으나 러시아의 글 작가 톨스토이가 1940년대에 이야기를 개작하여 발표하면서 대중적으로 많이 알려졌다. 이후로 많은 작가들이 이야기를 각색하고, 다양한 그림 작가들이 그림을 그려서 출판하였다. 이 책 또한 톨스토이의 글을 기본으로 삼고 헬렌 옥슨버리가 상상력을 더하여 그림을 그린 것이다.

이야기는 누적적이고 반복적인 전형적인 옛이야기의 구조를 띤다. 할아버지가 순무 씨를 심었는데 그만 너무나 크게 자라서 혼자 힘으로 뽑을 수 없는 지경이 되어 할머니, 손녀를 비롯해 집안 동물들의 힘을 모두 빌어서 뽑는 이야기이다. 러시아어로 순무 repka, 할아버지 dedka, 할머니 babka, 손녀 vnuchka, 암캐 zhuchka, 암코양이 koshka, 암쥐 myshka 는 모두 ka로 끝나서 순무 뽑기에 동참하는 이들을 소개하는 매 페이지에서 리듬감을 더하며 원작가가 왜 이들을 등장인물로 뽑았는지를 짐작할 수 있다.

등장인물들은 운율이 맞을 뿐만 아니라 더 깊은 의미를 가지고 있다. 이는 그림을 보면서 생각해보면 더욱 잘 보인다. 볼품없이 마르고 머리카락도 없는 나이든 농부 할아버지는 그의 아내와 잘 어울리지 않는다. 아내인 할머니는 힘도 세보이고 풍채도 크지만 그녀가 주로 지내는 집 안은 아기자기하고 화려한 장식품들로 가득하다. 머리카락 한 올도 흘러내리지 않게 올린 머리와 어깨에 두른 숄과 굽 있는 장화를 신은 그녀는 결코 할아버지를 도와 농사를 짓지 않을 인물이라는 것을 짐작하게 한다. 할아버지는 이런 할머니에게 도움을 청한다. 할머니는 손녀에게 도움을 청하는데 조신한 할머니와 대비되게 높은 나뭇가지에 올라 앉아 책을 읽고 있는 그녀는 할머니와 일상을 같이 할 것 같지 않다. 동물들로 넘어가게 되면 이러한 대비가 더욱 커진다. 앙숙인 개와 고양이, 상극 관계인 고양이와 쥐까지도 차례차례 도움 요청을 받고 어쨌건 순무 뽑기에 동참한다. 작가는 일부러 자연 상태에서 서로 가까이 할 수 없는 이들을 등장시켜서 함께 협력하는 것의 힘을 드러내 보이고 있다. 모든 이들의 동참 위에 가장 약한 등장인물인 쥐까지 합세하고서야 마침내 순무가 뽑힌다. 표제지를 넘기면 이야기가 본격적으로 시작되는 본문 전에 한 페이지를 삽입했는데 그 페이지에 작은 생쥐가 그려진 이유가 바로 여기에 있다. 가장 약한 자가 가진 힘. 그것을 그림 작가와 글 작가가 모두 글과 그림으로 드러내고 있는 것이다.

 글 작가는 러시아 지주의 아들로 태어났으나 지주의 생활을 비판하는 작품들을 쓰며 약자 편에 선 글들을 주로 썼는데 '순무'라는 소재 자체를 통해서도 이를 드러낸다. 순무는 유럽에서 구황작물로 취급받던 작은 크기의 무과의 채소로 척박한 땅에서도 빠른 속도로 자라고 영양도 풍부해서 가난한 이들이 많이 먹었다고 알려져 있다. 이렇게 흔하고 그다지 귀하지 않은 순무 씨앗을 할아버지는 귀히 여기며 달콤하고 단단하게 잘 자라도록 정성을 다한다.

이 작품은 헬린 옥슨버리의 초기작으로 인물의 생김새, 펜화에 색연필과 수채화 물감으로 색을 칠하는 방식 등에서 남편 존 버닝햄의 영향을 받은 것으로 보인다. 그림책에서 도움을 요청하는 이들은 원경에 작게 그려진 반면, 요청을 받는 이들은 근경에서 무척 크고 두드러지게 그려질 뿐만 아니라 그들이 생활하는 공간도 함께 그려져 있다. 이러한 장면 묘사는 모두가 자신의 공간 안에서는 주인공으로 보이게끔 하는 효과를 가진다. 순무를 잡아당기는 장면은 다양한 시점과 방향에서 그려진다. 이야기가 진행될수록 순무 자체보다도 잡아당기는 이들에게로 그림의 무게 중심이 옮겨간다. 순무가 뽑히기 직전 장면에서 순무는 할아버지가 쥔 잎사귀의 끝자락만 보이고 잡아당기는 인물들이 펼침면 가득 채워진다. 마침내 커다란 순무가 뽑히고 모든 이들은 넘어지며 한데 엉켜버리고 만다. 이러한 경험이 이들을 하나로 묶었을까? 마지막 페이지는 모든 인물들이 동등하게 둥그런 테이블에 둘러앉아서 순무를 바라보는 것으로 마무리된다. 순무 요리를 나누어 먹는 장면 대신 이런 결말에 다소 실망할 독자들도 있겠으나 요리란 것이 한 사람의 집중적인 수고가 필요한 것임을 아는 독자라면 그림 작가가 왜 이렇게 마무리 하였는지는 충분히 이해할 수 있을 것이다.

- 마지막 장면에서 인물들이 어떠한 대화를 나누었을지 이야기해 보고, 다음 이야기를 그림으로 그려보자. 함께 요리를 해먹는 이야기 이외에도 생쥐가 고양이를 피해 도망간다던가, 커다란 무 안에 누군가 살고 있었다거나 하는 재미난 이야기도 상상할 수 있게 유도해 보자.

- '아주 커다란 것'을 찾아보고 소개해 보자. 아주 커다란 것의 좋은 점은 무엇인지 이야기 나누어 보자(아주 큰 거울, 아주 큰 텐트, 담요 등).

091

코끼리 아저씨와 100개의 물방울

작가 소개

노인경은 1980년 서울에서 태어났다. 홍익대학교에서 시각디자인을 공부하고, 이탈리아 밀라노 국립미술원에서 순수미술을 공부한 후 한국과 이탈리아를 오가며 글과 그림을 쓰고 그리는 작업을 하고 있다. 소재는 달라도 작가는 일관되게 '관계'라는 주제로 작품을 만들고 있다. 글과 그림을 모두 쓰고 그린 책으로는 책과의 관계를 그린『책 청소부 소소』, 아버지와의 관계를 표현한『코끼리 아저씨와 100개의 물방울』,『고슴도치 엑스』가 있다.『코끼리 아저씨와 100개의 물방울』은 브라티슬라바국제원화전시회BIB 황금사과상을 수상하

글·그림 | 노인경 출판사 | 문학동네 출판년도 | 2012년 ISBN | 9788954618618
판형 | 250 * 207mm 쪽수 | 56쪽 주제 | 사회적 세계 / 인내, 사랑 / 나와 가족, 환경과 생활

였다. 이외에도 다양한 책에 그림을 그렸다.

줄거리

코끼리 아저씨는 가뭄이 들어 근처의 오아시스가 말라 버리자 양동이를 이고 멀리까지 물을 길러 간다. 양동이 가득 물을 담아서 집으로 돌아오는 길에서 무더위와 무서움, 오르막, 절벽 등 다양한 장애물을 만나지만 코끼리 아저씨가 멈출 수 없는 것은 집에서 아이들이 기다리고 있기 때문이다. 집 근처에 도착할 때쯤 양동이에 담은 100개의 물방울은 이미 바닥이 나있다. 코끼리 아저씨가 낙심하고 있을 때 하늘에서 시원한 비가 내려 양동이에 물을 채운다. 마침내 양동이 가득한 물을 안고 집으로 돌아온 아빠는 기쁜 마음으로 아이들에게 물을 준다.

서평

면지에는 파란 오아시스에 물을 길러 양동이를 들고 온 코끼리들이 가득하다. 코끼리들은 저마다의 특색이 있다. 장바구니를 들고 나온 코끼리, 데이트 하러 나온 코끼리, 풍선을 들고 있거나, 아이와 함께 나온 커다란 코끼리, 모자를 쓰거나 가방을 든 코끼리 등 다양한 코끼리들이 이미 채워져 있거나, 비어있는 양동이를 든 채 그려져 있다. 회색 윤곽선으로 그려진 코끼리들 틈에 유독 한 마리의 코끼리만이 굵고 검은 윤곽선으로 그려져 있어 바로 이 코끼리가 이 책의 주인공임을 짐작케 한다.

 이 책은 작가의 말에서 밝혔듯이 아빠의 고단한 하루에 내해서 이야기하고 있다. 제목에서 코끼리 아빠를 아저씨라고 지칭한 이유는 아마도 아저씨로서 또는 사회에 속한 일원으로서 살아가고 있는 아빠의 정체성을 드러내고자 했기 때문일 것이다. 아빠 코끼리에게는 '뚜띠'라는 이름이 있다. 이는 이태리어로 '모두'라는 뜻의 단어로 코끼리 뚜띠가 세상의 모든 아빠를 대변하는 의미로 사용되었다. 요즘은 많이 달라졌지만 작가가 자라난 세대만 해도 아이들은 아빠의 일상을 공유하기 쉽지 않았었다. 작가는 그러한 자신의 경험을 바탕으로 아빠들의 삶에 관심을 갖고 찬찬히 들여다보자고 제안한다. 완벽해 보이는 아빠의 삶에도 우리와 같이 기쁨과 슬픔이, 코끼리 아빠 뚜띠처럼 엉성함과 귀여움이 있을지 모르기 때문이다. 이런 면을 부각시키기 위하여 다소 어리숙하게 표현된 뚜띠는 투박한 선으로 그려졌다.

　이 책의 제목에는 물방울을 셀 수 있는 100개의 물방울로 표현하였는데 어린 아이들에게 100이라는 숫자는 실감나게 상상할 수 있는 가장 큰 수로 아빠가 지고 오는 물의 무게를 구체적으로 느끼게 해준다. 실제로 본문에 등장하는 물방울은 100개에서 시작하여 점차 줄어드는데 비트맵 형식을 기반으

로 픽셀로 표현함으로써 독자들이 매 장면마다 물방울을 세어가면서 집으로 돌아오는 아빠의 여정에 동참할 수 있게 하였다. 픽셀은 작은 점, 사각형, 구멍 뚫린 사각형, A 모양, 놀란 얼굴 모양, 웃는 얼굴 등의 모양으로 기린, 숲, 동굴 등의 사물을 표현하는 데 쓰였다.

이 책에는 숨은 재미들이 있다. 코끼리가 집으로 돌아가는 길이 순탄치 않은데 계속해서 꼬리를 물며 이어지는 고난은 바로 앞 장에 예고되어 있어 단서를 보며 어떠한 고난이 닥칠지 유추하며 읽을 수 있다. 앞만 보고 집으로 향하는 코끼리의 시선에 잡히지 않는 숨어 있는 다양한 동물들을 찾으면서 읽는 것도 재미있겠다.

다시 면지를 보자. 뒤 면지에는 아이들을 모두 데리고 오아시스를 찾은 뚜띠의 가족이 밝은 표정으로 그려져 있어 앞 면지와 대조를 이룬다. 집에서 아빠를 기다리기만 하던 뚜띠의 아이들은 아빠의 영역이었던 물 긷는 과정에 동참함으로써 아빠의 수고와 인내를 이해할 수 있게 되었을 것이다. 면지를 채운 수없이 많은 코끼리 아빠들과 가족들도 각자의 이야기들이 있을 것이다.

◉ 아빠의 하루에 대해서 이야기를 나누어 보자. 아빠의 일과를 들어 보고, 언제가 가장 힘들고, 즐거운지 이야기를 들어 보는 시간을 가져 보자.

◉ 100개에서 시작하여 점점 줄어드는 물방울의 개수를 세어가며 읽어도 재미있게 읽을 수 있을 것이다.

◉ 작은 크기의 스탬프를 여러 개 찍어서 픽셀 아트 기법을 활용한 그림을 그려 보자.

◉ 작은 공을 담은 바구니를 머리에 이고 공을 떨어뜨리지 않고 반환점을 돌아오는 릴레이게임을 해보자.

크리스마스 파티

작가 소개

가브리엘 뱅상은 벨기에의 화가이자 삽화가이다. 1928년 브뤼셀에서 태어나 미술학교를 졸업하고 데생의 매력에 빠져 오랫동안 화가로 활동했다. 50대에 이르러 프랑스에서 일러스트레이터로 활동하기 시작하여 독특한 기법으로 그녀만의 생명력을 담아내는 탁월한 그림책을 내놓았다. 모노톤 데생 3부작이라고 불리는 『어느 개 이야기』, 『거대한 알』, 『꼬마 인형』과 〈에르네스트와 셀레스틴느〉 시리즈 작품 속에서 부드럽고 따뜻한 마음과 참된 가족의 의미를 잘 표현했다. 그녀는 긴 문장 대신 함축적이고 간결한 글로 메시지를 전달했으며 희로애락의 정서를 섬세하게 다루었다. 그녀의 작품은 여러 나라에서 번

원제 | Noel l chez Ernest et Celestine, 1994 글 · 그림 | 가브리엘 뱅상
출판사 | 황금여우 출판연도 | 2015년 ISBN | 9788997207565 판형 | 270 * 240mm
쪽수 | 40쪽 주제 | 사회적 세계 / 사랑, 희락 / 겨울

역되었으며 볼로냐아동도서전 그래픽상, 프랑스 재단 협회상, 몽트뢰 도서전 최우수 어린이도서상, 일본 산케이 어린이문학출판상 등을 수상했다. 2000년에 작고한 이후 2012년 3월에 작가의 본명을 딴 모니크 마르텡 재단이 설립되어 그녀의 독특한 작품세계를 기리고 있다.

줄거리

꼬마 쥐 셀레스틴느는 에르네스트 곰 아저씨와 함께 눈길을 걷고 있다. 셀레스틴느는 친구들을 초대해서 크리스마스 파티를 열어 주겠다는 아저씨의 약속을 상기시키지만 아저씨는 올해는 형편이 나빠 파티는 어렵다고 조심스럽게 말한다. 셀레스틴느는 막무가내로 조른다. 아저씨는 약속을 지키기 위해 셀레스틴느와 함께 필요한 것들을 만들어서 파티를 준비한다. 드디어 초대받은 아이들이 왔지만 가짜 공, 가짜 꽃 장식, 음악도 없다는 한 친구의 말에 셀레스틴느는 마음이 상한다. 그러나 파티의 분위기는 점점 무르익는다. 아저씨는 옛날이야기를 들려주고 바이올린을 연주해 준다. 아이들은 즐겁게 파티를 즐기다 돌아가고 마음을 상하게 했던 친구도 정말 즐거웠다며 내년에도 초대해 줄 것을 요청한다.

서평

앞표지에는 산타 옷을 입은 에르네스트 곰 아저씨가 꼬마 쥐 셀레스틴느를 번쩍 들어 올리고 있고 친구들의 시선은 아저씨와 셀레스틴느를 향하고 있다. 그와 대조적으로 뒤표지 중앙에 작은 시각프레임 안에는 아저씨가 거울을 보며 산타 수염을 매만지고 있다. 소박하지만 사랑이 담긴 파티를 위해 정성을 다해 수고하는 아저씨의 마음이 엿보인다. 글 텍스트는 화자의 해설이나 중복 없이 등장인물의 대화만 전한다. 그림은 잉크선이 보이는 따스한 수채화 물감으로 그려졌으며 다양한 크기의 프레임을 사용하여 이야기의 흐름과 인물의 심리를 효과적으로 드러낸다.

첫 장면에서 아저씨와 셀레스틴느는 춥고 궂은 날 바람을 헤치면서 함께 걸어간다. 작가는 등장인물이 처한 현실과 심리적 상황을 인물 간의 거리나 시선, 그리고 긴 장면과 짧은 장면을 연속적으로 분할하며 리듬감 있게 보여 준다. 이들은 서로 자기 생각을 말하지만 대립하지 않으며 의견의 차이가 있지만 서로를 신뢰하며 위로하고 있다. 아저씨와 셀레스틴느의 친밀한 관계는 그림을 통해 잘 표현되기 때문에 독자들은 아저씨가 약속을 지킬 수밖에 없을 것임을 예측할 수 있다.

크리스마스를 준비하는 장면에서는 펼침면 전체를 사용하여 그들의 집을 보여주는데, 셀레스틴느와 아저씨가 얼마나 가난한지, 그러나 서로를 얼마나 의지하고 사랑하는지 잘 보여준다. 둘은 서로를 격려하면서 함께 크리스마스 파티를 준비하고 파티가 시작되자 그들의 기쁨은 배가 된다. 그때 등장하는 한 친구의 냉정한 말은 파티의 고조된 분위기에 찬물을 끼얹는다. 그 친구의 시선은 다른 등장인물과 엇갈리고, 그의 위치는 거리를 두고 있다. 그러나 샐쭉거리던 친구가 파티의 참 의미를 발견하게 되면서 점차 무리와 하나가 되고 시선은 한 방향을 바라보게 된다.

함께 크리스마스를 준비하고 노래를 부르고 춤추는 장면, 그리고 아저씨의 이야기를 듣는 장면은 펼침면 전체를 쓰고 있다. 이런 장면을 통해 독자들은 이들의 파티가 부족함 없이 충만했다는 것을 느낄 수 있다. 온 정성을 다해서 아이들과 놀아주고 이야기와 음악을 들려주는 아저씨, 그의 곁을 한시도 떠나지 않으려는 셀레스틴느, 친구들의 시선을 통해서 이들이 크리스마스의 기쁨으로 충만하다는 것을 알 수 있다.

셀레스틴느가 산타클로스로 변신한 아저씨를 알아보지 못하고 찾는 모습에서 빠른 화면 전환이 일어난다. 셀레스틴느의 옆모습, 뒷모습, 앞모습을 차례로 보여주면서 심리적 불안을 묘사하고 있다. 여기저기 흩어진 소품의 위치는 크리스마스 파티가 얼마나 왁자지껄했는지를 보여 준다. 작가는 인물의 시선과 그림의 앵글을 통해 글로 표현하지 못하는 많은 것을 표현하고 전달한다. 셀레스틴느를 속상하게 했던 친구가 이렇게 신나게 놀아 본 건 처음이라며 내년에도 초대해 달라고 부탁하고 떠난 이후 아저씨와 셀레스틴느는 서로를 마주보며 기쁨을 나눈다.

어린 셀레스틴느는 연약한 것 같지만, 현실에 얽매이지 않고 진정으로 가치 있는 것이 무엇인지 알고 추구해간다. 많은 순간에 이성적인 논리와 세속적인 시각에 매여서 순전한 기쁨을 누리지 못하는 어른들에게, 삶에서 정말 중요한 것이 무엇인지 돌아보게 하는 그림책이다.

- 주변의 폐품들을 이용해서 크리스마스 장식을 만들고, 선물하며 기쁨을 나누어 보자. 크리스마스 과자 만들기, 간단한 케이크나 음료를 만들어 나눠도 좋을 것이다.

- 함께 크리스마스 노래를 부르고 음악에 맞춰 춤을 추며 기쁨을 표현해 보자. 하나님께서 우리를 사랑하셔서 예수님을 이 땅에 보내주셨다는 기쁜 소식을 카드에 써서 나누어 보자.

- 그림책을 보면서 등장인물의 시선이 어디를 향하고 있는지, 무슨 이야기를 하고 있는지 상상하고 지어내 보자. 샐쭉거리는 친구의 위치와 시선을 추적하면서 마음이 어떻게 바뀌었는지 설명해 보자.

© 크리스마스 파티

토끼의 의자

작가 소개

글을 쓴 고우야마 요시코는 1928년 도쿄 출생으로 1963년 『아리코의 기록』이라는 도서로 NHK아동문학상과 제3회 일본아동문학가 협회상을 받았다. 일본아동문학가협회 이사이며, 그림책 작가이면서 동요와 시를 쓰는 시인이기도 하다.

그림을 그린 가키모토 고우조는 1915년 히로시마현 출생으로 제8회 소학관 회화상을 받았으며 여러 그림책에 그림을 그렸다. 그는 아동출판미술가연맹의 회원이다.

원제 | どうぞのいす, 1979 글 | 고우야마 요시코 그림 | 가키모토 고우조 출판사 | 북뱅크
출판년도 | 2010년 ISBN | 9788989863939 판형 | 209 * 246mm 쪽수 | 35쪽
주제 | 사회적 세계 / 양선 / 유치원과 친구, 가을

줄거리

토끼가 작은 의자 하나를 만들고 의자 옆에 '아무나'라는 팻말을 놓아둔다. 도토리를 주워서 집으로 돌아가던 당나귀는 도토리를 의자 위에 올려놓고 낮잠을 잔다. 이후 다녀가는 여러 동물들은, 의자 위에 놓여있는 음식들을 먹은 후에 자신들이 갖고 있는 음식을 의자 위에 놓고 간다. 당나귀가 가져온 도토리를 먹은 곰은 꿀을 놓아두고, 꿀을 먹은 여우는 빵을 놓고, 빵을 먹은 다람쥐들은 알밤을 의자 위에 놓아둔다. 잠에서 깬 당나귀는 도토리가 아닌 알밤이 의자 위에 있는 것을 보고 도토리가 자라서 알밤이 된 걸 의아하게 생각한다.

서평

『토끼의 의자』는 토끼가 만든 작은 의자를 통해 서로를 따뜻하게 배려하는 동물들의 사랑스런 이야기다. 1979년 초판이 발행된 이후 30년 이상 스테디셀러로 사랑받고 있으며 일본 전국학교도서관협회 선정 도서이면서 일본 유치원 교사가 뽑은 그림책 대상작이다.

그림책은 전체적으로 연한 노란색 배경에 주황색과 갈색톤이 주를 이룬다. 등장인물들의 순진하고 따뜻한 마음과 시간적 배경이 된 가을이 부드러운 선과 색으로 잘 표현되고 있다. 앞표지에는 토끼가 의자 위에 앉아 있고, 뒤표지에는 꼬리에 꼬리를 무는 사건의 시작과 결말이 되는 도토리와 알밤이 섞여 있는 그림이 있다. 앞·뒤표지에 나오는 의자, 토끼, 도토리, 알밤은 스토리를 이어가는 중요한 소재들이다.

텍스트가 시작되면 그림과 글은 공간적으로 분리되어 글 텍스트는 항상 왼편 구석에 있다. '아무나'라는 그림 속 팻말의 글은 전체 그림책의 주제를 제시하는 중요한 단어다. 토끼는 숲 속을 지나가는 동물들이 쉬어갈 수 있도록 의자를 만들고 '아무나' 팻말을 붙여서 누구나 맘껏 의자를 사용할 수 있도록 한다. 누구에게나 열려 있고 누구나 누릴 수 있으며 다른 이에게 거저 주고자 하는 마음이 가득하다. 의자를 처음 본 몸집이 큰 당나귀가 의자에 앉아서 쉬는 대신 도토리 바구니를 올려 두면서 시작된 배려 릴레이는 곰의 꿀과 여우의 빵, 다람쥐의 알밤으로 계속 바뀌고 낮잠에서 깬 당나귀는 도토리가 알밤의

© 토끼의 의자

아기였다는 엉뚱한 생각을 한다.

글에는 묘사되지 않지만 그림에는 장면마다 푸른빛의 새 한 마리가 계속 등장한다. 파랑새는 모든 과정을 지켜보는 관찰자이며 다람쥐들과 함께 빵을 먹기도 한다. 어떤 동물도 그 파랑새를 의식하지 않지만 파랑새는 토끼가 의자를 만들 때부터 당나귀가 잠에서 깨어날 때까지 계속 그들 곁에 있기 때문에

사건의 모든 과정을 알고 있다.

그림책의 일본판 원제목은 '도우죠 의자'이다. 이를 우리말로 번역하기가 까다로운데 굳이 옮기자면 '아무쪼록 맘껏 의자' 혹은 한국판 번역을 살린다면 '아무나 의자'나 '누구나 의자'가 더 정확한 의미일 것 같다. 일본인들은 누군가에게 부담 갖지 말고 편히 하라고 권할 때 'どうぞ(도우죠)'라고 하며 영어로는 'please'다. 토끼가 의자를 만들어 두고 옆에 팻말을 둔 것도 필요한 사람은 아무쪼록 편히 쉬라는 의미가 아니었을까? 따뜻하고 아름다운 배려 이야기 『토끼의 의자』는 유아용이지만 이 시대의 어른들에게도 많은 것을 생각하게 하는 책이다.

- 유치원이나 어린이집에 '아무나 의자'를 두어 보자. 누군가 쉴 수도 있고 뭐가 나눌 것이 있다면 갖다 놓기도 하고 쉬기도 하면서 서로가 나누고 배려한다는 것이 얼마나 기쁜 일인지 경험해 보자.

- 이 그림책의 이야기는 여러 동물들이 등장하면서 비슷한 상황이 반복되기 때문에 유아들이 동극을 하기에 적합하다. 역할을 정해 동극을 해보자.

- 책의 그림만 보면서 파랑새가 어디에 있는지 찾아보자. 또 잠에서 깨어 의아해하는 당나귀에게 파랑새가 무엇이라고 말해줄 수 있을지 이야기를 꾸며 보자.

티치

작가 소개

팻 허친즈는 1942년에 태어난 영국의 그림책 작가이다. 결혼 후 미국으로 이주하여 처녀작 『로지의 산책』으로 1968년 보스톤 글로브 혼북상을 수상하였으며 1974년에는 『바람이 불었어』로 케이트 그린어웨이상을 수상하여 작가로서의 역량을 인정받았다. 허친즈의 그림은 선과 색이 선명하고 글은 짧으면

원제 | Titch, 1971 글·그림 | 팻 허친즈 출판사 | 시공주니어 출판년도 | 1997년
ISBN | 9788972595366 판형 | 188 * 257mm 쪽수 | 30쪽
주제 | 가족 세계 / 충성 / 나와 가족, 생활도구

서도 운율이 있으며 농촌 출신답게 농장과 동물이 그림책에 자주 등장한다. 국내에서도 많은 그림책이 번역되었으며 작품마다 유머와 놀이성이 그림 곳곳에 숨어있다. 티치는 *Tidy Titch*, *Titch and Daisy* 등의 많은 시리즈로 발간되었으며 만화 영화로도 방영되었다.

줄거리

형제 중 막내인 티치는 작고 어릴 뿐만 아니라 능력마저 없어 보인다. 형과 누나가 자전거를 타고 언덕을 가뿐하게 오르고 바람에 연을 날리며 큰 북과 트럼펫을 불 때, 티치는 작은 세발자전거를 타고 언덕을 오르기 위해 안간힘을 쓰고 작은 바람개비를 들고 있으며 자그마한 나무 피리를 분다. 형과 누나가 톱과 망치를 사용하여 작업을 하거나, 흙을 파서 화분에 담을 때에도 티치는 작은 못을 들고 오거나 작은 씨앗을 가져올 수 있을 뿐이다. 그러나 티치가 심은 아주 작은 씨앗이 싹을 틔우고 마침내 커다란 나무로 자라서 형과 누나를 놀라게 한다.

서평

팻 허친즈는 일곱 남매 중 여섯째로 자랐다. 티치의 이야기는 그녀의 두 아들 몰간과 샘이 모델이었다고 한다. 표지 속의 티치는 작은 바람개비를 들고 세발자전거와 커다란 화분 사이에 서 있다. 어리고 키가 작은 티치가 언젠가는 세 키보다 커다란 나무만큼 성장하게 될 것을 암시하는 듯하다.

속지를 펼치면 두 켤레의 큰 슬리퍼가 있고 작은 슬리퍼 하나가 떨어져 있다. 빨랫줄에 널린 작은 옷마저 더 큰 빨래들과 섞이지 못하고 한편으로 몰려 있는 그림은 티치가 형제들과 제대로 어울리기에는 능력의 차이가 크다는 것을 보여준다. 티치가 가진 것들은 전부 제일 작다. 티치에게 할애되는 공간도 작고 한쪽 구석에 몰려 있다. 처진 눈썹과 소심하게 보이는 작은 눈, 시무룩한 입모양이 형과 누나와 비교하면 보잘 것 없는 자아상을 반영하는 듯하다. 첫 장에서의 티치는 그가 아무것도 할 수 없는 존재라는 것을 암시하듯, 두 손이 보이지 않는다. 반면 형 피트와 누나 메리는 자신만만하고 유능하다.

그러나 장을 넘길수록 티치와 형, 누나와의 물리적 거리는 가까워진다. 마지막 장면에서 티치가 가져온 작은 씨앗이 형과 누나의 키보다 높이 자라 모두

를 놀라게 한다. 티치가 처음으로 그들과 한데 어울려서 흐뭇하게 미소 짓는데, 티치의 달라진 표정과 깜짝 놀라는 형과 누나의 표정이 대조를 이루어서 티치에게 공감하는 어린 독자들에게 웃음과 기쁨을 준다.

　티치를 묘사할 때는 작고 보잘것없는 것을 표현하는 어휘를 써서 형 피트와 누나 메리에 대한 묘사와 대조를 이룬다. 티치는 작고 연약하지만 아주 작은 씨앗에서 싹이 나고 계속 자라 마침내 커다란 나무로 성장하여 모두를 놀라게 하듯 티치도 자신의 현재의 모습에 낙담하거나 포기하지 않고, 불평하지 않으며 충실하게 현재를 산다면 언젠가는 놀라운 성장을 이룰 것이라는 소망과 축복이 담겨 있는 듯하다. 티치는 형과 누나에 비해 부족하고 작긴 하지만 결코 포기하거나 소외되지 않으며 늘 그들과 함께 하려고 노력하는 가운데 계속 자라고 있다.

　형과 누나의 모습과 대조되는 티치의 모습, 책장을 넘길수록 변화하는 아이들의 표정, 티치에게 허용되는 그림의 공간과 세 아이들 간의 물리적 거리의 변화에 주목한다면 그림책을 보는 또 다른 즐거움을 누리게 될 것이다.

ⓒ 티치

- 티치와 형제자매가 사용하는 물건들의 서열 관계, 크기에 대한 어휘들을 비교하는 놀이를 해보자.
- 씨앗에서 싹이 나서 쑥쑥 자라는 과정에 대한 신체표현 활동을 적절한 음악이나 악기와 함께 연계해 보자.
- 같은 용도의 크기가 다양한 물건을 찾아서 비교해 보자(예: 티스푼 〈 수저 〈 주걱, 과일 포크 〈 양식 포크 〈 샐러드 포크, 아기 신발 〈 언니 신발 〈 엄마 신발 등).

파란 거위

작가 소개

낸시 태퍼리는 1946년에 미국 뉴욕에서 태어났다. 뉴욕에 있는 스쿨오브비주얼아트에서 어린이책 일러스트레이션을 전공했으며 1984년에 『아기 오리는 어디로 갔을까요?』로 칼데콧 아너상을 받았다. 작품으로는 『세상에서 가장 큰 아이』, 『꼬마 당나귀의 크리스마스 노래』 등이 있다. 영유아를 위한 책을 주로 집필하였으며, 드넓은 농장이 보이는 양계장을 개조한 스튜디오에서 살며 농장 동물들이 나오는 이야기를 따뜻한 시선으로 그려내고 있다.

원제 | *Blue Goose*, 2008 글 · 그림 | 낸시 태퍼리 출판사 | 비룡소 출판년도 | 2014년
ISBN | 9788949112381 판형 | 253 * 253mm 쪽수 | 34쪽
주제 | 문화적 세계 / 희락 / 환경과 생활

줄거리

농부 그레이(회색)씨가 외출한 날 파란 거위, 빨간 암탉, 하얀 오리, 노란 병아리는 농장을 색칠하기로 한다. 동물들은 자신과 동일한 색깔의 붓과 물감으로 울타리와, 헛간을 비롯하여 농장 곳곳을 색칠해 나간다. 이내 두 마리씩 색을 섞어 2차색을 만들어 칠하고, 모두가 합심하여 하늘 높이 떠 있는 해까지 노랗게 칠한다. 저녁이 되어 그레이 씨가 돌아오고, 밤이 되어 잠들기 전 파란 거위는 온 농장에 파랗게 어둠을 칠하고 잠을 청한다.

서평

그림책의 첫 장을 펼치면 굵고 검은 프레임 안에 오직 회색으로만 칠해져 있는 농장이 눈에 띈다. 무채색의 농장 안에는 파란 거위와 빨간 암탉, 노란 병아리와 하얀 오리가 있다. 동물들은 외출을 하는 농장 주인인 그레이 씨를 배웅하고 있다. 오른편에 보이는 수레에는 농장 동물들과 같은 색의 물감과 붓이 놓여 있어 이들이 농장에 색을 입힐 작정이라는 것을 짐작하게 한다.

　동물들은 각자의 색깔을 붓에 묻히고 각자의 몸집에 적합한 대상을 찾아 색칠을 한다. 각자의 색으로 헛간과 지붕을 비롯한 농장 곳곳을 칠한 동물들은 이제 둘씩 짝을 지어 색을 섞는다. 빨간색과 파란색을 섞어 보라색을 만들고, 노란색과 빨간색을 섞어 주황색을 만들어 농장을 보다 풍성한 색감으로 채워 넣는다. 이제 하늘 높이 떠 있는 해를 제외하고는 모두 채색이 되었다. 노란색을 담당한 아기 병아리의 키가 삭아 해에 손이 닿지 않자 동물들은 모여서 어떻게 하면 해를 칠할 수 있을지 의논을 한다. 그리고는 동물탑을 쌓고 병아리를 가장 위에 태워 해를 칠하기로 한다. 그레이 씨가 돌아오자 동물들은 부모에게 칭찬을 기대하듯 농부에게 자신들이 칠해 놓은 농장을 자랑스럽게 보여준다. 이렇게 하루가 다 가고 모든 동물들은 헛간에서 잠잘 채비를 한다. 파란 거위는 잠들기 전 헛간에서 빠져 나와 달을 제외한 농장의 모든 곳을 파랗게 칠하여 푸른 어둠이 내려앉게 한다.

　동물들은 유순하고, 어떤 작은 소동도 일으키지 않고 시종일관 농장 칠하기로 하루를 보낸 후 평온하게 밤잠을 청한다. 하지만 이런 정적인 전개가 지루하지 않은 이유는 점진적으로 색이 섞이고, 힘을 합쳐 어려운 문제를 해결하고, 어른에게 칭찬을 받고, 마침내 편안하게 밤을 맞기까지 읽는 이에게 마음

의 만족과 안정을 주기 때문일 것이다.

　작가는 이 단순한 이야기에 독자를 참여시키기 위하여 다양한 장치를 심어 놓았다. 모든 페이지의 그림은 굵고 검은 프레임 안에 그려지는데 이는 마치 독자가 캔버스를 보고 있는 듯한 느낌을 받게 한다. 농장 동물들이 쥐고 있는 붓의 크기는 책 밖의 어린이 독자가 손에 쥐어도 될 만큼 크게 그려져 있고, 동물 농장과 붓만 디테일하고 입체적으로 표현되어 있다. 그렇기에 동물들이 독자를 대신해서 색을 칠하고 있는 느낌을 주며 독자를 심리적으로나 물리적으로 책 바로 앞에 붙잡아 놓는다. 동물들은 삼차원의 공간을 마치 벽화를 칠하듯 채색하고 있는데 굵은 프레임과 함께 보면 색칠 공부책의 한 장면으로 보이기도 한다. 뒷표지에 소개가 되었듯이 1차색과 2차색을 알려주는 등 색 배합에 대한 정보를 담고 있지만 정보를 넘어서 농장 동물들과 함께 색칠한 것 같은 경험을 주는 책이다.

　색칠하기를 싫어하는 아이들이 없듯이 따뜻하고 정감 있는 동물들의 농장 칠하기 놀이가 펼쳐지는 이 책을 싫어할 아이는 없을 것이다.

- 색칠 공부 시트를 크게 인쇄하고 각자가 한 가지 색상을 맡아서 색칠을 해보자. 필요에 따라서 색깔을 섞기도 하면서 합작품을 만들어 볼 수 있겠다.

- 낮이 배경인 그림을 그린 후 파란색 수채화 물감을 덧칠하여 밤 풍경을 만들어 보는 활동도 곁들이면 좋겠다.

파란 의자

╲ 작가 소개

클로드 부종은 1930년 파리에서 태어나 1972년까지 아동에 관한 보도 전문 출판사의 편집자로 오랜 기간 일했다. 그 후 그림과 조각, 포스터, 무대 장식, 인형극 등 다양한 영역에서 활동했다. 그는 이러한 경험을 바탕으로 주제, 구

원제 | *La Chiaise Bleue*, 1996 글·그림 | 클로드 부종 출판사 | 비룡소
출판년도 | 2004년 ISBN | 9788949111162 판형 | 207 * 258mm 쪽수 | 32쪽
주제 | 문화적 세계 / 희락 / 유치원과 친구, 생활도구

성, 소재 등을 자유롭고 신선하게 구상한 작품을 보여주었다. 특유의 유머와 재치로 다소 무겁고 교훈적인 주제도 부담 없이 풀어내는 것이 특기이다. 대표적인 작품으로 『아름다운 책』, 『강철 이빨』, 『맛있게 드세요! 토끼 씨』, 『보글보글 마법의 수프』, 『도둑맞은 토끼』 등이 있다.

줄거리

어느 날 사막을 걷던 두 친구는 파란 의자를 발견한다. 샤부도와 에스카르빌은 의자를 이용한 상상놀이를 주거니 받거니 하며 이어간다. 이때, 멀리서 낙타가 인상을 쓴 채 상상놀이를 하는 두 친구를 지켜보다가 이들에게 다가온다. 낙타는 의자의 용도는 앉는 것이라면서 그 위에 앉는다. 낙타의 개입에 에스카르빌과 샤부도의 놀이는 급작스레 중단된다. 상상력 없는 낙타를 뒤로한 채 두 친구는 떠난다.

서평

표지에는 '파란 의자(제목)'가 한가운데 놓여 있고, 두 마리 강아지가 이에 기댄 채 생각에 잠겨 있다. 앞 뒤 면지에는 사막이 전면에 펼쳐져 있다. 작가는 이 두 친구와 마지막에 나오는 낙타를 통하여 아이들의 창의적인 놀이 세계와 상상력이 닫혀 버린 어른에 대한 풍자를 유머러스하게 펼쳐 보인다.

클로드 부종의 여타의 작품처럼 이 작품도 주제를 단순한 구성과 텍스트로 재치 있게 전달한다. 단 세 명의 인물이 등장하며, 아무것도 없는 사막이라는 공간에 파란 의자 하나만 나오는 단순한 구성 요소를 가지고 있다. 굵은 윤곽으로 등장인물을 표현하고 이야기 진행에 꼭 필요한 사물만을 그렸기에 페이지의 많은 부분은 여백으로 처리된다. 이에 독자들은 마치 극을 보듯 책장을 넘기며 각 인물과 요소들이 지닌 의미에 집중할 수 있게 된다.

어린이를 대변하는 두 마리 강아지인 에스카르빌과 샤부도는 생김새와 성격이 다르다. 어린이라고 다 같은 어린이의 성격을 갖지 않음과 같다. 부종은 샤부도에게 어른의 논리로 대표되는 '정확한 것을 좋아하는' 성격을 부여하였다. 그래서 말끝마다 정확한 것을 좋아한다는 수식과 함께 친구 에스카르빌의 생각을 교정하고 다듬는 말을 덧붙이는데 이는 읽는 재미를 더하기도 한다. 그래서 어른의 성질을 어느 정도 가지고 있는 샤부도와 그렇지 않은 에스카르

빌이 어떻게 상상놀이를 시작하고 끝내는가에 관한 이야기이기도 하다. 첫 몇 페이지에는 누가 샤부도이고, 에스카르빌인지 판별할 수 있는 단서가 나오지 않는다. 뾰족한 귀에 검고 키도 큰 강아지가 샤부도라고 생각하기 쉬울 것이지만 작가는 이런 편견 또한 상상력이 없는 게 아니겠냐는 듯 귀엽고 복슬복슬한 누런 개를 샤부도로 그렸다.

이들은 아무것도 없는 사막에서 우연히 파란 의자를 발견한다. 파란 의자에 집중하기에 더 없이 좋은 환경이다. 샤부도가 밑에 들어가 숨을 수 있다고 강아지들이 으레 의자를 사용하는 용도를 얘기하자 에스카르빌은 썰매, 불자동차, 구급차, 자동차 그 무엇도 될 수 있다며 상상을 보태면서 할 수 있는 것들을 제시한다. 정확한 것을 좋아하지만 이내 샤부도는 에스카르빌이 펼쳐 보이는 상상놀이에 동참하고, 의자로 할 수 있는 것들을 서로 앞다투어 얘기하기에 이른다. 에스카르빌은 의자를 실제와 완전히 다른 사물과 용도로 변형하여 상상하는 한편, 샤부도는 의자라는 물성은 유지한 채 기능을 확장(예, 키를 크게 할 수 있다, 사나운 짐승을 막을 수 있다)하여 상상한다. 이들은 서로 다른 상상의 차원을 가졌지만 서로의 제안을 수용하고 확장하기에 놀이는

깨지지 않고 유지된다.

ⓒ 아이클릭아트

  두 친구가 한참 놀이에 빠져 있을 때 제3의 인물인 낙타가 등장한다. 낙타는 이들의 상상놀이를 비웃으며 의자의 기능은 주 기능인 '앉으라고 있는 것'이라고 못을 박아 버린다. 상상의 여지가 없는 낙타는 놀이에 끼지 못할 뿐 아니라 두 친구의 놀이마저 깨버린다. 우연히 시작된 놀이가 이렇게 우연히 끝나버린다. 상상놀이의 시작과 과정 그리고 끝이 참 잘 드러나는 셈이다. 두 친구는 낙타를 '상상력이라곤 통 없는 단봉 낙타'라고 규정지으며 떠나버린다. 뻔한 생각밖에 못하는 캐릭터인 낙타는 과연 의자에 앉아서 즐거웠을까?

  이 책은 성인 독자에게 자신의 상상력이 에스카르빌과 샤부도, 그리고 낙타 중에서 어느 쪽에 가까운가. 일상을 풍요롭게 하는 상상력을 가지고 있는지, 아이들의 눈에 '상상력이라곤 없는 단봉 낙타'가 되어 있지는 않은지 돌아보게 한다. 적어도 에스카르빌과 같은 아이들을 낙타로 길들이는 어른은 되지 않아야 하지 않을까?

- 책을 읽기 전 의자를 가지고 할 수 있는 놀이에 어떤 것이 있는지 말과 몸으로 표현하며 이야기를 나누어 보자. 책을 읽은 후 다시금 이야기를 나누어 보자. 의자 외에도 주위에서 볼 수 있는 다른 생활도구를 이용하여 상상놀이를 해 보자.

- 세 등장인물의 성격을 비교해 보고, 그 성격을 나타내는 등장인물을 다른 동물로 바꾼다면 어떤 동물이 있을지 이야기를 나눈다. 이후 등장인물을 바꾸어 막대인형극이나 부직포 동화로 이야기를 꾸며볼 수도 있다.

- 아이들의 의견을 반영하여 에스카르빌, 샤부도 각각의 캐릭터를 살려서 읽어 보자.

파랑이와 노랑이

작가 소개

레오 리오니는 세계적인 디자이너이며 삽화가이다. 1910년 네덜란드에서 태어나서 제네바에서 경제학 박사학위를 받았다. 1939년부터 미국에 정착하여 예술가로 활동하였다. 정식으로 미술교육을 받은 적은 없지만 어린 시절 많은 시간을 암스테르담의 미술관에서 작품을 감상하고 모사하며 예술에 대한 안목을 길렀다고 한다. 그는 화가, 조각가, 사진작가, 그래픽 디자이너, 아트 디렉

원제 | *Little Blue and Little Yellow*, 1959 글·그림 | 레오 리오니
출판사 | 물구나무(파랑새어린이) 출판년도 | 2003 년 ISBN | 9788970576367
판형 | 220 * 200mm 쪽수 | 40쪽 주제 | 사회적 세계 / 사랑, 희락 / 유치원과 친구

터로 활동하였고, 50대가 된 1959년에 그림책 작가 및 일러스트레이터로 일을 시작하였다. 그의 첫 그림책『파랑이와 노랑이』로 뉴욕타임스 최고 그림책상을 받았다. 그 후『꿈틀꿈틀 자벌레』,『으뜸 헤엄이』,『새앙쥐와 태엽쥐』,『프레드릭』으로 칼데콧 아너상을 네 번 수상하였다.

줄거리

엄마 아빠와 함께 사는 파랑이는 친구가 많은데 그 중에서도 앞집에 사는 노랑이와 가장 친하다. 어느 날 파랑이는 노랑이와 놀려고 밖으로 나갔지만 노랑이는 보이지 않는다. 이리저리 노랑이를 찾아다니던 파랑이는 마침내 노랑이를 발견하고 너무 기뻐서 꼭 껴안았는데 어느새 둘은 하나의 초록이가 되었다. 초록이는 실컷 놀다가 집으로 돌아갔지만 파랑이와 노랑이의 부모님은 초록이가 자신들의 아이가 아니라고 말한다. 너무 슬픈 나머지 초록이는 파랑눈물과 노랑눈물을 흘렸고 그 덕분에 원래의 파랑이와 노랑이로 되돌아왔다.

서평

표지에는 둥글게 색종이를 찢어서 구성한 콜라주가 보인다. 파란색과 노란색이 겹치는 부분은 초록색으로 이루어져 파랑과 노랑이 섞여서 초록색이 될 수 있다는 것을 보여준다. 등장인물은 저마다 다양한 크기의 한 가지 색으로만 표현되었다. 색종이에 다른 그림을 그려 넣지 않았기 때문에 표정도 없다. 파랑이와 노랑이의 집을 보여줄 때, 녹자는 글을 읽으면서 그림의 크기로 아버지, 어머니와 파랑이 혹은 노랑이라고 짐작할 수 있다. 아무런 세부 묘사가 없는 콜라주지만 작가는 색깔과 형태만으로 등장인물의 상황과 행동, 감정 등을 보여준다.

작가는 여행 중 지루해하는 손자들과 놀아주기 위해 잡지를 찢어서 즉흥적으로 이 작품의 가본을 만들게 되었다고 한다. 백지 위에 아무렇게나 찢은 색종이 조각으로 모든 것을 표현했기 때문에 글은 내용을 이해하는 데 중요한 역할을 한다.

작가는 그림의 배경을 대부분 하얀색으로 처리했는데, 집을 보던 파랑이가 노랑이를 찾아다니기가 절정에 이를 때 배경이 검정과 빨강색으로 바뀐다. 파랑이가 지쳐갈 때의 상황은 강렬한 검정으로, 노랑이를 만나는 극적인 사건이

일어나기 직전의 상황은 선명하고 아름다운 빨강색을 사용하여 독자는 앞으로의 변화를 기대할 수 있다.

이 작품은 그림이 아닌 추상적인 형태를 사용하기 때문에 등장인물의 세심한 정서나 상황의 변화를 표현하기가 어려웠을 것이다. 그러나 작가는 글과 색깔, 형태의 위치와 배열을 이용하여 파랑이와 노랑이의 기쁨, 슬픔과 친밀감을 표현해낸다. 초록이가 눈물을 흘릴 때 파랑 눈물과 노랑 눈물이 나오고 그 조각들이 다시 모여 원래의 파랑이와 노랑이로 되돌아간다는 발상에서 작가의 메시지가 느껴진다. 서로를 사랑한다는 것은 자신을 주장하기보다 서로를 존중하고 상대의 약점을 그대로 수용하는 것이라는 의미를 색깔의 혼합으로 나타내었다. 상대를 존중하고 수용한다고 해서 각자의 정체성을 잃어버리는 것은 아니기에 각자의 색을 간직하고 있는 자아에 대한 작가의 깊은 성찰은 인간관계에서 자존심의 문제로 고민하는 어른들에게도 큰 울림이 될 것이다.

- 하얀 불투명 비닐이나 OHP필름을 깔고 노랑색과 파란색 물감을 넉넉히 섞은 핑거 페인팅 재료를 주어서 각각의 색과 그 둘이 섞여서 초록이 만들어지는 과정을 경험해 보도록 하자. 다른 색깔도 섞어보고 그림을 그려서 찍어내 보자. 유아의 연령이 어릴 경우에는 셀로판종이를 겹쳐 보거나 색깔 점토를 지퍼백에 넣어서 활동을 해볼 수 있다.

- 색종이로 다양한 형태를 찢어 붙이고 이야기를 꾸며보자. 책의 장면 몇 개를 뽑아서 글을 붙여 보아도 재미있다.

편식쟁이 일곱 남매의 분홍케이크

작가 소개

글을 쓴 마리 앤 호버맨은 동시와 동화 작가로 유명한 아동 작가이자 시인이다. 2008년에 미국 시연구재단으로부터 최고 아동시인으로서 인정받는 계관시인의 칭호를 수여 받았다.

그림을 그린 말라 프레이지는 미국 로스앤젤레스에서 태어났으며 그림책 작가이자 일러스트레이터로 활동하며 아트센터 대학에서 어린이책 일러스트

원제 | *The Seven Silly Eaters*, 2000 글 | 마리 앤 호버맨 그림 | 말라 프레이지
출판사 | PictureBookFactory 출판년도 | 2013년 ISBN | 9788994384085
판형 | 240 * 230mm 쪽수 | 40쪽 주제 | 가족 세계 / 사랑, 희락 / 나와 가족, 생활도구

레이션을 가르치고 있다. 집 뒤뜰 작업실에서 작업을 하며, 앞뜰에 작은 도서관을 개방하여 어린이들을 만나고 있다. 2009년 『최고로 멋진 놀이였어!』, 2010년 『온 세상을 노래해』로 2년 연속 칼데콧 아너상을 수상하였다.

줄거리

신혼부부가 꿈을 안고 호숫가가 내려다보이는 곳에 정착을 한다. 이 가정에서 태어난 첫째 아이는 따뜻한 우유만 먹는 지독한 편식쟁이었다. 뒤이어 둘째, 셋째 아이가 태어나고 계속해서 총 일곱 명의 아이들이 생겼다. 모두 한 가지 음식만 고집하는 편식쟁이들이었다. 수년간 아이들이 요구하는 음식을 해주느라 지친 엄마는 생일을 앞둔 날 음식 문제로 폭발하고 만다. 아이들은 엄마의 기분을 풀어주고, 생일을 축하하기 위해 부모가 잠든 밤에 몰래 일어나 맛있는 음식을 만들 계획을 한다. 요리에 미숙한 아이들이 각자 준비한 재료들은 연이은 사고로 한데 뒤엉키고 마는데 이를 수습하기 위해 오븐 속에 넣은 반죽이 엄마를 비롯한 모두를 만족시켜 줄 핑크색 케이크로 구워진다.

서평

표지에는 식탁에 둘러앉은 일곱 명의 아이들로 가득 차있다. 아이들뿐만 아니라 식탁 위의 음식이며, 인형과 책, 식탁 아래에 강아지와 고양이까지도 함께하고 있어서 여백이 없다. 어른들 눈에 정신없는 이 풍경이 아이들 눈에는 신나 보일 것이다.

첫 장을 펼치면 고즈넉한 호숫가에 위치한 아담한 주택을 바라보고 있는 젊은 부부의 뒷모습이 나온다. 이 집은 부부가 꿈과 희망을 가지고 신혼살림을 시작하는 보금자리다. 너무나 착하고 예쁜 아이도 생겼다. 그런데 첫 아이에게 단 하나의 단점이 있었으니 그것은 아이가 끔찍한 편식쟁이라는 사실이다. 뜨

ⓒ 편식쟁이 일곱 남매의 분홍케이크

겁지도 차갑지도 않은, 딱 적당한 온도의 우유만 마시고, 그렇지 않으면 뒤엎어 버리는 까다로운 아이를 부모는 그저 사랑스럽게 바라보며 어떻게든 아이가 원하는 것을 주려고 애쓴다. 이러한 부부의 모습은 대부분의 초보 부모의 모습일 것이다. 문제는 뒤이어 태어난 동생들도 모두 첫째와 마찬가지로 편식쟁이라는 것이다. 아이들이 태어날 때마다 말끔했던 집은 점점 복잡해지고 생기 있던 젊은 엄마는 점점 지쳐간다.

엄마의 생일 전날 아이들을 돌보느라 지친 엄마는 자신의 생일을 아이들이 잊어버렸을 거란 생각에 슬퍼진다. 하지만 놀랍게도 아이들은 엄마의 생일을 기억하며 부모가 잠자리에 들고 난 후 다함께 모여서 엄마의 수고에 감사하며 어떻게 엄마의 생일을 축하할지 모의한다. 엄마의 생일에 어떤 선물을 할 것인가. 어린 아이들의 머릿속에서 나올 수 있는 생각은 그리 특별한 것은 아니다. 부모가 잠든 밤에 아이들이 벌이는 일들은 늘 사고로 이어지듯 이 책에서도 아이들의 귀여운 노력이 사고를 만들고 만다. 자아중심적인 아이들은 자기에게 가장 맛있는 음식을 엄마도 좋아할 거라 생각하며 엄마가 자신들에게 해 주었던 음식을 각자 만들기 시작한다. 처음 해보는 음식 만들기가 쉬울 리가 없다. 아이들의 계획과는 달리 부엌은 엉망진창이 되고, 마음처럼 음식이 쉽게 만들어지지도 않는다. 엎친 데 덮친 격으로 아이들이 실수를 연발하며 재료들이 한데 뒤엉켜 버리고 만다. 엄마가 실망할까봐 엉망이 된 반죽을 숨길 곳을 찾다가 열기가 남아 있는 오븐 속으로 넣어 버렸는데 그것이 의도하진 않았으나 모두가 만족할 만한 분홍케이크로 너무도 멋지게 구워진다. 요리가 잘 되지 않아 심술이 난 아이들이 반죽을 엉망으로 만드는 장면이 연속적인 그림으로 나오는데 그걸 보상하듯 분홍케이크를 발견한 엄마는 아이들을 차례차례 안아주며 그들에게 각각 사랑을 전한다.

혹자는 편식을 고쳐줘야지 달라는 것만 주는 이 엄마를 비난할지도 모르지만, 아이들 입장에서는 현실에서 이룰 수 없는 판타지가 책 속에서 충족되는 희열을 느낄 수 있을 것이다. 먹고 싶다는 것만 주는 책 속의 엄마는 싫어하는 야채를 먹이기 위해 온갖 방법을 다 쓰는 현실의 엄마와는 다르다. 대부분 외동이로 자라나는 요즘 아이들에게 일곱 남매가 함께 생활하는 시끌벅적한 이들 집안의 모습도 흥미진진하게 다가올 것이다.

이 집의 남매들은 책을 좋아하는 아이, 인형을 좋아하는 아이, 동물을 좋아하

© 편식쟁이 일곱 남매의 분홍케이크

© 편식쟁이 일곱 남매의 분홍케이크

는 아이 등 각자가 뚜렷한 개성을 가지고 있다. 한 장 한 장 페이지를 넘기면서 아이들의 장난감과 소품, 바뀌어가는 집안 모습을 살펴보는 것도 이 책을 보는 재미 중 하나이다. 그러다 보면 글 텍스트에는 단 한 번도 등장하지 않는 아빠도 모든 페이지에서 아내를 돕고 있다는 사실 또한 발견할 수 있을 것이다. 책 제목이 결말을 알려 주고 있다. 책 제목을 가리고 읽어준 후에 제목을 보여주자.

- 좋아하는 식재료와 싫어하는 식재료를 나누어 보자. 싫어하는 식재료를 꼭 먹어야 하는지, 부모님, 선생님의 태도와 책 속의 엄마의 태도를 비교해 보자.

- 각자가 좋아하는 식재료가 모두 들어가는 요리로 무엇이 있을지 생각해 보고 함께 요리를 만들어 보는 것도 좋을 것이다.

- 아이들과 애완동물들의 수를 세면서 읽어 보자. 총 몇 명의 아이와 몇 마리의 동물이 나오는지, 이 집에는 몇 명이 살고 있는지를 세어 보자.

- 각자 집에서 어떻게 하면 엄마를 기쁘게 해드릴 수 있을지 엄마를 위한 비밀 파티를 상상해 보자.

할머니가 남긴 선물

╲ 작가 소개

글을 쓴 마거릿 와일드는 남아프리카공화국 출신으로 호주에서 신문 잡지 기자, 어린이책 출판 편집자로 활동해 왔으며 지금은 시드니에서 작가로 일하고 있다. 70편이 넘는 어린이책에 글을 쓴 마거릿 와일드는 호주 어린이도서관협회에서 선정한 '올해의 그림책상', '어린이가 뽑은책상' 등을 수상했고, 2008년에는 어린이 문학 분야의 지대한 공헌을 인정받아 'The Nan Chauncy Award'를 수상했다. 우리나라에는 『아버지의 보물 상자』, 『여우』, 『이젠 안녕』,

원제 | *Old Pig*, 1995 글 | 마거릿 와일드 그림 | 론 브룩스 출판사 | 시공주니어
출판년도 | 2017년 ISBN | 9788952783172 판형 | 234 * 254mm 쪽수 | 30쪽
주제 | 내적 세계 / 사랑 / 나와 가족

ⓒ 할머니가 남긴 선물

『닉 아저씨의 뜨개질』 등이 번역 소개되었다.

그림을 그린 론 브룩스는 호주의 일러스트레이터이다. 1948년 뉴사우스웨일즈에서 태어나 대부분의 어린 시절을 빅토리아 깁스랜드의 해변가에서 보냈다. 멜버른 아트스쿨에서 그림을 배웠으며 『복슬개와 할머니와 도둑고양이』를 비롯한 다수의 그림책에 그림을 그렸다. 2001년에는 『여우』로 호주 어린이도서관협회에서 선정한 '올해의 그림책상' 등 다양한 상을 받았다. 론은 현재 글을 쓰고 그림을 그리고 책을 디자인하며 스스로를 단순히 일러스트레이터가 아닌 '책 만드는 사람'이라고 부른다.

줄거리

할머니 돼지와 손녀 돼지는 일상생활을 함께 하며 오래도록 같이 살았다. 그러던 어느 날 아침 할머니는 침대에서 일어나지 못하고 기운이 없다며 하루 종일 주무시기만 했다. 다음 날이 되자 할머니는 여전히 기운이 없었지만 자리에서 일어나 마을 곳곳을 다니며 '준비'를 하였다. 또한 할머니는 남은 돈을 손녀의 지갑에 넣어 주고 둘이 함께 마을을 천천히 거닐며 나무, 꽃, 하늘 등 모든 것을 보고 듣고 냄새를 맡으며 잔치를 즐겼다. 집으로 돌아온 손녀는 할머니 방의 창문을 열어 바람이 들어오게 하고 달빛이 비쳐 들게 커튼을 걷고 음악을 연주하며 할머니와 함께 하였고, 마지막으로 할머니를 아침까지 꼭 안아 드렸다.

서평

그림책은 주요 독자가 아동이지만 '삶과 죽음'이라는 민감한 주제를 다루기도 한다. 『할머니가 남긴 선물』은 '죽음'이라는 단어가 한 번도 등장하지 않지만 독자로 하여금 죽음을 어떻게 대하고 준비하면 좋을지에 대해 생각해보게 해준다.

먼저 표지를 보면 밝은 색상의 그림이 평화로운 분위기를 자아낸다. 유화 그림은 아니지만 책의 그림 곳곳에서 독자는 모네의 작품 〈수련〉을 연상하게 된다. 표지의 할머니와 손녀는 조각배를 타고 연꽃들 사이를 지나며 서로와 풍경을 가만히 바라본다. 면지의 그림 역시 색채분할 기법으로 붉은색과 푸른색이 주조를 이루며 여러 가지 색을 칠해서 시각적인 착시효과를 이끄는 인상

주의 화풍을 떠올리게 한다.

이 책의 주제는 여러 면에서 인상주의의 특성과 잘 어우러진다. 실내가 아닌 야외, 특히 자연 속에서 빛에 따라 시시각각 변하는 사물의 모습을 포착하여 그림을 그렸던 인상파 화가들처럼 할머니는 죽음을 앞두고 자신의 방이 아닌 바깥으로 나가 죽음을 준비했다. 할머니는 손녀와 함께 살아있는 '지금 여기'의 순간을 풍요롭게 누리는 산책을 한다. 이 역시 순간의 아름다움을 포착하고자 한 인상주의와 닿아 있다.

이 책의 원 제목은 *Old Pig*, 즉 '할머니 돼지'이다. 이는 할머니의 죽음과 관련된 무언가에 초점을 맞추는 것이 아닌 할머니라는 인물 그 자체를 바라보게 해준다. 할머니는 죽음을 앞둔 준비 과정에서 도서관에 책을 반납하거나 빌렸던 돈을 갚는다. 사소하지만 상당히 구체적이고 현실적인 책임감을 보여주는 대목이다. 특히 더 이상 책을 빌리지 않거나 통장을 해지했다는 글은 설명을 덧붙이지 않고 잔잔하게 전개되어 담담히 죽음을 받아들이는 할머니의 태도를 보여준다.

한편 할머니는 남은 돈을 손녀에게 전해주는데, 돈과 같은 물질적인 자산뿐만 아니라 눈에 보이지 않는 또 다른 자산도 살펴볼 수 있다. 할머니는 손녀와 함께 마을 구석구석을 천천히 걸으며 나뭇잎과 하늘, 연못을 바라보고 새들의 소리를 듣고 흙냄새를 맡고 빗방울을 맛보며 그것을 '잔치'라고 표현한다. 그 시간은 할머니 자신에게도 이 세상에 작별의 인사를 고하는 의미 있는 시간이었겠지만 손녀에게는 앞으로의 삶을 살아가면서 두고두고 잊지 못할 소중한 배움의 시간이 되었을 것이다. 손녀는 할머니가 세상을 바라보는 눈을 통해 아름다운 자연을 감상하고 마치 잔치와 같이 기쁘게 즐기는 법을 경험하였으니 말이다.

죽음을 의연하게 받아들이고 손녀에게 다양한 선물을 남긴 할머니처럼 마침내 손녀도 씩씩하고 의젓하게 할머니의 죽음을 받아들인다. 더 나아가 손녀는 마지막 밤에 산들바람과 달빛을 초청하고 아름다운 음악을 연주하며 할머니를 아침까지 꼭 안아드림으로써 할머니에게 따뜻한 사랑을 선물한다.

- 모네의 〈수련〉 연작을 함께 감상하며 작가가 모네의 지베르니 정원과 닮은 풍경을 이 책의 배경으로 삼은 까닭에 대해 이야기 나누어 보자.

ⓒ 할머니가 남긴 선물

- 책 속에서 손녀가 할머니와 함께 나눈 것들을 찾아 보자. 또한 할머니는 삶을 마무리하면서 손녀에게 무엇을 전해주고 싶었는지 생각해 보자. 할머니가 되어 손녀에게 편지를 써봐도 좋겠다.

- 내가 사랑하는 자연의 모습과 소리 등 일상의 아름다움을 찾아보자. 또한 오늘 하루 감사했던 것들을 찾아보자.

휘파람을 불어요

작가 소개

에즈라 잭 키츠는 1916년 뉴욕 브룩클린에서 태어나 어릴 때부터 예술적인 재능이 돋보여 이미 중고등학교 시절 많은 상을 받았다. 고등학교를 졸업할 무렵 아버지가 심장마비로 돌아가시게 되자 키츠는 장학금을 받았음에도 불구하고 아트 스쿨을 다니기 어렵게 되었다. 키츠는 최대한 수업을 들으면서 생활비를 벌기 위해 여러 가지 일을 하기 시작했는데 그 중에는 벽화 그리기와 코믹북 일러스트레이션 작업도 있었다.

원제 | *Whistle for Willie*, 1964 글·그림 | 에즈라 잭 키츠 출판사 | 시공주니어
출판년도 | 2017년 ISBN | 9788952784148 판형 | 222 * 202mm 쪽수 | 34쪽
주제 | 내적 세계 / 희락, 인내 / 나와 가족

키츠는 1962년 『눈 오는 날』을 통해 미국 최초로 흑인 아동이 주인공으로 등장하는 그림책을 펴내 아동문학에서 피부색 장벽을 허물었다. 대표작으로는 『피터의 의자』, 『눈 오는 날』, 『제니의 모자』 등이 있다. 에즈라 잭 키츠와 그의 작품에 대한 다양한 정보는 그의 홈페이지(http://www.ezra-jack-keats.org)에서 확인할 수 있다.

줄거리

어떤 남자아이가 휘파람을 불며 강아지와 노는 모습을 본 피터는 자기도 휘파람 소리를 내어 강아지 윌리를 부르고 싶어졌다. 하지만 생각처럼 휘파람 소리가 쉽게 나지 않자 피터는 괜스레 제자리에서 빙글빙글 돌아보고 색분필로 선을 그으며 집으로 돌아간다. 또 집에 들어가 아빠 모자를 쓰고 아빠 흉내를 내어 보다가 다시 밖으로 나가 그림자를 살펴본다. 피터가 길모퉁이에 다다르자 마침 저 멀리서 윌리가 오고 있었다. 피터는 재빨리 상자에 들어가 휘파람을 불고 불고 또 불었고, 갑자기 진짜 휘파람 소리를 내게 된다. 휘파람을 불게 된 것이 너무나 자랑스러운 피터는 엄마 아빠에게도 자랑하고 심부름을 다녀오는 내내 휘파람을 분다.

서평

표지를 앞뒤로 길게 펼치면 작은 남자아이가 담벼락 앞에서 강아지를 향해 몸을 구부린 채 열심히 휘파람을 부는 것을 볼 수 있다. 그러나 휘파람 소리를 듣지 못한 강아지는 이미 그림 밖으로 사라져가고 있고 휘파람 소리를 내고 싶은 아이의 열정을 보여주는 듯 담벼락의 색깔은 새빨갛게 표현되어 있어 눈길을 끈다. 이 아이는 바로 에즈라 잭 키츠의 『눈 오는 날』에서 주인공으로 등장하였던 피터다. 피터는 작가의 다른 책인 『피터의 의자』, 『피터의 편지』, 『피터의 안경』, 『고양이 소동』 등에도 나타나는데 밝고 상상력이 풍부하며 다양한 놀이를 즐기는 평범한 아이다.

표지를 넘기면 면지에는 거친 질감이 느껴지는 종이들이 콜라주로 배치되어 있다. 이것은 피터가 윌리를 부르기 위해 휘파람을 불며 실패도 경험하고 성취도 경험한 바로 그 장면의 길바닥이다. 작가는 잡지와 포장지, 옷감 등 다양한 재료들을 이용한 콜라주와 마블링 기법을 사용하여 당시로서는 획기적

인 그림 기법을 그림책에 적용하여 이목을 끌었다.

　표제지를 펼치면 저 멀리서 강아지 윌리가 다시 모퉁이를 돌아오고 있는 것이 보인다. 이미 표지에서 휘파람 불기에 실패한 피터는 본문 첫 페이지에서부터 신호등에 기대어 실망한 듯 고개를 푹 숙이고 있다. 그러나 여느 아이들처럼 피터는 휘파람을 계속 생각하면서도 다양한 놀이를 이어가며 속상한 마음을 털어내려 한다. 작가는 신호등 옆에서 빙글빙글 돌고 난 후 피터의 모습을 어지러운 노란색 마블링 무늬를 배경으로 하여 신호등의 불빛들이 밖으로 떨어져 나오도록 하고 편평한 길바닥을 경사면처럼 기울여서 표현하였다.

　다시 윌리가 다가오는 것을 본 피터는 재빨리 상자 안으로 들어가 열심히 휘파람을 불려고 애를 쓴다. 피터는 마치 윌리에게 전하지 못한 자신의 존재를 나타내려는 듯 색분필로 자신의 발자취를 남기면서 집까지 걸어간다. 피터는 볼이 얼얼해질 때까지 연습했지만 잘 되지 않자 이번에는 집안으로 들어가 아빠의 모자를 쓰고 휘파람을 불어보기도 한다. 엄마 아빠의 신발을 신거나 겉옷을 걸쳐 입고 마치 어른이 된 듯 행동하는 아이의 모습이 정말 현실적으로 그려져 웃음을 자아낸다. 작가의 작품에는 피터의 엄마 아빠도 자주 등장하는데 대체로 아이의 놀이를 방해하지 않고 지지해주는 모습을 볼 수 있다. 이 책에서도 피터의 엄마는 아빠의 모자를 쓰고 아빠 흉내를 내는 피터에게 놀이의 연장선상에서 남편에게 말하듯 피터의 물음에 대답해 준다.

　에즈라 잭 키츠의 그림책 속 인물들은 슈퍼 영웅으로 그려지는 것이 아니라 일상의 다양한 놀이를 즐기며 크고 작은 문제들을 마주치고 해결해가거나 성취를 이루는 평범한 아이들로 나타난다. 이 책의 피터 역시 몇 번의 실패를 거듭하게 되는데 피터의 휘파람 소리를 듣지 못해 유유히 지나가는 윌리의 모습이 안타까움과 함께 재미를 더한다.

특별한 장난감이 없어도 집안과 동네 곳곳에서 다양한 놀이를 즐기는 피터에게 일상의 공간은 모두 훌륭한 놀이터인 듯하다. 피터는 보도블록 사이의 금을 따라 걷거나 그림자를 떼어놓는 놀이를 하다 다시 윌리를 발견하고는 재빨리 상자 안으로 들어가 휘파람 불기를 시도한다. 드디어 피터가 휘파람 소리를 내고 모습을 드러내자 윌리도 덩달아 기쁜 듯 귀를 펄럭이며 재빨리 피터에게 달려간다. 휘파람 소리를 낼 수 있게 된 피터가 부모님 앞에서 휘파람 소리를 내는 장면에서는 의기양양한 피터의 얼굴이 클로즈업되고 윌리와 부모님은 상대적으로 작게 그려져 있다. 볼이 얼얼해지도록 연습한 끝에 휘파람 소리를 내게 된 피터이기에 성취감은 더욱 클 것이다. 피터가 윌리와 함께 심부름을 다녀오는 내내 휘파람을 부는 장면의 배경색을 통해 이미 시간이 많이 흘러 어둑어둑해진 것을 볼 수 있다. 아마도 피터에게는 휘파람과 함께 길고도 보람찬 하루로 기억되지 않을까.

에즈라 잭 키츠의 작품은 작가가 어린 시절에 경험한 다문화적인 삶을 기반으로 하고 있다. 그의 책에는 작가가 어린 시절을 보냈던 브루클린과 같은 도시가 주로 배경이 되고, 작가의 이웃이었을 법한 다양한 친구들과 가족들, 애완동물이 등장한다. 특히 피터와 동생 수지, 친구들은 작가의 다른 책에서도 조금씩 성장하며 일관되게 등장하고, 피터의 집이나 집 앞, 동네의 담벼락 등의 장소들은 작가의 다른 책에서도 동일하게 볼 수 있어서 여러 책에 등장하는 배경이나 인물들을 비교해가며 읽어보는 것은 독자에게 또 다른 즐거움을 줄 것이다.

- 피터처럼 휘파람을 불어 보거나 다양한 도구, 재료들을 이용해 휘파람 소리를 내어 보자. 종이나 나뭇잎, 빨대, 병 등을 이용해볼 수 있다.

- 피터가 책 속에서 했던 다양한 놀이를 즐겨 보자. 피터가 색분필을 바닥에 그으며 지나갔던 것처럼 바닥에 전지를 깔고 롤러에 잉크를 묻혀 동선을 표현해 보거나 혹은 맨발에 물감을 묻혀 발자국을 찍으며 걸어가 보아도 좋겠다.

- 피터는 휘파람 불기에 성공하고 엄마 아빠 앞에서 휘파람 불기를 보여드리며 무척 뿌듯해했다. 아이들과 함께 피터처럼 성취의 기쁨을 누려본 경험이나 혹은 해내고 싶은 것에 대해 이야기를 나누어 보자. 아직 성취하지 못한 것들이 있다면 그것을 성취했다고 가정하고 성취의 기쁨을 표정으로 표현해 보는 활동도 해 보자.

부록 1. 줄거리 요약표
부록 2. 분류 요약표
부록 3. 『어린이의 세계와 그림 이야기책』에 따른 분류 체계
부록 4. 성령의 열매에 따른 분류 체계
부록 5. 만 5세 누리과정 생활 주제
집필진 소개

부록 1 줄거리 요약표

고유 번호	제목	글/그림	출판사/연도	줄거리
001	100개의 달과 아기 공룡	이덕화	스콜라 2017	먹을 것을 좋아하는 아기공룡이 100개의 달을 따먹고는 배앓이를 하게 되는데 엄마공룡의 정성스런 간호로 배 아픈 것이 낫고, 하나로 합해진 달은 하늘로 높이 올라갔다는 이야기
002	거짓말 같은 이야기	강경수	시공주니어 2011	화가가 꿈인 솔이와 꿈조차 꾸지 못하고 어렵게 살아가는 세계의 아이들의 거짓말 같은 진짜 이야기
003	곧 이 방으로 사자가 들어올 거야	아드리앵 파를랑주	정글짐북스 2015	사자가 방을 비운 사이 사자의 방에 들어온 소년, 소녀, 새와 개, 그리고 사자와 생쥐가 겪는 호기심과 막연한 두려움에 대한 이야기
004	구름빵	백희나	한솔수북 2007	비오는 날 나뭇가지에 걸린 작은 구름을 오븐에 구워 만든 구름빵을 먹고 벌어진 가족의 이야기
005	그래, 책이야!	레인 스미스	문학동네 2011	컴퓨터를 좋아하는 동키가 책을 읽는 몽키를 통해 독서의 즐거움에 빠져서 다른 책을 읽기 위해 도서관으로 향하는 이야기
006	그리미의 하얀 캔버스	이현주	상출판사 2011	겨울날 상상의 나라에서 크레파스로 동물 친구들을 돕는 소녀의 이야기
007	기차가 덜컹덜컹	구도 노리코	책읽는곰 2015	말썽꾸러기 고양이 여덟 마리가 식품운송기차에 몰래 탔다가 사건을 만들고 자신들이 일으킨 일에 대해 책임을 감당하는 이야기
008	길 아저씨 손 아저씨	권정생 김용철	국민서관 2006	장애를 가진 두 아저씨가 만나 서로의 손과 발이 되어 부지런히 일하여 행복하게 살아가게 되는 이야기
009	까만 크레파스	나카야 미와	웅진닷컴 2002	다른 크레파스에게 따돌림 받던 까만 크레파스가 샤프의 도움으로 자신의 장점을 드러내고 친구들과도 어울리게 되는 이야기
010	나는 다른 동물이면 좋겠다	베르너 홀츠바르트 슈테파니 예쉬케	아름다운사람들 2012	다른 친구들의 장점을 잘 알고 부러워하지만 정작 자신의 장점은 잘 보지 못하는 미어캣의 이야기
011	나랑 같이 놀자	마리 홀 에츠	시공주니어 2017	힌 아이가 숲 속에서 만난 동물들에게 성급히 다가섰다가 모두 도망가 버리자 멈추어 서면서 함께 하게 되는 이야기
012	날아라 현수야	한성옥	웅진주니어 2012	컴플렉스 많은 남자 아이의 심리를 깊이 보여 주며 자신의 장점을 발견하며 극복할 수 있다는 희망을 보여주는 이야기
013	낮잠 자는 집	오드리 우드 돈우드	보림 2000	침대에 할머니, 아이, 동물들이 위로 쌓여서 낮잠을 자다 맨 위의 벼룩이 아래 쥐를 물며 차례로 아래 등장인물들이 깨어나게 되는 이야기
014	내가 아빠를 얼마나 사랑하는지 아세요?	샘 맥브래트니 아니타 제람	베틀북 1997	아기 토끼와 아빠 토끼가 경쟁적으로 서로를 얼마나 사랑하는지를 말하는 이야기
015	내 탓이 아녀	레이프 크리스티얀손 딕 스텐베리	고래이야기 2017	한 아이가 울고 있는데, 반 친구들이 모두 각자의 핑계를 대며 자기 탓은 아니라고 하는 이야기
016	내 토끼 어딨어	모 윌렘스	살림어린이 2008	뒤바뀐 토끼인형을 통해 부모의 사랑을 느끼고 친구를 얻게 되는 이야기
017	너에게 주는 선물이야	다나카 우사	지형 2006	주인공이 밤하늘에 떨어진 별똥별을 만나는 동물들에게 건넬 때마다 그들이 변하고 마지막 독자에게도 선물로 주는 이야기

018	넉 점 반	윤석중 이영경	창작과비평사 2004	엄마의 심부름으로 시간을 물으러 점방에 갔다가 한참이 지나서야 돌아오면서도 심부름을 잘 해냈다는 착각을 하는 아이의 천진함을 엿볼 수 있는 이야기
019	네가 태어난 날엔 곰도 춤을 추었지	낸시 틸먼	내인생의책 2009	아이가 태어난 날 달과 별, 바람과 비 등 온 세상이 아이의 탄생을 축하하고 아이의 이름을 전해 듣고 기뻐 춤추었다는 시와 같은 이야기
020	노란 풍선	사카이 고마코	웅진주니어 2007	우연히 얻은 노란 풍선을 친구 삼아 즐겁게 놀던 아이가 풍선이 바람에 날아가자 이를 안타까워하는 이야기
021	누에콩과 콩알 친구들	나카야 미와	웅진닷컴 2004	자기의 콩깍지 침대가 제일이라고 생각하던 누에콩이 긴 강낭콩과 경주를 통해 성장하고 자신의 침대를 양보하게 되는 이야기
022	눈이 그치면	사카이 고마코	북스토리아이 2015	폭설이 내려 유치원에 가지 못하고 집안에서 지내던 아이가 눈이 그친 한밤중에 엄마와 함께 밖에 나가서 놀다가 돌아오는 이야기
023	달 샤베트	백희나	책읽는곰 2014	무더운 여름날 밤, 녹아내린 달물을 받아 샤베트를 만들어 이웃들과 나누어 먹고 달맞이꽃을 키워내서 달토끼들의 고민을 해결하는 이야기
024	달과 비행기	피터 매카티	마루벌 2011	비행기를 보며 상상 여행을 떠나 우주까지 갔다가 엄마 품으로 돌아오는 아이의 이야기
025	달구지를 끌고	도널드 홀 바바라 쿠니	비룡소 2017	농부가 한 해 동안 가족들이 함께 만들고 자연에서 거두어 들인 것을 달구지에 싣고 장에 가서 팔고 돌아온 후 새롭게 한 해가 시작되는 이야기
026	담	지경애	반달 2014	아이들이 신나게 놀이할 수 있도록 넉넉한 품을 내어주고 날이 저물면 가족과, 이야기와, 별들을 품어 안는 따뜻한 담에 대한 이야기
027	도서관에 간 사자	미셸 누드슨 케빈 호크스	웅진주니어 2008	팔을 다친 도서관장을 도와주려다 규칙을 어긴 사자가 스스로 도서관을 떠났다가 모두의 기다림 끝에 다시 돌아오게 되는 이야기
028	동강의 아이들	김재홍	길벗어린이 2000	강가에서 이런 저런 놀이를 하며 장터에 가신 어머니를 기다리던 동이와 순이 남매가 해질 무렵 어머니를 반갑게 만나는 이야기
029	동생이 미운 걸 어떡해!	로렌 차일드	국민서관 2015	동생이 태어나면서 겪는 첫째의 심리 변화와 동생을 받아들이기까지의 과정을 담은 이야기
030	동생이 태어날 거야	존 버닝햄 헬린 옥슨버리	웅진주니어 2010	임신한 엄마와 아이가 곧 태어날 동생에 대해 여러가지 생각과 마음을 솔직하게 나누는 이야기
031	두더지의 고민	김상근	사계절 2015	고민을 해결하기 위해 무심히 굴린 눈덩이를 통해 이에 갇혔던 동물들과 친구가 되는 두더지의 이야기
032	뒷집 준범이	이혜란	보림 2011	이사를 와서 모든 것이 낯선 준범이가 동네 아이들과 어우러지는 과정을 담은 이야기
033	또르의 첫인사	토리고에 마리	베틀북 2004	수줍음 많은 고슴도치 또르가 엄마와 인사하는 연습을 한 후 밖에서 여러 동물들을 만나 우여곡절 끝에 인사하게 되는 이야기
034	리디아의 정원	사라 스튜어트 데이비드 스몰	시공주니어 2017	경제적 어려움으로 삼촌네로 가게 된 리디아가 아름다운 정원을 가꾸며 삼촌과 삼촌의 동네를 변화시키는 이야기
035	만희네 집	권윤덕	길벗어린이 2016	행복한 하루를 보내는 만희를 따라 집안 구석구석을 돌아다니면서 살펴보게 되는 이야기

036	메리와 생쥐	비버리 도노프리오 바바라 매클린톡	베틀북 2008	사람과 생쥐의 삶을 병렬로 보여 주면서 오랜 시간 이어지는 이들의 우정 이야기
037	메리 크리스마스, 늑대 아저씨!	미야니시 타츠야	시공주니어 2017	아기 돼지들을 잡아먹으려던 늑대가 돼지들의 순수한 환대에 감동받아서 잘못을 뉘우치고 집으로 돌아가는 이야기
038	모두 행복한 날	루스 크리우스 마르크 시몽	시공주니어 2017	하얀 눈이 내리는 숲, 동물들이 잠에서 깨어 코를 킁킁거리며 눈밭을 달려가 노란 꽃을 마주하고 신나게 춤을 춘다는 이야기
039	무슨 생각하니?	로랑 모로	로그프레스 2015	마을 광장의 사람들의 머리 속 생각을 감각적 그림과 철학적인 텍스트로 보여주는 이야기
040	무엇일까?	레베카 콥	상상스쿨 2014	작은 공 하나가 구멍으로 빠져지자 구멍 속에는 무엇이 있을지 끝없는 상상을 펼치는 한 아이의 이야기
041	미스 럼피우스	바버러 쿠니	시공주니어 2017	세상을 아름답게 하려는 꿈을 간직하고 이루어 가는 미스 럼피우스의 이야기
042	민들레는 민들레	김장성 오현경	이야기꽃 2014	민들레의 성장 과정을 시와 그림으로 표현하여 자연의 순환과 정과 그 본질의 가치를 보여주는 이야기
043	바구니 달	메리 린 레이 바버러 쿠니	베틀북 2000	바람의 소리와 나무의 모습을 통해 자연의 산물인 바구니를 만들어 가는 소년의 서정적인 이야기
044	바람이 불었어	팻 허친스	시공주니어 2017	바람이 불어서 우산, 풍선, 빨래 등 여러 사람의 물건이 날아가고 바다의 배를 띄운다는 이야기
045	발자국을 따라가 볼까요?	제르다 뮐러	파랑새 2007	겨울날 한 아이가 일어나서 여러가지 일을 하는 과정을 등장인물 그림 없이 발자국만으로 보여주는 이야기
046	배를 타고 야호!	피터 시스	시공주니어 2017	소파 위에 갖가지 쿠션과 함께 앉아 있던 아이가 이를 이용하여 상상놀이를 하는 이야기
047	부루퉁한 스핑키	윌리엄 스타이그	비룡소 1995	가족들에게 상처를 받고 잔뜩 골이 났던 스핑키가 가족들의 사랑에 화답하게 되는 이야기
048	부엉이와 보름달	제인 욜런 존 숀헤르	시공주니어 2017	겨울 밤 아빠와 아이가 부엉이를 구경하러 숲속에 가서 마침내 부엉이와 조우하게 되는 과정을 다양한 각도에서 표현한 이야기
049	빨간 매미	후쿠다 이와오	책읽는곰 2008	무심코 작고 빨간 지우개를 훔친 소년이 죄책감으로 인해 불안해 하고 사람들과의 관계마저 어려워지자 엄마와 함께 문구점 주인에게 잘못을 고백하고 용서를 구하는 이야기
050	빨간 줄무늬 바지	채인선 이진아	보림 2014	혜빈이의 빨간 줄무늬 바지가 주인이 성장할 때마다 다른 사람에게 보내져서 각 사람의 필요에 맞게 재활용되다가 다시 혜빈이의 자녀에게까지 돌아오는 이야기
051	사랑스러운 까마귀	베아트리스 퐁타넬 앙트완 기요뻬	국민서관 2010	자신의 모든 것을 하찮게 여기던 까마귀가 시인의 도움으로 자신만의 고유한 아름다움을 발견하고 행복해지는 이야기
052	새가 된 청소부	아서 요링크스 리처드 이겔스키	뜨인돌어린이 2013	현재의 삶보다 더 멋진 곳을 쫓아 새를 따라간 청소부와 개가 자신들의 본질을 잃어버리게 되는 것을 깨닫고 다시 집으로 돌아오는 이야기
053	성격이 달라도 우리는 친구	에런 블레이비	세용출판 2009	극단적으로 반대의 성격을 가진 두 아이가 서로의 부족한 부분을 채워주며 좋은 친구로 함께 하는 이야기
054	세 엄마 이야기	신혜원	사계절 2014	엄마, 엄마의 엄마, 엄마의 엄마의 엄마가 함께 농사를 짓고, 수확하는 과정을 그린 이야기
055	소피의 달빛 담요	에일린 스피넬리 제인 다이어	파란자전거 2013	예술가 거미 소피가 주인 아주머니, 선장 아저씨, 요리사를 피해 들어간 젊은 여인의 집에서 곧 태어날 아기를 위해 달빛, 별빛을 담아 담요를 짜서 선물하는 이야기

번호	제목	저자	출판사/연도	내용
056	수염할아버지	이상교 한성옥	보림 2001	풍성하고 멋진 흰 수염을 자랑스러워하는 할아버지가 아기새들을 위해 수염을 둥지 삼아 내어주는 따뜻한 이야기
057	수호의 하얀 말	오츠카 유우조 아카바 수에키치	한림출판사 2001	가난한 양치기 소년 수호와 어려서부터 기르던 하얀 말과의 우정으로 생긴 몽골의 민속 악기 마두금에 얽힌 전설을 재화한 이야기
058	신기한 사탕	미야니시 타츠야	계수나무 2018	신기한 사탕가게에서 산 사탕을 먹고 위험에 빠진 꿀꿀이가 간신히 늑대소굴에서 빠져 나오는 이야기
059	씩씩해요	전미화	사계절 2010	사고로 아빠를 잃은 어린이가 깊은 슬픔을 이겨내고 씩씩하게 성장하는 이야기
060	아빠! 머리 묶어주세요	유진희	한울림어린이 2013	아빠와 일주일을 보내는 유치원생 은수가 자기를 위해 애쓰는 아빠의 모습에서 사랑을 느끼는 이야기
061	안녕, 우리 집	프랭크 애시	그림책공작소 2015	이사를 앞두고 집 안 곳곳을 돌면서 작별 인사를 하는 곰 가족의 이야기
062	애너벨과 신기한 털실	맥 바넷 존 클라센	길벗어린이 2013	아무리 떠도 떨어지지 않는 털실로 마을 사람들과 마을에 알록달록 예쁜 옷을 선사하는 소녀 애너벨과 털실 상자를 노리는 귀족의 이야기
063	앨피가 일등이에요	셜리 휴즈	보림 2000	집에 갇혀 버린 어린아이의 심리를 세심하게 단계적으로 보여주면서 이를 해결하려고 온 마을 사람들이 힘을 모으는 이야기
064	앵무새 열 마리	퀜틴 블레이크	시공주니어 2017	아침이면 똑같은 말을 되풀이하는 교수님을 놀려주기 위해 온 실을 빠져나간 앵무새 열 마리와 집안 구석구석을 다니며 앵무새들을 찾는 뒤퐁 교수님의 숨바꼭질을 담은 이야기
065	앵무새 해럴드	코트니 딕마스	봄봄 2016	세상의 모든 소리를 따라할 수 있지만 자기만의 소리를 찾지 못해 무료해하던 해럴드가 자신의 소리를 찾게 되는 이야기
066	야, 비 온다	이상교 이성표	보림 2002	한 아이가 우산을 선물 받고 비가 오기를 고대하는 모습과, 비가 왔을 때의 환희를 감각적 그림과 적절한 의성어로 표현한 이야기
067	언제까지나 너를 사랑해	로버트 먼치 안토니 루이스	북뱅크 2000	아이가 말썽을 부려도, 엄마 말을 듣지 않아도 언제나 사랑의 노래를 불러주는 어머니와 그 사랑을 그대로 자신의 자녀에게 물려주는 아들의 이야기
068	엄마, 꼭 안아주세요	닉 블랜드 프레야 블랙우드	책과콩나무 2011	잠들기 전 온 가족에게 포옹을 주고, 돌려 받으면서 가족의, 특히 엄마의 사랑을 느끼며 잠자리에 드는 아이의 이야기
069	엄마, 잠깐만	앙트아네트 포티스	한솔수북 2015	급한 엄마와 잠깐만 멈추어 서려는 아이의 반복되는 대비 끝에 아이의 편에 서서 기다려 주게 되는 엄마와 아이의 이야기
070	엄마를 잠깐 잃어버렸어요	크리스 호튼	보림 2009	나무 위에서 졸다가 떨어진 아기 부엉이가 다른 동물들의 도움을 받으며 엄마를 찾는 이야기
071	엄마 마중	이태준 김동성	보림 2013	추운 겨울날 전차 정류장으로 엄마를 마중 나가 기다리는 아이의 이야기
072	여우 나무	브리타 테켄트럽	봄봄 2013	숲에서 행복하게 살던 여우가 영원한 잠에 빠진 후 친구들이 여우를 추억하자 여우가 누워 있던 자리에서 큰 나무가 자라 친구들에게 든든한 힘이 되어주는 이야기
073	영이의 비닐우산	윤동재 김재홍	창비 2005	비가 내리는 등교길에 놀림받고 수모를 당하는 거지할아버지에게 자신의 비닐우산을 갖다주는 영이의 이야기
074	온 세상을 노래해	리즈 가튼 스캔런 말라 프레이지	웅진주니어 2010	작은 조가비에서부터 희망과 평화, 사랑과 믿음에 이르기까지 넓고도 깊은 세상을 노래하는 이야기

075	용감한 아이린	윌리엄 스타이그	웅진주니어 2017	눈보라가 휘몰아치는 한겨울에 엄마가 정성스럽게 만든 옷을 공작 부인의 저택까지 용감하게 전해주는 아이린의 이야기
076	우리는 벌거숭이 화가	문승연 이수지	길벗어린이 2005	목욕하기 전 한바탕 물감 소동을 일으키며 어질러진 방안의 장난감을 소재 삼아 상상의 나래를 펼치는 꼬마들의 이야기
077	위를 봐요!	정진호	은나팔 2014	세상과 소통하고 싶은 아이의 소망이 거리의 한 사람의 변화를 시작으로 마침내 이루어지는 이야기
078	은지와 푹신이	하야시 아키코	한림출판사 1994	오래 사용하여 팔이 망가진 곰인형 푹신이가 은지와 함께 서로를 돌보면서 할머니댁에 찾아가는 이야기
079	이건 상자가 아니야	앙트아네트 포티스	베틀북 2007	토끼가 종이 상자를 차, 배, 빌딩, 우주 로켓으로 확장시키며 상상놀이를 이어가는 이야기
080	이만큼 컸어요!	루스 크라우스 헬린 옥슨버리	웅진주니어 2007	식물과 동물들은 점점 자라는데 자기만 자라지 않는 것 같아서 조바심을 내던 아이가 예전에 입던 옷이 작아진 것을 알게 되고 기뻐하는 이야기
081	이야기 담요	페리다 울 해리엇 메이 사비츠 엘레나 오드리오솔라	국민서관 2013	담요를 풀어 이웃들이 필요한 것을 떠주는 할머니의 삶이 빚어내는 이야기
082	일곱 마리의 눈먼 생쥐	에드 영	시공주니어 2017	일곱마리 눈먼 생쥐가 코끼리의 이곳 저곳을 더듬으며 저마다 엉뚱한 추론을 하다가 마침내 그것이 코끼리라는 것을 발견하게 되는 이야기
083	장갑	에우게니 M. 라쵸프	한림출판사 2015	추운 겨울 숲속에 떨어진 할아버지의 장갑에 여러 동물들이 들어가는 우크라이나 민화를 재화한 이야기
084	장수탕 선녀님	백희나	책읽는곰 2012	덕지가 장수탕에서 선녀 할머니를 만나 냉탕에서 신나게 놀이를 하고 선녀 할머니께 요구르트를 선물하는 이야기
085	점	피터 레이놀즈	문학동네 2011	미술시간이 끝나도록 백지를 노려보고 있던 베티가 선생님의 따뜻한 관심과 격려로 변화되고 자유롭고 즐겁게 그림을 그리게 된다는 이야기
086	천개의 바람, 천개의 첼로	이세 히데코	천개의바람 2012	키우던 강아지를 잃은 대신 첼로를 배우던 아이가 새로 사귄 친구와 고베대지진을 추모하는 음악회에 참가하게 되면서 연주자들과 서로 위로하고 성장하는 이야기
087	천둥 케이크	패트리샤 폴라코	시공주니어 2000	지혜로운 할머니가 천둥을 무서워하는 손녀와 함께 천둥케이크를 만들어 천둥이 치는 무서운 순간에 손녀와 함께 완성된 케이크를 나눠먹는 이야기
088	치과의사 드소토 선생님	윌리엄 스타이그	비룡소 1995	유능한 생쥐 치과의사 드소토가 음흉한 늑대를 치료하고 지혜롭게 위기를 모면하는 이야기
089	커다란 나무	레미 쿠르종	시공주니어 2017	돈만 알았던 아저씨가 나무를 지키려는 할머니에게 따뜻한 대접을 받고 마음을 바꿔 나무를 돌보다가 나무와 대화할 수 있게 되는 이야기
090	커다란 순무	알렉세이 톨스토이 헬린 옥슨버리	시공주니어 2017	할아버지로 시작하여 할머니, 손녀, 강아지, 고양이, 생쥐까지 모두 합세하여 커다란 순무를 뽑는 과정을 통하여 관계까지 회복되는 이야기
091	코끼리 아저씨와 100개의 물방울	노인경	문학동네 2012	자녀들을 위하여 먼 곳까지 물을 길으러 간 코끼리 아빠가 집으로 돌아오는 험난한 여정을 그린 이야기
092	크리스마스 파티	가브리엘 뱅상	황금여우 2015	가난하지만 서로를 사랑하는 꼬마쥐 셀레스틴느와 에르네스트 곰아저씨가 크리스마스 파티를 정성껏 준비하고 친구들을 초대하여 즐거움을 나누는 이야기

093	토끼의 의자	고우야마 요시코 가키모토 고우조	북뱅크 2010	토끼가 숲속에 만들어놓은 〈아무나〉의자 위에 도토리를 올려놓은 당나귀가 잠든 사이에 일어나는 해프닝과 배려 이야기
094	티치	팻 허친즈	시공주니어 1997	삼남매 중 막내인 티치는 누나, 형에 비해 몸도 작고, 할 수 있는 일도 보잘 것 없지만 티치가 심은 씨앗이 크게 자라듯 자존감을 갖는 이야기
095	파란 거위	낸시 태퍼리	비룡소 2014	주인이 집을 비운 사이 농장 동물들이 온 농장을 아름답게 채색하는 이야기
096	파란 의자	클로드 부종	비룡소 2004	사물을 있는 그대로 보는 단봉낙타와 유연하게 보는 개들의 대비되는 시선이 잘 녹아 있는 이야기
097	파랑이와 노랑이	레오 리오니	물구나무 2003	파랑이와 노랑이가 만나 초록이가 되어 신나게 놀다가 다시 원래의 파랑이와 노랑이로 돌아오는 이야기
098	편식쟁이 일곱 남매의 분홍케이크	마리 앤 호버맨 말라 프레이지	Picture Book Factory 2013	편식이 심한 아이들을 위해 애쓰는 엄마와 일곱 아이들이 힘을 모아 생일 선물로 마련하게 된 뒤죽박죽이 된 케이크가 엉겁결에 모두를 만족시키는 이야기
099	할머니가 남긴 선물	마거릿 와일드 론 브룩스	시공주니어 2017	죽음을 앞둔 할머니 돼지가 손녀 돼지와 함께 삶을 정리하고 마을을 천천히 산책하며 아름다운 세상과 또 손녀 돼지와 작별하는 이야기
100	휘파람을 불어요	에즈라 잭 키츠	시공주니어 2017	휘파람 소리를 내고 싶어 볼이 얼얼해지도록 연습하고 또 연습하는 피터와 마침내 피터의 휘파람 소리를 듣고 반갑게 뛰어오는 강아지 윌리의 이야기

부록 2 분류 요약표

고유번호	제목	글/그림	출판사/연도	분류 어린이 세계	분류 성령의 열매	분류 생활주제
001	100개의 달과 아기 공룡	이덕화	스콜라 2017	내적 세계	절제	건강과 안전
002	거짓말 같은 이야기	강경수	시공주니어 2011	사회적 세계	양선	세계 여러나라
003	곧 이 방으로 사자가 들어올 거야	아드리앵 파를랑주	정글짐북스 2015	내적 세계	화평. 온유	나와 가족
004	구름빵	백희나	한솔수북 2007	가족 세계	사랑	나와 가족
005	그래, 책이야!	레인 스미스	문학동네 2011	문화적 세계	절제	우리 동네, 생활도구
006	그리미의 하얀 캔버스	이현주	상출판사 2011	내적 세계	자비	겨울
007	기차가 덜컹덜컹	구도 노리코	책읽는곰 2015	사회적 세계	절제	교통기관
008	길 아저씨 손 아저씨	권정생 김용철	국민서관 2006	사회적 세계	양선	우리 동네
009	까만 크레파스	나카야 미와	웅진닷컴 2002	사회적 세계	충성	유치원과 친구, 나와 가족
010	나는 다른 동물이면 좋겠다	베르너 홀츠바르트 슈테파니 예쉬케	아름다운사람들 2012	내적 세계	사랑	유치원과 친구, 나와 가족
011	나랑 같이 놀자	마리 홀 에츠	시공주니어 2017	자연적 세계	희락	동식물과 자연
012	날아라 현수야	한성옥	웅진주니어 2012	내적 세계	희락	나와 가족
013	낮잠 자는 집	오드리 우드	보림 2000	가족 세계	희락	나와 가족
014	내가 아빠를 얼마나 사랑하는지 아세요?	돈 우드 아니타 제람	베틀북 1997	가족 세계	사랑	나와 가족
015	내 탓이 아니야	레이프 크리스티안손 딕 스텐베리	고래이야기 2017	사회적 세계	사랑	유치원과 친구
016	내 토끼 어딨어	모 윌렘스	살림어린이 2008	사회적 세계	화평	유치원과 친구
017	너에게 주는 선물이야	다나카 우사	지형 2006	내적 세계	사랑	우리 동네, 동식물과 자연
018	넉 점 반	윤석중 이영경	창작과비평사 2004	자연적 세계	화평	생활도구
019	네가 태어난 날엔 곰도 춤을 추었지	낸시 틸먼	내인생의책 2009	사회적 세계	사랑	나와 가족
020	노란 풍선	사카이 고마코	웅진주니어 2007	가족 세계	사랑	나와 가족

021	누에콩과 콩알 친구들	나카야 미와	웅진닷컴 2004	사회적 세계	양선	유치원과 친구, 동식물과 자연
022	눈이 그치면	사카이 고마코	북스토리아이 2015	가족 세계	절제	겨울
023	달 샤베트	백희나	책읽는곰 2014	자연적 세계	양선	환경과 생활, 여름
024	달과 비행기	피터 매카티	마루벌 2011	가족 세계	사랑	교통기관
025	달구지를 끌고	도널드 홀 바바라 쿠니	비룡소 2017	가족 세계	사랑	나와 가족, 동식물과 자연
026	담	지경애	반달 2014	문화적 세계	화평	우리 동네
027	도서관에 간 사자	미셸 누드슨 케빈 호크스	웅진주니어 2008	사회적 세계	화평	우리 동네
028	동강의 아이들	김재홍	길벗어린이 2000	자연적 세계	화평	나와 가족, 동식물과 자연
029	동생이 미운 걸 어떡해!	로렌 차일드	국민서관 2015	가족 세계	온유	나와 가족
030	동생이 태어날 거야	존 버닝햄 헬린 옥슨버리	웅진주니어 2010	가족 세계	사랑	나와 가족
031	두더지의 고민	김상근	사계절 2015	내적 세계	양선	겨울
032	뒷집 준범이	이혜란	보림 2011	사회적 세계	양선	우리 동네
033	또르의 첫인사	토리고에 마리	베틀북 2004	사회적 세계	화평	나와 가족, 우리 동네
034	리디아의 정원	사라 스튜어트 데이비드 스몰	시공주니어 2017	가족 세계	사랑	나와 가족
035	만희네 집	권윤덕	길벗어린이 2016	가족 세계	사랑	나와 가족
036	메리와 생쥐	비버리 도노프리오 바바라 매클린톡	베틀북 2008	사회적 세계	화평	유치원과 친구
037	메리 크리스마스, 늑대 아저씨!	미야니시 타츠야	시공주니어 2017	사회적 세계	양선	겨울
038	모두 행복한 날	루스 크라우스 마르크 시몽	시공주니어 2017	자연적 세계	희락	봄
039	무슨 생각하니?	로랑 모로	로그프레스 2015	사회적 세계	희락	우리 동네
040	무엇일까?	레베카 콥	상상스쿨 2014	내적 세계	희락	나와 가족
041	미스 럼피우스	바버러 쿠니	시공주니어 2017	내적 세계	화평, 양선	동식물과 자연
042	민들레는 민들레	김장성 오현경	이야기꽃 2014	내적 세계	사랑	봄, 나와 가족

번호	제목	저자	출판사/연도	세계	가치	주제
043	바구니 달	메리 린 레이 바버러 쿠니	베틀북 2000	자연적 세계	화평	동식물과 자연
044	바람이 불었어	팻 허친스	시공주니어 2017	자연적 세계	화평	환경과 생활
045	발자국을 따라가 볼까요?	제르다 뮐러	파랑새 2007	자연적 세계	희락	겨울
046	배를 타고 야호!	피터 시스	시공주니어 2017	내적 세계	희락	교통기관
047	부루퉁한 스핑키	윌리엄 스타이그	비룡소 1995	가족 세계	온유	나와 가족
048	부엉이와 보름달	제인 욜런 존 쇤헤르	시공주니어 2017	자연적 세계	인내	동식물과 자연, 겨울
049	빨간 매미	후쿠다 이와오	책읽는곰 2008	내적 세계	절제	나와 가족, 우리 동네
050	빨간 줄무늬 바지	채인선 이진아	보림 2014	사회적 세계	사랑, 희락	나와 가족
051	사랑스러운 까마귀	베아트리스 퐁타넬 앙트완 기요뻬	국민서관 2010	내적 세계	희락	동식물과 자연
052	새가 된 청소부	아서 요링크스 리처드 이겔스키	뜨인돌어린이 2013	내적 세계	충성	동식물과 자연
053	성격이 달라도 우리는 친구	에런 블레이비	세용출판 2009	사회적 세계	화평	유치원과 친구
054	세 엄마 이야기	신혜원	사계절 2014	가족 세계	희락	나와 가족, 동식물과 자연
055	소피의 달빛 담요	에일린 스피넬리 제인 다이어	파란자전거 2013	사회적 세계	양선, 충성	우리 동네
056	수염할아버지	이상교 한성옥	보림 2001	사회적 세계	양선	우리 동네
057	수호의 하얀말	오츠카 유우조 아카바 수에키치	한림출판사 2001	문화적 세계	충성	세계 여러 나라
058	신기한 사탕	미야니시 타츠야	계수나무 2018	사회적 세계	자비, 절제	건강과 안전
059	씩씩해요	전미화	사계절 2010	가족 세계	사랑	나와 가족
060	아빠. 머리 묶어주세요	유진희	한울림어린이 2013	가족 세계	사랑	나와 가족
061	안녕. 우리 집	프랭크 애시	그림책공작소 2015	가족 세계	자비	나와 가족
062	애너벨과 신기한 털실	맥 바넷 존 클라센	길벗어린이 2013	사회적 세계	희락, 양선	우리 동네, 생활도구
063	앨피가 일등이에요	셜리 휴즈	보림 2000	내적 세계	인내	우리 동네
064	앵무새 열 마리	퀀틴 블레이크	시공주니어 2017	사회적 세계	희락	동식물과 자연

065	앵무새 해럴드	코트니 딕마스	봄봄 2016	내적 세계	사랑, 양선	나와 가족
066	야, 비 온다	이상교 이성표	보림 2002	자연적 세계	희락	동식물과 자연
067	언제까지나 너를 사랑해	로버트 먼치 안토니 루이스	북뱅크 2000	가족 세계	사랑	나와 가족
068	엄마, 꼭 안아주세요	닉 블랜드 프레야 블랙우드	책과콩나무 2011	가족 세계	사랑	나와 가족
069	엄마, 잠깐만	앙트아네트 포티스	한솔수북 2015	사회적 세계	인내	나와 가족, 환경과 생활
070	엄마를 잠깐 잃어버렸어요	크리스 호튼	보림 2009	사회적 세계	양선	건강과 안전
071	엄마 마중	이태준 김동성	보림 2013	사회적 세계	자비	우리나라, 겨울
072	여우 나무	브리타 테켄트럽	봄봄 2013	사회적 세계	사랑	유치원과 친구
073	영이의 비닐우산	윤동재 김재홍	창비 2005	사회적 세계	양선	환경과 생활
074	온 세상을 노래해	리즈 가튼 스캔런 밀라 프레이지	웅진주니어 2010	가족 세계	희락	나와 가족
075	용감한 아이린	윌리엄 스타이그	웅진주니어 2010	내적 세계	충성	겨울
076	우리는 벌거숭이 화가	문승연 이수지	길벗어린이 2005	내적 세계	희락	나와 가족
077	위를 봐요!	정진호	은나팔 2014	사회적 세계	자비	우리 동네
078	은지와 푹신이	하야시 아키코	한림출판사 1994	사회적 세계	충성	건강과 안전
079	이건 상자가 아니야	앙트아네트 포티스	베틀북 2007	내적 세계	희락	생활도구
080	이만큼 컸어요!	루스 크라우스 헬린 옥슨버리	웅진주니어 2007	내적 세계	희락	나와 가족
081	이야기 담요	페리다 울프, 해리엇 메이 사비츠 엘레나 오드리오솔라	국민서관 2013	사회적 세계	자비	유치원과 친구
082	일곱 마리의 눈먼 생쥐	에드 영	시공주니어 2017	내적 세계	온유	동식물과 자연
083	장갑	에우게니 M. 라쵸프	한림출판사 2015	사회적 세계	충성	겨울
084	장수탕 선녀님	백희나	책읽는곰 2012	내적 세계	희락	우리 동네, 건강과 안전
085	점	피터 레이놀즈	문학동네 2011	사회적 세계	사랑	유치원과 친구

086	천개의 바람, 천개의 첼로	이세 히데코	천개의바람 2012	내적 세계	자비	유치원과 친구, 환경과 생활
087	천둥 케이크	패트리샤 폴라코	시공주니어 2000	가족 세계	사랑	환경과 생활
088	치과의사 드소토 선생님	윌리엄 스타이그	비룡소 1995	사회적 세계	충성	우리 동네
089	커다란 나무	레미 쿠르종	시공주니어 2017	자연적 세계	희락	동식물과 자연
090	커다란 순무	알렉세이 톨스토이 헬린 옥슨버리	시공주니어 2017	가족 세계	희락	나와 가족
091	코끼리 아저씨와 100개의 물방울	노인경	문학동네 2012	사회적 세계	인내	환경과 생활
092	크리스마스 파티	가브리엘 뱅상	황금여우 2015	사회적 세계	사랑, 희락	겨울
093	토끼의 의자	고우야마 요시코 가키모토 고우조	북뱅크 2010	사회적 세계	양선	유치원과 친구, 가을
094	티치	팻 허친즈	시공주니어 1997	가족 세계	충성	나와 가족
095	파란 거위	낸시 태퍼리	비룡소 2014	문화적 세계	희락	환경과 생활
096	파란 의자	클로드 부종	비룡소 2004	문화적 세계	희락	생활도구
097	파랑이와 노랑이	레오 리오니	물구나무 2003	사회적 세계	사랑	유치원과 친구
098	편식쟁이 일곱 남매의 분홍케이크	마리 앤 호버맨 말라 프레이지	Picture Book Factory 2013	가족 세계	사랑, 희락	나와 가족
099	할머니가 남긴 선물	마거릿 와일드 론 브룩스	시공주니어 2017	내적 세계	사랑	나와 가족
100	휘파람을 불어요	에즈라 잭 키츠	시공주니어 2017	내적 세계	인내, 희락	나와 가족

부록 3 「어린이의 세계와 그림 이야기책」에 따른 분류 체계

■ 내적 세계

001	100개의 달과 아기 공룡	052	새가 된 청소부
003	곧 이 방으로 사자가 들어올 거야	063	앨피가 일등이에요
006	그리미의 하얀 캔버스	065	앵무새 해럴드
010	나는 다른 동물이면 좋겠다	075	용감한 아이린
012	날아라 현수야	076	우리는 벌거숭이 화가
017	너에게 주는 선물이야	079	이건 상자가 아니야
031	두더지의 고민	080	이만큼 컸어요!
040	무엇일까?	082	일곱 마리의 눈먼 생쥐
041	미스 럼피우스	084	장수탕 선녀님
042	민들레는 민들레	086	천개의 바람, 천개의 첼로
046	배를 타고 야호!	099	할머니가 남긴 선물
049	빨간 매미	100	휘파람을 불어요
051	사랑스러운 까마귀		

■ 가족 세계

004	구름빵	054	세 엄마 이야기
013	낮잠 자는 집	059	씩씩해요
014	내가 아빠를 얼마나 사랑하는지 아세요?	060	아빠! 머리 묶어주세요
020	노란 풍선	061	안녕, 우리 집
022	눈이 그치면	067	언제까지나 너를 사랑해
024	달과 비행기	068	엄마, 꼭 안아주세요
025	달구지를 끌고	074	온 세상을 노래해
029	동생이 미운 걸 어떡해!	087	천둥 케이크
030	동생이 태어날 거야	090	커다란 순무
034	리디아의 정원	094	티치
035	만희네 집	098	편식쟁이 일곱 남매의 분홍케이크
047	부루퉁한 스핑키		

■ 사회적 세계

002	거짓말 같은 이야기	062	애너벨과 신기한 털실
007	기차가 덜컹덜컹	064	앵무새 열 마리
008	길 아저씨 손 아저씨	069	엄마, 잠깐만!
009	까만 크레파스	070	엄마를 잠깐 잃어버렸어요
015	내 탓이 아니야	071	엄마 마중
016	내 토끼 어딨어	072	여우 나무

019	네가 태어난 날엔 곰도 춤을 추었지	058	신기한 사탕
021	누에콩과 콩알 친구들	073	영이의 비닐우산
027	도서관에 간 사자	077	위를 봐요!
032	뒷집 준범이	078	은지와 푹신이
033	또르의 첫인사	081	이야기 담요
036	메리와 생쥐	083	장갑
037	메리 크리스마스, 늑대 아저씨!	085	점
039	무슨 생각하니?	088	치과의사 드소토 선생님
050	빨간 줄무늬 바지	091	코끼리 아저씨와 100개의 물방울
053	성격이 달라도 우리는 친구	092	크리스마스 파티
055	소피의 달빛 담요	093	토끼의 의자
056	수염할아버지	097	파랑이와 노랑이

■ 자연적 세계

011	나랑 같이 놀자	044	바람이 불었어
018	넉 점 반	045	발자국을 따라가 볼까요?
023	달 샤베트	048	부엉이와 보름달
028	동강의 아이들	066	야, 비 온다
038	모두 행복한 날	089	커다란 나무
043	바구니 달		

■ 문화적 세계

005	그래, 책이야!
026	담
057	수호의 하얀 말
095	파란 거위
096	파란 의자

435

부록 4   성령의 열매에 따른 분류 체계

■ 사랑

004	구름빵	050	빨간 줄무늬 바지
010	나는 다른 동물이면 좋겠다	059	씩씩해요
014	내가 아빠를 얼마나 사랑하는지 아세요?	060	아빠! 머리 묶어주세요
015	내 탓이 아니야	065	앵무새 해럴드
017	너에게 주는 선물이야	067	언제까지나 너를 사랑해
019	네가 태어난 날엔 곰도 춤을 추었지	068	엄마, 꼭 안아주세요
020	노란 풍선	072	여우 나무
024	달과 비행기	085	점
025	달구지를 끌고	087	천둥 케이크
030	동생이 태어날 거야	097	파랑이와 노랑이
034	리디아의 정원	098	편식쟁이 일곱 남매의 분홍케이크
035	만희네 집	099	할머니가 남긴 선물
042	민들레는 민들레		

■ 희락

011	나랑 같이 놀자	074	온 세상을 노래해
012	날아라 현수야	076	우리는 벌거숭이 화가
013	낮잠 자는 집	079	이건 상자가 아니야
038	모두 행복한 날	080	이만큼 컸어요!
039	무슨 생각하니?	084	장수탕 선녀님
040	무엇일까?	089	커다란 나무
045	발자국을 따라가 볼까요?	090	커다란 순무
046	배를 타고 야호!	092	크리스마스 파티
051	사랑스러운 까마귀	095	파란 거위
054	세 엄마 이야기	096	파란 의자
064	앵무새 열 마리	098	편식쟁이 일곱 남매의 분홍케이크
066	야, 비 온다	100	휘파람을 불어요

■ 화평

016	내 토끼 어딨어	036	메리와 생쥐
018	넉 점 반	041	미스 럼피우스
026	담	043	바구니 달
027	도서관에 간 사자	044	바람이 불었어
028	동강의 아이들자	053	성격이 달라도 우리는 친구
033	또르의 첫인사	062	애너벨과 신기한 털실

■ 오래참음

048 부엉이와 보름달
063 앨피가 일등이에요
069 엄마, 잠깐만!

091 코끼리 아저씨와 100개의 물방울
100 휘파람을 불어요

■ 자비

006 그리미의 하얀 캔버스
058 신기한 사탕
061 안녕, 우리 집
071 엄마 마중

077 위를 봐요!
081 이야기 담요
086 천개의 바람, 천개의 첼로

■ 양선

002 거짓말 같은 이야기
008 길 아저씨 손 아저씨
021 누에콩과 콩알 친구들
023 달 샤베트
031 두더지의 고민
032 뒷집 준범이
037 메리 크리스마스, 늑대 아저씨!

041 미스 럼피우스
055 소피의 달빛 담요
056 수염할아버지
070 엄마를 잠깐 잃어버렸어요
073 영이의 비닐우산
093 토끼의 의자

■ 춘성

009 까만 크레파스
052 새가 된 청소부
055 소피의 달빛 담요
057 수호의 하얀말
075 용감한 아이린

078 은지와 푹신이
083 장갑
088 치과의사 드소토 선생님
094 티치

■ 온유

003 곧 이 방으로 사자가 들어올 거야
029 동생이 미운 걸 어떡해!
047 부루퉁한 스핑키
082 일곱 마리의 눈먼 생쥐

437

■ 절제

001　100개의 달과 아기 공룡
005　그래, 책이야!
007　기차가 덜컹덜컹
022　눈이 그치면
049　빨간 매미
058　신기한 사탕

부록 5   만5세 누리과정 생활 주제

■ 유치원과 친구

- 006 그리미의 하얀 캠퍼스
- 008 길 아저씨 손 아저씨
- 009 까만 크레파스
- 010 나는 다른 동물이면 좋겠다
- 015 내 탓이 아니야
- 016 내 토끼 어딨어
- 021 누에콩과 콩알 친구들
- 032 뒷집 준범이
- 036 메리와 생쥐
- 053 성격이 달라도 우리는 친구
- 057 수호의 하얀말
- 072 여우 나무
- 081 이야기 담요
- 085 점
- 086 천개의 바람, 천개의 첼로
- 093 토끼의 의자
- 096 파란 의자
- 097 파랑이와 노랑이

■ 나와 가족

- 003 곧 이 방으로 사자가 들어올 거야
- 004 구름빵
- 009 까만 크레파스
- 010 나는 다른 동물이면 좋겠다
- 012 날아라 현수야
- 013 낮잠 자는 집
- 014 내가 아빠를 얼마나 사랑하는지 아세요?
- 019 네가 태어난 날엔 곰노 춤을 추었지
- 020 노란 풍선
- 025 달구지를 끌고
- 026 담
- 028 동강의 아이들
- 029 동생이 미운 걸 어떡해!
- 030 동생이 태어날 거야
- 033 또르의 첫인사
- 034 리디아의 정원
- 035 만희네 집
- 040 무엇일까?
- 041 미스 럼피우스
- 042 민들레는 민들레
- 047 부루퉁한 스핑키
- 049 빨간 매미
- 050 빨간 줄무늬 바지
- 051 사랑스러운 까마귀
- 052 새가 된 청소부
- 054 세 엄마 이야기
- 059 씩씩해요
- 060 아빠! 머리 묶어주세요
- 061 안녕, 우리 집
- 065 앵무새 해럴드
- 067 언제까지나 너를 사랑해
- 068 엄마, 꼭 안아주세요!
- 069 엄마, 잠깐만!
- 074 온 세상을 노래해
- 076 우리는 벌거숭이 화가
- 080 이만큼 컸어요!
- 090 커다란 순무
- 091 코끼리 아저씨와 100개의 물방울
- 094 티치
- 098 편식쟁이 일곱 남매의 분홍케이크
- 099 할머니가 남긴 선물
- 100 휘파람을 불어요

■ **우리 동네**

005	그래, 책이야!	049	빨간 매미
007	기차가 덜컹덜컹	055	소피의 달빛 담요
008	길 아저씨 손 아저씨	056	수염할아버지
017	너에게 주는 선물이야	061	애너벨과 신기한 털실
026	담	063	앨피가 일등이에요
027	도서관에 간 사자	077	위를 봐요!
032	뒷집 준범이	084	장수탕 선녀님
033	또르의 첫인사	088	치과의사 드소토 선생님
039	무슨 생각하니?		

■ **동식물과 자연**

011	나랑 같이 놀자	048	부엉이와 보름달
017	너에게 주는 선물이야	051	사랑스러운 까마귀
021	누에콩과 콩알 친구들	052	새가 된 청소부
025	달구지를 끌고	054	세 엄마 이야기
028	동강의 아이들	064	앵무새 열 마리
034	리디아의 정원	066	야, 비 온다
036	메리와 생쥐	082	일곱 마리의 눈먼 생쥐
038	모두 행복한 날	089	커다란 나무
043	바구니 달		

■ **건강과 안전**

001	100개의 달과 아기 공룡	077	위를 봐요!
070	엄마를 잠깐 잃어버렸어요	078	은지와 푹신이
076	우와! 신기한 사탕이다	084	장수탕 선녀님

■ **생활도구**

005	그래, 책이야!	088	치과 의사 드소토 선생님
018	넉 점 반	094	티치
062	애너벨과 신기한 털실	096	파란 의자
079	이건 상자가 아니야	098	편식쟁이 일곱 남매의 분홍케이크
087	천둥케이크		

■ **교통기관**

007	기차가 덜컹덜컹	069	엄마, 잠깐만!
024	달과 비행기	078	은지와 푹신이

046   배를 타고 야호!

■ 우리나라

018   넉 점 반
071   엄마 마중
084   장수탕 선녀님

■ 세계 여러 나라

002   거짓말 같은 이야기
057   수호의 하얀말

■ 환경과 생활

004   구름빵
023   달 샤베트
044   바람이 불었어
050   빨간 줄무늬 바지
061   안녕, 우리 집
066   야, 비 온다

069   엄마, 잠깐만!
073   영이의 비닐우산
086   천개의 바람, 천개의 첼로
087   천둥 케이크
091   코끼리 아저씨와 100개의 물방울
095   파란 거위

■ 봄, 여름, 가을, 겨울

봄
038   모두 행복한 날
041   미스 럼피우스

042   민들레는 민들레
080   이만큼 컸어요!

여름
023   달 샤베트
049   빨간 매미

074   온 세상을 노래해

가을
025   달구지를 끌고
040   무엇일까?

093   토끼의 의자

겨울
006   그리미의 하얀 캔버스
022   눈이 그치면
031   두더지의 고민
037   메리 크리스마스, 늑대 아저씨!
045   발자국을 따라가 볼까요?

048   부엉이와 보름달
071   엄마 마중
075   용감한 아이린
083   장갑
092   크리스마스 파티

441

집필진 소개

현은자(Hyun, Eunja)
이화여자대학교 교육학과 유아교육 전공
University of Michigan 교육학 박사
현) 성균관대학교 아동·청소년학과 교수
- 저서: 『그림책으로 보는 아동과 우리 사회』(공저, 학지사, 2017), 『즐거운 그림책 쓰기』(공저, 학지사, 2012), 『그림책의 이해 1, 2』(공저, 사계절, 2005), 『그림책의 그림읽기』(공저, 마루벌, 2004), 『기독교 세계관으로 아동문학 보기』(학지사, 2003) 외 다수
- 논문: "그림책 해석의 영성적 접근: 은혜 개념을 중심으로"(2017), "어린이 그림책 서평에 내포된 윤리적 속성"(2017), "기독교 예술관으로 그림책 보기"(2015) 외 다수

김정준(Kim, Jeongjoon)
이화여자대학교 유아교육학 박사
일본 오차노미즈대학 외국인연구원
현) 총신대학교 유아교육과 교수
- 역서: 『책과 함께 자라는 어린이』(창지사, 2017)
- 저서: 『기독교유아교육과정』(공저, 창지사, 2019), 『기독교 세계관으로 조명한 유아 교육하기』(공저, 창지사, 2010), 『한국 근대 초등교육의 발전』(공저, 교육과학사, 2005) 외 다수
- 논문: "상품화된 유아 독서 프로그램 그림책의 특징과 연계활동 분석"(공저, 2018), "그림책 페리텍스트 탐색과 읽어주기 활동이 만 3세 유아의 읽기 흥미와 언어표현력에 미치는 변화 추이"(공저, 2017), "일본 그림책의 한국어 제목 번역 유형과 의미변형"(2016) 외 다수.

연혜민(Yeon, Hyemin)
성균관대학교 아동학과 아동문학·미디어교육 전공 박사
현) 동명대학교 유아교육과 교수
- 저서: 『영유아 문학교육』(공저, 2019 출판예정), 『영유아 프로그램 개발과 평가』(공저, 2013), 『유아 리더십 교육의 이론과 실제』(공저, 2009) 외 다수
- 논문: "그림책을 활용한 유아 인성교육 연구의 동향 분석"(공저, 2017), "예비 유아교사를 위한 그림책을 활용한 인성교육 프로그램 개발"(공저, 2017), "보육교사의 그림책을 통한 독서교육 실태연구"(공저, 2016) 외 다수.

김민정(Kim, Minjung)
성균관대학교 아동·청소년학과 아동문학·미디어교육 전공 박사
현) 성균관대학교 생활과학연구소 연구원, 공감연구소 연구원
- 저서: 『그림책으로 보는 아동과 우리 사회』(공저, 학지사, 2016)
- 논문: "미디어 콘텐츠와 아동의 놀이"(2017), "Ezra Jack Keats의 그림책에 나타나는 아동의 발달"(2017), "한국 스테디셀러 그림책의 특성"(2014) 외 다수

김현경(Kim, Hyeonkyeong)
성균관대학교 대학원 아동학과 아동문학·미디어교육 전공 박사과정 수료
영국 케임브릿지대학교 교육학과 방문연구자
현) 한국문예원언어콘텐츠연구원 연구원
- 저서: 『그림책을 활용한 세계시민교육』(공저, 학지사, 2013), 『북북서로 진로를: 그림책으로 만나는 직업진로탐구서』(공저, 나무늘보, 2013), 『긍정적 행동 지원을 활용한 독서치료』(공저, 양서원, 2012) 외 다수
- 역서: 『어린이 문학에 나타난 힘과 목소리, 주체성』(공역, 교문사, 2012)
- 논문: "스크린 위의 글쓰기 과정에 나타난 아동의 예상독자 고려 전략 및 댓글에 반영된 의사소통 특성"(공저, 2014), "Regards croisés entre la France et la Corée"(2010), "그림책에 나타난 독서행위와 그 의미- 인물분석을 중심으로"(공저, 2008) 외 다수

장시경(Chang, Siekyoung)
성균관대학교 대학원 아동학과 아동문학·미디어교육 전공 박사과정 수료
- 논문: "유아교육기관에서의 교사보조 로봇에 대한 유아의 경험과 인식"(공저, 2010), "유아교육 기관용 지능형 로봇의 '우리반' 콘텐츠 개발"(공저, 2009), "지능형 로봇을 활용한 그림책 읽기 활동이 유아의 언어능력에 미치는 효과"(공저, 2008)

12인의 연구진(가나다순)

강순미 백석예술대학교 유아교육과 교수	김민정 공감연구소 연구원
김정준 총신대학교 유아교육과 교수	김태영 아이코리아 과장
김향미 동시 수필 작가	김현경 한국문예원언어콘텐츠연구원 연구원
연혜민 동명대학교 유아교육과 교수	이하원 총신대학교 산업교육학부 교수
장시경 성균관대학교 대학원 아동학과 박사과정 수료	지상선 한국독서코칭 연구소장
최성진 한국성서대학교 영유아보육학과 초빙교수	현은자 성균관대학교 아동·청소년학과 교수